普通高等学校
应用型教材

工商管理

实用管理运筹学

基于 LINGO 建模与求解

主 编 陈 刚
副主编 付江月 李澄江

中国人民大学出版社
· 北京 ·

图书在版编目（CIP）数据

实用管理运筹学：基于 LINGO 建模与求解/陈刚主编；付江月，李澄江副主编. --北京：中国人民大学出版社，2023.6
普通高等学校应用型教材. 工商管理
ISBN 978-7-300-31685-7

Ⅰ. ①实… Ⅱ. ①陈… ②付… ③李… Ⅲ. ①管理学-运筹学-高等学校-教材 Ⅳ. ①C931.1

中国国家版本馆 CIP 数据核字（2023）第 080147 号

普通高等学校应用型教材·工商管理
实用管理运筹学——基于 LINGO 建模与求解
主　编　陈　刚
副主编　付江月　李澄江
Shiyong Guanli Yunchouxue——Jiyu LINGO Jianmo yu Qiujie

出版发行	中国人民大学出版社		
社　　址	北京中关村大街 31 号	**邮政编码**	100080
电　　话	010－62511242（总编室）		010－62511770（质管部）
	010－82501766（邮购部）		010－62514148（门市部）
	010－62515195（发行公司）		010－62515275（盗版举报）
网　　址	http://www.crup.com.cn		
经　　销	新华书店		
印　　刷	北京溢漾印刷有限公司		
开　　本	787 mm×1092 mm　1/16	**版　　次**	2023 年 6 月第 1 版
印　　张	19.5 插页 1	**印　　次**	2023 年 6 月第 1 次印刷
字　　数	456 000	**定　　价**	49.00 元

内容简介

本书将重心放在如何利用商业运筹学软件（以 LINGO 为例）编译和求解数学模型，这是运筹学未来的发展趋势，也为学生进一步学习专业知识打下基础。本书具有如下特点：

• 通俗易懂，深入浅出。采用模块化编排，将某些较难理解的理论独立出来。

• 重点突出，由易到难。强调如何把实际问题抽象为计算机能够识别的运筹学模型，以及如何利用计算机软件编译求解模型并将结果应用到实践中。

• 注重理论，结合实际。每一章的写作遵循理论讲解、传统运筹学方法求解、计算机软件求解，注重理论与实际相结合的基本逻辑。

• 活用软件，强调实用。以 LINGO 软件为例，详细介绍如何利用专业运筹学软件进行模型的编译、求解及输出信息分析。

作者简介

陈　刚，工学博士，贵州大学管理学院副教授，硕士生导师。长期从事运筹优化领域的科研、教学工作。主要研究领域为物流系统优化、决策理论与方法、应急管理等，主要教授“运筹学”“运营管理”等课程。先后主持科研项目 10 余项，其中国家自然科学基金项目 1 项。在《中国管理科学》《运筹与管理》《管理学报》等期刊上发表学术论文 30 余篇。主持教改项目 3 项，发表教改论文 4 篇。所讲授的“运筹学”课程是贵州大学国家一流本科专业工程管理的核心课程之一。

付江月，工学博士，贵州大学管理学院副教授，硕士生导师。主持多项科研项目，其中国家社会科学基金项目 1 项。在专业期刊上发表学术论文 20 余篇，出版专著 1 部。主持教改项目 1 项，发表教改论文 2 篇，出版教材 1 部。

李澄江，工学博士，贵州大学特聘教授，硕士生导师。主持和参与国家级和省部级项目多项，在 SCI/SSCI 期刊上发表学术论文 30 余篇。担任多个国际学术期刊副主编。

前　言

运筹学是一门决策优化科学，最早起源于第二次世界大战中对武器有效运用的研究。因此，运筹学的英文是 operational research 或 operations research，直译为“运作研究”、“作业研究”或“运用研究”，简称 OR。中文“运筹”二字取自《史记》中的“运筹策帷帐之中，决胜于千里之外”，具有运用筹划、出谋献策、以策略取胜等内涵。如今，运筹学的研究内容已非常丰富，广泛应用于企业管理、工程建设、物流配送、航空航天、医疗卫生、军事后勤等诸多领域，具有很强的实践性。

作为课程而言，运筹学不仅是经济管理类专业的一门核心基础课，也是大多数高校管理科学与工程专业研究生招考的专业科目之一。本书适用于工程管理、工业工程、工商管理、管理科学与工程等专业的本科生或研究生。运筹学涉及高等数学、线性代数、概率论与数理统计等相关知识，在本科二年级开设较为合适。该课程的教学目的在于使学生掌握运筹学的基本理论，学会运用运筹学思维将实际问题抽象为数学模型，能够运用计算机软件求解构建的数学模型，最终提高学生提出问题、分析问题及解决问题的能力，培养拥有系统化管理思想和较高管理素质的人才。

时至今日，运筹学的教材不胜枚举，相对于其他教材，本书另辟蹊径地将重点放在如何利用商业运筹学软件（以

LINGO 软件为例）编译和求解数学模型。这是运筹学未来的发展趋势，也为学生进一步学习专业知识打下基础。具体而言，本书具有如下特点：

（1）通俗易懂，深入浅出。不同于传统的运筹学教材，本书以管理学而非数学视角编排教学内容，读者不必掌握深厚的数学基础，也可理解本书的核心思想和技术。本书做到了模块化编排，将较难理解的理论独立出来，数学基础相对薄弱的读者完全可以跳过这些内容而不影响其余部分的学习。

（2）重点突出，由易到难。区别于传统的运筹学教材，本书不涉及存储论、排队论、对策论、决策论等知识，把重点放在线性规划、整数规划、目标规划、动态规划等基础运筹学理论，以及经典运筹学问题通用模型的构建与求解等进阶知识上。本书内容由易到难，重点强调如何把实际问题抽象为计算机能够识别的运筹学模型，以及如何利用计算机软件编译求解模型并将结果应用到实践中去。

（3）注重理论，结合实际。本书每一章的基本逻辑为理论讲解、传统运筹学方法求解、计算机软件求解，注重理论与实际相结合。本书例题来源于制造业、化工业、服务业的实际工作，且每章后面都编排了大量具有启发性的练习题，使读者能够更好地理解相关理论以及运用方法。此外，本书对于主要的运筹学专业术语提供了对应的英文单词，便于读者进一步阅读英文文献。

（4）活用软件，强调实用。好的运筹学软件在建模时模型和数据可分开，模型具有较好的通用性，且能够解决大规模决策问题。目前大部分教材自行开发的软件模型和数据不能分开，只能解决含少量决策变量和约束条件的数学问题，操作较为简单，不能更好地培养学生数学建模的能力。本书以 LINGO 软件为例，详细介绍如何利用专业运筹学软件进行模型的编译、求解及输出信息分析，使教材更具实用性。特别是本书第 10 章，总结了一些经典运筹学问题、通用数学模型及 LINGO 软件求解程序，实用性较强。

本书的大纲结构由陈刚拟定，第 3、7、9、10 章由陈刚负责编写，第 2、6、8 章由付江月负责编写，第 1、4、5 章由李澄江负责编写，参与编写的还有贾晓朋、黄俊杰、陈燊等多位研究生。为满足教师进行多媒体教学和批改作业的需要，本书提供配套的教辅资料，包括 PPT 课件、习题参考答案、LINGO 求解程序等，教师可登录中国人民大学出版社网站（www. crup. com. cn）下载。

在本书的编写过程中，中国人民大学出版社的王伟娟、曾晟编辑给予了极大的支持和帮助，指导本书的编撰和修改，使得我们的工作成果得以呈现在读者面前。在此我们由衷地对中国人民大学出版社致以诚挚的感谢和敬意。本书在编写过程中还得到了许多国内同行的指导，在此一并致谢。在本书的编写过程中，作者广泛参考了大量的相关教材和文献，主要参考文献已经列出，但难免有遗漏，在此向已经列出和未列出的参考文献的作者致以由衷的感谢。本书的出版还要感谢国家一流本科专业建设经费（贵州大学工程管理专业）的资助。

由于编者水平有限，书中不妥之处还望广大读者不吝赐教。

陈　刚

目　录

第1章　绪　　论

第2章　线性规划

第3章　单纯形法与对偶理论

第9章 LINGO 软件的进阶操作

第10章 经典运筹问题的建模与求解

第1章 绪　　论

运筹学的英文是 operational research 或 operations research，直译为“运作研究”、“作业研究”或“运用研究”，简称 OR。中文“运筹”二字取自《史记》中的“运筹策帷帐之中，决胜于千里之外”，具有运用筹划、出谋献策、以策略取胜等内涵。本章将带领读者了解运筹学这门学科，具体内容包括运筹学的本质和特点、起源和发展、主要的应用领域及未来的发展趋势。

1.1　运筹学的相关概念

1.1.1　运筹学的本质

运筹学是集决策科学、应用科学与优化科学为一体的学科，但至今没有统一明确的定义。1951 年，运筹学奠基人菲利普 · M. 莫尔斯（Philip M. Morse）与乔治 · E. 金博尔（George E. Kimball）在他们的著作《运筹学方法》（*Methods of Operations Research*），中定义“运筹学是在实行管理的领域，运用数学方法，对需要进行管理的问题统筹规划、作出决策的一门应用科学”。《中国企业管理百科全书》则定义“运筹学是运用分析、试验、量化的方法，对经济管理系统（军事活动）中人、财、物（时间）等有限资源进行统筹安排，为决策者提供有依据的最优方案（满意方案），以实现最有效的管理”。在国际上，对运筹学的性质有一个简洁的说法，运筹学是“the science of better”，即研究如何把事情做得更好的科学。

从运筹学的定义可以看出，运筹学首先强调的是科学的方法，所重视的是某种研究方法能解决某类问题，而不是某种研究方法分散和偶然的应用。运筹学是以定量分析为基础，旨在为管理人员做决策提供科学的理论依据，实现有效管理、正确决策和现代化管理。如今，我们普遍认为运筹学是近代应用数学的一个分支，主要是将生产、管理等事件中出现的带有普遍性的运筹问题加以提炼，然后利用数学方法进行解决。运筹学提供模型，数学提供理论和方法。

由于运筹学是在不增加任何资源的情况下，通过改变资源的使用方式获得更高的收益或花费更低的成本，因此运筹学也被看作一种管理技术。各行各业都涉及“资源有限，如何使用”的问题，于是运筹学广泛应用于解决现实生活中的复杂问题，特别是优化现有系统的效率。

人们把符合“只改变资源使用方式，就能获得更好效果”的类似研究成果都归入运筹学这一学科，这使得运筹学的内容看起来很杂。运筹学具体包括规划论（线性规划、整数规划、目标规划、动态规划、非线性规划等）、图论、存储论、排队论、对策论、决策论等理论。这些理论有一个共同的主线，即如何更好地利用资源，可谓形散神聚。

综上，运筹学的本质可以归纳为以下三点内容：（1）运筹学是应用数学的一个分支，是一门优化科学，也是一种管理技术；（2）运筹学致力于在资源有限的条件下，把事情做得更好；（3）运筹学的目的是为管理人员提供科学的决策依据。

1.1.2 运筹学的特点

运筹学的研究对象是经济管理、政治军事以及工程技术等活动中能用数量关系来描述的有关运用、筹划各种资源的决策问题。运用运筹学进行问题的研究具有如下特点。

（1）科学性。运筹学的研究建立在线性代数、离散数学、概率统计等科学理论的基础之上。在这些科学理论的指导下，运筹学通过一系列规范化的步骤，并广泛利用多种学科的技术知识进行问题的研究。因此，运筹学不仅涉及数学，还涉及管理科学、经济科学、计算机科学等其他学科。

（2）实践性。运筹学的研究完全面向应用，可以说离开了实践，运筹学就失去了存在的意义。运筹学以实际问题为研究对象，通过分析问题的约束条件、优化目标以及决策变量之间的关系，利用数学模型和方法进行系统优化。更重要的是优化结果要能被实践检验，以指导实际系统的运行。

（3）系统性。运筹学的研究是以整体最优为目标，它从系统的观点出发，着眼于整个系统而非某一局部，要求尽量全面地去考察问题中的各种因素和条件，通过协调各组成部分之间的相互关系，力图以系统最优的方式来解决该系统各组成部分之间的利害冲突。

（4）交叉性。用运筹学方法解决实际问题时，除了要熟悉与研究对象有关的科学知识，还要运用合适的数学方法和计算机技术，有时还可能需要与经济学、社会学和工程技术科学的知识相交叉，构建更合适的模型，使问题更好地解决。

1.1.3 运筹学研究问题的步骤

用运筹学研究解决实际问题的一般步骤如下。

步骤 1：深刻认识现实问题。探究现实问题的本质，必要时可通过一定的问题假设排除一些干扰因素；通过定性分析辨明问题中的关键要素，以便按照建模规范对问题进行描述；在对问题进行描述时需要明确决策目标、约束条件、决策变量以及变量之间的关系；明确问题以后，进一步判别该问题的类型，以选择合适的运筹学方法解决问题。

步骤2：用数学语言描述问题。换言之，就是看现实问题和数学语言如何对应，即建立数学模型。模型是对现实世界事物、现象和系统的简化表述，或对其部分属性的模仿，是对实际问题的抽象概括和严格的逻辑表达。建立数学模型是运筹学解决问题的关键步骤。第一，它可以高度规范对问题的描述，便于掌握其本质规律；第二，建立模型后，通过收集数据对问题进行求解，可分析各因素与系统目标之间的关系；第三，建立系统的模型还便于利用计算机技术解决实际问题。对于一个现实问题，建立一个简单、好解又能较好地描述现实情况（simple and elegant）的模型是一种艺术。

步骤3：用数学工具研究模型。选择合适的方法对步骤2中建立的模型进行求解，依据决策者对解的精度要求，可将解分为精确解和近似解两种。然而不管是哪种解，由于模型和实际问题总是存在一定差异，都需要对其进行相应的检验。首先检查求解步骤和程序是否有误，然后检查模型是否反映实际问题。只有当模型较为准确地反映实际问题时，运筹学求解问题才能达到理想的效果。其次，分析模型参数发生小范围变化时对解的影响，如果解对参数变化的反应不过于灵敏，模型在实际中可能会更容易应用。

步骤4：结果分析与方案实施。运筹学研究的最终目的是提高被研究系统的效率。因此，求解方案的实施是很重要的步骤，同时也是比较困难的一步。这一步最重要的是对模型解的实际意义予以解释，并将其交给管理决策者，同时还要考虑方案在实施过程中可能产生的问题以及针对问题如何修改模型。如果管理决策者认为方案可以实施，则运筹学的分析结果得以实现；如果认为不能实施，则要再次对问题进行分析并适当修改模型。只有最优化的方案得到顺利实施后，前面各步骤所做的工作才有价值。

1.2 运筹学的发展历程

1.2.1 中国古代的运筹学思想

朴素的运筹学思想在中国古代历史发展中源远流长，下面举几个中国古代经典的运筹学案例。

1.《孙子兵法》——军事运筹学思想的最早典籍

我国春秋末期思想家、兵家奠基人孙武的著作《孙子兵法》研究如何筹划兵力以争取全局胜利，是体现我国古代军事运筹学思想的最早典籍。它考察了战争中各种依存、制约关系，总结了战争的规律，并以此来研究如何取得全局胜利。书中的语言叙述简洁，内容富有哲理性，后来的很多将领用兵打仗都受到了该书的影响。

2. 田忌赛马——对策论（博弈论）思想的应用

战国时期齐国大将田忌经常与齐威王进行跑马比赛，田忌总是输给齐威王。后来，孙膑给田忌出了一个对策："将军的三个等级马匹与大王的都只差一点，下次比赛您在第一局用下等马对阵大王的上等马，在第二局用上等马对阵大王的中等马，在第三局用中等马对阵大王的下等马。"结果田忌三局两胜，赢得了比赛。这个故事是我国古代对策论思想的最早应用，也体现了运筹学的全局观念。

3. 丁渭修皇宫——施工组织中统筹方法的运用

宋真宗大中祥符年间，都城开封的皇宫失火毁损，需要修复。丁渭受命负责限期修复皇宫。修复皇宫需要很多土以及各种物材，同时还要处理砖头瓦砾等建筑废料。丁渭考虑到从工地到城外取土的地方距离太远，费工费力，于是下令将城中街道挖开取土，节省了不少工时。挖了不久，街道便成了大沟，丁渭又命人挖开官堤，引汴河水进入大沟之中，然后调来竹筏、木船经这条大沟运送修复皇宫所需的各种物材，十分便利。等到皇宫修复完毕，丁渭命人将大沟中的水排尽，再将修复皇宫所丢弃的砖头瓦砾添入大沟中，大沟变成平地，恢复为街道。这样，丁渭一举三得，挖土、运送物材、处理废弃瓦砾等三项工程一起完成，节省了大量时间和经费。这是我国古代在大规模工程施工组织方面运用统筹方法的典型案例。

4. 沈括运军粮——军事后勤问题中具有现代意义的运筹学思想

北宋科学家、政治家沈括在率兵抗击西夏的征途中，曾经从行军中各类人员可以背负粮食的基本数据出发，分析计算了后勤人员与作战士兵在不同行军天数中的比例关系：如果 1 个后勤人员供应 1 个士兵，只能进军 9 天（计回程，余同）；如果 2 个后勤人员供应 1 个士兵，只能进军 13 天；如果 3 个后勤人员供应 1 个士兵，只能进军 16 天。他同时也分析计算了用各种牲畜运粮与人力运粮的利弊，最后做出了从敌国就地征粮，保障前方供应的重要决策，从而降低了后勤人员的比例，增加了前方作战的兵力。这种军事后勤问题的分析计算体现了具有现代意义的运筹学思想——量化分析。

可见，我国自古代就有了一系列运筹学思想和方法，但遗憾的是，很少有人从数学的角度将这些思想和方法进行改进。

1.2.2 运筹学的起源和发展

1. 运筹学的起源

18 世纪 30 年代至 20 世纪 30 年代是现代运筹思想的萌芽阶段，科学家们的研究工作大致分为两个方面：一是从已有的运筹问题中探索新的数学内涵，二是利用已有的数学理论和方法解决实际问题。例如，1736 年，欧拉用图论思想成功解决了哥尼斯堡七桥问题；1738 年，伯努利首次提出决策论中效用的概念；1896 年，帕累托首次从数学角度提出多目标优化问题，引入帕累托最优的概念；1909 年，丹麦电话工程师埃尔朗在接线员数目问题的研究中提出了排队论；1915 年，哈里斯在商业库存问题的研究中首次提出了库存论模型；1916 年，兰彻斯特提出了关于战争中兵力部署的理论，这是现代军事运筹学最早的战争模型；1928 年，冯·诺依曼提出了二人零和博弈的一般理论；1932 年，威布尔研究了维修问题和替换问题，为可靠性数学理论奠定了基础。

到第二次世界大战期间，运筹学才真正成为一门现代科学，在英美两国发展起来。1939 年，英国为了有效地运用新研制的雷达系统对付德国空军的袭击，以曼彻斯特大学物理学家布莱克特为代表，成立了一个小组，专门就改进防空系统进行研究。小组成员来自各个领域，有心理学家、数学家、物理学家、海军军官及陆军军官等，这足以说明运筹学的确是一门交叉学科。小组研究的防空问题包括：设计将雷达信息传送给指挥系统及武器系统的最佳方式；雷达与防空武器的最佳配置；对探测、信息传递、作战指挥、战斗机与防空火力的协调等。该项研究极大地提升了英国本土的防空能力，并用“operational research”一词作为对这方面研究的描述，这就是 OR 这个术语的起源。第二次世界大战期间，英军中大的指挥部大都成立了这种运筹研究小组。1942 年，美国和加拿大的军事部门也相继成立了若干运筹学小组，这些小组在确定扩大舰队规模、反潜艇战侦察和有效地组织对敌轰炸等方面做了大量研究，为取得反法西斯战争的胜利及运筹学有关分支的建立作出了重要的贡献。

2. 运筹学的发展

第二次世界大战以后，许多运筹学工作者逐步从军方转移到工业和政府等部门进行研究，此后运筹学的发展大致可分为四个阶段。

（1）创建阶段（1945 年至 20 世纪 50 年代初）。此阶段从事运筹学研究的人不多，范围较小，运筹学的出版物、学会等寥寥无几。最早从事运筹学研究的人积极讨论如何将运筹学方法应用于民用部门，在煤炭、电力等部门推广应用运筹学，取得了一些进展。该阶段的里程碑是 1947 年由乔治·丹齐格提出的求解线性规划问题的单纯形法，该方法为运筹学中的规划论奠定了基础。

（2）成长阶段（20 世纪 50 年代初至 50 年代末）。此阶段电子计算机技术的迅速发展对运筹学研究起到了极大的促进作用，因为运筹学中的复杂问题通常需要有效地处理大量的计算工作，借助计算机的能力完成数学计算要比手工计算快几万倍甚至几亿倍。这使得运筹学中一些方法得以用来解决实际管理系统中的优化问题，促进了运筹学的推广应用。

（3）普及阶段（20 世纪 60 年代初至 70 年代末）。此阶段运筹学的理论和应用研究得到蓬勃发展，随之产生的理论成果主要有整数规划、目标规划、动态规划、非线性规划、排队论、存储论、决策论、对策论等。这些运筹学的理论不仅应用于军事，还相继在工业、农业等社会经济领域得到应用。

（4）发展阶段（20 世纪 80 年代初至今）。此阶段随着个人计算机及相关软件的快速普及，运筹学更易于被人们掌握和使用，运筹学开始迅速发展，分支更细。管理运筹学、工业运筹学、农业运筹学、交通运筹学、物流运筹学、军事运筹学等交叉与应用学科分支先后形成。用于求解数学模型的专业运筹学软件开始出现，如 LINGO、GAMS、GUROBI、CPLEX、XPRESS 等。用于求解复杂优化问题的智能优化算法也被相继提出，如遗传算法、粒子群算法、模拟退火算法、蚁群算法、禁忌搜索算法等。这些软件和算法为运筹学的研究提供了新的方法和手段。

1.2.3 运筹学在中国的发展

现代运筹学是在 20 世纪 50 年代中期，由钱学森、许国志引入中国的。钱学森在麻省理工学院获得硕士学位，在加州理工大学获得博士学位。许国志在堪萨斯大学获得博士学位，并在马里兰大学流体力学和应用数学研究所当研究员。他们两人于 1955 年回到祖国致力于发展新中国的科技事业。

最初，许国志将“operations research”翻译为“运用学”。1956 年在清华大学电机系运筹学专业成立前，许国志与当时清华大学的周华章反复讨论认为，尽管这门学科最早起源于战争中武器的有效运用研究，但谋划是它更重要的内容，因此“运用”二字不能概括“operations research”的全部内涵。他们联想到《史记》中刘邦对张良军事谋划的称赞，“运筹策帷帐之中，决胜于千里之外”，因此感觉用“运筹学”更贴切，于是便决定正式更名为“运筹学”。

在钱学森、许国志的大力倡导下，我国第一个运筹学小组于 1956 年在中国科学院力学研究所成立，并于 1958 年组建成运筹学研究室。同年，数学研究所在华罗庚的领导下也开始从事运筹学的研究，并于 1959 年建立了运筹学研究室。从那时开始，在钱学森、许国志、华罗庚等教授的直接指导和积极参与下，运筹学在中国取得了蓬勃的发展。

我国大规模的运筹学活动始于 1958 年，在为工农业生产服务的思想指导下，数学家们走向工厂、农村，建立数学模型，解决生产中的实际问题。当时运输问题中的“图上作业法”和“打麦场设计”就是运筹学应用的重要例子。“中国邮路问题”这一全世界运筹界均知晓的模型在同一时期由管梅谷提出。1960 年中国科学院力学研究所与数学研究所的两个运筹小组合并成一个运筹学研究室，建制在数学研究所。排队论、数学规划与图论成为当时主要的研究方向，其他还有交通运输、动态规划、质量控制等方向。

1963 年是中国运筹学教育史上值得一提的一年，这一年中国科学技术大学在应用数学系开设了运筹学专业，由中国科学院数学所运筹学研究室的运筹学先驱者们包揽了全部课程的讲授。这是运筹科学在中国大学中第一次设本科专业，其影响十分深远。如今，运筹学已成为几乎所有大学经管学院、工学院乃至数学系和计算机系的必修课程。

1965 年中国掀起了运筹学应用的第二个高潮，由华罗庚亲自带队，到工矿企业去推广、应用优选法和统筹法。在“生产工艺上搞优选，生产管理上搞统筹”的口号下，华罗庚亲临 20 多个省市，开展广泛的运筹学启蒙运动，不仅取得了大量成果，而且使优化的思想普遍被人们接受。这个运动为运筹学今后在中国大地上的实际应用打下了坚实的基础。

自 20 世纪 80 年代以来，中国运筹学有了快速发展，取得了一批有国际影响的理论和应用成果。例如，以越民义为代表的研究组对马氏决策和数学规划做了重要研究；韩继业对非线性规划中的经典算法——简约梯度投影法的收敛性做了重要研究；堵丁柱对 Steiner 树进行的研究解决了国际上多年悬而未决的难题，获得了 1993 年国家自然科学奖二等奖，他的这一成果还被英国《不列颠百科全书》列为 1992 年的全世界六项数学成果之首。

20 世纪 90 年代以后，运筹学在中国的应用也有许多质的变化。首先是运筹学的应用同管理信息系统的研究紧密地结合起来，使得运筹学和计算机科学的交叉日益深化。其次是运筹学的应用队伍逐渐专业化。1998 年 6 月，大庆油田管理局批准成立了大庆运筹学会，这标志着我国运筹学研究和应用在工业战线上受到重视，运筹学成为企业由粗放型经营模式向集约型经营模式转变的有力工具。

1.3 运筹学的应用领域

1.3.1 电力行业

1. 电力系统损耗最小问题

为了保证整个电力系统的损耗最小，需要建立相关的数学模型进行分析计算，然后由调度中心进行调控。但是实际问题往往十分复杂，建立的模型经常是一些大规模非线性规划模型。求解这类问题的算法很多，如半正定规划、现代内点法、凸松弛技术、近似模型技术等，虽然这些理论已经发展了数十年，但由于实际问题的复杂性，至今也没有一套成熟的理论应用到实际中。

2. 供电系统的可靠性问题

为了保证供电系统的可靠性，往往需要提前一天或数天对电力系统进行调度安排，其中就包括机组组合优化问题，即优化未来一段时间内系统各种机组的启停状态；机组负荷分配问题，即在明确启停状态之后确定机组在未来时段内的输出；容量优化配置问题，即为系统各个部分配置合理的容量，以提高系统的稳定性和经济性等。此外，为了保障供电系统的可靠性，需要不定期检修线路和维护发电厂，线路的通断、发电厂的启停又可归纳为整数规划问题。

3. 供电系统的稳健性问题

如今国家大力提倡使用新能源发电，风力、光伏等新能源的使用比例不断提高，但新能源的一个最大问题就是输出不稳定，需要考虑不确定因素带来的影响，这类问题可用运筹学中的随机规划、鲁棒优化等方法解决。此外，输电线路可能会由于雷击、树枝接触等因素使输送功率出现扰动，可能会导致一些高精技术产业的整个生产线崩溃。因此，如何建立相关的数学优化模型来预防系统的扰动问题也是当前的研究热点之一。

1.3.2 制造行业

1. 生产计划问题

生产计划就是决策什么时间在哪家厂或哪条生产线上加工多少工件。例如汽车的制造，一辆汽车由上千个零部件组成，每个零部件都在指定的供应商处生产，然后运送到最终的总装厂组装成一辆成品汽车。生产计划问题的目标是尽量满足订单需求或服务水平以及尽量降低库存水平或生产成本，同时还要考虑物料供给量的约束、生产能力的约束、运输能力的约束等因素，最终决策如何合理安排每个厂在什么时候该生产多少零件。这类问题可归纳为运筹学中的混合整数规划问题。

2. 实时调度问题

实时调度问题是指基于实时数据的输入，进行任务的整合和分配，该问题比生产计划问题更微观、更复杂，更多地依赖短期的预测和实时的规划调度。主要应用场景包括物流中心叉车/AGV 及分拣中心分拣机器人的实时调度、O2O 外卖即时配送、打车软件车辆实时调度等。该类问题可归纳为如下两阶段决策问题：第一阶段，基于各种机器学习模型进行训练和短期预测，以便提前安排资源；第二阶段，采用强化学习或动态规划方法，进行任务需求与资源的匹配计算。

1.3.3 电商行业

1. 物流网络规划问题

电商企业物流网络规划是对商品从供应商到消费者整个流通渠道所做的规划，通常包括决策物流设施的类型、数量与位置，设施所服务的客户群体与产品类别，以及商品在设施之间的运输方式等。网络规划与优化问题是运筹学中一个较大的领域，是选址问题、库存问题与运输问题的结合，优化的总体目标是在达到客户服务水平的前提下，使网络的总成本最低，包括设施建设与运营成本、库存持有成本和运输成本等。

2. 库存优化与控制问题

电商企业每天都有一定量级的产品上新、下架，对接成百上千家供应商，库存优化与控制水平直接影响企业的客户满意度及库存成本。库存控制主要就是决策什么时候订货、订什么货以及订多少货等问题，优化的主要目标是在满足客户需求的前提下，使总的库存成本最低，包括储存成本、订货成本、缺货成本、丢单损失成本等。这类问题可利用运筹学中的预测技术并结合各类库存模型予以解决。

3. 车辆路径问题

商品从电商企业末端网点到最终消费者的环节往往涉及配送车辆的线路规划问题，即车辆路径问题（vehicle routing problem，VRP）。该问题是比较经典的运筹优化问题，通过优化车辆行驶路径，能够有效节省物流配送成本。经过几十年的研究，车辆路径问题研究的相关成果已经非常丰富，在问题模型方面扩展了约束条件（如需求量不确定、服务时间限制、车辆容量限制、行驶里程限制等）和优化目标（如路程最短、费用最少、时间最省、使用车辆数最少等），使模型更加符合现实生产生活场景。在求解方法方面主要通过精确方法、启发式方法、智能优化算法等，不断提高解的质量。

1.3.4 航空行业

1. 动态定价问题

动态定价的最早应用就是在机票的定价上，如果所有航空公司都采用动态定价，可使顾客和航空公司实现双赢。该问题考虑的是如何在有限的时间内通过动态定价来实现收益的最大化，本质上是对时间资源和座位资源实际价值（影子价格）的衡量。早期的研究往往假设顾客的订票需求是一个已知的随机过程，近年来随着机器学习技术的逐渐成熟，动态定价也引入机器学习的思想，边学习需求函数边定价。

2. 机票超售问题

在航空公司的日常运营中，部分旅客会在航班起飞前取消订单，或者未在航班起飞时出现，给航空公司带来空置座位损失，针对这一问题航空公司的应对策略就是超售。超售是指航空公司卖出的机票数大于航班所能提供的实际座位数。该策略能够减少航空公司的空座损失，但风险是可能导致到达机场的旅客数超过实际座位数，增加拒载损失。因此，该策略的关键就在于平衡空座损失和拒载损失，选择合适的超售数量使总损失最小。该问题可归结为运筹学中的随机单周期库存问题，本质上是一个应用概率问题。

3. 航班规划问题

航班规划问题包括确定要执行的航线，确定各航班的执行频率和具体时刻，确定应安排多少座级的机型等。航班规划问题本质上是对各航线的价值进行评估，可归结为运筹学中的多属性评价问题，这里的属性包括市场潜在需求、价格、服务水平、运营成本、飞机性能等。航班执行频率和具体时刻的决策问题可利用运筹学中的规划论、网络优化理论、统筹法，甚至结合机器学习等方法进行优化。机型分配问题，即决定用什么机型的飞机来执行相应的航班任务，主要的约束为飞机数量约束和航班衔接性约束，可归结为运筹学中的指派问题。

1.3.5 其他行业

除了以上行业，运筹学还应用于其他几乎所有各业的决策、优化问题。例如，应急管理领域可利用运筹学知识解决非常规突发事件的临时应急设施选址问题及应急物资配置问题；工程建设领域可利用运筹学帮助协调采购、运输、物资中转、现场调配等多个环节；企业管理领域可利用运筹学完成企业战略管理、生产计划、市场营销、库存管理、人事管理等方方面面的工作；医疗行业可利用运筹学知识实现手术排程优化、医院病床安排、医疗设备更新等工作；军事方面可借助运筹学完成军队后勤建设、提高救援效率、建设军事网络系统等工作；旅游产业可利用运筹学进行旅游线路的规划、设计与优化；信息技术领域可利用运筹学进行图像识别、图像处理、电路板设计等工作；证券投资领域可利用运筹学解决投资组合收益最大化问题；体育行业可利用运筹学安排比赛顺序、指导组织竞赛及训练等；城市管理中可运用运筹学进行消防队救火站、救护车、警车等分布点的设立，城市垃圾的清扫、搬运和处理以及城市供水和污水处理系统的规划；等等。

1.4 运筹学的新发展

社会进步的需要是学科发展的源泉，而交叉融合是学科发展的关键，当不同的学科、理论相互交叉结合，同时一种新技术达到成熟的时候，往往就会出现理论上的突破和技术上的创新，运筹学也不例外。运筹学的发展过程就是不断和其他学科交叉融合的过程。

1.4.1 运筹学与机器学习的交叉

运筹学研究的问题可以归纳为“依照给定条件和目标，从众多方案中选择最佳方案”。机器学习研究的问题是如何利用历史经验数据，通过数据建模的方式生成经验模型。这两个看似不同的领域却有着密切的关系。在很多应用场景下，运筹学和机器学习往往相互结合使用，同时很多机器学习方法的理论基础仍然是运筹学，比如传统分类算法之一的支持向量机算法，本质上就是一个求解最优超平面的问题，涉及运筹学中的拉格朗日乘子法、KKT（Karush-Kuhn-Tucker）条件、对偶理论以及序列最小优化（sequential minimal optimization，SMO）算法等相关内容。

虽然运筹学在各行各业的应用几乎不受限制，但在某些行业的应用程度并不是很高。原因之一就是在如今的大数据环境下，实际应用场景中问题的规模往往很大，要在海量数据的基础上设计实用的优化算法，对经典运筹学模型和优化算法来说是一个巨大的挑战。解决方法之一就是将机器学习方法和运筹学模型相结合，构建数据驱动的决策模型。具体做法是先利用机器学习、深度学习方法强大的大数据处理能力，生成良好的预测模型，再基于这些预测模型获得的数据，利用运筹学理论构建相关的决策优化模型。比如打车软件的派单算法一般是先用机器学习的方法动态预测某时某地的客户和司机，然后运用运筹学算法给出一个最优解或次优解。当然，最理想的状态是能够将预测和决策这两个看似分离的步骤结合起来，即动态地基于预测调整决策，再通过现阶段的决策调整之后的预测。关于这一点，学术界已经有了很多理论，但离具体应用到现实场景中还有一定的距离。

在如今的大数据环境下，实际应用场景中建立的模型的决策变量个数往往成千上万，这给传统的运筹学算法带来了挑战。因此，运筹学与机器学习相结合的第二个场景是借助机器学习方法强大的学习能力来辅助运筹优化算法进行求解，即用机器学习方法对传统运筹优化算法中的某一个环节进行优化。比如分支定界算法中选择分支变量的环节、元启发式算法中种群变异的环节、领域搜索算法中领域结构选择的环节等。此外，动态调度类问题也可以采用机器学习方法在每个动态调度点选择合适的调度规则。总之，该类应用场景可归纳为利用机器学习方法的学习表征能力帮助运筹优化算法进行决策，其底层仍然属于传统优化算法的运行方式，但通过引入机器学习方法可大大提升传统优化算法的搜索效率，且其优化结果的质量通常能够得到保障。

1.4.2 运筹学与生命科学的交叉

传统的生命科学和其他自然科学相比，更加关注定性研究，而不是定量研究。但随着蛋白质空间结构、DNA 双螺旋结构的发现及人类基因组计划的完成，一些新兴的生命科学研究领域如分子生物学、生物信息学、系统生物学等逐渐发展成熟，这些新兴的生命科学领域更加关注定量研究，运筹学已经逐步应用到这些领域。目前运筹学中的线性规划、非线性规划、整数规划、动态规划、图论、人工神经网络等分支已广泛应用到生命科学领域。例如基于动态规划的算法常应用于生物基因序列的比对研究，线性规划、非线性规划和整数规划常用于蛋白质结构比对和结构预测研究。

与其他行业一样，现代生命科学领域的实际应用中也涉及变量规模较大的问题，这对运筹学理论和方法提出了新的需求和挑战，客观上促进了启发式算法和智能优化算法的发展。随着生命科学领域的不断发展，生命和疾病的机理机制将越来越明晰，积累的数据和数学模型也会越来越多，生命科学与运筹学的联系也将越来越紧密。运筹学不仅可以帮助科研人员更好地建立生命科学相关的数学模型，更合理地设计实验和改进技术，还可以通过模型优化和计算机仿真等更好地探寻生命科学中的规律和机制。

随着生命科学的发展，生命科学与运筹学的交叉研究将进一步深入，促进新的运筹学理论和方法的产生，甚至产生新的运筹学分支。首先，传统运筹学的理论和方法将得到进一步应用，如随机优化模型可能用于研究细胞内部的调控策略和信息传导机制；博弈论可能帮助分子遗传进化研究找到新的突破。其次，运筹学与生命科学的交叉研究将扩展到更多的生命科学分支领域，如生物进化的规律和机制的研究、个性化医疗中心的最优医疗策略研究等。最后，生命科学领域新问题的不断涌现将促进运筹学的发展，如海量数据对运筹学算法计算效率的挑战、现有运筹学模型在描述复杂生命系统时的不足、生命系统和其他物理系统的显著差异、生命过程的不确定性和随机性等。

1.4.3 运筹学与网络科学的交叉

网络科学本身也是一门新兴的交叉学科，它是以复杂网络（如物流网络、交通网络、航空网络、社会网络、计算机网络等）为研究对象，通过对网络特征的提取与刻画，探究该复杂系统的普遍规律。网络科学已经成为研究复杂系统、解决复杂性问题的重要理论和方法。运筹学的各个分支，特别是最优化理论和图论已经在网络科学中发挥重要作用。运筹学与网络科学有着天然的联系，它们的交叉研究主要集中在网络生成模型构建和网络演化特征刻画两个方面。

运筹学的最优化理论、图论与随机规划方法等在复杂网络模型建立与分析中起到至关重要的作用。例如，在社会网络中可利用节点中心度的计算，将节点在网络结构中的重要程度进行量化，找出社群中有影响力的人；利用社区分群算法（运筹学中的一类聚类算法）分出特定族群；利用连接预测（基于运筹学概率图模型的一种方法）把商品推荐给特定族群等。再如在物流网络的研究中可将网络定性的影响因素抽象成定量的数学表达式，通过一定演化规则的设置，构建物流网络的演化模型，再通过计算机仿真方法研究物流网络集聚和扩散的规律和机制。

现实的网络是一个不断更新、变化着的复杂系统，揭示和刻画网络演化的特征和规律对理解网络的功能和结构具有重要意义。目前，已有一些描述复杂网络特性的定量指标和方法，如平均路径长度、度分布、聚集系数、介数、小世界特性、无标度特性节点重要性排序方法等。其中节点重要性排序方法的理论基础之一就是运筹学中的图论，如基于子图中心性的节点重要性排序方法、基于节点删除的最短距离法以及基于节点删除的生成树法等。随着计算机技术的高速发展，大规模时序数据的积累成为可能，如何有效地分析和利用这些数据，将成为运筹学与网络科学交叉研究的重要内容。

第2章 线性规划

线性规划是运筹学规划论中最基础的一类数学规划，其他规划模型都是在其基础上发展起来的，本章主要介绍构建线性规划数学模型的基本思路、线性规划数学模型的一般形式和标准形式、线性规划问题的图解法以及计算机求解方法。在计算机求解方法中将介绍专业运筹学软件 LINGO 求解数学模型的基本操作方法及输出信息分析。

2.1 线性规划问题及其数学模型

2.1.1 线性规划问题的提出

在生产活动及运营管理中经常会遇到这类问题，即在有限的资源（人力、物力、财力等）限制下，如何合理使用资源得到更多的产出（收入、利润、销量等）；或在任务一定的条件下，如何合理安排计划，使得投入（如资金、人员、时间、原材料等）最少。以上问题可通过运筹学模型予以解决，线性规划是其中主要的模型之一。线性规划是研究在线性不等式或等式的限制条件下，使得某一个线性目标函数取最大（或最小）值的问题。常见的线性规划问题有运输问题、生产计划问题、合理下料问题、配料问题、选址布局问题、指派问题等。下面以两个简单的例子说明如何构建线性规划模型。

例 2-1 某制造企业要制订下一周期甲、乙两种产品的生产计划，已知生产单位甲产品需要消耗 1 设备台时、2 千克原料 A，生产单位乙产品需要消耗 1 设备台时、1 千克原料 A 和 1 千克原料 B。下一周期可用的设备台时为 30 小时、原料 A 为 40 千克、原料 B 为 20 千克。甲、乙产品的单位获利分别是 5 元和 10 元，问应如何制订生产计划才能使下一周期的获利最大？

解： 设 x_1 、x_2 分别表示下一周期甲、乙产品的产量。

由题意可知，可用的设备台时最多为 30 小时，这是一个限制产量的条件，所以在确定甲、乙产品产量时，要考虑不超过设备的可用台时数。又因生产单位甲、乙产品所需的设备台时均为 1 设备台时，即可用不等式表示为：

$$x_1 + x_2 \leqslant 30$$

同理，因为原料 A、B 供应量的限制，可以得到以下两个不等式：

$$2x_1 + x_2 \leqslant 40$$

$$x_2 \leqslant 20$$

该制造企业的目标是下一周期所获得的利润最大，若用 z 表示利润，则目标函数可用下式表示：

$$\max z = 5x_1 + 10x_2$$

其中，"max" 是 "maximum" 的缩写，表示求极大值。

该问题的决策目标为在不超过有限资源限制的条件下，如何安排甲、乙产品的生产使得利润最大，于是该生产计划问题可用以下数学模型表示：

$$\begin{aligned} \max z &= 5x_1 + 10x_2 \\ \text{s. t.}\quad & x_1 + x_2 \leqslant 30 \\ & 2x_1 + x_2 \leqslant 40 \\ & x_2 \leqslant 20 \\ & x_1, x_2 \geqslant 0 \end{aligned}$$

其中，"s. t." 是 "subject to" 的缩写，即 "受限于"，表示数学模型所要满足的约束条件。

例 2-2　某工厂在计划期内生产甲、乙两种产品，要求两种产品的总产量不少于 35 台，其中甲产品由于已经有 15 台的订单，必须优先满足已有的订单。生产单位甲产品需要消耗原料 2 千克，生产单位乙产品需要消耗原料 1 千克，该计划期内原料的总供应量为 60 千克。又已知生产甲、乙产品的单位成本分别是 4 元和 6 元，问应该如何安排生产才能在满足生产任务和资源限制的条件下，使得生产总成本最低?

解： 设 x_1、x_2 分别表示计划期内甲、乙产品的产量。

由于总产量要求不少于 35 台，可得以下约束条件：

$$x_1 + x_2 \geqslant 35$$

又由于甲产品已有 15 台的订单，且要优先满足已有的订单，可得以下约束条件：

$$x_1 \geqslant 15$$

最后还有原料的限制，生产单位甲产品需原料 2 千克，生产单位乙产品需原料 1 千克，而原料总量为 60 千克，可得以下约束条件：

$$2x_1 + x_2 \leqslant 60$$

该工厂的目标是计划期内的生产总成本最低，若用 f 表示总成本，则目标函数可用下式表示：

$$\min f = 4x_1 + 6x_2$$

其中，"min" 是 "minimum" 的缩写，表示求极小值。

该问题的决策目标为在满足生产任务和资源限制的条件下，如何安排甲、乙产品的生产使得总成本最低，于是该问题可用以下数学模型表示：

$$\begin{aligned} \min f &= 4x_1 + 6x_2 \\ \text{s. t.}\quad & x_1 + x_2 \geqslant 35 \end{aligned}$$

$$x_1 \geqslant 15$$
$$2x_1 + x_2 \leqslant 60$$
$$x_1, x_2 \geqslant 0$$

2.1.2 线性规划的数学模型

1. 线性规划模型的一般形式

从例 2－1 和例 2－2 可以看出，它们都属于一类优化问题，有共同的特征：(1) 都用一组决策变量 $(x_1, x_2, \cdots, x_n)$ 表示某一方案，每一组值表示一个方案，且这些变量取值是非负且连续的；(2) 存在相关参数，与决策变量一起构成互不矛盾的约束条件，且这些约束条件可以用一组线性等式或不等式来表示；(3) 都有一个要求达到的目标，用决策变量及有关的价值系数构成的线性函数表示，称为目标函数，按问题类型的不同，要求目标函数实现最大化或最小化。满足以上三个条件的数学模型称为线性规划的数学模型，其一般形式为：

$$\max(\min) z = c_1x_1 + c_2x_2 + \cdots + c_nx_n$$
$$\text{s.t.} \quad \begin{aligned} & a_{11}x_1 + a_{12}x_2 + \cdots + a_{1n}x_n \leqslant (=, \geqslant) b_1 \\ & a_{21}x_1 + a_{22}x_2 + \cdots + a_{2n}x_n \leqslant (=, \geqslant) b_2 \\ & \vdots \\ & a_{m1}x_1 + a_{m2}x_2 + \cdots + a_{mn}x_n \leqslant (=, \geqslant) b_m \\ & x_1, x_2, \cdots, x_n \geqslant 0 \end{aligned}$$

可进一步简写成以下形式：

$$\max(\min) z = \sum_{j=1}^{n} c_jx_j \tag{1}$$
$$\text{s.t.} \quad \sum_{j=1}^{n} a_{ij}x_j \leqslant (=, \geqslant) b_i, \ i = 1,2,\cdots,m \tag{2}$$
$$x_j \geqslant 0, \ j = 1,2,\cdots,n \tag{3}$$

在线性规划的数学模型中，式 (1) 称为目标函数，式 (2)、式 (3) 称为约束条件，其中式 (3) 为决策变量的非负约束条件。其中，符号“Σ”表示求和；目标函数中决策变量的系数 c_j 称为价值系数；约束条件中决策变量的系数 a_{ij} 称为技术系数；约束条件中右端常数项 b_i 称为限额系数。c_j、a_{ij}、b_i 也称线性规划模型的参数。

2. 线性规划模型的标准形式

从以上线性规划模型的一般形式可知，线性规划问题有各种不同的形式，目标函数有的要求“max”，有的要求“min”，约束条件可以是“≤”和“≥”形式的不等式，还可以是等式。决策变量一般情况下是非负约束，但也允许无非负限制，即允许在 $(-\infty, +\infty)$ 范围内取值。为了便于讨论，特别是第 3 章中单纯形法的运用，这里对线性规划模型的标准形式进行规定，将多种形式的数学模型统一为一种形式。线性规划模型的标准形式如下：

$$\max z = c_1x_1 + c_2x_2 + \cdots + c_nx_n$$
$$\text{s.t.} \quad a_{11}x_1 + a_{12}x_2 + \cdots + a_{1n}x_n = b_1$$

$$a_{21}x_1 + a_{22}x_2 + \cdots + a_{2n}x_n = b_2$$
$$\vdots$$
$$a_{m1}x_1 + a_{m2}x_2 + \cdots + a_{mn}x_n = b_m$$
$$x_1, x_2, \cdots, x_n \geqslant 0$$

可进一步简写成以下形式：

$$\max z = \sum_{j=1}^{n} c_j x_j \tag{1}$$

$$\text{s. t.} \quad \sum_{j=1}^{n} a_{ij}x_j = b_i,\ i = 1,2,\cdots,m \tag{2}$$

$$x_j \geqslant 0,\ j = 1,2,\cdots,n \tag{3}$$

在标准形式中还规定约束条件的右端项 $b_i \geqslant 0$。因此，线性规划的标准形式就有以下四个特征：目标函数只有最大化一种形式，约束条件全部为等式，决策变量均非负，约束条件右端项均非负。

将线性规划模型的一般形式转化为标准形式的过程中可能会遇到以下四种情况。

（1）极小化目标函数的标准化问题。设目标函数为 $\min f = c_1x_1 + c_2x_2 + \cdots + c_nx_n$，令 $z = -f$，则该极小化问题与极大化问题 $\max z = -c_1x_1 - c_2x_2 - \cdots - c_nx_n$ 有相同的最优解，这样就将极小化目标函数转化为标准形式。但要注意的是以上两个问题的最优解虽然相同，但最优值互为相反数。

（2）约束条件不是等式的标准化问题。当约束条件不是等式时的解决办法是引入一个非负变量 s，令其等于等式左右两边的差值。

约束条件：$a_{i1}x_1 + a_{i2}x_2 + \cdots + a_{in}x_n \leqslant b_i$

标准化：$a_{i1}x_1 + a_{i2}x_2 + \cdots + a_{in}x_n + s_i = b_i$

这里的 s_i 称为松弛变量（slack variable），一般代表没有使用的资源或能力。

约束条件：$a_{i1}x_1 + a_{i2}x_2 + \cdots + a_{in}x_n \geqslant b_i$

标准化：$a_{i1}x_1 + a_{i2}x_2 + \cdots + a_{in}x_n - s_i = b_i$

这里的 s_i 称为剩余变量（surplus variable），一般代表最低限约束的超过量。

（3）b_i 为负值的标准化问题。当 $b_i < 0$ 时，等式两端同时乘以“-1”即可转化为标准形式。

（4）决策变量无非负约束的标准化问题。当一个决策变量 x_j 没有非负约束，可令其等于两个非负决策变量之差，即 $x_j = x_j' - x_j''$，其中 $x_j' \geqslant 0, x_j'' \geqslant 0$，$x_j$ 的符号取决于 x_j' 和 x_j'' 的大小。当 $x_j' > x_j''$ 时，$x_j > 0$；当 $x_j' < x_j''$ 时，$x_j < 0$；当 $x_j' = x_j''$ 时，$x_j = 0$。

例 2－3　将下述线性规划问题转化为标准化形式。

$$\min f = x_1 - 2x_2 + 3x_3$$
$$\text{s. t.} \quad 2x_1 + 3x_2 - 4x_3 \leqslant 5$$
$$2x_1 + x_3 \geqslant 10$$
$$x_1 + x_2 + x_3 = -6$$
$$x_1, x_2, x_3 \geqslant 0$$

解： 根据标准形式的四个特征，将以上线性规划模型转化为以下标准形式。

$$\max z = -x_1 + 2x_2 - 3x_3$$
$$\text{s.t.}\quad \begin{cases} 2x_1 + 3x_2 - 4x_3 + x_4 = 5 \\ 2x_1 + x_3 - x_5 = 10 \\ -x_1 - x_2 - x_3 = 6 \\ x_1, x_2, x_3, x_4, x_5 \geqslant 0 \end{cases}$$

3. 线性规划的建模过程

通常运筹学解决问题的基本思路为：分析实际问题的本质，在一定的前提假设下，用数学符号将实际问题抽象为数学模型，再通过某种方法求解模型的最优解或满意解，最后对模型的解予以解释说明，并为实际问题提供决策参考。其中，“一定的前提假设”是为了让模型在反映问题本质的基础上尽量简单；求解模型的“某种方法”可以是传统的精确算法（可求出问题的最优解），也可以是启发式算法（一般情况下只能求出问题的满意解），还可以使用一些专业的运筹学软件。

以上思路中，最关键的一步就是数学模型的构建，使用线性规划构建数学模型一般有以下四个步骤：

步骤 1：理解要解决的问题，了解问题的目标和约束条件；

步骤 2：定义决策变量（$x_1, x_2, \cdots, x_n$），每一组值表示一个方案；

步骤 3：用决策变量的线性函数形式写出目标函数，确定最大化或最小化目标；

步骤 4：用一组决策变量的等式或不等式表示解决问题过程中必须满足的约束条件。

从以上步骤中我们可以发现“决策变量”、“目标函数”和“约束条件”是线性规划模型必备的三个要素。

2.2　线性规划问题的图解法

2.2.1　图解法的步骤

图解法简单直观，有助于我们了解线性规划问题求解的基本原理。但其也有局限性，那就是只能求解包含两个决策变量的线性规划问题。

现对例 2－1 用图解法求解。分别取决策变量 x_1, x_2 为坐标向量，并建立直角坐标系。在直角坐标系里，图上任意一点的坐标代表了决策变量的一组值，每个约束条件都代表一个半平面。例如，非负条件 $x_1 \geqslant 0, x_2 \geqslant 0$ 代表的两个半平面刚好围成第一象限；约束条件 $x_1 + x_2 \leqslant 30$ 代表的是以直线 $x_1 + x_2 = 30$ 为边界的左下方的半平面，要判断约束条件到底取哪个半平面，可以将零点（0，0）代入约束条件，如果满足约束条件，则说明零点在约束条件代表的半平面内，否则说明零点不在约束条件代表的半平面内。同时满足约束条件的点一定在这些约束条件所代表的半平面交成的区域内。由例 2－1 的所有约束条件为半平面交成的区域如图 2－1 中的阴影部分所示。阴影区域中的每一个点（包括边界点）都是这个线性规划问题的解，称为可行解。这个阴影区域是例 2－1 的线性规划问题可行解的集合，称为可行域。A、B、C、D 是可行域的顶点，是两个或两个以上约束条件的交点。

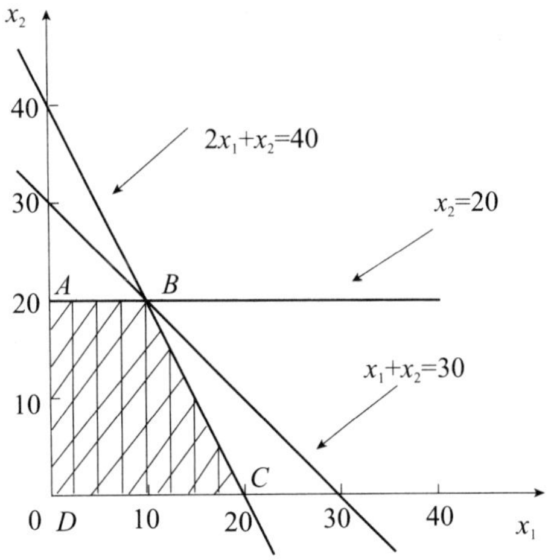

图 2－1　例 2－1 的可行域

再分析目标函数 $z = 5x_1 + 10x_2$ ，在这个坐标平面上，它可表示以 z 为参数，以 -0.5 为斜率的一组平行线：

$$x_2 = -0.5x_1 + z/10$$

位于同一直线上的点具有相同的目标函数值，因此称它为等值线。当 z 值由小变大时，直线 $x_2 = -0.5x_1 + z/10$ 沿其法线方向向右上方移动，当移动到 B 点时，z 在可行域内实现了最大化，如图 2－2 所示。这就得到了例 2－1 的最优解，最优解为（10，20），代入目标函数求得其最大值 $z = 250$ 。

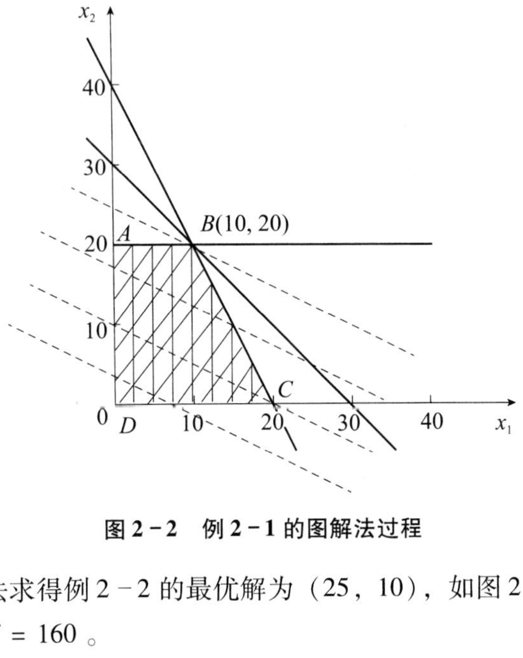

图 2－2　例 2－1 的图解法过程

同理，可用图解法求得例 2－2 的最优解为（25，10），如图 2－3 所示。此时，目标函数求得其最小值为 $f = 160$ 。

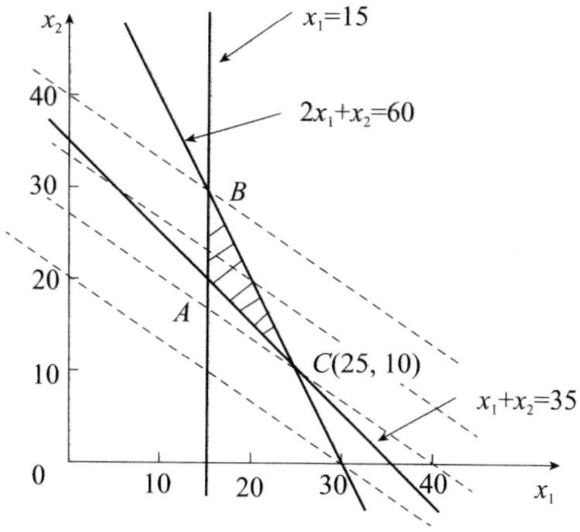

图 2－3　例 2－2 的图解法过程

综上所述，图解法的步骤可归纳如下。

步骤 1：分别以线性规划模型中的两个变量为横轴和纵轴建立直角坐标系（一般以 x_1 为横轴，x_2 为纵轴）。

步骤 2：在所建立的直角坐标系中画出约束条件所围成的区域图形，即可行域，并将其用阴影表示出来。

步骤 3：画出目标函数的等值线，通常以目标函数值等于 0 时为基准，将等值线沿其法线方向向上方或下方移动直到可行域的边界点，并根据目标函数是求最大值还是最小值，判断是移动到上边界点还是下边界点。

2.2.2　解的几种特殊情况

例 2－1 和例 2－2 中求解得到问题的最优解是唯一的，但对于一般的线性规划问题，求解结果还可能出现以下几种情况。

1. 多重最优解

多重最优解也称无穷多最优解，当目标函数的等值线与一条边界线重合时，线性规划有多重最优解。例如，若将例 2－1 的目标函数改为 $\max z = 10x_1 + 5x_2$，则目标函数的等值线与约束条件 $2x_1 + x_2 \leqslant 40$ 的边界线平行，当 z 值由小变大时，将与线段 BC 重合，如图 2－4 所示，线段 BC 上的任意一点都使 z 取得相同的最大值，因此这个线性规划问题有多重最优解。

2. 无界解

当所求目标函数最大值问题的可行域不是一个封闭的图形，即可行域无界，这时目标函数值可以增加到无穷大，这种情况称为无界解。

例如，用图解法求解下列线性规划问题，如图 2－5 所示。

$$
\begin{aligned}
\max z &= 5x_1 + 10x_2 \\
\text{s.t.}\quad & -x_1 + x_2 \leqslant 20 \\
& x_1 - 2x_2 \leqslant 20 \\
& x_1, x_2 \geqslant 0
\end{aligned}
$$

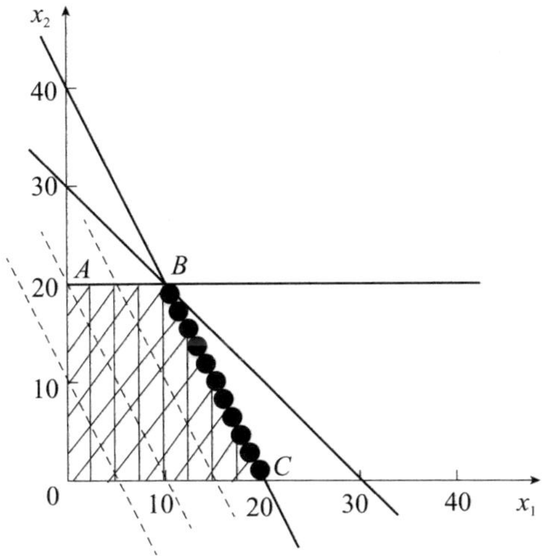

图2-4 多重最优解的情况

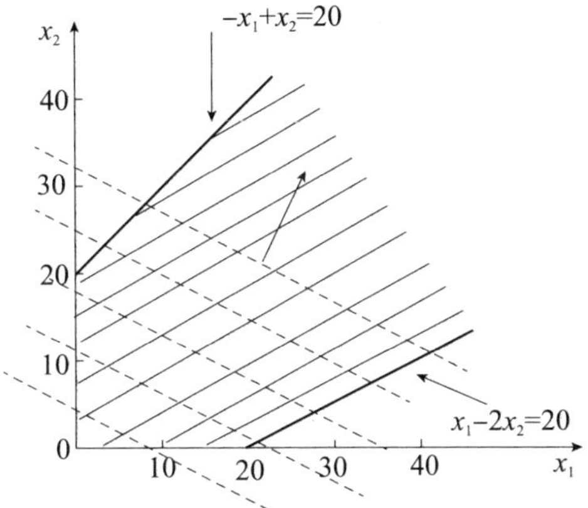

图2-5 无界解的情况

3. 无可行解

如果在例2-1中增加一个约束条件 $4x_1+3x_2 \geqslant 120$，则该问题的可行域为空集，即无可行解，当然也就不存在最优解。

当求解结果出现无界解或无可行解时，一般说明构建的数学模型有误。出现无界解一般是忽略了一些必要的约束条件；出现无可行解一般是由于设置了不合理的约束条件，导致某些约束条件相互矛盾，建模时需要注意。

从图解法中可以直观地看到，线性规划问题唯一最优解一定是在可行域的某个顶点得到；若在两个顶点同时得到最优解，则它们之间线段上的任意一点都是最优解，即有多重最优解。

2.2.3 灵敏度分析

灵敏度分析是指建立数学模型和求得最优解后，研究数学模型的一个或多个参数（系数）c_j、a_{ij}、b_i 变化时，对最优解的影响。之所以要进行灵敏度分析，主要原因是一般情况下我们在建立数学模型时，参数 c_j 、a_{ij} 、b_i 都是估计值或预测值，不一定准确，即使这些参数在某一时刻是精确值，也会随着市场的变化而变化。有了灵敏度分析就不必为了应付这些变化而不停地建立和求解新模型，也不会由于系数估计或预测的准确性而对所求得的最优解产生不必要的怀疑。由于技术系数 a_{ij} 和限额系数 b_i 的灵敏度分析较为复杂，不适合用图解法来分析，因此，本节只介绍图解法在价值系数 c_j 的灵敏度分析中的应用。

将目标函数写成参数形式 $z = c_1x_1 + c_2x_2$ ，则 $x_2 = -(c_1/c_2)x_1 + z/c_2$ ，显然，c_j 的变化只会影响目标函数等值线的斜率，这时，目标函数等值线的斜率为 $-(c_1/c_2)$ ，仍以例 2-1 为例进行演示，如图 2-6 所示。当目标函数等值线的斜率在直线 $2x_1 + x_2 = 40$ 的斜率 -2 和直线 $x_2 = 20$ 的斜率 0 之间变动时，原最优解 B（10，20）仍是最优解。如果斜率小于 -2，则最优解将变为 C 点；如果斜率大于 0，则最优解将变为 A 点。

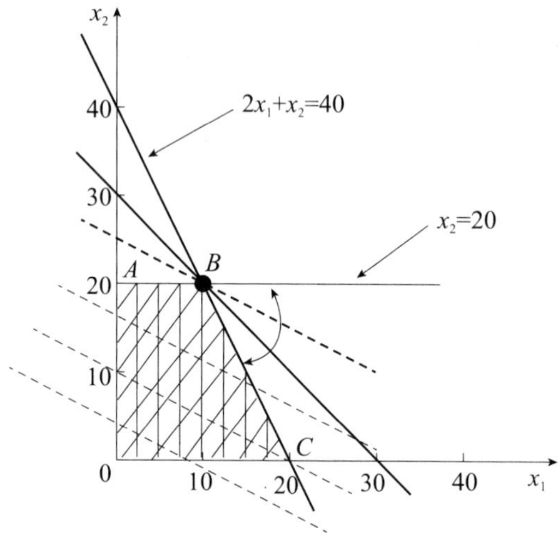

图 2-6　c_j 的灵敏度分析

因此，当 $-2 \leqslant -(c_1/c_2) \leqslant 0$ 时，原问题的最优解将保持不变。假设产品乙的利润为 10 元不变，即 $c_2 = 10$ ，代入不等式中得 $0 \leqslant c_1 \leqslant 20$ ；同理，假设产品甲的利润为 5 元不变，即 $c_1 = 5$ ，代入不等式中得 $2.5 \leqslant c_2 \leqslant +\infty$；如果甲、乙产品的利润均改变，则只能通过不等式 $-2 \leqslant -(c_1/c_2) \leqslant 0$ 判断。

2.3　线性规划问题的计算机求解

2.3.1　LINGO 软件简介

LINGO 是 "Linear Interactive and General Optimizer" 的缩写，即 "交互式的线性和通用优化求解器"。LINGO 软件是美国 LINDO 系统公司（Lindo System Inc.）推出的，主要用于求解线性规划问题，也可以用于一些求解非线性规划问题的运筹学软件。LINGO 软件实际上还是最优化问题的一种建模语言，包括许多常用的函数可供使用者建立优化模型时调用，并提供与其他数据文件（如文本文件、Excel 电子表格文件、数据库文件等）的接口，可方便地输入、求解和分析大规模最优化问题。LINGO 软件是使建立和求解线性、非线性和整数最优化模型更快、更简单、更有效率的综合工具，具有以下特点。

（1）简单易读的模型表示。LINGO 软件可以将线性、非线性和整数问题迅速地用公式表示，并且容易阅读、理解和修改。LINGO 软件的建模语言允许使用汇总和下标变量以一种易懂且直观的方式来表达模型，程序语言与数学模型的公式几乎可以一一对应。模型更加容易构建，更容易理解，因此也更容易维护。

（2）方便的数据输入和输出选择。LINGO 软件建立的模型可以直接从数据库或 Excel 工作表中获取数据资料。同样地，LINGO 软件可以将求解结果直接输出到数据库或 Excel 工作表中，便于数据的进一步分析和处理。

（3）强大的数学模型求解器。LINGO 软件拥有一整套高效的、内置的求解器用来求解线性、非线性与整数优化问题。使用者甚至不需要指定或启动特定的求解器，因为 LINGO 软件会读取方程式并自动选择合适的求解器。

由于这些特点，LINGO 软件已经被全世界成千上万家公司用来做最大化利润和最小化成本的分析。应用的范围包含生产线规划、运输、财务金融、投资分配、资本预算、混合排程、库存管理、资源配置等等。LINGO 软件与那些包含部分优化功能的非专业软件相比，通常具有明显的优势。此外，LINGO 软件使用起来非常简便，简单易学，在优化软件（尤其是运行于个人电脑上的优化软件）市场占有很大份额，在国内外运筹学类的教科书中也被广泛用作教学软件。

下面对 LINGO 软件进行简单的介绍，LINGO 软件的界面如图 2－7 所示。最上方为菜单栏，包括“文件”（File）、“编辑”（Edit）、“LINGO”、“窗口”（Window）“帮助”（Help）等菜单，其中“LINGO”是最常用的菜单，后面会详细介绍。第二行为工具栏，从左至右的按钮分别表示“新建”“打开”“保存”“打印”“剪切”“复制”“粘贴”“撤销”“恢复”“查找”“转到某行”“配对括号”“求解”“结果显示”“矩阵形式”“选项设置”“窗口后置”“关闭所有窗口”“窗口排列设置”“帮助主题”“帮助”等工具，其中最常用的就是“求解”按钮。占界面大部分位置的是建模主窗口，我们的数学模型就是在这个窗口中创建。

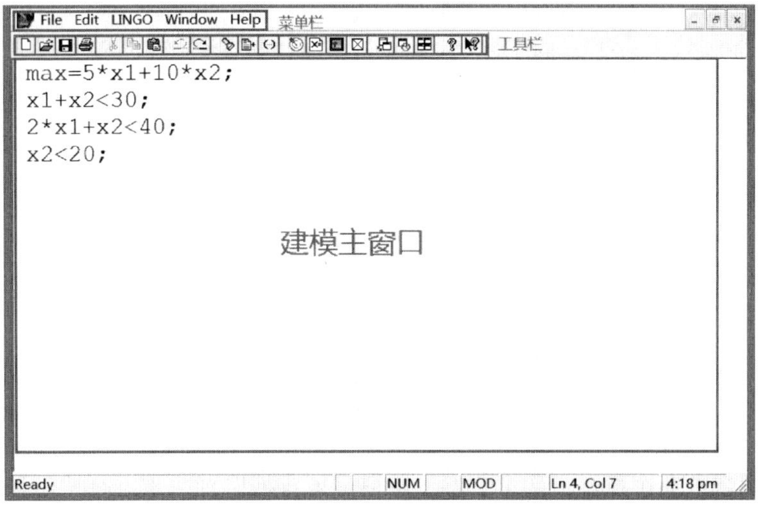

图 2－7　LINGO 软件界面

LINGO 格式的模型文件后缀是“lg4”，如图 2－8 所示，文件保存了模型窗口中所能够看到的所有文本和其他对象及其格式信息。

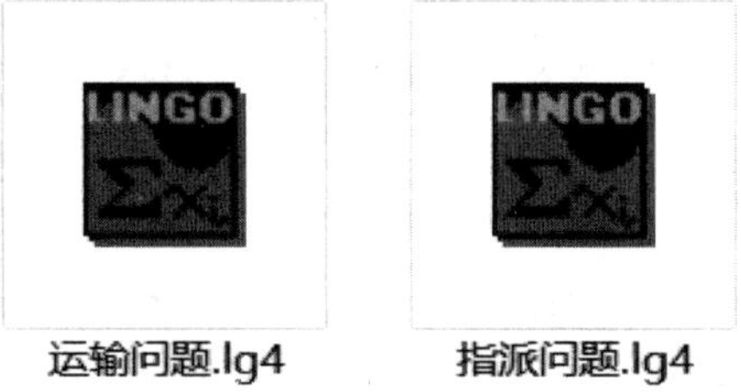

图 2－8　LINGO 格式的模型文件

2.3.2　LINGO 软件的操作方法

一般地，使用 LINGO 软件求解运筹学问题可以分为以下两个步骤来完成。

步骤 1：根据实际问题，建立数学模型，即使用数学建模的方法建立优化模型。

步骤 2：根据优化模型，利用 LINGO 软件来求解模型。主要是利用 LINGO 软件，把数学模型转译成计算机程序语言，借助计算机求解数学模型。

以例 2－1 为例，实际上这里我们已经完成了步骤 1，即根据实际问题建立数学模型。接下来进行步骤 2，将数学模型转译成计算机语言。这里我们只需在 LINGO 软件的建模主窗口输入以下语句即可：

```
max =5 * x1 +10 * x2;
x1 +x2 <30;
2 * x1 +x2 <40;
x2 <20;
```

然后点击“求解”按钮（快捷键为 Ctrl + U），就能得到模型的求解结果。这时会弹出两个窗口，一个是求解状态窗口，另一个是求解报告窗口。下面介绍两个窗口分别输出了哪些信息、这些信息表达了什么含义。

2.3.3　LINGO 软件的输出信息分析

求解状态窗口如图 2－9 所示，左上方显示的是求解状态，包括模型的类型（model）、解的状态（state）、目标函数的当前值（objective）、不满足约束条件的个数（infeasibility）、迭代次数（iterations）。其中模型的类型包括线性规划（LP）、整数线性规划（ILP）、纯整数线性规划（PILP）、混合整数线性规划（MILP）、非线性规划（NLP）等；解的状态包括全局最优解（global optimum）、局部最优解（local optimum）、可行解（feasible）、无可行解（infeasible）、无界解（unbounded）等。

左下方显示的是求解器的状态，LINGO 软件针对不同类型的数学模型有不同的求解器，包括线性求解器、非线性求解器、整数求解器、全局求解器等，软件会根据用户所构建模型的类型自动选择合适的求解器，用户也可自行设置选用哪个求解器。图 2－9 中该项没有显示信息，是因为模型过于简单，信息还没来得及生成计算就结束了。

求解状态窗口的右侧从上至下分别显示的是变量个数、约束条件个数、非零系数个数、内存消耗数、程序运行时间等信息。从图中我们可以得知，例 2－1 数学模型的决策变量有 2 个，约束条件有 4 个（实际有 3 个，LINGO 默认把目标函数也看成 1 个约束条件），非零系数有 7 个（这里的系数是指决策变量的系数，不包括约束条件右端项），内存消耗 18KB，运行时间不到 1 秒。

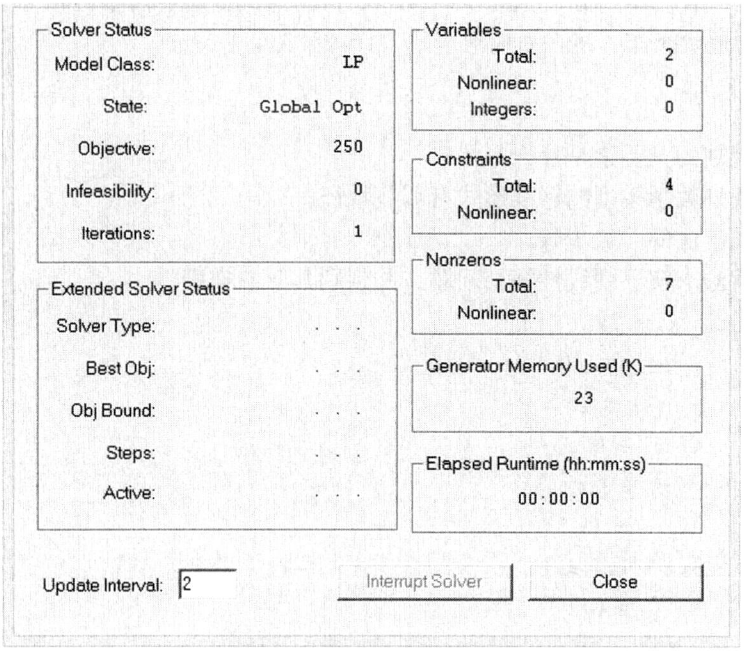

图 2－9　LINGO 求解状态窗口

求解报告窗口如图 2－10 所示，第 1 行告诉我们已找到模型的全局最优解，第 2～4 行的含义与求解状态中的内容一致，这里不再赘述。接下来显示的是决策变量的值，即最优解，以及其相差值（reduced cost）。相差值的含义是“为了使得决策变量为正值，其相应的目标函数系数需要改进的量”。当决策变量已为正数时，相差值为零。

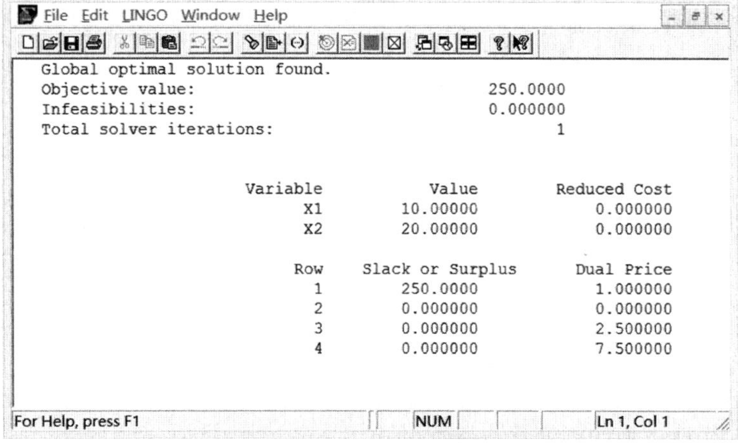

图 2－10　LINGO 求解报告窗口

最后显示的是约束条件中松弛变量（slack）或剩余变量（surplus）的取值，以及其相应的对偶价格（dual price）。对偶价格是指约束条件右端常数项增加（或减少）1 个单位，使目标函数值改进（或恶化）的量。关于对偶价格的具体含义和分析我们将在第 3 章学习。一般我们从第二行开始分析（第一行表示的是目标函数），从图中可知，三个约束条件的松弛变量或剩余变量都为 0，对应的对偶价格分别为 0、2.5 和 7.5。

以上操作和信息输出分析只是 LINGO 软件用于求解数学模型的最基本操作，关于 LINGO 软件的进阶操作，将在后面对应章节详细介绍。

练习题

1. 线性规划的三要素是什么？
2. 线性规划数学模型的标准形式有哪些特征？
3. 简述图解法的一般步骤。
4. 用图解法求解下列线性规划问题，并判别其解的类型。

（1）$\max z = x_1 + 2x_2$

$$\text{s.t.}\quad \begin{cases} x_1 + x_2 \leqslant 10 \\ -x_1 + x_2 \geqslant 8 \\ x_1, x_2 \geqslant 0 \end{cases}$$

（2）$\min f = 3x_1 + 2x_2$

$$\text{s.t.}\quad \begin{cases} 2x_1 + x_2 \geqslant 1 \\ 3x_1 + 4x_2 \geqslant 3 \\ x_1, x_2 \geqslant 0 \end{cases}$$

（3）$\max z = x_1 + x_2$

$$\text{s.t.}\quad \begin{cases} 4x_1 + 3x_2 \geqslant 12 \\ x_1 + 2x_2 \geqslant -3 \\ x_2 \geqslant 2 \\ x_1, x_2 \geqslant 0 \end{cases}$$

（4）$\max z = 3x_1 + 9x_2$

$$\text{s.t.}\quad \begin{cases} x_1 + 3x_2 \leqslant 22 \\ -x_1 + x_2 \leqslant 4 \\ x_2 \leqslant 6 \\ 2x_1 - 5x_2 \leqslant 0 \\ x_1, x_2 \geqslant 0 \end{cases}$$

（5）$\max z = 3x_1 + 4x_2$

$$\text{s.t.}\quad \begin{cases} -x_1 + 2x_2 \leqslant 8 \\ x_1 + 2x_2 \leqslant 12 \\ 2x_1 + x_2 \leqslant 16 \\ 2x_1 - 5x_2 \leqslant 0 \\ x_1, x_2 \geqslant 0 \end{cases}$$

5. 将下列线性规划问题转化成标准形式。

（1）$\min f = 5x_1 + 5x_2$

$$
\text{s.t.}\quad \begin{aligned} &4x_1+3x_2 \geqslant 22 \\ &x_1+2x_2 \geqslant -13 \\ &x_2 \geqslant 12 \\ &x_1, x_2 \geqslant 0 \end{aligned}
$$

（2）$\max z = 3x_1 + 9x_2 + x_3$

$$
\text{s.t.}\quad \begin{aligned} &x_1+3x_2+x_3 \leqslant 22 \\ &-x_1+x_2 \geqslant 4 \\ &2x_1-5x_2-x_3 \leqslant 0 \\ &x_1, x_2 \geqslant 0,\ x_3 \text{ 无限制} \end{aligned}
$$

（3）$\min f = -3x_1 - 4x_2$

$$
\text{s.t.}\quad \begin{aligned} &3x_1+5x_2 \leqslant 70 \\ &-x_1-2x_2 = 12 \\ &-2x_1+x_2 \geqslant 16 \\ &x_1 \leqslant 0,\ x_2 \text{ 无限制} \end{aligned}
$$

6. 用图解法求解下列线性规划问题，写出其标准形式，并求出两个松弛变量的值。

$\max z = 2x_1 + x_2$

$$
\text{s.t.}\quad \begin{aligned} &3x_1+4x_2 \leqslant 9 \\ &5x_1+2x_2 \leqslant 8 \\ &x_1, x_2 \geqslant 0 \end{aligned}
$$

7. 用图解法求解下列线性规划问题，写出其标准形式，并求出三个剩余变量的值。

$\min f = 11x_1 + 8x_2$

$$
\text{s.t.}\quad \begin{aligned} &10x_1+2x_2 \geqslant 20 \\ &3x_1+3x_2 \geqslant 18 \\ &4x_1+9x_2 \geqslant 36 \\ &x_1, x_2 \geqslant 0 \end{aligned}
$$

8. 对第 6 题和第 7 题的线性规划目标函数系数进行灵敏度分析，即假定其中一个系数不变，求出使最优解不变的另一个系数的变化范围。

9. 某化工厂生产 A、B 两种产品，各产品都需要经过三道工序进行加工，产品 A、B 每吨的利润分别为 2 万元和 3 万元，生产两种产品每吨所需工时数及各工序可用总工时数如表 2－1 所示。如何安排生产使化工厂的总利润最大？建立数学模型，并用 LINGO 软件求解。

表 2－1　单位产品所需工时数及各工序可用总工时数

工序	单位产品所需工时数		可用总工时数
	产品 A	产品 B	
工序 1	8	10	350
工序 2	10	5	450
工序 3	2	5	400

10. 假设你有 1 万元打算用来购买基金，目前选中两种基金，各自的价格、收益以及风险系数如表 2－2 所示，试求一种投资方案，使得总风险不高于 300 且总收益最大。

建立数学模型，并用 LINGO 软件求解。

表 2-2 基金相关信息

基金	价格（元）	收益（元/年）	风险系数
A	25	4	0.7
B	45	5	0.4

11. 某混凝土公司可生产甲、乙两种混凝土产品，其车间的生产能力为 25 吨/小时，每天工作 8 小时，现有两个施工现场每天分别需要甲产品 120 吨，乙产品 100 吨，甲产品水泥和沙的配比是 4∶6，利润是 150 元/吨；乙产品水泥和沙的配比是 5∶5，利润是 100 元/吨。该公司每天可用的水泥为 155 吨，沙为 145 吨。该公司给两个施工现场的供给量不能超过其需求量，不足部分由其他公司供给。该公司每天应生产甲、乙两种产品各多少吨可使利润最大？建立数学模型，并用 LINGO 软件求解。

12. 某集装箱卡车的最大载重为 140 吨，最大容积为 1 365 立方英尺。现有 A、B 两种货物需要托运：A 货物重量为 4 吨/件，体积为 19 立方英尺/件，托运费为 2 万元/件；B 货物重量为 8 吨，体积为 27 立方英尺/件，托运费为 3 万元/件。问卡车司机应该各托运 A、B 两种货物多少件可使收入最高？建立数学模型，并用 LINGO 软件求解。

13. 某公司生产两种产品，两种产品都需要经过车加工、铣加工、钻加工、磨加工四道工序，由于工艺略有差异，两种产品经过每道工序的时间有所不同，如表 2-3 所示。此外，表中还说明了每种产品的单位利润以及四道工序的可用总工时。如何安排生产，使得总利润最大？建立数学模型，并用 LINGO 软件求解。

表 2-3 第 13 题数据表

项目	工序消耗时间（小时/件）				利润（万元/件）
	车加工	铣加工	钻加工	磨加工	
产品 1	9	5	10	6	5
产品 2	10	7	9	6	4
可用工时（小时）	8 000	7 000	9 000	6 000	

14. 某企业可制造 A、B、C、D 四种产品，单位产品所需消耗原材料、劳动力、设备工时及利润如表 2-4 所示。可供使用的原材料有 5 000 千克，劳动力 6 000 工时，设备 7 000 工时。该公司应该如何制订生产计划可使利润最大？建立数学模型，并用 LINGO 软件求解。

表 2-4 第 14 题数据表

项目	产品 A	产品 B	产品 C	产品 D
原材料（千克/件）	10	14	19	13
劳动力（工时/件）	8	11	12	7
设备工时（工时/件）	18	19	6	14
利润（万元/件）	6	9	8	7

第3章 单纯形法与对偶理论

单纯形法是求解线性规划问题最基本的算法，了解其原理有助于理解线性规划的本质。本章首先介绍单纯形法的基本思路与原理，在此基础上介绍单纯形法的表格形式以及单纯形法解的几种特殊形式，然后介绍单纯形表的灵敏度分析，最后介绍线性规划的对偶理论以及对偶单纯形法。

3.1 单纯形法的思路与原理

3.1.1 单纯形法的含义

单纯形法（simplex algorithm）是求解线性规划问题最常用、最有效的算法之一，最早由美国数学家丹齐格于 1947 年提出。单纯形是代数拓扑中的基本概念之一，是指零维中的点、一维中的线段、二维中的三角形、三维中的四面体、n 维空间中的有 $n+1$ 个顶点的多面体。这里“单纯”的意思是“基本”，因为单纯形（simplex）是组成更复杂结构——复形（complex）的基本构件。可以证明线性规划问题如果存在可行域，那么可行域必然是一个凸集，其最优解必然在顶点取到，这就是单纯形法名称的由来。

单纯形法本质上是一种算法，所谓算法（algorithm）是指关于解题方案准确且完整的描述，是一系列解决问题的清晰指令，算法代表着用系统的方法描述解决问题的策略机制。也就是说，能够对一定规范的输入，在有限时间内获得所要求的输出。算法中的指令描述的是一个计算步骤，当其运行时能从一个初始状态和（可能为空的）初始输入开始，经过一系列有限且清晰定义的状态，最终产生输出并停止于一个终态。一个算法应该具有以下五个重要的特征：（1）有穷性（finiteness），即算法必须能在执行有限步骤之后终止；（2）确切性（definiteness），算法的每一个步骤必须有确切的定义；（3）输入项（input），一个算法有零个或多个输入，以刻画运算对象的初始情况，所谓零个输入是指算法本身给出了初始条件；（4）输出项（output），一个算法有一个或多个输出，以反映对输入数据加工后的结果，没有输出的算法是毫无意义的；（5）可行性（effectiveness)，算法中执行的任何计算步骤都可以分解为基本的可执行的操作步骤，即每个计算步骤都可以在有限时间内完成（也称有效性）。

3.1.2 单纯形法的基本思路

由第 2 章的图解法可知，线性规划如果有最优解，其最优解必定在可行域的顶点取到。因此，单纯形法的基本思路是：先找出可行域的一个顶点，根据一定规则判断其是否为最优；若不是，则转换到与之相邻的另一顶点，并使目标函数值更优；如此下去，直到找到某最优解为止，如图 3-1 所示。

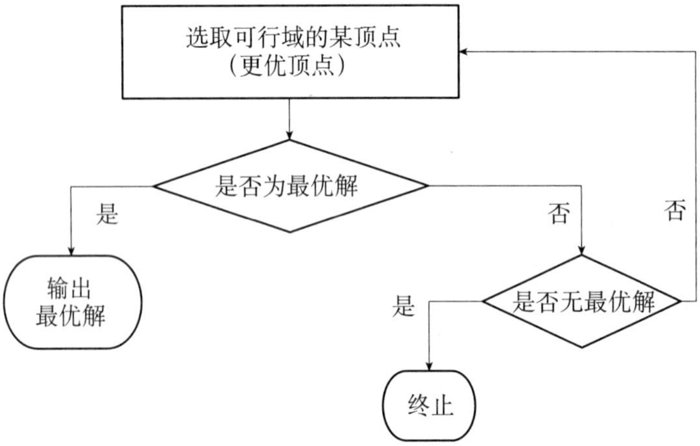

图 3-1 单纯形法的基本思路

这里需要回答三个问题：(1) 如何找到可行域的某一个顶点？(2) 如何判断该顶点对应的解是不是最优解？(3) 如何从一个顶点换到另一个顶点？

要回答这些问题就要搞清楚单纯形法的基本原理，为了更好地理解其基本原理，需要先掌握以下相关概念。

3.1.3 单纯形法的相关概念

1. 凸集

如果集合 $\boldsymbol{C}$ 中任意两个点 $\boldsymbol{X}_1$、$\boldsymbol{X}_2$ 及其连线上的所有点都是集合 $\boldsymbol{C}$ 中的点，称 $\boldsymbol{C}$ 为凸集（convex set）。用数学解析式可表示为，对任何 $\boldsymbol{X}_1 \in \boldsymbol{C}$，$\boldsymbol{X}_2 \in \boldsymbol{C}$ 有 $aX_1 + (1-a)X_2 \in \boldsymbol{C}$ $(0<a<1)$，则称 $\boldsymbol{C}$ 为凸集。如图 3-2 所示，(a)、(b) 为凸集，而 (c) 不是凸集。

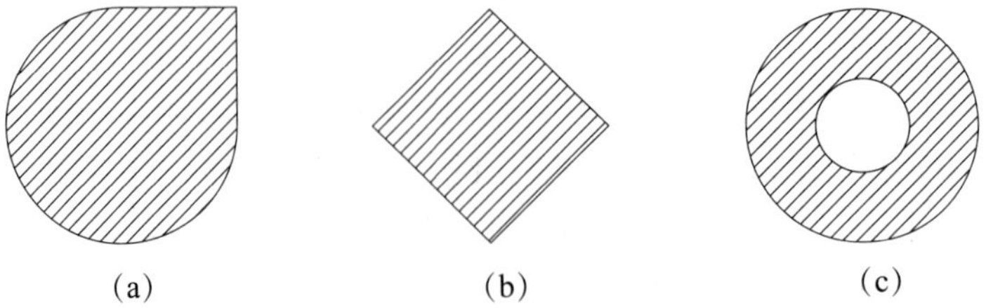

图 3-2 凸集与非凸集

2. 顶点

如果集合 $\boldsymbol{C}$ 中不存在任何两个不同的点 $\boldsymbol{X}_1$、$\boldsymbol{X}_2$，使 $\boldsymbol{X}$ 成为这两个点连线上的一个点，用数学解析式表示为，对任何 $X_1 \in \boldsymbol{C}$，$X_2 \in \boldsymbol{C}$，不存在 $\boldsymbol{X} = a\boldsymbol{X}_1 + (1-a)\boldsymbol{X}_2$ $(0<a<1)$，则称 $\boldsymbol{X}$ 是凸集 $\boldsymbol{C}$ 的顶点（vertex）。

3. 线性规划问题的标准形式

$$\max z = \sum_{j=1}^{n} c_j x_j \tag{1}$$

$$\text{s.t.} \quad \sum_{j=1}^{n} a_{ij} x_j = b_i,\ i = 1,2,\cdots,m \tag{2}$$

$$x_j \geqslant 0,\ j = 1,2,\cdots,n \tag{3}$$

式（1）~（3）为线性规划问题的标准形式，标准形式有四个要点：第一，目标函数求 max；第二，约束条件两端用“＝”连接；第三，所有决策变量均非负；第四，约束条件右端常数项非负，即 $b_i \geqslant 0, i = 1,2,\cdots,m$。

4. 基

假设 $\boldsymbol{A}_{m\times n}$ 是线性规划问题标准形式中约束条件（2）的系数矩阵，秩为 m。若 $\boldsymbol{B}_{m\times m}$ 是 $\boldsymbol{A}$ 的子阵且可逆，称 $\boldsymbol{B}$ 为线性规划问题的一个基（base），即 $\boldsymbol{B}$ 由 $\boldsymbol{A}$ 中 m 个线性无关的列向量组成。

这里有几个线性代数的相关概念。

（1）秩（rank）。设矩阵 $\boldsymbol{A}$ 中有一个 r 阶非零子式 $\boldsymbol{D}$，且所有 $r+1$ 阶子式（如果存在的话）全等于 0，那么 $\boldsymbol{D}$ 称为矩阵 $\boldsymbol{A}$ 的最高阶非零子式，数 r 称为矩阵 $\boldsymbol{A}$ 的秩，即一个矩阵的秩是其非零子式的最高阶数。

（2）可逆矩阵（invertible matrix）。矩阵 $\boldsymbol{A}$ 为 n 阶方阵，若存在 n 阶矩阵 $\boldsymbol{B}$ 使得矩阵 $\boldsymbol{A}$、$\boldsymbol{B}$ 的乘积为单位阵，则称 $\boldsymbol{A}$ 为可逆阵，$\boldsymbol{B}$ 为 $\boldsymbol{A}$ 的逆矩阵。单位矩阵一定是可逆矩阵，它的逆矩阵就是它自己。

（3）线性无关。在线性代数里，矢量空间的一组元素中若没有矢量可用有限个其他矢量的线性组合表示，则称为线性无关或线性独立，反之称为线性相关。如在三维欧几里得空间 R 的三个矢量（1，0，0），（0，1，0）和（0，0，1）线性无关；但（2，－1，1），（1，0，1）和（3，－1，2）线性相关，因为第三个可由前两个矢量的线性组合表示（是前两个的和）。

5. 基向量

基 $\boldsymbol{B}$ 中的一列即称为一个基向量（basic vector），基 $\boldsymbol{B}$ 中共有 m 个基向量。

6. 非基向量

在 $\boldsymbol{A}$ 中除了基 $\boldsymbol{B}$ 之外的任一列称为非基向量（nonbasic vector）。

7. 基变量

与基向量 $\boldsymbol{p}_i$ 相对应的变量 x_i 叫基变量（basic variable），基变量有 m 个。

8. 非基变量

与非基向量 $\boldsymbol{p}_j$ 相对应的变量 x_j 叫非基变量（nonbasic variable），非基变量有 $n-m$ 个。

9. 可行解

满足线性规划约束条件（2）、（3）的解称为线性规划的可行解（feasible solution）。

10. 最优解

可行解中使目标函数（1）达到最大值的称为最优解（optimal solution）。

3.1.4 单纯形法的基本原理

单纯形法主要有以下三个步骤：

步骤 1：找出一个初始基本可行解

该步骤回答了基本思路中“如何找到可行域的某一个顶点?”这个问题。

为了简便，以一个只有两个决策变量的线性规划为例进行演示。线性规划如下所示：

$$
\begin{aligned}
\max z &= 5x_1 + 10x_2 \\
\text{s. t.} \quad & x_1 + x_2 \leqslant 30 \\
& 2x_1 + x_2 \leqslant 40 \\
& x_2 \leqslant 20 \\
& x_1, x_2 \geqslant 0
\end{aligned}
$$

由于该线性规划不是标准形式，需要先进行转换，加上松弛变量之后得到线性规划的标准形式，如下所示：

$$
\begin{aligned}
\max z &= 5x_1 + 10x_2 \\
\text{s. t.} \quad & x_1 + x_2 + x_3 = 30 \\
& 2x_1 + x_2 + x_4 = 40 \\
& x_2 + x_5 = 20 \\
& x_1, x_2, x_3, x_4, x_5 \geqslant 0
\end{aligned}
$$

该线性规划问题约束方程的系数矩阵为：

$$
\boldsymbol{A} = (\boldsymbol{p}_1, \boldsymbol{p}_2, \boldsymbol{p}_3, \boldsymbol{p}_4, \boldsymbol{p}_5) = \begin{pmatrix} 1 & 1 & 1 & 0 & 0 \\ 2 & 1 & 0 & 1 & 0 \\ 0 & 1 & 0 & 0 & 1 \end{pmatrix}
$$

其中 $\boldsymbol{p}_j$ 为系数矩阵 $\boldsymbol{A}$ 第 j 列的向量，$\boldsymbol{A}$ 的秩为 3，方程组变量个数大于 $\boldsymbol{A}$ 的秩，根据线性代数的知识，此方程组有无数组解。如何从方程组的无数组解中找到一个初始可行解呢?

若在约束方程组系数矩阵中找到一个基，令其非基变量为零，再求解该 m 元线性方程组可得到唯一解，该解称为线性规划的基本解或基解（有一个基，就可以求出一个基解）。不妨假设找到 $\boldsymbol{A}$ 的一个基 $\boldsymbol{B}_1$（可逆子阵）：

$$
\boldsymbol{B}_1 = (\boldsymbol{p}_2, \boldsymbol{p}_3, \boldsymbol{p}_5) = \begin{pmatrix} 1 & 1 & 0 \\ 1 & 0 & 0 \\ 1 & 0 & 1 \end{pmatrix}
$$

令非基变量 $x_1 = x_4 = 0$，约束方程变为基变量的方程，如下所示：

$x_2 + x_3 = 30$

$x_2 = 40$

$x_2 + x_5 = 20$

求解得到此线性规划的一个基本解：$x_1 = 0, x_2 = 40, x_3 = -10, x_4 = 0, x_5 = -20$ 。

由于该基本解中 $x_3 = -10, x_5 = -20$ ，不满足决策变量非负的约束条件，不是可行解。因此，基本解不一定是可行解，只有满足非负条件的基本解才是可行解，称为基本可行解或基可行解，并把其对应的基称为可行基。基本可行解与其他解的关系如图 3－3 所示。

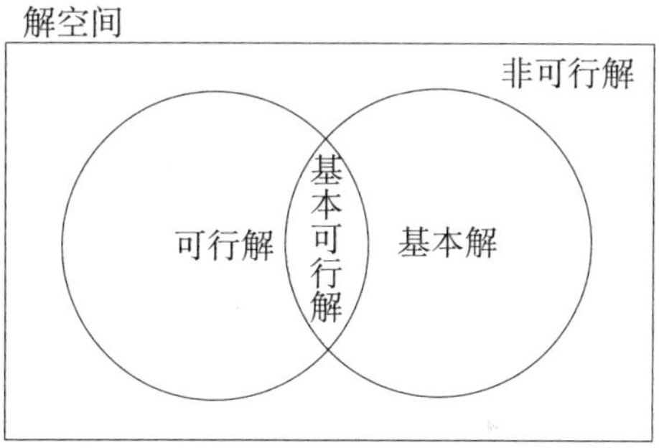

图 3－3　基本可行解与其他解的关系

一般来说判断一个基是不是可行基，只有在求出其基本解以后才可判断。那么我们能否在求解之前，就找到一个可行基呢？也就是能否找到一个基保证在求解之后得到的解一定是基本可行解呢？答案是肯定的。

由于线性规划的标准型中要求 $b_j \geqslant 0$ ，若能找到一个基是单位矩阵（各列向量顺序无关重要），例如：

$$\boldsymbol{B}_2 = (\boldsymbol{p}_3, \boldsymbol{p}_4, \boldsymbol{p}_5) = \begin{pmatrix} 1 & 0 & 0 \\ 0 & 1 & 0 \\ 0 & 0 & 1 \end{pmatrix}$$

所得基本解一定是基本可行解，解中的各个变量或等于某个 b_j 或等于零。

第一次找到的可行基为单位矩阵（各列可以乱序），称为初始可行基，相应的基本可行解叫初始基本可行解。若找不到单位矩阵的基作为初始可行基，则需要构造初始可行基，这种情况我们在后面的例题中会涉及。

本例中以 $\boldsymbol{B}_2$ 为基，令其非基变量 $x_1 = 0, x_2 = 0$ ，得到初始基本可行解：$x_1 = 0, x_2 = 0, x_3 = 30, x_4 = 40, x_5 = 20$ 。

步骤 2：最优性检验

最优性检验（optimality test）是指检验找到的基本可行解是不是最优解。该步骤回答了基本思路中“如何判断该顶点对应的解是不是最优解？”这个问题。

如果把线性规划问题标准形式的等式约束中的非基变量移到右边，用非基变量表示基变量，再把目标函数中的基变量用非基变量替换，这样目标函数中就只含有非基变量了，此时目标函数中所有变量的系数即为各变量的检验数，由于此时基变量的系数为零，因此所有基变量的检验数一定是零。检验数用符号 σ_j 表示，具体推导过程如下。

可行基为 m 阶单位矩阵的线性规划模型如下（假设其系数矩阵的前 m 列是单位矩阵）：

$$\begin{aligned}
\max z &= c_1x_1 + c_2x_2 + \cdots + c_nx_n \\
\text{s.t.}\quad & x_1 + a_{1,m+1}x_{m+1} + \cdots + a_{1,n}x_n = b_1 \\
& x_2 + a_{2,m+1}x_{m+1} + \cdots + a_{2,n}x_n = b_2 \\
& \vdots \\
& x_m + a_{m,m+1}x_{m+1} + \cdots + a_{m,n}x_n = b_m \\
& x_j \geqslant 0,\ j = 1,2,\cdots,n
\end{aligned}$$

以下用 $x_i(i = 1,2,\cdots,m)$ 表示基变量，用 $x_j(j = m+1,m+2,\cdots,n)$ 表示非基变量。把第 i 个约束方程移项，就可用非基变量来表示基变量 x_i，

$$\begin{aligned}
x_i &= b_i - a_{i,m+1}x_{m+1} - a_{i,m+2}x_{m+2} - \cdots - a_{i,n}x_n \\
&= b_i - \sum_{j=m+1}^{n} a_{ij}x_j
\end{aligned}$$

把以上的表达式代入目标函数，有

$$\begin{aligned}
z &= c_1x_1 + c_2x_2 + \cdots + c_nx_n = \sum_{i=1}^{m} c_ix_i + \sum_{j=m+1}^{n} c_jx_j \\
&= \sum_{i=1}^{m} c_i\left(b_i - \sum_{j=m+1}^{n} a_{ij}x_j\right) + \sum_{j=m+1}^{n} c_jx_j \\
&= \sum_{i=1}^{m} c_ib_i - \sum_{i=1}^{m}\sum_{j=m+1}^{n} c_ia_{ij}x_j + \sum_{j=m+1}^{n} c_jx_j \\
&= \sum_{i=1}^{m} c_ib_i + \sum_{j=m+1}^{n}\left(c_j - \sum_{i=1}^{m} c_ia_{ij}\right)x_j
\end{aligned}$$

令 $z_0 = \sum_{i=1}^{m} c_ib_i, \sigma_j = c_j - z_j$，其中 $z_j = \sum_{i=1}^{m} c_ia_{ij}$，最终有表达式：$z = z_0 + \sum_{j=m+1}^{n} \sigma_jx_j$。

求最大目标函数的问题中，若某个基本可行解的所有检验数 $\sigma_j \leqslant 0$，则该解是最优解。假设某一个非基变量的系数大于 0，就可以用某一基变量将其替换出来，使目标函数值有增大的可能性。对于求目标函数最小值的情况，只需把 $\sigma_j \leqslant 0$ 改为 $\sigma_j \geqslant 0$。关于无最优解的判别，我们将在后面阐述。

上述表达式可进一步分析：

$$z_j = \sum_{i=1}^{m} c_ia_{ij} = c_1a_{1j} + c_2a_{2j} + \cdots + c_ma_{mj} = (c_1,c_2,\cdots,c_m)\begin{pmatrix} a_{1j} \\ a_{2j} \\ \vdots \\ a_{mj} \end{pmatrix} = (c_1,c_2,\cdots,c_m)\boldsymbol{p}_j$$

其中，$(c_1,c_2,\cdots,c_m)$ 即目标函数中基变量对应的系数，$\boldsymbol{p}_j$ 为非基变量 x_j 对应的列向量（非基向量）。需要注意的是，上述推导只针对初始基本可行解，一般情况下，为了求出最优解会经过若干次迭代，这时基发生了若干次变化，上述计算 z_j 的式子也应改变。假

设迭代后基变量为 $x_i'(i=1,2,\cdots,m)$，非基变量为 $x_j'(j=m+1,m+2,\cdots,n)$，与 x_i' 对应的目标函数系数为 c_i'，与 x_j' 对应的列向量为 $\boldsymbol{p}_j'$，则 $z_j=(c_1',c_2',\cdots,c_m')\boldsymbol{p}_j'$。

步骤 3：基变换

该步骤回答了基本思路中“如何从一个顶点换到另一个顶点?”这个问题。

上述例题中找到一个初始可行基 $\boldsymbol{B}_2$，则 x_3，x_4，x_5 为基变量，x_1，x_2 为非基变量，因此目标函数已经用非基变量表示，那么各变量的检验数为：$\sigma_1=5$，$\sigma_2=10$，$\sigma_3=0$，$\sigma_4=0$，$\sigma_5=0$。根据最优性检验可知，该基本可行解不是最优解，需进行基变换。具体做法是更换可行基中的一个列向量，得到新的可行基，求出新的基本可行解使目标函数值更优。为了换基，就需要确定换入变量和换出变量，称换入变量为入基变量，换出变量为出基变量。

（1）入基变量的确定。当某 $\sigma_j>0$，非基变量 x_j 变为基变量，不取 0 值可使目标函数值增大，故选检验数大于 0 的非基变量换到基变量中。若有两个以上 $\sigma_j>0$，为使目标函数更大，直观上一般选 σ_j 较大的非基变量为**入基变量**。例题中 $\sigma_2=10$ 是最大的非负检验数，故选 x_2 为入基变量。

（2）出基变量的确定。用已确定的入基变量在各约束方程中的正系数除以其所在约束方程中的常数项，把最小比值所在的约束方程中的原基变量确定为出基变量，即 $\min\{b_i/a_{ij}\mid a_{ij}>0\}$ 对应的基变量为**出基变量**。这样做的目标是在下一步迭代的矩阵变换中可以确保新得到的 b_j 值都不小于 0，该值通过系数矩阵与常数项的增广矩阵的初等行变换得到，即为新的基变量的值，从而确保了变换后新的基变量一定非负。

3.2 单纯形表

3.2.1 单纯形表的一般形式

单纯形表就是把用单纯形法求出的基本可行解、检验最优性、基变换等步骤都用表格的方式表现。迭代过程中的计算方法是矩阵的初等行变换。

单纯形表的形式如表 3－1 所示，这里用 $x_i(i=1,2,\cdots,m)$ 表示基变量，用 $x_j(j=m+1,m+2,\cdots,n)$ 表示非基变量。第一列填写迭代次数（求初始基本可行解时填 0，此时还没开始迭代），第二列填写基变量，第三列填写基变量在目标函数中对应的系数，最后一列填写 b_i/a_{ij} 的值，用于确定出基变量。第一行填写线性规划标准形式的所有变量，第二行填写变量对应的系数，倒数第二行填写 z_j 的计算结果，用于进一步计算 σ_j，其中 $z=c_B^{\mathrm{T}}b$ 为目标函数的值，最后一行填写 σ_j 的计算结果，用于确定入基变量。单纯形表的中间部分为系数矩阵 $\boldsymbol{A}$ 和常数项列向量 $\boldsymbol{b}$，其合并在一起构成约束方程的增广矩阵，对增广矩阵进行线性代数初等行变换，可实现基变换。

表 3-1 单纯形表的形式

迭代次数	基变量	c_B	x_1	x_2	…	x_n	b	b_i/a_{ij}
			c_1	c_2	…	c_n		
t	x_1	c_1	a_{11}	a_{12}	…	a_{1n}	b_1	b_1/a_{1j}
	x_2	c_2	a_{21}	a_{22}	…	a_{2n}	b_2	b_2/a_{2j}
	⋮	⋮	⋮	⋮		⋮	⋮	⋮
	x_m	c_m	a_{m1}	a_{m2}	…	a_{mn}	b_m	b_m/a_{mj}
	z_j		$c_B^T p_1$	$c_B^T p_2$	…	$c_B^T p_n$	$c_B^T b$	
	$\sigma_j = c_j - z_j$		$c_1 - c_B^T p_1$	$c_2 - c_B^T p_2$	…	$c_n - c_B^T p_n$		

还是以下面的线性规划为例，阐述单纯形表的使用方法：

$$\max z = 5x_1 + 10x_2$$

$$\text{s.t.} \quad x_1 + x_2 + x_3 = 30$$

$$2x_1 + x_2 + x_4 = 40$$

$$x_2 + x_5 = 20$$

$$x_1, x_2, x_3, x_4, x_5 \geqslant 0$$

将线性规划的数据按照表 3-1 填入单纯形表，如表 3-2 所示，计算 z_j，再计算 σ_j，找到 $\max \sigma_j(\sigma_j > 0)$，将其对应的变量作为入基变量，由于 $\sigma_2 = 10$ 且最大，因此将 x_2 作为入基变量。接下来计算 b_i/a_{ij}，找到 $\min\{b_i/a_{ij} \mid a_{ij} > 0\}$，将其对应的基变量作为出基变量，这里 20/1 最小，因此将 x_5 作为出基变量。

表 3-2 第 0 次迭代

迭代次数	基变量	c_B	x_1	x_2	x_3	x_4	x_5	b	b_i/a_{ij}
			5	**10**	**0**	**0**	**0**		
0	x_3	0	1	1	1	0	0	30	30/1
	x_4	0	2	1	0	1	0	40	40/1
	x_5	0	0	[**1**]	0	0	1	20	20/1
	z_j		0	0	0	0	0	0	
	$\sigma_j = c_j - z_j$		5	10	0	0	0		

接下来进行迭代，即对增广矩阵进行初等行变换，变换的目的是使 x_2 的列向量变为单位向量 $(0,0,1)^T$。矩阵的初等行变换主要包括三种操作：（1）将某行乘以 $c(c \neq 0)$；（2）将某行的 c 倍加到另外一行上；（3）交换两行。以下是对该增广矩阵的初等行变换：将第 3 行的 -1 倍分别加到第 1 行和第 2 行，得到新的增广矩阵，这就是迭代后的系数矩阵与常数项，将其填入表 3-3 中。

$$\begin{bmatrix} 1 & 1 & 1 & 0 & 0 & 30 \\ 2 & 1 & 0 & 1 & 0 & 40 \\ 0 & 1 & 0 & 0 & 1 & 20 \end{bmatrix} \rightarrow \begin{bmatrix} 1 & 0 & 1 & 0 & -1 & 10 \\ 2 & 0 & 0 & 1 & -1 & 20 \\ 0 & 1 & 0 & 0 & 1 & 20 \end{bmatrix}$$

接下来将基变量中的 x_5 换成 x_2，并修改对应的系数，计算 z_j，再计算 σ_j，找到

$\max \sigma_j(\sigma_j > 0)$，将其对应的变量作为入基变量，由于 $\sigma_1 = 5$ 且最大，因此将 x_1 作为入基变量。接下来计算 b_i/a_{ij}，找到 $\min\{b_i/a_{ij} | a_{ij} > 0\}$，将其对应的基变量作为出基变量，这里 10/1 和 20/2 的值相同，我们可以随便选取其中一个，这里假设选择下标较小的，因此将 x_3 作为出基变量。此时我们看到目标函数值已经从 0 增加到 200。

表 3-3　第 1 次迭代

迭代次数	基变量	c_B	x_1	x_2	x_3	x_4	x_5	b	b_i/a_{ij}
			5	**10**	**0**	**0**	**0**		
1	x_3	0	[1]	0	1	0	-1	10	10/1
	x_4	0	2	0	0	1	-1	20	20/2
	x_2	10	0	1	0	0	1	20	—
	z_j		0	10	0	0	10	200	
	$\sigma_j = c_j - z_j$		5	0	0	0	-10		

重复以上步骤，对增广矩阵进行初等行变换：将第 1 行的 -2 倍加到第 2 行，得到新的增广矩阵，填入表 3-4。

$$\begin{bmatrix} 1 & 0 & 1 & 0 & -1 & 10 \\ 2 & 0 & 0 & 1 & -1 & 20 \\ 0 & 1 & 0 & 0 & 1 & 20 \end{bmatrix} \rightarrow \begin{bmatrix} 1 & 0 & 1 & 0 & -1 & 10 \\ 0 & 0 & -2 & 1 & 1 & 0 \\ 0 & 1 & 0 & 0 & 1 & 20 \end{bmatrix}$$

接下来将基变量中的 x_3 换成 x_1，并修改对应的系数，计算 z_j，再计算 σ_j，这时我们看到所有的 σ_j 都小于等于 0，说明此时已经找到线性规划的最优解，也不用再计算 b_i/a_{ij}，由单纯形表可知最优解为 $x_1 = 10, x_2 = 20, x_3 = 0, x_4 = 0, x_5 = 0$，最优值为 $z = 250$。这样我们就用单纯形表的方法把这个线性规划问题解决了，实际上，我们可以连续地使用单纯形表，而不必每次都重新画一个表头。

表 3-4　第 2 次迭代

迭代次数	基变量	c_B	x_1	x_2	x_3	x_4	x_5	b	b_i/a_{ij}
			5	**10**	**0**	**0**	**0**		
2	x_1	5	1	0	1	0	-1	10	
	x_4	0	0	0	-2	1	1	0	
	x_2	10	0	1	0	0	1	20	
	z_j		5	10	5	0	5	250	
	$\sigma_j = c_j - z_j$		0	0	-5	0	-5		

3.2.2　大 M 法

前面我们介绍的例子都是求最大目标函数值，对于求最小目标函数值且约束条件中有“$\geqslant$”约束的时候，为了能够让单纯形表有一个统一的解法，需要对目标函数进行转化，为了构造初始可行基，需要添加人工变量。为了使转化后的线性规划等价于原始的线性规划，就需要采用大 M 法，这里的“M”是指一个足够大的数。下面用一个简单的例子来说明。

例 3-1 用单纯形法求解以下线性规划。

$$\min f = 4x_1 + 6x_2$$
$$\text{s.t.}\quad x_1 + x_2 \geqslant 35$$
$$x_1 \geqslant 15$$
$$2x_1 + x_2 \leqslant 60$$
$$x_1, x_2 \geqslant 0$$

首先，将该线性规划转化为标准形式，目标函数乘以 -1 就转化为求最大值问题，此外，在常数项大于等于 0 情况下的“ ⩾ ”不等式约束中添加剩余变量，在“ ⩽ ”不等式约束中添加松弛变量，得到以下标准形式：

$$\max z = -4x_1 - 6x_2$$
$$\text{s.t.}\quad x_1 + x_2 - x_3 = 35$$
$$x_1 - x_4 = 15$$
$$2x_1 + x_2 + x_5 = 60$$
$$x_1, x_2, x_3, x_4, x_5 \geqslant 0$$

但是，我们发现约束方程的系数矩阵中没有单位矩阵，这时就需要人为地添加变量来构造单位矩阵，称为人工变量。由于人工变量是人为添加进去的变量，为了使约束方程能够等价于原始的约束方程，人工变量只能取 0。为了达到这一目的，我们将人工变量在目标函数中的系数设置为 -M，这样只要人工变量大于 0，所求目标函数最大值就变成一个足够小的数，如果该线性规划有最优解，那么为了使目标函数值达到最大，人工变量就只能等于 0。若到最后，人工变量仍不能从基变量中换出，即人工变量仍不为 0，则该问题无可行解。因此，添加人工变量之后的线性规划如下所示：

$$\max z = -4x_1 - 6x_2 - Mx_6 - Mx_7$$
$$\text{s.t.}\quad x_1 + x_2 - x_3 + x_6 = 35$$
$$x_1 - x_4 + x_7 = 15$$
$$2x_1 + x_2 + x_5 = 60$$
$$x_1, x_2, x_3, x_4, x_5, x_6, x_7 \geqslant 0$$

这样我们就可以用单纯形表求解该问题了，如表 3-5 所示，迭代过程中增广矩阵的初等行变换这里就不再展开。

表 3-5 大 M 法示例

迭代次数	基变量	c_B	x_1	x_2	x_3	x_4	x_5	x_6	x_7	b	b_i/a_{ij}
			-4	**-6**	**0**	**0**	**0**	**-M**	**-M**		
0	x_6	-M	1	1	-1	0	0	1	0	35	35/1
	x_7	-M	[1]	0	0	-1	0	0	1	15	15/1
	x_5	0	2	1	0	0	1	0	0	60	60/2
	z_j		-2M	-M	M	M	0	-M	-M	-50M	
	$\sigma_j = c_j - z_j$		-4+2M	-6+M	-M	-M	0	0	0		

续表

迭代次数	基变量	c_B	x_1	x_2	x_3	x_4	x_5	x_6	x_7	b	b_i/a_{ij}
			-4	**-6**	**0**	**0**	**0**	**-M**	**-M**		
1	x_6	-M	0	1	-1	1	0	1	-1	20	20/1
	x_1	-4	1	0	0	-1	0	0	1	15	—
	x_5	0	0	1	0	[2]	1	0	-2	30	30/2
	z_j		-4	-M	M	-M+4	0	-M	M-4	-20M-60	
	$\sigma_j = c_j - z_j$		0	-6+M	-M	M-4	0	0	-2M+4		
2	x_6	-M	0	[0.5]	-1	0	-0.5	1	0	5	5/0.5
	x_1	-4	1	0.5	0	0	0.5	0	0	30	30/0.5
	x_4	0	0	0.5	0	1	0.5	0	-1	15	15/0.5
	z_j		-4	-0.5M-2	M	0	0.5M-2	-M	0	-5M-120	
	$\sigma_j = c_j - z_j$		0	0.5M-4	-M	0	-0.5M+2	0	-M		
3	x_2	-6	0	1	-2	0	-1	2	0	10	
	x_1	-4	1	0	1	0	1	-1	0	25	
	x_4	0	0	0	1	1	1	-1	-1	10	
	z_j		-4	-6	8	0	2	-8	0	-160	
	$\sigma_j = c_j - z_j$		0	0	-8	0	-2	-M+8	-M		

表 3-5 中第 1 次迭代的入基变量是 x_1，出基变量是 x_7；第 2 次迭代的入基变量是 x_4，出基变量是 x_5；第 3 次迭代的入基变量是 x_2，出基变量是 x_6。第 3 次迭代后所有的检验数 σ_j 都小于等于 0，说明已经求出最优解，最优解为 $x_1 = 25$，$x_2 = 10$，$x_3 = 0$，$x_4 = 10$，$x_5 = 0$，$x_6 = 0$，$x_7 = 0$，最优值为 $f = -z = -(-160) = 160$。

3.2.3　两阶段法

两阶段法是处理人工变量的另一种方法。将加入人工变量后的线性规划分为两阶段求解，第一阶段判断原问题是否有可行解，如果有则进行第二阶段，如果没有就不必再往下计算。仍以例 3-1 为例，阐述两阶段法的求解过程。

第一阶段：将目标函数变为求人工变量相反数之和的最大值，如下所示。

$$
\begin{aligned}
&\max z = -x_6 - x_7 \\
&\text{s.t.}\quad x_1 + x_2 - x_3 + x_6 - 35 \\
&\qquad x_1 - x_4 + x_7 = 15 \\
&\qquad 2x_1 + x_2 + x_5 = 60 \\
&\qquad x_1, x_2, x_3, x_4, x_5, x_6, x_7 \geqslant 0
\end{aligned}
$$

如果最终目标函数值小于 0，则说明不存在使所有人工变量都为 0 的可行解，即原问题无可行解；如果目标函数值等于 0，则说明存在一个可行解使所有人工变量都为 0，即原问题可能有最优解，需要进入第二阶段进一步计算。第一阶段的单纯形表如表 3-6 所示。

表 3-6 第一阶段

迭代次数	基变量	c_B	x_1	x_2	x_3	x_4	x_5	x_6	x_7	b	b_i/a_{ij}
			0	**0**	**0**	**0**	**0**	**−1**	**−1**		
0	x_6	−1	1	1	−1	0	0	1	0	35	35/1
	x_7	−1	[1]	0	0	−1	0	0	1	15	15/1
	x_5	0	2	1	0	0	1	0	0	60	60/2
	z_j		−2	−1	1	1	0	−1	−1	−50	
	$\sigma_j=c_j-z_j$		2	1	−1	−1	0	0	0		
1	x_6	−1	0	[1]	−1	1	0	1	−1	20	20/1
	x_1	0	1	0	0	−1	0	0	1	15	—
	x_5	0	0	1	0	2	1	0	−2	30	30/1
	z_j		0	−1	1	−1	0	−1	1	−20	
	$\sigma_j=c_j-z_j$		0	1	−1	1	0	0	−2		
2	x_2	0	0	1	−1	1	0	1	−1	20	
	x_1	0	1	0	0	−1	0	0	1	15	
	x_5	0	0	0	1	1	1	−1	−1	10	
	z_j		0	0	0	0	0	0	0	0	
	$\sigma_j=c_j-z_j$		0	0	0	0	0	−1	−1		

第二阶段：将第一阶段最终单纯形表中的人工变量取消，将目标函数换成原问题的目标函数，把此可行解作为初始可行解进行计算。第二阶段的线性规划如下所示。

$$\max z=-4x_1-6x_2$$
$$\text{s. t.}\quad \begin{cases} x_2-x_3+x_4=20 \\ x_1-x_4=15 \\ x_3+x_4+x_5=10 \\ x_1,x_2,x_3,x_4,x_5\geqslant 0 \end{cases}$$

进入第二阶段，第一阶段最终单纯形表中已存在单位矩阵组成的基，并且人工变量都不为基变量，去掉人工变量的系数列，剩余的约束条件系数组成的矩阵显然仍存在单位矩阵（列的次序无关）。第二阶段的单纯形表如表 3-7 所示。

表 3-7 第二阶段

迭代次数	基变量	c_B	x_1	x_2	x_3	x_4	x_5	b	b_i/a_{ij}
			−4	**−6**	**0**	**0**	**0**		
0	x_2	−6	0	1	−1	1	0	20	20/1
	x_1	−4	1	0	0	−1	0	15	—
	x_5	0	0	0	1	[1]	1	10	10/1
	z_j		−4	−6	6	−2	0	−180	
	$\sigma_j=c_j-z_j$		0	0	−6	2	0		

续表

迭代次数	基变量	c_B	x_1	x_2	x_3	x_4	x_5	b	b_i/a_{ij}
			-4	**-6**	**0**	**0**	**0**		
1	x_2	-6	0	1	-2	0	-1	10	
	x_1	-4	1	0	1	0	1	25	
	x_4	0	0	0	1	1	1	10	
	z_j		-4	-6	8	0	2	-160	
	$\sigma_j = c_j - z_j$		0	0	-8	0	-2		

第二阶段迭代1次后所有的检验数 σ_j 都小于等于0，说明已经求出最优解，最优解为 $x_1 = 25, x_2 = 10, x_3 = 0, x_4 = 10$，$x_5 = 0, x_6 = 0, x_7 = 0$，最优值为 $f = -z = 160$，与大M法求解的结果一致。

3.3 单纯形法解的判别

3.3.1 无可行解

线性规划中无可行解，就是指没有满足约束条件的解，或该线性规划的可行域为空集。

例3-2 用单纯形表求解下列线性规划问题。

$$\max z = 4x_1 + 6x_2$$

$$\text{s. t.} \quad \begin{aligned} & x_1 + 6x_2 \leqslant 50 \\ & x_1 \leqslant 10 \\ & x_1 + x_2 \geqslant 20 \\ & x_1, x_2 \geqslant 0 \end{aligned}$$

解： 在约束条件中加入松弛变量 x_3, x_4，剩余变量 x_5，人工变量 x_6，得

$$\max z = 4x_1 + 6x_2 - Mx_6$$

$$\text{s. t.} \quad \begin{aligned} & x_1 + 6x_2 + x_3 = 50 \\ & x_1 + x_4 = 10 \\ & x_1 + x_2 - x_5 + x_6 = 20 \\ & x_1, x_2, x_3, x_4, x_5, x_6 \geqslant 0 \end{aligned}$$

采用两阶段法，将目标函数变为 $\max z = -x_6$，第一阶段的单纯形表如表3-8所示。

当第2次迭代后，所有检验数 σ_j 都小于等于0，说明所得基本可行解已经是最优解，但这时人工变量 $x_6 = 10/3$，不等于0，可知原问题无可行解。像这样当所有检验数 σ_j 都

小于等于 0，但基变量中仍然含有非零人工变量，或者采用两阶段法时第一阶段目标函数值不为 0，则此线性规划问题无可行解。

表 3－8　例 3－2 第一阶段

迭代次数	基变量	c_B	x_1	x_2	x_3	x_4	x_5	x_6	b	b_i/a_{ij}
			0	**0**	**0**	**0**	**0**	**−1**		
0	x_3	0	1	6	1	0	0	0	50	50/1
	x_4	0	[1]	0	0	1	0	0	10	10/1
	x_6	−1	1	1	0	0	−1	1	20	20/1
	z_j		−1	−1	0	0	1	−1	−20	
	$\sigma_j = c_j - z_j$		1	1	0	0	−1	0		
1	x_3	0	0	[6]	1	−1	0	0	40	20/3
	x_1	0	1	0	0	1	0	0	10	—
	x_6	−1	0	1	0	−1	−1	1	10	10/1
	z_j		0	−1	0	1	1	−1	−10	
	$\sigma_j = c_j - z_j$		0	1	0	−1	−1	0		
2	x_2	0	0	1	1/6	−1/6	0	0	20/3	
	x_1	0	1	0	0	1	0	0	10	
	x_6	−1	0	0	−1/6	−5/6	−1	1	10/3	
	z_j		0	0	1/6	5/6	1	−1	−10/3	
	$\sigma_j = c_j - z_j$		0	0	−1/6	−5/6	−1	0		

如果用 LINGO 软件求解上述模型，会出现如图 3－4 所示的错误信息说明模型无可行解，而此时求解状态窗口中模型的状态为"No feasible solution found"，即无可行解。

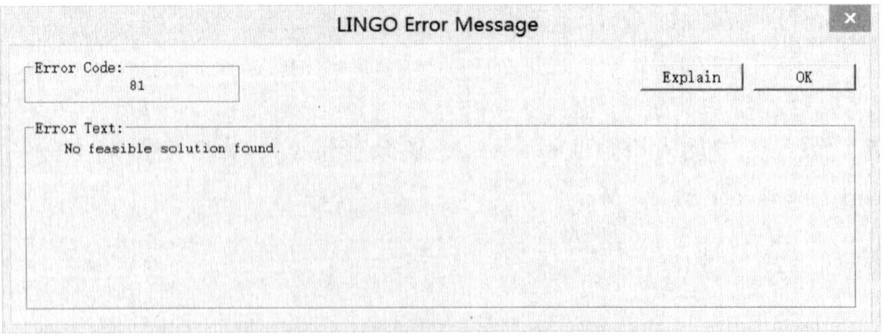

图 3－4　LINGO 软件无可行解的情况

3.3.2　无界解

求目标函数最大值的问题中，所谓无界解是指在约束条件下目标函数值可以取无限大。

例 3－3　用单纯形表求解下面线性规划问题。

$$\max z = x_1 + x_2$$

$$\text{s.t.}\quad \begin{cases} x_1 - x_2 \leqslant 1 \\ -2x_1 + x_2 \leqslant 5 \\ x_1, x_2 \geqslant 0 \end{cases}$$

解：在约束条件中增加松弛变量 x_3, x_4，得标准形式

$$\max z = x_1 + x_2$$

$$\text{s.t.}\quad \begin{cases} x_1 - x_2 + x_3 = 1 \\ -2x_1 + x_2 + x_4 = 5 \\ x_1, x_2, x_3, x_4 \geqslant 0 \end{cases}$$

将参数填入单纯形表计算，如表 3－9 所示。

表 3－9　例 3－3 的单纯形表

迭代次数	基变量	c_B	x_1	x_2	x_3	x_4	b	b_i/a_{ij}
			1	1	0	0		
0	x_3	0	[1]	－1	1	0	1	1/1
	x_4	0	－2	1	0	1	5	—
	z_j		0	0	0	0	0	
	$\sigma_j = c_j - z_j$		1	1	0	0		
1	x_1	1	1	－1	1	0	1	
	x_4	0	0	－1	2	1	7	
	z_j		1	－1	1	0	1	
	$\sigma_j = c_j - z_j$		0	2	－1	0		

在以上单纯形表中，若进行第 2 次迭代，选 x_2 为入基变量，但由于 $a_{12} = -1, a_{22} = -1$，找不到大于 0 的 a_{i2} 来确定出基变量。若遇到该情况可以断定该线性规划问题是无界的，即在此线性规划的约束条件下，此目标函数值可以取得无限大。一般此类问题的出现是由于建模错误引起的。

上述例子告诉我们在单纯形表中识别线性规划问题是无界的方法：在某次迭代的单纯形表中，如果存在检验数 $\sigma_j > 0$，且该列系数向量的每个元素 $a_{ij}(i = 1,2,\cdots,m)$ 都小于等于 0，则此线性规划问题有无界解。

证明：假设 $\boldsymbol{X} = (b'_1, b'_2, \cdots, b'_m, 0, \cdots, 0)^{\mathrm{T}}$ 为一基本可行解，有一个非基变量的检验数 $\sigma_{m+k} > 0$，并且对 $i = 1,2,\cdots,m$，有 $a'_{i,m+k} \leqslant 0$，那么，构造一个新的解 $\boldsymbol{X}'$，它的分量为：

$$x'_i = b'_i - \lambda a'_{i,m+k},\quad \lambda > 0,\ i = 1,2,\cdots,m$$

$$x'_j = 0,\quad j = m+1, m+2, \cdots, n \text{ 且 } j \neq m+k$$

$$x'_{m+k} = \lambda$$

因 $a'_{i,m+k} \leqslant 0$，所以对任意的 $\lambda > 0$，$\boldsymbol{X}'$ 都是可行解，把 $\boldsymbol{X}'$ 代入目标函数得

$$z = z_0 + \sum_{j=m+1}^{n} \sigma_j x'_j = z_0 + \lambda \sigma_{m+k}$$

因 $\sigma_{m+k} > 0$，故当 $\lambda \to +\infty$时，目标函数 $z \to +\infty$，故该问题有无界解。

如果用 LINGO 软件求解上述模型，会出现如图 3－5 所示的错误信息，说明模型有无界解，而此时求解状态窗口中模型的状态为“Unbounded solution”，即存在无界解。

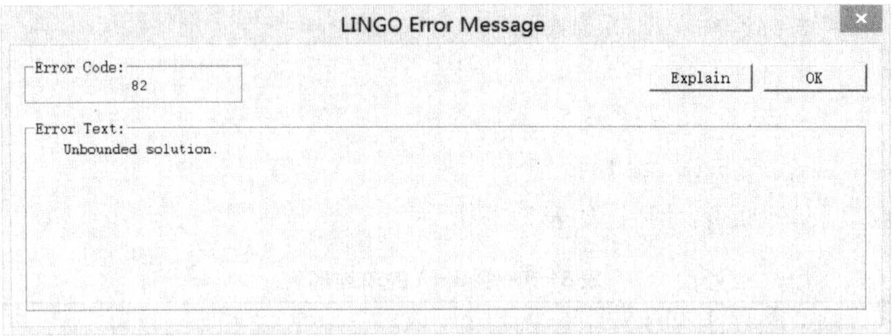

图 3－5　LINGO 软件无界解的情况

3.3.3　多重最优解

多重最优解指线性规划的最优解有无数个。

例 3－4　用单纯形表求解下面线性规划问题。

$$\max z = 5x_1 + 5x_2$$

$$\text{s.t.} \quad \begin{cases} x_1 + x_2 \leqslant 30 \\ 2x_1 + x_2 \leqslant 40 \\ x_1, x_2 \geqslant 0 \end{cases}$$

解：在约束条件中增加松弛变量 x_3, x_4，得标准形式

$$\max z = 5x_1 + 5x_2$$

$$\text{s.t.} \quad \begin{cases} x_1 + x_2 + x_3 = 30 \\ 2x_1 + x_2 + x_4 = 40 \\ x_1, x_2, x_3, x_4 \geqslant 0 \end{cases}$$

将参数填入单纯形表计算，如表 3－10 所示。

表 3－10　例 3－4 的单纯形表

迭代次数	基变量	c_B	x_1	x_2	x_3	x_4	b	b_i/a_{ij}
			5	**5**	**0**	**0**		
0	x_3	0	1	1	1	0	30	30/1
	x_4	0	[2]	1	0	1	40	40/2
	z_j		0	0	0	0	0	
	$\sigma_j = c_j - z_j$		5	5	0	0		

续表

迭代次数	基变量	c_B	x_1	x_2	x_3	x_4	b	b_i/a_{ij}
			5	**5**	**0**	**0**		
1	x_3	0	0	[**1/2**]	1	−1/2	10	20
	x_1	5	1	1/2	0	1/2	20	40
	z_j		5	5/2	0	5/2	100	
	$\sigma_j = c_j - z_j$		0	5/2	0	−5/2		
2	x_2	5	0	1	2	−1	20	
	x_1	5	1	0	−1	1	10	
	z_j		5	5	5	0	150	
	$\sigma_j = c_j - z_j$		0	0	−5	0		

迭代到第 2 次，所有的检验数都小于等于 0，说明已经求出最优解，最优解为 $x_1 = 10$，$x_2 = 20, x_3 = 0, x_4 = 0$，最优值为 150。但是这个最优解是不是唯一的呢？我们注意到除了基变量的检验数等于 0 之外，非基变量 x_4 的检验数也为 0，我们尝试将 x_4 作为入基变量进行第 3 次迭代，如表 3－11 所示。可知迭代后最优值还是 150，最优解变为 $x_1 = 0$，$x_2 = 30, x_3 = 0, x_4 = 10$。上述最优解为该线性规划可行域（4 维空间）的两个顶点，用 $\boldsymbol{X}^{(1)}$ 和 $\boldsymbol{X}^{(2)}$ 表示，则两点连线上的任意一点可表示为 $\alpha \boldsymbol{X}^{(1)} + (1-\alpha)\boldsymbol{X}^{(2)} (0 \leqslant \alpha \leqslant 1)$，又由于两点确定一条直线，如果可行域有界，那么目标函数的“等值线”一定经过这条连线，因此，这两个顶点之间连线上的任何一点都为最优解。

表 3－11　例 3－4 的单纯形表（续）

迭代次数	基变量	c_B	x_1	x_2	x_3	x_4	b	b_i/a_{ij}
			5	**5**	**0**	**0**		
2	x_2	5	0	1	2	−1	20	—
	x_1	5	1	0	−1	[**1**]	10	10/1
	z_j		5	5	5	0	150	
	$\sigma_j = c_j - z_j$		0	0	−5	0		
3	x_2	5	1	1	1	0	30	
	x_4	0	1	0	−1	1	10	
	z_j		5	5	5	0	150	
	$\sigma_j = c_j - z_j$		0	0	−5	0		

那么，在已得到最优解的单纯形表中，为什么把检验数为 0 的非基变量作为入基变量进行迭代后，得到的解仍是最优解呢？下面尝试证明。

证明：假设最优单纯形表中非基变量 x_s 的检验数 $\sigma_s = 0$，设出基变量为 x_k，基变量系数 $\boldsymbol{c}_B = (c_1, \cdots, c_k, \cdots, c_m)$，$x_s$ 的系数列向量为 $\boldsymbol{p}_s = (a_{1s}, \cdots, a_{ks}, \cdots, a_{ms})^{\mathrm{T}}$，常数项 $\boldsymbol{b} = (b_1, \cdots, b_k, \cdots, b_m)^{\mathrm{T}}$，经过迭代（初等行变换），得到新的单纯形表，其中基变量系数

$\boldsymbol{c}'_B = (c_1, \cdots, c_s, \cdots, c_m)$，常数项 $\boldsymbol{b}' = (b_1 - \frac{b_k}{a_{ks}} a_{1s}, \cdots, \frac{b_k}{a_{ks}}, \cdots, b_m - \frac{b_k}{a_{ks}} a_{ms})^{\mathrm{T}}$。

由于 $\sigma_s = c_s - z_s = c_s - \boldsymbol{c}_B \boldsymbol{p}_s = 0$，因此 $c_s = \boldsymbol{c}_B \boldsymbol{p}_s$。

令 $\Delta \boldsymbol{c} = (0, \cdots, 0, c_s - c_k, 0, \cdots, 0)$，$\Delta \boldsymbol{b} = (0, \cdots, 0, \frac{b_k}{a_{ks}}, 0, \cdots, 0)^{\mathrm{T}}$，则目标函数值

$$
\begin{aligned}
z' &= \boldsymbol{c}'_B \boldsymbol{b}' = (\boldsymbol{c}_B + \Delta \boldsymbol{c})(\boldsymbol{b} - \frac{b_k}{a_{ks}} \boldsymbol{p}_s + \Delta \boldsymbol{b}) \\
&= \boldsymbol{c}_B \boldsymbol{b} - \frac{b_k}{a_{ks}}(\boldsymbol{c}_B \boldsymbol{p}_s) + \boldsymbol{c}_B \Delta \boldsymbol{b} + \Delta \boldsymbol{c} \boldsymbol{b} - \frac{b_k}{a_{ks}}(\Delta \boldsymbol{c}\, \boldsymbol{p}_s) + \Delta \boldsymbol{c} \Delta \boldsymbol{b} \\
&= \boldsymbol{c}_B \boldsymbol{b} - \frac{b_k}{a_{ks}} c_s + \frac{b_k}{a_{ks}} c_k + (c_s - c_k) b_k - \frac{b_k}{a_{ks}}(c_s - c_k) a_{ks} + (c_s - c_k) \frac{b_k}{a_{ks}} \\
&= \boldsymbol{c}_B \boldsymbol{b} - (c_s - c_k) \frac{b_k}{a_{ks}} + (c_s - c_k) b_k - b_k (c_s - c_k) + (c_s - c_k) \frac{b_k}{a_{ks}} \\
&= \boldsymbol{c}_B \boldsymbol{b} = z
\end{aligned}
$$

即迭代之后的目标函数值等于原目标函数值，因此得到的解仍为最优解。

这样我们得到了判断线性规划有多重最优解的方法：在单纯形表中，所有的检验数都小于等于零，且存在非基变量的检验数等于零，则此线性规划问题有多重最优解。

对于线性规划有多重最优解的情况，LINGO 软件目前尚不能自动判断模型是否有多重最优解，只能手动增加约束条件，反复运行模型以求出其他最优解。对于整数规划有多重最优解的情况，可在 LINGO→Options→Integer Solver 里设置 K-Best Solutions 的数量，即可求出前 K 个最好的解，可变相求出所有最优解。如果是 0 - 1 整数规划，还可通过不断增加割平面找出所有最优解，需要用到 LINGO 软件的高级编程功能，我们将在后面的章节介绍。

3.3.4 退化解

在单纯形法的计算过程中，确定出基变量时，有可能存在两个以上相同的最小比值，这样下一次迭代中就有一个或几个基变量等于零，这称为退化。这时出基变量一定是等于零的基变量（因为比值 $b_i/a_{ij} = 0$ 最小），迭代后目标函数值不变。当出现退化时，即使存在最优解，如果仍按照经典单纯形法的规则选取入基变量和出基变量，那么迭代过程则有可能总是重复解的某一部分迭代过程，出现死循环，目标函数值总是不变，永远得不到最优解。下面这个线性规划就是这样的特例，感兴趣的读者可以尝试用单纯形表计算该线性规划。

$$
\begin{aligned}
\min f &= -0.75x_4 + 20x_5 - 0.5x_6 + 6x_7 \\
\text{s.t.}\quad & x_1 + 0.25x_4 - 8x_5 - x_6 + 9x_7 = 0 \\
& x_2 + 0.5x_4 - 12x_5 - 0.5x_6 + 3x_7 = 0 \\
& x_3 + x_6 = 1 \\
& x_1, x_2, x_3, x_4, x_5, x_6, x_7 \geqslant 0
\end{aligned}
$$

尽管计算过程中死循环的现象极少出现，但还是有可能发生。那么如何解决这一问

题呢？先后有人提出了摄动法、字典序法，但 1974 年布兰德（Bland）提出了更为简便的规则，简称布兰德法则，描述如下：(1) 在所有检验数大于 0 的非基变量中，选一个下标最小的作为入基变量；(2) 存在两个和两个以上最小比值时，选一个下标最小的基变量作为出基变量。这样就一定能避免出现循环。

至此，单纯形法解的几种特殊情况介绍完毕，各种情况的判别总结如表 3-12 所示。

表 3-12　单纯形法解的判别

解的状况	判别
无可行解	所有检验数小于等于 0，且基变量中含有非 0 人工变量
多重最优解	所有检验数小于等于 0，基变量中不存在非 0 人工变量，且存在非基变量的检验数为 0
唯一最优解	所有检验数小于等于 0，基变量中不存在非 0 人工变量，且不存在非基变量的检验数为 0
无界解	存在某个检验数大于 0，且其对应系数列向量的每个元素都小于等于 0
退化解	按最小比值确定出基变量时，存在两个以上相同的最小比值，在下一次迭代中体现为一个或多个基变量等于 0，有可能导致单纯形法的迭代过程陷入死循环

3.4　单纯形表的灵敏度分析

在以前讨论的线性规划问题中，都是假设模型的参数为常数，但在实际问题中，这些参数往往是会发生变化的，如市场条件的变化会影响目标函数中的变量系数，资源条件的变化会影响约束方程中的常数项，技术条件的变化会影响约束方程中的系数矩阵。因此，有时需要对模型的参数进行灵敏度分析，灵敏度分析是指分析数学模型中参数的变化对模型可行性以及最优解的影响。

3.4.1　目标函数中变量系数的灵敏度分析

目标函数中的变量系数分为两种：非基变量系数和基变量系数。两种变量系数的复杂程度不同，我们分开讨论，分析要点为系数在什么范围内变化时，原问题的最优解不变。

1. c_k 为最终单纯形表中非基变量 x_k 的系数

分析 c_k 在什么范围内变化时，原问题的最优解不变，因此假设变化范围为 Δc_k。在最终单纯形表中，令 $c_k' = c_k + \Delta c_k$ 时，x_k 为非基变量，因此基变量系数 $\boldsymbol{c}_B$ 不变。又有 $z_j = \boldsymbol{c}_B \boldsymbol{p}_j$，因此包括 z_k 在内的 z_j 都不变。根据单纯形表，$\sigma_k' = c_k' - z_k = c_k + \Delta c_k - z_k = \Delta c_k + \sigma_k$，若要原来的最优解不变，只需 $\sigma_k' = \Delta c_k + \sigma_k \leqslant 0$，即 $\Delta c_k \leqslant -\sigma_k$ 即可。

2. c_k 为最终单纯形表中基变量 x_k 的系数

c_k 是基变量，在最终单纯形表中，令 $c'_k = c_k + \Delta c_k$ 时，基变量系数 $\boldsymbol{c}_B$ 发生变化，又有 $z_j = \boldsymbol{c}_B \boldsymbol{p}_j$，因此包括 z_k 在内的 z_j 都将发生变化。

假设 $\boldsymbol{c}_B = (c_{B1}, c_{B2}, \cdots, c_k, \cdots, c_{Bm})$，则：

$$\boldsymbol{c}'_B = (c_{B1}, c_{B2}, \cdots, c_k + \Delta c_k, \cdots, c_{Bm})$$

$$z'_j = c_{B1} a'_{1j} + c_{B2} a'_{2j} + \cdots + (c_k + \Delta c_k) a'_{kj} + \cdots + c_{Bm} a'_{mj} = z_j + \Delta c_k a'_{kj}$$

$$\sigma'_j = c'_j - z'_j = c'_j - (z_j + \Delta c_k a'_{kj})$$

（1）当 $j = k$ 时，$c'_k = c_k + \Delta c_k$，$\sigma'_k = c_k + \Delta c_k - (z_k + \Delta c_k a'_{kk}) = \sigma_k + \Delta c_k - \Delta c_k a'_{kk}$。

（2）当 $j \neq k$ 时，$c'_j = c_j$，$\sigma'_j = c_j - z'_j = c_j - (z_j + \Delta c_k a'_{kj}) = \sigma_j - \Delta c_k a'_{kj}$。

若要最优解不变，则需要 $\sigma'_j \leqslant 0$。

（1）当 $j = k$ 时，x_k 是基变量，因此 $\sigma_k = 0$，$a'_{kk} = 1$，则 $\sigma'_k = \Delta c_k + \sigma_k - \Delta c_k a'_{kk} = 0$。

（2）当 $j \neq k$ 时，$\sigma'_j = \sigma_j - \Delta c_k a'_{kj} \leqslant 0$。

①当 $a'_{kj} = 0$ 时，$\sigma'_j = \sigma_j \leqslant 0$ 恒成立。

②当 $a'_{kj} > 0$ 时，$\Delta c_k \geqslant \dfrac{\sigma_j}{a'_{kj}}$。

③当 $a'_{kj} < 0$ 时，$\Delta c_k \leqslant \dfrac{\sigma_j}{a'_{kj}}$。

综上，可得当 x_k 是基变量时，要想最优解不变，其目标函数系数变化范围的数学表达式为：

$$\max\left\{\frac{\sigma_j}{a'_{kj}} \middle| a'_{kj} > 0\right\} \leqslant \Delta c_k \leqslant \min\left\{\frac{\sigma_j}{a'_{kj}} \middle| a'_{kj} < 0\right\}$$

例 3-5 假设表 3-13 已是最终单纯形表，分别求使最优解不变的非基变量 x_5 在目标函数中系数的变化范围以及基变量 x_1、x_4 在目标函数中系数的变化范围。

表 3-13 例 3-5 的最终单纯形表

迭代次数	基变量	c_B	x_1	x_2	x_3	x_4	x_5	b	b_i/a_{ij}
			5	10	0	0	0		
2	x_1	5	1	0	1	0	-1	10	
	x_4	0	0	0	-2	1	1	0	
	x_2	10	0	1	0	0	1	20	
	z_j		5	10	5	0	5	250	
	$\sigma_j = c_j - z_j$		0	0	-5	0	-5		

解：（1）x_5 是非基变量，因此当 $\Delta c_5 \leqslant -\sigma_5 = 5$，即当 $c'_5 = c_5 + \Delta c_5 \leqslant 5$ 时，线性规划的最优解不变。

（2）由于 x_1 是基变量，因此 $\max\left\{\dfrac{\sigma_3}{a'_{13}}\right\} \leqslant \Delta c_1 \leqslant \min\left\{\dfrac{\sigma_5}{a'_{15}}\right\}$，即 $-5 \leqslant \Delta c_1 \leqslant 5$，则 $0 \leqslant c_1 + \Delta c_1 \leqslant 10$，即当 $0 \leqslant c'_1 \leqslant 10$ 时，线性规划的最优解不变。

同理，$\max\{\frac{0}{1},\frac{-5}{1}\} \leqslant \Delta c_4 \leqslant \min\{\frac{-5}{-2}\}$，即 $0 \leqslant \Delta c_4 \leqslant 2.5$，则 $0 \leqslant c_4' \leqslant 2.5$，即当 $0 \leqslant c_4' \leqslant 2.5$ 时，线性规划的最优解不变。

3.4.2　约束方程中常数项的灵敏度分析

约束方程中的常数项 b_k 在现实问题中一般表示资源的数量，当资源的数量变化时，最优解一般会发生改变。由第 2 章可知，对偶价格是指约束条件的常数项增加一个单位而使最优目标值得到改进的量，所以常数项与对偶价格密切相关。因此，常数项 b_k 的分析要点为：分析 b_k 在什么范围变化时，其对应资源的对偶价格不变。

接下来推导对偶价格的具体表达式。

线性规划原始的约束方程组为 $\boldsymbol{Ax}=\boldsymbol{b}$，我们进行单纯形表迭代，对原系数矩阵进行初等行变换，变成以 $\boldsymbol{B}$ 为基的最终单纯形表，即对原来的约束方程组左乘 $\boldsymbol{B}$ 的逆矩阵 $\boldsymbol{B}^{-1}$，$\boldsymbol{B}^{-1}\boldsymbol{Ax}=\boldsymbol{B}^{-1}\boldsymbol{b}$。这时，原始的最终单纯形表中系数矩阵为 $\boldsymbol{B}^{-1}\boldsymbol{A}$，原始的最终单纯形表中的基变量 $\boldsymbol{x}_B$ 的解为 $\boldsymbol{B}^{-1}\boldsymbol{b}$，根据线性代数的知识，初始单纯形表里系数矩阵中的单位矩阵通过迭代在最终单纯形表里正好就变成了 $\boldsymbol{B}^{-1}$。

设 $b_k'=b_k+\Delta b_k$，则 $\boldsymbol{b}'=\boldsymbol{b}+\Delta\boldsymbol{b}$，其中 $\Delta\boldsymbol{b}=(0,0,\cdots,\Delta b_k,\cdots,0,0)^{\mathrm{T}}$，原始的最终单纯形表中基变量 $\boldsymbol{x}_B$ 变为 $\boldsymbol{x}_B'$，$\boldsymbol{x}_B'=\boldsymbol{B}^{-1}\boldsymbol{b}'=\boldsymbol{B}^{-1}(\boldsymbol{b}+\Delta\boldsymbol{b})=\boldsymbol{x}_B+\boldsymbol{D}_k\Delta b_k$，其中 $\boldsymbol{D}_k$ 为 $\boldsymbol{B}^{-1}$ 的第 k 列，$\boldsymbol{D}_k=(d_{1k}',d_{2k}',\cdots,d_{mk}')^{\mathrm{T}}$，有

$$\boldsymbol{x}_B'=\boldsymbol{x}_B+\boldsymbol{D}_k\Delta b_k=\begin{pmatrix}x_{B1}\\x_{B2}\\\vdots\\x_{Bm}\end{pmatrix}+\begin{pmatrix}d_{1k}'\\d_{2k}'\\\vdots\\d_{mk}'\end{pmatrix}\Delta b_k=\begin{pmatrix}x_{B1}+\Delta b_k d_{1k}'\\x_{B2}+\Delta b_k d_{2k}'\\\vdots\\x_{Bm}+\Delta b_k d_{mk}'\end{pmatrix}$$

$$z'=\boldsymbol{c}_B\boldsymbol{x}_B'=c_B\begin{pmatrix}x_{B1}+\Delta b_k d_{1k}'\\x_{B2}+\Delta b_k d_{2k}'\\\vdots\\x_{Bm}+\Delta b_k d_{mk}'\end{pmatrix}=z+z_k\Delta b_k$$

根据对偶价格的定义，令 $\Delta b_k=1$，则目标函数改进的数量 $z'-z=z_k$，因此对偶价格就对应松弛变量（或剩余变量、人工变量）在最终单纯形表中的 z_j。

接下来分析 b_k 在什么范围变化时，其对应资源的对偶价格不变。

当 b_k 变为 $b_k+\Delta b_k$ 时，在最终单纯形表中，由于进行的是初等行变换，则系数矩阵不变，又由于 $z_j=\boldsymbol{c}_B\boldsymbol{p}_j$，所以要想 z_j 不变，就要基变量系数 $\boldsymbol{c}_B$ 不变，即基变量不变，而 z_j 不变，σ_j 也就不变，所以要想 b_k 变为 $b_k+\Delta b_k$ 后基变量仍然是基变量，只需满足变化后得到的基本解是可行解即可，即满足 $x_B'\geqslant 0$，需要各个分量 $x_{B1}+\Delta b_k d_{1k}'\geqslant 0$，$x_{B2}+\Delta b_k d_{2k}'\geqslant 0$，$\cdots$，$x_{Bm}+\Delta b_k d_{mk}'\geqslant 0$。可用以下数学表达式表示 b_k 的变化范围：

$$\max\left\{-\frac{x_{Bi}}{d_{ik}'}\middle| d_{ik}'>0\right\}\leqslant \Delta b_k\leqslant \min\left\{-\frac{x_{Bi}}{d_{ik}'}\middle| d_{ik}'<0\right\}$$

例 3-6 下列线性规划的常数项 b_j 在什么范围内变化时，其对应的对偶价格不变？

$$\max z = 5x_1 + 10x_2$$

$$\text{s.t.}\quad \begin{aligned} & x_1 + x_2 \leqslant 30 \\ & 2x_1 + x_2 \leqslant 40 \\ & x_2 \leqslant 20 \\ & x_1, x_2 \geqslant 0 \end{aligned}$$

解： 加上松弛变量之后得到线性规划的标准形式，如下所示：

$$\max z = 5x_1 + 10x_2$$

$$\text{s.t.}\quad \begin{aligned} & x_1 + x_2 + x_3 = 30 \\ & 2x_1 + x_2 + x_4 = 40 \\ & x_2 + x_5 = 20 \\ & x_1, x_2, x_3, x_4, x_5 \geqslant 0 \end{aligned}$$

进行单纯形表迭代，得到的最终单纯形表如表 3-14 所示。

表 3-14 例 3-6 的最终单纯形表

迭代次数	基变量	c_B	x_1	x_2	x_3	x_4	x_5	b	b_i/a_{ij}
			5	**10**	**0**	**0**	**0**		
2	x_1	5	1	0	1	0	-1	10	
	x_4	0	0	0	-2	1	1	0	
	x_2	10	0	1	0	0	1	20	
	z_j		5	10	5	0	5	250	
	$\sigma_j = c_j - z_j$		0	0	-5	0	-5		

这里需要注意的是 b_1，b_2，b_3 所对应的松弛变量分别是 x_3，x_4，x_5，因此，

$$\max\left\{-\frac{10}{1}\right\} \leqslant \Delta b_1 \leqslant \min\left\{-\frac{0}{-2}\right\}$$

$$\max\left\{-\frac{0}{1}\right\} \leqslant \Delta b_2$$

$$\max\left\{-\frac{0}{1}, -\frac{20}{1}\right\} \leqslant \Delta b_3 \leqslant \min\left\{-\frac{10}{-1}\right\}$$

即 $-10 \leqslant \Delta b_1 \leqslant 0$，$\Delta b_2 \geqslant 0$，$0 \leqslant \Delta b_3 \leqslant 10$。

所以当 $20 \leqslant b'_1 \leqslant 30$ 时，第 1 个约束条件对应资源的对偶价格不变。

当 $b'_2 \geqslant 40$ 时，第 2 个约束条件对应资源的对偶价格不变。

当 $20 \leqslant b'_3 \leqslant 30$ 时，第 3 个约束条件对应资源的对偶价格不变。

3.4.3 约束方程中系数矩阵的灵敏度分析

约束方程中系数矩阵 A 的灵敏度分析比较复杂，因此，我们只分析当系数矩阵 A 变化后，线性规划的最优解是否不变，而不分析系数矩阵 A 的变化范围，下面分两种情况

讨论。

1. 最终单纯形表上 x_k 是非基变量

假设系数矩阵 $\boldsymbol{A}$ 中只有 x_k 的系数列向量发生变化，即 x_k 在初始单纯形表中对应的系数列向量由 $\boldsymbol{p}_k$ 变为 $\boldsymbol{p}_k'$。由于单纯形表中的增广矩阵只是进行初等行变换，经过迭代后，最终单纯形表中 x_k 的系数列变为 $\boldsymbol{B}^{-1}\boldsymbol{p}_k'$，$z_k$ 变为 $\boldsymbol{c}_B\boldsymbol{B}^{-1}\boldsymbol{p}_k'$，新的检验数 $\sigma_k' = c_k - \boldsymbol{c}_B\boldsymbol{B}^{-1}\boldsymbol{p}_k'$。若 $\sigma_k' \leqslant 0$，则原最优解仍然是最优解；若 $\sigma_k' > 0$，则原最优解已经不是最优解，需要继续进行迭代求出最优解。其中，B^{-1} 是初始基本可行基的逆矩阵，即初始单纯形表里系数矩阵中的单位矩阵通过迭代后在最终单纯形表里的矩阵。

例 3-7　假设在例 3-6 中新增一个变量 x_3，变化后的模型如下所示，可以看成 x_3 的系数列向量从 $(0,0,0)^{\mathrm{T}}$ 变成了 $(2,0.5,1.5)^{\mathrm{T}}$，问该模型的最优解是否改变？

$$\begin{aligned}
\max z &= 5x_1 + 10x_2 + 15x_3 \\
\text{s.t.}\quad & x_1 + x_2 + 2x_3 \leqslant 30 \\
& 2x_1 + x_2 + 0.5x_3 \leqslant 40 \\
& x_2 + 1.5x_3 \leqslant 20 \\
& x_1, x_2, x_3 \geqslant 0
\end{aligned}$$

在最终单纯形表中找到 $\boldsymbol{B}^{-1}$，有

$$\boldsymbol{c}_B\boldsymbol{B}^{-1}\boldsymbol{p}_3' = (5\quad 0\quad 10)\begin{pmatrix} 1 & 0 & -1 \\ -2 & 1 & 1 \\ 0 & 0 & 1 \end{pmatrix}\begin{pmatrix} 2 \\ 0.5 \\ 1.5 \end{pmatrix} = 17.5$$

$$\sigma_3' = c_3 - \boldsymbol{c}_B\boldsymbol{B}^{-1}\boldsymbol{p}_3' = 15 - 17.5 = -2.5 < 0$$

因此，该模型的最优解不变。

2. 最终单纯形表上 x_k 是基变量

当最终单纯形表上 x_k 是基变量时，我们除了把最终单纯形表上 x_k 的系数列向量替换成 $\boldsymbol{B}^{-1}\boldsymbol{p}_k'$，并计算 z_k' 和 σ_k' 外，还要再经过一次迭代将 x_k 的系数列变成单位向量，一般情况下，最优解都会改变，这时会出现两种情况：(1) 如果迭代后，所有的检验数都小于等于 0 且有可行解，此时得到新的最优解；(2) 如果迭代后得到的解是非可行解，则还要引入人工变量，将不可行的基变量替换出来，再继续迭代，该情况原最优解的可行性和最优解都可能改变，问题变得复杂，一般不修改原最终单纯形表，而是重新计算。下面举例说明第一种情况。

例 3-8　假设在例 3-6 中 x_1 的系数列向量变为 $\boldsymbol{p}_1' = (4\quad 2\quad 0)^{\mathrm{T}}$。

$$\boldsymbol{c}_B\boldsymbol{B}^{-1}\boldsymbol{p}_1' = (5\quad 0\quad 10)\begin{pmatrix} 1 & 0 & -1 \\ -2 & 1 & 1 \\ 0 & 0 & 1 \end{pmatrix}\begin{pmatrix} 4 \\ 2 \\ 0 \end{pmatrix} = 20$$

$\sigma_1' = c_1 - \boldsymbol{c}_B\boldsymbol{B}^{-1}\boldsymbol{p}_1' = 5 - 20 = -15$，代入最终单纯形表中，$x_1$ 是基变量，因此还需继续迭代，将 x_1' 的系数列变成单位向量，如表 3-15 所示，迭代后所有检验数都小于等于 0，求出最优解。

表 3－15 例 3－8 的单纯形表

迭代次数	基变量	c_B	x_1'	x_2	x_3	x_4	x_5	b	b_i/a_{ij}
			5	10	0	0	0		
2	x_1	5	[4]	0	1	0	－1	10	
	x_4	0	－6	0	－2	1	1	0	
	x_2	10	0	1	0	0	1	20	
	z_j		20	10	5	0	5	250	
	$\sigma_j = c_j - z_j$		－15	0	－5	0	－5		
3	x_1'	5	1	0	0.25	0	－0.25	2.5	
	x_4	0	0	0	－0.5	1	－0.5	15	
	x_2	10	0	1	0	0	1	20	
	z_j		5	10	1.25	0	8.75	212.5	
	$\sigma_j = c_j - z_j$		0	0	－1.25	0	－8.75		

实际上，LINGO 软件也有线性规划灵敏度分析的功能，但它也只对目标函数中变量系数 c_j 及约束条件中的常数项 b_i 进行灵敏度分析。而且，LINGO 软件在默认状态下是不进行灵敏度分析的，因为会影响模型的求解速度。因此，如果要进行灵敏度分析，需要我们手动设置，设置路径为 LINGO→Options→General Solver，把 Dual Computations 选项中的“Prices”改为“Prices & Ranges”。另外，灵敏度分析不会直接出现在求解结果中，需要求解模型后，在 LINGO→Range 中打开灵敏度分析报告。

3.5 线性规划的对偶理论

3.5.1 线性规划的对偶问题

1. 对偶问题的实例

每一个线性规划问题，都存在一个与它密切相关的线性规划的问题，称其中一个为原问题，另一个为对偶问题（dual problem）。原问题与对偶问题本质上是从不同角度对同一实际问题进行的数学描述，那么它们之间有什么关系，如何进行转化，对偶问题的意义是什么，我们将在这一节给大家介绍。先来看一个例题。

例 3－9 某工厂计划生产 A 和 B 两种产品，生产单位产品所需设备台时如表 3－16 所示。

表 3－16 台时需求及资源限制 单位：台时

	A	B	资源限制
车床	1	1	300
铣床	2	1	400
磨床	0	1	250

该厂每生产一单位产品 A 获利 50 元，生产一单位产品 B 获利 100 元，该厂应分别生产多少 A 产品和 B 产品，才能获利最多？

解： 设 x_1 为产品 A 的计划产量，x_2 为产品 B 的计划产量，建立数学模型：

$$\max z = 50x_1 + 100x_2$$

$$\text{s. t.} \quad \begin{cases} x_1 + x_2 \leqslant 300 \\ 2x_1 + x_2 \leqslant 400 \\ x_2 \leqslant 250 \\ x_1, x_2 \geqslant 0 \end{cases}$$

在约束条件中，添加松弛变量 x_3，x_4，x_5，将模型转化为标准形式，并利用单纯形法求出问题的最优解与最优值，如表 3－17 所示。（在实际问题中，这里严格来说还要限制 x_1，x_2 只能取整数，但目前还没有学习到整数规划，我们把条件放宽，将问题看成一般的线性规划。）

$$\max z = 50x_1 + 100x_2$$

$$\text{s. t.} \quad \begin{cases} x_1 + x_2 + x_3 = 300 \\ 2x_1 + x_2 + x_4 = 400 \\ x_2 + x_5 = 250 \\ x_1, x_2, x_3, x_4, x_5 \geqslant 0 \end{cases}$$

表 3－17　例 3－9 的单纯形表

迭代次数	基变量	c_B	x_1	x_2	x_3	x_4	x_5	b	b_i/a_{ij}
			50	100	0	0	0		
0	x_3	0	1	1	1	0	0	300	300/1
	x_4	0	2	1	0	1	0	400	400/1
	x_5	0	0	[1]	0	0	1	250	250/1
	z_j		0	0	0	0	0	0	
	$\sigma_j = c_j - z_j$		50	100	0	0	0		
1	x_3	0	[1]	0	1	0	－1	50	50/1
	x_4	0	2	0	0	1	－1	150	150/2
	x_2	100	0	1	0	0	1	250	—
	z_j		0	100	0	0	100	25 000	
	$\sigma_j = c_j - z_j$		50	0	0	0	－100		
2	x_1	50	1	0	1	0	－1	50	
	x_4	0	0	0	－2	1	1	50	
	x_2	100	0	1	0	0	1	250	
	z_j		50	100	50	0	50	27 500	
	$\sigma_j = c_j - z_j$		0	0	－50	0	－50		

根据上表可知，最优解为 $x_1 = 50$，$x_2 = 250$，$x_3 = 0$，$x_4 = 50$，$x_5 = 0$，最优目标函数值

为 $z=27\ 500$。

我们从另一个角度来考虑该问题。假设有另外一个工厂想要租用该厂的车床、铣床及磨床设备，那么对于租用者来说，应该如何确定合理的租金呢？

设 y_1,y_2,y_3 分别为车床、铣床及磨床设备每台时的租金，对于租用者来说，当然是总租金越低越好，因此，目标函数为 $\min f=300y_1+400y_2+250y_3$。同时要考虑出租者的出租意愿，只有当生产单位产品所需各设备台时的总租金不低于单位产品的利润时，出租者才愿意出租，否则出租者会选择将设备台时用于生产，于是可得约束条件为 $y_1+2y_2\geqslant 50$，$y_1+y_2+y_3\geqslant 100$。于是，该问题的数学模型如下：

$$\min f=300y_1+400y_2+250y_3$$
$$\text{s.t.}\quad \begin{cases} y_1+2y_2\geqslant 50 \\ y_1+y_2+y_3\geqslant 100 \\ y_1,y_2,y_3\geqslant 0 \end{cases}$$

这样从两个不同角度（产品利润最大或设备租金最低）考虑同一实际问题，所建立起来的两个线性规划模型就是一对对偶问题，如果其中一个叫原问题，另一个就叫该问题的对偶问题。

现在我们用单纯形法求对偶问题的解。在上述模型中加上剩余变量 y_4，y_5 和人工变量 y_6，把对偶问题转化为标准形式：

$$\max(-f)=-300y_1-400y_2-250y_3-My_6$$
$$\text{s.t.}\quad \begin{cases} y_1+2y_2-y_4+y_6=50 \\ y_1+y_2+y_3-y_5=100 \\ y_1,y_2,y_3,y_4,y_5,y_6\geqslant 0 \end{cases}$$

例 3－9 的单纯形表如表 3－18 所示。这里由于 y_3 的系数列刚好是单位向量，因此第 2 个约束条件中不需要再添加人工变量。

表 3－18　例 3－9 对偶问题的单纯形表

迭代次数	基变量	c_B	y_1	y_2	y_3	y_4	y_5	y_6	b	b_i/a_{ij}
			－30	**－40**	**－20**	**0**	**0**	**－M**		
0	y_6	－M	1	[2]	0	－1	0	1	50	50/2
	y_3	－250	1	1	1	0	－1	0	100	100/1
	z_j		－M－250	－2M－250	－250	M	250	－M	－50M－25 000	
	$\sigma_j=c_j-z_j$		M－50	2M－150	0	－M	－250	0		
1	y_2	－400	**[0.5]**	1	0	－0.5	0	0.5	25	25/0.5
	y_3	－250	0.5	0	1	0.5	－1	－0.5	75	75/0.5
	z_j		－325	－400	－250	75	250	－75	－28 750	
	$\sigma_j=c_j-z_j$		25	0	0	－75	－250	－M＋75		
2	y_1	－300	1	2	0	－1	0	1	50	
	y_3	－250	0	－1	1	1	－1	－1	50	
	z_j		－300	－350	－250	50	250	－50	－27 500	
	$\sigma_j=c_j-z_j$		0	－50	0	－50	－250	－M＋50		

最优解为 $y_1=50$, $y_2=0$, $y_3=50$, $y_4=0$, $y_5=0$, $y_6=0$，$-f$ 的最大值为 $-27\,500$，目标函数 f 的最小值为 27 500 元。我们发现对偶问题的最优解即最低租金，恰好等于原问题各种设备的对偶价格，两个问题的最优值相等。

2. 对偶问题与原问题的关系

从以上两个数学模型中，我们发现原问题与对偶问题存在一定的联系，如原问题决策变量的数量与对偶问题约束条件的数量相同，原问题的常数项变成了对偶问题中目标函数的变量系数，原问题的系数矩阵的转置成为对偶问题的系数矩阵等。

下面我们看看一般情况下，原问题与对偶问题在数学模型上的关系。

如果用矩阵形式来表示，则原问题可表示为：

$$\begin{aligned} &\max z = \boldsymbol{cx} \\ &\text{s. t.} \quad \boldsymbol{Ax} \leqslant \boldsymbol{b} \\ &\qquad\quad \boldsymbol{x} \geqslant 0 \end{aligned}$$

其中，$\boldsymbol{A}$ 是 $m \times n$ 矩阵，m 为约束条件的数量，n 为决策变量的数量，$\boldsymbol{x}=(x_1, x_2, \cdots, x_n)^{\mathrm{T}}$，$\boldsymbol{b}=(b_1, b_2, \cdots, b_m)^{\mathrm{T}}$，$\boldsymbol{c}=(c_1, c_2, \cdots, c_n)$。

$$\boldsymbol{A} = \begin{pmatrix} a_{11} & a_{12} & \cdots & a_{1n} \\ a_{21} & a_{22} & \cdots & a_{2n} \\ \vdots & \vdots & & \vdots \\ a_{m1} & a_{m2} & \cdots & a_{mn} \end{pmatrix}$$

对偶问题为：

$$\begin{aligned} &\min f = \boldsymbol{b}^{\mathrm{T}}\boldsymbol{y} \\ &\text{s. t.} \quad \boldsymbol{A}^{\mathrm{T}}\boldsymbol{y} \geqslant \boldsymbol{c}^{\mathrm{T}} \\ &\qquad\quad \boldsymbol{y} \geqslant 0 \end{aligned}$$

其中，$\boldsymbol{A}^{\mathrm{T}}$ 为 $\boldsymbol{A}$ 的转置，$\boldsymbol{b}^{\mathrm{T}}$ 为 $\boldsymbol{b}$ 的转置，$\boldsymbol{c}^{\mathrm{T}}$ 为 $\boldsymbol{c}$ 的转置，$\boldsymbol{y}=(y_1, y_2, \cdots, y_n)^{\mathrm{T}}$。

事实上原问题与对偶问题的关系可以总结如表 3－19 所示。

表 3－19　原问题与对偶问题的关系

原问题		对偶问题	
目标函数 max		目标函数 min	
变量	n 个	n 个	约束条件
	$\geqslant 0$	$\geqslant$	
	$\leqslant 0$	$\leqslant$	
	无约束	$=$	
约束条件	m 个	m 个	变量
	$\leqslant$	$\geqslant 0$	
	$\geqslant$	$\leqslant 0$	
	$=$	无约束	
约束条件右端项		目标函数变量的系数	
目标函数变量的系数		约束条件右端项	

3. 如何写出一个线性规划问题的对偶问题

写出一个线性规划问题的对偶问题有两种方法：第一种，将原问题转化为标准形式，根据原问题与对偶问题标准形式的关系写出对偶问题，这种方法的好处在于只用记住原问题与对偶问题的标准形式即可，缺点在于需要将不标准的线性规划问题转化为标准形式；第二种，根据表 3－19 直接写出对偶问题，这种方法的好处在于比较快速，缺点在于需要记住原问题变量与对偶问题约束条件的符号关系，以及原问题约束条件与对偶问题变量的符号关系。

先来看第一种方法，知道原问题和对偶问题矩阵标准形式之后，我们就可以写出任一线性规划问题的对偶问题。这里注意原问题标准形式有三个要点：（1）目标函数求最大值；（2）变量均非负限制；（3）约束条件均"$\leqslant 0$"。对偶问题标准形式也有三个要点：（1）目标函数求最小值；（2）变量均非负限制；（3）约束条件均"$\geqslant 0$"。

例 3－10　写出下列问题的对偶问题。

$$\begin{aligned}\max z &= 3x_1 + 2x_2 + 4x_3\\ \text{s.t.}\quad & 3x_1 + 4x_2 + 5x_3 \leqslant 50\\ & 6x_1 - 4x_2 - x_3 \geqslant 10\\ & x_1 - 5x_2 + 2x_3 = 30\\ & x_1, x_2 \geqslant 0;\ x_3 \text{ 无非负限制}\end{aligned}$$

首先将上述线性规划转化为标准形式，由于标准形式规定约束条件均"$\leqslant 0$"，因此需要将第 2 个和第 3 个约束条件进行转化，约束条件 $6x_1 - 4x_2 - x_3 \geqslant 10$ 不等式两边同时乘以"-1"，变成 $-6x_1 + 4x_2 + x_3 \leqslant -10$；将等式约束 $x_1 - 5x_2 + 2x_3 = 30$ 转化为 $x_1 - 5x_2 + 2x_3 \leqslant 30$ 和 $x_1 - 5x_2 + 2x_3 \geqslant 30$，再将 $x_1 - 5x_2 + 2x_3 \geqslant 30$ 转化为 $-x_1 + 5x_2 - 2x_3 \leqslant -30$。变量 x_3 不满足非负条件，令 $x_3 = x_3' - x_3''$，其中 $x_3' \geqslant 0, x_3'' \geqslant 0$，当 $x_3' = x_3''$时，$x_3 = 0$，当 $x_3' > x_3''$时，$x_3 > 0$，当 $x_3' < x_3''$时，$x_3 < 0$，这就保证了 x_3 的非负限制。将原问题转化为如下标准形式：

$$\begin{aligned}\max z &= 3x_1 + 2x_2 + 4x_3' - 4x_3''\\ \text{s.t.}\quad & 3x_1 + 4x_2 + 5x_3' - 5x_3'' \leqslant 50\\ & -6x_1 + 4x_2 + x_3' - x'' \leqslant -10\\ & x_1 - 5x_2 + 2x_3' - 2x_3'' \leqslant 30\\ & -x_1 + 5x_2 - 2x_3' + 2x_3'' \leqslant -30\\ & x_1, x_2, x_3', x_3'' \geqslant 0\end{aligned}$$

根据原问题与对偶问题参数之间的关系，写出上述线性规划的对偶问题：

$$\begin{aligned}\min f &= 50y_1 - 10y_2 + 30y_3' - 30y_3''\\ \text{s.t.}\quad & 3y_1 - 6y_2 + y_3' - y_3'' \geqslant 3\\ & 4y_1 + 4y_2 - 5y_3' + 5y_3'' \geqslant 2\\ & 5y_1 + y_2 + 2y_3' - 2y_3'' \geqslant 4\\ & -5y_1 - y_2 - 2y_3' + 2y_3'' \geqslant -4\\ & y_1, y_2, y_3', y_3'' \geqslant 0\end{aligned}$$

y_3'，y_3''是为了表示这两个决策变量都来源于原问题的第 3 个约束条件，因此 y_3'，y_3''的系数为相反数，令 $y_3 = y_3' - y_3''$，对偶问题可以写成：

$$\min f = 50y_1 - 10y_2 + 30y_3$$

$$\text{s. t.}\quad \begin{cases} 3y_1 - 6y_2 + y_3 \geqslant 3 \\ 4y_1 + 4y_2 - 5y_3 \geqslant 2 \\ 5y_1 + y_2 + 2y_3 = 4 \\ y_1, y_2 \geqslant 0; y_3 \text{ 无非负限制} \end{cases}$$

再来看第二种方法，根据表 3－19 直接写出对偶问题：

$$\begin{array}{lllll} \max z = 3x_1 + 2x_2 + 4x_3 & & & \min f = 50y_1 + 10y_2 + 30y_3 & \\ \text{s. t.} & 3x_1 + 4x_2 + 5x_3 \leqslant 50 & & \text{s. t.} & 3y_1 + 6y_2 + y_3 \geqslant 3 \\ & 6x_1 - 4x_2 - x_3 \geqslant 10 & \rightarrow & & 4y_1 - 4y_2 - 5y_3 \geqslant 2 \\ & x_1 - 5x_2 + 2x_3 = 30 & & & 5y_1 - y_2 + 2y_3 = 4 \\ & x_1, x_2 \geqslant 0; x_3 \text{ 无非负限制} & & & y_1 \geqslant 0, y_2 \leqslant 0, y_3 \text{ 无非负限制} \end{array}$$

首先将原问题常数项的转置变成对偶问题的目标函数系数，将原问题目标函数系数的转置变成对偶问题的常数项，将原问题系数矩阵的转置变成对偶问题的系数矩阵。接下来判断符号，原问题的第 1 个约束条件符号是“ ≤ ”，则对偶问题的第 1 个决策变量 $y_1 \geqslant 0$ ；原问题的第 2 个约束条件符号是“ ≥ ”，则对偶问题的第 2 个决策变量 $y_2 \leqslant 0$ ；原问题的第 3 个约束条件符号是“ = ”，则对偶问题的第 3 个决策变量 y_3 无非负限制；原问题决策变量 $x_1, x_2 \geqslant 0$ ，则对偶问题的第 1 个和第 2 个约束条件符号都是“ ≥ ”，原问题决策变量 x_3 无非负限制，则对偶问题的第 3 个约束条件符号是“ = ”。至此，已写出原问题的对偶问题，不过一般情况下，在线性规划中，我们都希望决策变量尽量大于等于 0，因此，令 $y_2 = -y_2$ ，则对偶问题就与第一种方法写出的一样了。

实际上，LINGO 软件也提供了将原模型转化为对偶模型的功能，运行软件后，可通过选项 LINGO→Generate→Dual model 来显示原模型的对偶模型。以例 3－10 为例，在 LINGO 中输入以下程序并运行：

```
max =3 * x1 +2 * x2 +4 * x3;


3 * x1 +4 * x2 +5 * x3 <50;
6 * x1 -4 * x2 -x3 >10;
x1 -5 * x2 +2 * x3 =30;
@ free(x3);
```

这里的@ free 函数的作用是使决策变量 x_3 取值范围为（$-\infty$，$+\infty$），因为 LINGO 软件默认的决策变量取值为非负。通过选项 LINGO→Generate→Dual model 显示该模型的对偶模型如图 3－6 所示。其中“_ R”表示 y，“@ BND（ －0. 1E +31，_ R2，0）”表示 $y_2 \leqslant 0$ ，结果与例 3－10 一致。

4. 哪些情况下考虑对偶问题有助于求解原问题

（1）原问题约束多、变量少时，求解对偶问题能够减少计算时间。因为原问题约束多变量少，转换成对偶问题就是约束少变量多。使用单纯形法时，约束越少，基变量就越少，理论上来说，所需的迭代次数就越少，因此能够有效减少计算时间。

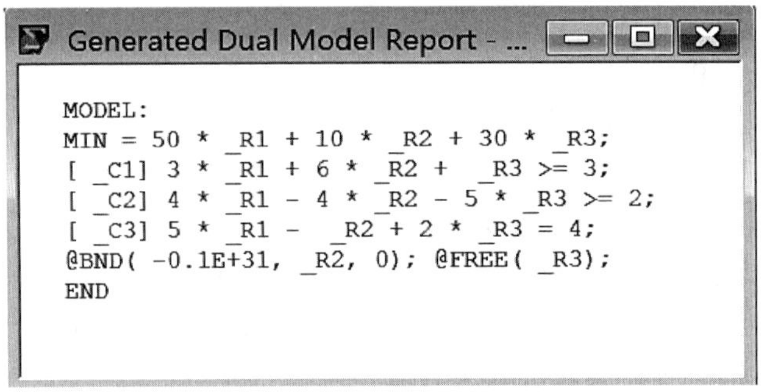

图 3-6　LINGO 软件显示的对偶模型

（2）帮助证明原问题无解。要证明原问题有解，只需要找出一个满足约束的解，但要证明原问题无解，却不能通过遍历所有的解来证明原问题无解。对偶问题的出现为证明原问题无解提供了思路，具体参见下一节对偶规划弱对偶性的推论 2。

（3）便于进行敏感性分析。很多时候我们对原问题的好奇心并不仅限于得到最优解，还关注“如果某些已知条件发生变化，对最优解的影响程度如何”，这就是敏感性分析。对偶问题和敏感性分析息息相关：一是增加敏感性分析的直观程度，例如对偶问题的最优解就是原问题约束的对偶价格；二是在改变某些条件导致原问题无可行解时，可以借助仍然有可行解的对偶问题来分析。

3.5.2　对偶规划的基本性质

1. 对称性

对称性（symmetry）是指对偶问题的对偶问题是原问题。

证明：设原问题为：

$$\max z = \boldsymbol{cx}$$
$$\text{s.t.}\quad \boldsymbol{Ax} \leqslant \boldsymbol{b}$$
$$\boldsymbol{x} \geqslant 0$$

其对偶问题为：

$$\min f = \boldsymbol{b}^{\mathrm{T}}\boldsymbol{y}$$
$$\text{s.t.}\quad \boldsymbol{A}^{\mathrm{T}}\boldsymbol{y} \geqslant \boldsymbol{c}^{\mathrm{T}}$$
$$\boldsymbol{y} \geqslant 0$$

把上述对偶问题改写为求目标函数最大值的形式，为：

$$\max\{-f\} = -\boldsymbol{b}^{\mathrm{T}}\boldsymbol{y}$$
$$\text{s.t.}\quad -\boldsymbol{A}^{\mathrm{T}}\boldsymbol{y} \leqslant -\boldsymbol{c}^{\mathrm{T}}$$
$$\boldsymbol{y} \geqslant 0$$

由于矩阵转置的转置等于其本身，这样就可以写出这个问题的对偶问题，为：

$$\min\{-z\} = -\boldsymbol{cx}$$
$$\text{s.t.}\quad -\boldsymbol{Ax} \geqslant -\boldsymbol{b}$$

$\boldsymbol{x} \geqslant 0$

上述线性规划可改写为：

$$\max z = \boldsymbol{cx}$$
$$\text{s.t.} \quad \boldsymbol{Ax} \leqslant \boldsymbol{b}$$
$$\boldsymbol{x} \geqslant 0$$

即为原问题，证毕。

2. 弱对偶性

弱对偶性（weak duality）是指对于原问题和对偶问题的可行解 $\hat{\boldsymbol{X}},\hat{\boldsymbol{Y}}$，都有 $\boldsymbol{c}\hat{\boldsymbol{X}} \leqslant \boldsymbol{b}^{\mathrm{T}}\hat{\boldsymbol{Y}}$。

证明： 因为 $\hat{\boldsymbol{X}}$ 是原问题的可行解，则有 $\boldsymbol{A}\hat{\boldsymbol{X}} \leqslant \boldsymbol{b}$ 且 $\hat{\boldsymbol{X}} \geqslant 0$。$\hat{\boldsymbol{Y}}$ 是对偶问题的可行解，$\hat{\boldsymbol{Y}} \geqslant 0$，则 $\hat{\boldsymbol{Y}}^{\mathrm{T}} \geqslant 0$，$\hat{\boldsymbol{Y}}^{\mathrm{T}}\boldsymbol{A}\hat{\boldsymbol{X}} \leqslant \hat{\boldsymbol{Y}}^{\mathrm{T}}\boldsymbol{b}$。

同样，因为 $\hat{\boldsymbol{Y}}$ 是对偶问题的可行解，则有 $\boldsymbol{A}^{\mathrm{T}}\hat{\boldsymbol{Y}} \geqslant \boldsymbol{c}^{\mathrm{T}}$ 且 $\hat{\boldsymbol{Y}} \geqslant 0$，又由于 $\hat{\boldsymbol{X}} \geqslant 0$，则 $\hat{\boldsymbol{X}}^{\mathrm{T}} \geqslant 0$，有 $\hat{\boldsymbol{X}}^{\mathrm{T}}\boldsymbol{A}^{\mathrm{T}}\hat{\boldsymbol{Y}} \geqslant \hat{\boldsymbol{X}}^{T}c^{\mathrm{T}}$，等式两边同时转置得，$\hat{\boldsymbol{Y}}^{\mathrm{T}}\boldsymbol{A}\hat{\boldsymbol{X}} \geqslant \boldsymbol{c}\hat{\boldsymbol{X}}$。

从而可得，$\boldsymbol{c}\hat{\boldsymbol{X}} \leqslant \hat{\boldsymbol{Y}}^{\mathrm{T}}\boldsymbol{A}\hat{\boldsymbol{X}} \leqslant \hat{\boldsymbol{Y}}^{\mathrm{T}}\boldsymbol{b}$，又 $\hat{\boldsymbol{Y}}$ 与 $\boldsymbol{b}$ 都是一维列向量，因此 $\hat{\boldsymbol{Y}}^{\mathrm{T}}\boldsymbol{b} = \boldsymbol{b}^{\mathrm{T}}\hat{\boldsymbol{Y}}$，进而 $\boldsymbol{c}\hat{\boldsymbol{X}} \leqslant \boldsymbol{b}^{\mathrm{T}}\hat{\boldsymbol{Y}}$。

证毕。

推论 1： 原问题任一可行解的目标函数值是其对偶问题目标函数值的下界；对偶问题任一可行解的目标函数值是其原问题目标函数值的上界。

推论 2： 原问题有可行解且具有无界解，对偶问题无可行解；对偶问题有可行解且具有无界解，原问题无可行解。

推论 3： 原问题无可行解，对偶问题具有无界解或无可行解；对偶问题无可行解，原问题具有无界解或无可行解。

推论 4： 原问题有可行解而对偶问题无可行解，则原问题有无界解；对偶问题有可行解而原问题无可行解，则对偶问题有无界解。

3. 最优性

最优性（optimality）是指若原问题和对偶问题的可行解分别为 $\hat{\boldsymbol{X}},\hat{\boldsymbol{Y}}$，且 $\boldsymbol{c}\hat{\boldsymbol{X}} = \boldsymbol{b}^{\mathrm{T}}\hat{\boldsymbol{Y}}$，则 $\hat{\boldsymbol{X}},\hat{\boldsymbol{Y}}$ 分别是原问题和对偶问题的最优解。

证明： 设 $\boldsymbol{X}^*,\boldsymbol{Y}^*$ 分别为原问题和对偶问题的最优解，又由于原问题是求目标函数的最大值，对偶问题是求目标函数的最小值，则有 $\boldsymbol{c}\boldsymbol{X}^* \geqslant \boldsymbol{c}\hat{\boldsymbol{X}}$ 且 $\boldsymbol{b}^{\mathrm{T}}\boldsymbol{Y}^* \leqslant \boldsymbol{b}^{\mathrm{T}}\hat{\boldsymbol{Y}}$。

又由于 $\boldsymbol{c}\hat{\boldsymbol{X}} = \boldsymbol{b}^{\mathrm{T}}\hat{\boldsymbol{Y}}$。故有 $\boldsymbol{c}\hat{\boldsymbol{X}} = \boldsymbol{c}\boldsymbol{X}^* = \boldsymbol{b}^{\mathrm{T}}\boldsymbol{Y}^* = \boldsymbol{b}^{\mathrm{T}}\hat{\boldsymbol{Y}}$，即 $\hat{\boldsymbol{X}} = \boldsymbol{X}^*,\hat{\boldsymbol{Y}} = \boldsymbol{Y}^*$。

证毕。

4. 强对偶性

强对偶性（strong duality）又称对偶定理（duality theorem），即如果原问题和对偶问题都有可行解，则两者都有最优解，且两者最优值相等。

证明：由于原问题与对偶问题都有可行解，由弱对偶性的推论 1 可知原问题和对偶问题的目标函数值分别有上界和下界，又由于原问题是求目标函数的最大值，对偶问题是求目标函数的最小值，因此原问题和对偶问题都有最优解。

同时，我们知道原问题的对偶价格就是对偶问题的一个可行解，且这个可行解的目标函数值等于原问题的目标函数值，由最优性可知，此时原问题和对偶问题的解都是最优解，则原问题与对偶问题的目标函数值都是最优值且相等。

5. 互补松弛性

互补松弛性（complementary slackness property）又称互补松弛定理，即线性规划取最优解时，若某一约束条件对应的对偶变量“$\neq 0$”，则该约束条件严格取“=”；若约束条件为严格不等式，其对应的对偶变量一定“=0”。

若 $y_i^* > 0$ ，则 $\sum_{j=1}^{n} a_{ij}x_j^* = b_i$ ，反之亦然；若 $\sum_{j=1}^{n} a_{ij}x_j^* < b_i$ ，则 $y_i^* = 0$ ，反之亦然。

若 $x_j^* > 0$ ，则 $\sum_{i=1}^{m} a_{ij}y_i^* = c_j$ ，反之亦然；若 $\sum_{i=1}^{m} a_{ij}y_i^* > c_j$ ，则 $x_j^* = 0$ ，反之亦然。

证明：若原问题和对偶问题的可行解分别为 $\hat{\boldsymbol{X}},\hat{\boldsymbol{Y}}$ ，由弱对偶性可知，$\boldsymbol{c}\hat{\boldsymbol{X}} \leqslant \hat{\boldsymbol{Y}}^{\mathrm{T}}\boldsymbol{A}\hat{\boldsymbol{X}} \leqslant \hat{\boldsymbol{Y}}^{\mathrm{T}}\boldsymbol{b}$ 。设 $\boldsymbol{X}^*,\boldsymbol{Y}^*$ 分别为原问题和对偶问题的最优解，由最优性可知，$\boldsymbol{c}\boldsymbol{X}^* = \boldsymbol{Y}^{*\mathrm{T}}\boldsymbol{b}$ ，则可得 $\boldsymbol{Y}^{*\mathrm{T}}\boldsymbol{A}\boldsymbol{X}^* = \boldsymbol{Y}^{*\mathrm{T}}\boldsymbol{b}$ ，即 $\boldsymbol{Y}^{*\mathrm{T}}(\boldsymbol{A}\boldsymbol{X}^* - \boldsymbol{b}) = 0$ 。

由于 $\boldsymbol{Y}^{*\mathrm{T}} \geqslant 0$ 且 $\boldsymbol{A}\boldsymbol{X}^* - \boldsymbol{b} \leqslant 0$ ，由矩阵乘法可知，行向量 $\boldsymbol{Y}^{*\mathrm{T}}$ 的每一个分量乘以对应列向量 $\boldsymbol{A}\boldsymbol{X}^* - \boldsymbol{b}$ 的每一个分量的结果都“$\leqslant 0$”，因此，要使行向量 $\boldsymbol{Y}^{*\mathrm{T}}$ 乘以列向量 $\boldsymbol{A}\boldsymbol{X}^* - \boldsymbol{b}$ 的结果为0，只能是行向量 $\boldsymbol{Y}^{*\mathrm{T}}$ 的每一个分量乘以对应列向量 $\boldsymbol{A}\boldsymbol{X}^* - \boldsymbol{b}$ 的每一个分量的结果都“= 0”。则如果 $\boldsymbol{Y}^*$ 的第 i 个分量 $y_i^* > 0$ 时，$\boldsymbol{A}\boldsymbol{X}^* - \boldsymbol{b}$ 的第 i 个分量 $\sum_{j=1}^{n} a_{ij}x_j^* - b_i$ 必为0，即 $\sum_{j=1}^{n} a_{ij}x_j^* = b_i$ 。同样，当 $\sum_{j=1}^{n} a_{ij}x_j^* < b_i$ 时，$y_i^* = 0$ 。

同理可证，若 $x_j^* > 0$ ，则 $\sum_{i=1}^{m} a_{ij}y_i^* = c_j$ ；若 $\sum_{i=1}^{m} a_{ij}y_i^* > c_j$ ，则 $x_j^* = 0$ 。

有时利用互补松弛定理，可以快速求出原问题或对偶问题的最优解。

例 3-11 已知下列线性规划的对偶问题的最优解为 $y_1 = 1/10$，$y_2 = 3/5$，目标函数的最优值为 14，试用互补松弛定理求解原问题的最优解。

$$
\begin{aligned}
\max z &= 2x_1 + 2x_2 + x_3 + x_4 \\
\text{s. t.}\quad & x_1 + 2x_2 + 3x_3 + 4x_4 \leqslant 20 \\
& 4x_1 + 3x_2 + 2x_3 + x_4 \leqslant 20 \\
& x_1, x_2, x_3, x_4 \geqslant 0
\end{aligned}
$$

首先写出其对偶问题：

$$
\begin{aligned}
\min f &= 20y_1 + 20y_2 \\
\text{s. t.}\quad & y_1 + 4y_2 \geqslant 2 \qquad (1) \\
& 2y_1 + 3y_2 \geqslant 2 \qquad (2) \\
& 3y_1 + 2y_2 \geqslant 1 \qquad (3)
\end{aligned}
$$

$$4y_1 + y_2 \geqslant 1 \qquad (4)$$

$$y_1, y_2 \geqslant 0$$

将 $y_1 = 1/10$, $y_2 = 3/5$ 代入约束不等式，其中式（2）和（4）等号成立，式（1）和（3）等号不成立，即对应的松弛变量不为 0。由互补松弛定理有 $x_1 = x_3 = 0$。

又由于 $y_1 > 0$，$y_2 > 0$，由互补松弛定理可知原问题的两个约束应该取“=”，将 $x_1 = x_3 = 0$ 代入原问题的约束条件，得

$$2x_2 + 4x_4 = 20$$

$$3x_2 + x_4 = 20$$

解得 $x_2 = 6$，$x_4 = 2$。可知原问题的最优解为 $\boldsymbol{X}^* = (0,6,0,2)$，对应的目标函数最大值为 14。

3.5.3 对偶问题的经济解释

设 $\boldsymbol{B}$ 是原问题

$$\max z = \boldsymbol{cx}$$

$$\text{s.t.} \quad \boldsymbol{Ax} \leqslant \boldsymbol{b}$$

$$\boldsymbol{x} \geqslant 0$$

的最优解，$\boldsymbol{Y}^*$ 是其对偶问题的最优解，则 $z^* = \boldsymbol{C}_B \boldsymbol{B}^{-1}\boldsymbol{b} = \boldsymbol{Y}^*\boldsymbol{b}$，对 $\boldsymbol{b}$ 求导得：

$$\frac{\partial z^*}{\partial \boldsymbol{b}} = \boldsymbol{C}_B \boldsymbol{B}^{-1} = \boldsymbol{Y}^*$$

因此，变量 y_i^* 的经济意义表现为在其他条件不变的情况下，单位资源变化所引起的目标函数值的变化。

假设线性规划的原问题与对偶问题的最优解分别为 $\boldsymbol{X}^* = (x_1^*, x_2^*, \cdots, x_n^*)$，$\boldsymbol{Y}^* = (y_1^*, y_2^*, \cdots, y_m^*)$，由对偶问题的最优性可知，$z^* = \sum_{j=1}^{n} c_j x_j^* = \sum_{i=1}^{m} b_i y_i^*$。$b_i$ 为原问题约束条件的右端项，代表第 i 种资源的拥有量。y_i^* 的值代表当原问题达到最优时第 i 种资源的估价。这种估价是特定资源在特定问题中的特殊价格，称为“影子价格”（shadow price）。影子价格不是资源的市场价格，它反映的是在资源得到最优配置的前提下资源的边际使用价值。而前面提到的对偶价格是指约束条件的常数项增加一个单位而使最优目标值得到改进的量，因此，只有当约束条件表示的是资源限制时，该约束条件才有对应的影子价格，此时影子价格等于对偶价格。

知道了影子价格的含义后，可以进一步解释互补松弛定理的经济意义。

（1）若 $\sum_{i=1}^{m} a_{ij} y_i^* = c_j$，则 $x_j^* > 0$。表示如果生成一个单位的第 j 种产品按消耗资源的影子价格计算的费用等于该产品的单位利润，则应该生产该产品。

（2）若 $\sum_{i=1}^{m} a_{ij} y_i^* > c_j$，则 $x_j^* = 0$。表示如果生成一个单位的第 j 种产品按消耗资源的影子价格计算的费用大于该产品的单位利润，则不应该生产该产品。

（3）若 $\sum_{j=1}^{n} a_{ij} x_j^* = b_i$，则 $y_i^* > 0$。表示如果某项资源供需平衡，则该项资源的影子

价格大于0。

（4）若 $\sum_{j=1}^{n} a_{ij}x_j^* < b_i$ ，则 $y_i^* = 0$ 。表示如果某项资源供大于求，则该项资源的影子价格等于0。

从上述分析可以总结出影子价格的经济意义：

（1）影子价格反映了资源对目标函数的边际贡献及资源转化成效益的效率。影子价格越高，资源对目标函数的边际贡献越大，资源转化成效益的效率越高。

（2）影子价格反映了资源的稀缺程度。当某种资源的影子价格大于0时，表示这种资源稀缺，且影子价格越高，资源越稀缺；当某种资源的影子价格等于0时，说明这种资源有剩余或供大于求。

（3）影子价格对市场有调节作用。影子价格不同于市场价格，是在特定问题中资源使用者赋予资源的一个估价，而资源的市场价格是其价值的客观体现，随供求关系的变化，价格围绕价值波动。在完全市场经济条件下，当某种资源的市场价格低于影子价格时，就买进资源；当市场价格高于影子价格时，就卖出资源。

3.6　对偶单纯形法

对偶单纯形法也是解决线性规划问题的一种方法。对偶单纯形法是在保持原问题所有 $\sigma_j \leqslant 0$ 的情况下，通过迭代，使所有约束条件的常数 $b_i \geqslant 0$ ，最后求得最优解。单纯形法则是在保持所有约束条件的常数 $b_i \geqslant 0$ 的情况下，通过迭代，使所有 $\sigma_j \leqslant 0$ ，最后求得最优解。

对偶单纯形法的步骤如下。

步骤1：根据线性规划问题列出初始单纯形表。

步骤2：检查常数列，如果常数列的所有分量都 $\geqslant 0$ ，且检验数均 $\leqslant 0$ ，则已经得到最优解，停止计算。如果常数列中至少还有一个负分量，且检验数均 $\leqslant 0$ ，则进行以下计算。

步骤3：确定出基变量：在常数列中找到一个最小的负分量，即 $(\boldsymbol{B}^{-1}\boldsymbol{b})_k = \min\limits_i \{(\boldsymbol{B}^{-1}\boldsymbol{b})_i \mid (\boldsymbol{B}^{-1}\boldsymbol{b})_i < 0\}$ ，则这个负分量所在行的基变量 x_k 为出基变量。

步骤4：确定入基变量：检查出基变量 x_k 所在行的各系数 $a_{kj}(j = 1,2,\cdots,n)$ ，如果所有的 a_{kj} 都大于等于0，则无可行解，停止计算。如果存在 a_{kj} 为负数，则计算所有为负数的 a_{kj} 与其对应的检验数 σ_j 的比值，找出其中的最小值，即 $\sigma_t/a_{kt} = \min\limits_j \{\sigma_j/a_{kj} \mid \sigma_j/a_{kj} < 0\}$ ，则其对应的非基变量 x_t 为入基变量。

步骤5：以 a_{kt} 为主元，采用初等行变换进行迭代，得到新的单纯形表，重复步骤2～4。

例3-12　用对偶单纯形法求解下列线性规划。

$$\min z = 2x_1 + 3x_2 + 4x_3$$

$$\text{s.t.}\quad x_1 + 2x_2 + x_3 \geqslant 3$$

$$2x_1 - x_2 + 3x_3 \geq 4$$
$$x_1, x_2, x_3 \geq 0$$

解： 先将线性规划转化为下列形式，以便用对偶单纯形法求解。

$$\max f = -2x_1 - 3x_2 - 4x_3$$
$$\text{s. t.}\quad -x_1 - 2x_2 - x_3 + x_4 = -3$$
$$-2x_1 + x_2 - 3x_3 + x_5 = -4$$
$$x_1, x_2, x_3, x_4, x_5 \geq 0$$

求解过程如表 3-20 所示。

表 3-20　例 3-12 的单纯形表

迭代次数	基变量	c_B	x_1	x_2	x_3	x_4	x_5	b
			-2	**-3**	**-4**	**0**	**0**	
0	x_4	0	-1	-2	-1	1	0	-3
	x_5	0	-2	1	-3	0	1	-4
	z_j		0	0	0	0	0	0
	$\sigma_j = c_j - z_j$		-2	-3	-4	0	0	
	σ_j / a_{kj}		1	—	4/3	—	—	
1	x_4	0	0	-2.5	0.5	1	-0.5	-1
	x_1	-2	1	-0.5	1.5	0	-0.5	2
	z_j		-2	1	-3	0	1	-4
	$\sigma_j = c_j - z_j$		0	-4	-1	0	-1	
	σ_j / a_{kj}		—	1.6	—	—	2	
2	x_2	-3	0	1	-0.2	-0.4	0.2	0.4
	x_1	-2	1	0	1.4	-0.2	-0.4	2.2
	z_j		-2	-3	-2.2	1.6	0.2	-5.6
	$\sigma_j = c_j - z_j$		0	0	-1.8	-1.6	-0.2	
	σ_j / a_{kj}							

列出转化后的初始单纯形表，检查所有检验数都 ≤ 0，由于 $\min\{-3, -4\} = -4$，确定入基变量为 x_5；计算 $\min\left\{\frac{-2}{-2}, —, \frac{-4}{-3}\right\} = \frac{-2}{-2} = 1$，确定出基变量为 x_1；以入基变量和出基变量所在行、列的交叉处“-2”为主元，按初等行变换进行迭代。迭代后常数列仍有负分量，故重复上述步骤继续迭代，当第 2 次迭代后，常数列所有分量都非负，且检验数都非正，说明已经求出最优解，最优解为 $\boldsymbol{X}^* = (2.2, 0.4, 0, 0, 0)^{\mathrm{T}}$，最优值为 $z = -f = 5.6$。

从以上例子可以看出对偶单纯形法的优点：(1) 初始解可以是非可行解，当检验数都非正时就可以进行基变换，这时不需要加入人工变量，因此可以简化计算。(2) 对于决策变量多于约束条件的线性规划，用对偶单纯形法可以减少计算量，因此对于决策变量较少，约束条件较多的线性规划，可以写出它的对偶问题，再用对偶单纯形法求解。(3) 在做线性规划常数项灵敏度分析时，有时用对偶单纯形法可以简化计算。

但对偶单纯形法也有局限性：对于大多数线性规划问题，很难找到初始解使其所有检验数均小于等于 0，所以对偶单纯形法在求解线性规划问题时很少单独使用。

练习题

1. 简述单纯形法的基本思路和原理。

2. 简述用单纯形法求解线性规划时无界解、无可行解、多重最优解、唯一最优解的判别条件。

3. 哪些情况下考虑对偶问题有助于求解原问题?

4. 简述对偶规划的基本性质。

5. 简述对偶问题与原问题的关系。

6. 简述影子价格的经济意义。

7. 简述对偶单纯形法的步骤。

8. 用单纯形法、大 M 法或两阶段法求解下列线性规划问题，并判断问题的解属于哪一类。

(1)
$$\max z = 4x_1 + x_2$$
$$\text{s.t.}\quad \begin{cases} x_1 + 2x_2 \leqslant 8 \\ 4x_1 + 2x_2 \leqslant 11 \\ x_1, x_2 \geqslant 0 \end{cases}$$

(2)
$$\max z = 10x_1 + 6x_2 + 3x_3$$
$$\text{s.t.}\quad \begin{cases} 3x_1 + 2x_2 + x_3 \leqslant 20 \\ x_1 + x_2 + x_3 \leqslant 10 \\ 12x_1 + 4x_2 + x_3 \leqslant 50 \\ x_1, x_2, x_3 \geqslant 0 \end{cases}$$

(3)
$$\min f = 2x_1 + 3x_2 - x_3$$
$$\text{s.t.}\quad \begin{cases} 2x_1 + 2x_2 - x_3 \leqslant 4 \\ x_1 - 2x_2 + 3x_3 \leqslant 9 \\ x_1 + x_2 + x_3 \leqslant 5 \\ x_1, x_2, x_3 \geqslant 0 \end{cases}$$

(4)
$$\max z = 5x_1 + x_2 + 3x_3$$
$$\text{s.t.}\quad \begin{cases} x_1 + 4x_2 + 2x_3 \geqslant 10 \\ x_1 - 2x_2 + x_3 \leqslant 15 \\ x_1, x_2, x_3 \geqslant 0 \end{cases}$$

(5)
$$\max z = x_1 + 4x_2$$
$$\text{s.t.}\quad \begin{cases} 2x_1 + 2x_2 \leqslant 11 \\ -x_1 + x_2 \geqslant 8 \\ x_1, x_2 \geqslant 0 \end{cases}$$

(6) $\max z = 2x_1 + 3x_2$

s. t. $4x_1 + 3x_2 \geqslant 12$

$x_1 + 2x_2 \geqslant 4$

$x_2 \geqslant 5$

$x_1 \geqslant 0$

(7) $\max z = 2x_1 + x_2 + x_3$

s. t. $2x_1 + x_2 + x_3 \geqslant 4$

$x_1 + 2x_2 \leqslant 10$

$2x_1 + 4x_2 + x_3 \leqslant 8$

$x_1, x_2, x_3 \geqslant 0$

9. 对第 8 题（1）、(2) 小题中线性规划的目标函数中的变量系数及约束方程中的常数项进行灵敏度分析，即分析目标函数中变量系数在什么范围内变化时线性规划的最优解不变，约束方程中的常数项在什么范围内变化时，其对应的对偶价格不变。

10. 写出下列线性规划的对偶问题。

(1) $\max z = 2x_1 + x_2 + x_3$

s. t. $3x_1 + 2x_2 + x_3 \leqslant 10$

$x_1 + 5x_2 + x_3 \leqslant 20$

$x_1, x_2, x_3 \geqslant 0$

(2) $\max z = 2x_1 + x_2 + 5x_3$

s. t. $2x_1 + 3x_2 + x_3 \geqslant 10$

$3x_1 + x_2 + x_3 \leqslant 50$

$x_1 + x_2 = 20$

$x_1, x_2 \geqslant 0$；x_3 无非负限制

(3) $\min f = x_1 + 2x_2 + 3x_3$

s. t. $2x_1 + 3x_2 + 2x_3 \geqslant 6$

$3x_1 - x_2 + x_3 \leqslant 3$

$-x_1 + x_2 + x_3 = 2$

$x_1 \geqslant 0$，x_2 无非负限制，$x_3 \leqslant 0$

11. 写出下列线性规划的对偶问题，考虑用哪一种形式求解相应线性规划问题更简单，并选择合适的方法求解。

(1) $\min f = x_1 + x_2 + x_3 + x_4 + x_5$

s. t. $x_1 + x_2 \geqslant 6$

$x_2 + x_3 \geqslant 7$

$x_3 + x_4 \geqslant 8$

$x_4 + x_5 \geqslant 9$

$x_1 + x_5 \geqslant 10$

$x_1, x_2, x_3, x_4, x_5 \geqslant 0$

(2) $\min f = 2x_1 + 3x_2 + 6x_3$

s. t. $2x_1 + 3x_2 + x_3 \geq 4$

$x_1 + x_2 + 4x_3 \geq 12$

$x_1, x_2, x_3 \geq 0$

(3) $\min f = x_1 - x_2 + 5x_3$

s. t. $2x_1 + 3x_2 + 5x_3 \geq 2$

$-3x_1 - x_2 + x_3 \geq 3$

$x_1 + 4x_2 + x_3 \geq 6$

$x_1, x_2, x_3 \geq 0$

12. 用对偶单纯形法求解下列线性规划问题。

$\min f = 2x_1 + 3x_2 + 5x_3$

s. t. $x_1 - x_2 + x_3 \geq 4$

$x_1 + x_2 + 2x_3 \leq 8$

$x_2 - x_3 \geq 2$

$x_1, x_2, x_3 \geq 0$

13. 某化工厂能够生产 3 种产品，各产品都需要经过 3 道工序才能加工完成，生产产品 A、B、C 每吨的利润分别为 2.5 万元、2 万元、3 万元，生产各产品 1 吨所需工时数及各工序可用总工时数如表 3－21 所示。

表 3－21 单位产品所需工时数及各工序可用总工时数

工序	单位产品所需工时数			可用总工时数
	产品 A	产品 B	产品 C	
工序 1	8	16	10	350
工序 2	10	5	5	450
工序 3	2	13	5	400

(1) 如何安排生产，使化工厂的总利润最大？

(2) 为了扩大生产，化工厂通过各种手段增加工时数，如果工序 1 每增加 1 工时数，需要消耗成本 1 万元，那么这样做是否划算？

(3) 若由于技术进步，生产每吨产品 B 工序 1 减少了 2 工时，工序 2 减少了 1 工时，工序 3 减少了 2 工时，那么这时的最优生产方案是否发生变化？

(4) 若由于市场变化，产品 B 每吨的利润变为 3 万元，那么这时的最优生产方案是否发生变化？

14. 已知线性规划问题

$\max z = x_1 + 2x_2 + 3x_3 + 4x_4$

s. t. $x_1 + 2x_2 + 2x_3 + 3x_4 \leq 20$

$2x_1 + x_2 + 3x_3 + 2x_4 \leq 20$

$x_1, x_2, x_3, x_4 \geq 0$

其对偶问题的最优解为 $y_1 = 6/5, y_2 = 1/5$，最优值为 $f = 28$，试用互补松弛定理求出原问题的最优解。

第4章 运输问题

运输问题是一类特殊的线性规划问题，是运筹学早期研究中的经典问题之一，产生于20世纪40年代，是美国学者希奇柯克（Hitchcock）在研究铁路规划时提出的问题。由于这类线性规划问题有特殊的结构，因此学者们设计了比单纯形法更简便的方法——表上作业法来解决运输问题。运输问题探讨的是如何制订合理的运输计划，使物品从多个产地运输到多个销地的总运输成本最低，在交通、物流等领域有着广泛的应用。本章主要介绍运输问题的数学模型、表上作业法、计算机求解以及应用。

4.1 运输问题的数学模型

4.1.1 引例

运输问题主要用于解决大批量、单一品种物资运输调度计划的制订。问题可描述为：把某种物资从若干产地运输到若干销地，每个产地的产量、销地的销量以及各地之间的运输单价均已知，如何制定一个使得总运输成本最低的方案？

例4-1 某化肥厂有3个分厂，分别设在武汉、东莞和长春，产能分别是200吨、200吨、240吨。3个分厂的产品需要运往华北、华中、华东和华南的4个销售中心，需求分别是160吨、170吨、200吨、110吨。各地之间运费如表4-1所示，请制定一个合适的运输方案，使得运输费用最低。

表4-1 单位运费表 单位：百元/吨

		销地			
		华北	华中	华东	华南
产地	武汉分厂	14	2.6	12	15
	东莞分厂	24.5	14	16	2
	长春分厂	12	16	17	28

解：由题意可知，产地的产量之和为 200 + 200 + 240 = 640 吨，销地的销量（需求量）之和为 160 + 170 + 200 + 110 = 640 吨，总产量等于总销量，是一个产销平衡的运输问题。因此，把产地的产量全部分配给销地，正好满足这 4 个销售中心的需求。

设 x_{ij} 表示从产地 $i(i=1,2,3)$ 运输到销地 $j(j=1,2,3,4)$ 的化肥数量，写出此问题的数学模型。

首先，对于每个产地，到各销地的运出量之和等于该产地的产量，则有以下约束条件：

$$x_{11}+x_{12}+x_{13}+x_{14}=200$$

$$x_{21}+x_{22}+x_{23}+x_{24}=200$$

$$x_{31}+x_{32}+x_{33}+x_{34}=240$$

其次，对于每个销地，从各产地的运入量等于该销售中心的需求量，则有以下约束条件：

$$x_{11}+x_{21}+x_{31}=160$$

$$x_{12}+x_{22}+x_{32}=170$$

$$x_{13}+x_{23}+x_{33}=200$$

$$x_{14}+x_{24}+x_{34}=110$$

最后，目标函数是使总的运输费用最低，即

$$\begin{aligned}\min f=\ &14x_{11}+2.6x_{12}+12x_{13}+15x_{14}+24.5x_{21}+14x_{22}+16x_{23}+2x_{24}+12x_{31}\\&+16x_{32}+17x_{33}+28x_{34}\end{aligned}$$

所以该问题的线性规划数学模型如下：

$$\begin{aligned}\min f=\ &14x_{11}+2.6x_{12}+12x_{13}+15x_{14}+24.5x_{21}+14x_{22}+16x_{23}+2x_{24}+12x_{31}\\&+16x_{32}+17x_{33}+28x_{34}\\ \text{s.t.}\quad &x_{11}+x_{12}+x_{13}+x_{14}=200\\&x_{21}+x_{22}+x_{23}+x_{24}=200\\&x_{31}+x_{32}+x_{33}+x_{34}=240\\&x_{11}+x_{21}+x_{31}=160\\&x_{12}+x_{22}+x_{32}=170\\&x_{13}+x_{23}+x_{33}=200\\&x_{14}+x_{24}+x_{34}=110\\&x_{ij}\geqslant 0,\ i=1,2,3;\ j=1,2,3,4\end{aligned}$$

4.1.2 产销平衡运输问题的数学模型

为了给出运输问题的一般模型，我们将涉及的参数符号化：

i 表示产地，$i=1, 2, \cdots, m$；

j 表示销地，$j=1, 2, \cdots, n$；

a_i 表示产地 i 的产量；

b_j 表示销地 j 的销量；

c_{ij} 表示产地 i 向销地 j 运输每单位物资的运价；

x_{ij} 表示产地 i 向销地 j 运输物资的量（决策变量）。

根据以上符号，可以给出产销平衡运输问题的一般模型：

$$\min f = \sum_{i=1}^{m}\sum_{j=1}^{n} c_{ij}x_{ij}$$

$$\text{s.t.} \quad \sum_{j=1}^{n} x_{ij} = a_i,\ i = 1,2,\cdots,m$$

$$\sum_{i=1}^{m} x_{ij} = b_j,\ j = 1,2,\cdots,n$$

$$x_{ij} \geqslant 0,\ i = 1,2,\cdots,m;\ j = 1,2,\cdots,n$$

其中，目标函数表示最小化总的运输费用，第 1 个约束条件表示产地产量的约束，第 2 个约束条件表示销地销量的约束，第 3 个约束条件表示决策变量的非负约束。

有时上述一般模型会发生如下变化。

（1）目标函数变为求最大值。在某些运输问题中，目标函数有可能是运输方案的收入最大或利润最大，这时目标函数就要求最大值而不是最小值。

（2）增加了运输能力的限制。在某些运输问题中，某些运输线路可能受到运输能力的限制，就需要在约束条件中增加相应的约束。例如在例 4－1 中假设武汉分厂到华北销售中心的最大运力为 100 吨，就要在原来的数学模型基础上增加约束条件 $x_{11} \leqslant 100$ 。

（3）产销不平衡的情况。以上我们讨论的都是产销平衡的情况，但在实际问题中，大多数情况下的运输问题是产销不平衡的。这时就需要通过增加一个虚拟的产地或销地将产销不平衡问题转化为产销平衡问题，以便用表上作业法求解，具体做法见下文。

4.1.3　产销不平衡运输问题的数学模型及其转化

1. 产大于销的情况

当总产量大于总销量时，说明某些产地的产量没有全部运出，且销地的需求都能被满足，此时，运输问题的数学模型如下：

$$\min f = \sum_{i=1}^{m}\sum_{j=1}^{n} c_{ij}x_{ij}$$

$$\text{s.t.} \quad \sum_{j=1}^{n} x_{ij} \leqslant a_i,\ i = 1,2,\cdots,m$$

$$\sum_{i=1}^{m} x_{ij} = b_j,\ j = 1,2,\cdots,n$$

$$x_{ij} \geqslant 0,\ i = 1,2,\cdots,m;\ j = 1,2,\cdots,n$$

与产销平衡的数学模型相比，只是把第一个约束条件的“＝”变成了“≤”，表示对于各产地，只要保证总运出量不超过其产量即可。

若要将产大于销的产销不平衡问题转化为产销平衡问题，需要虚拟一个销地，即第 $n+1$ 个销地，该销地的销量 $b_{n+1} = \sum_{i=1}^{m} a_i - \sum_{j=1}^{n} b_j$ 。一般假设所有产地到该销地的单位运价 $c_{i,n+1} = 0(i = 1,2,\cdots,m)$ ，也可等于产地 i 的单位物资储存成本。增加决策变量 $x_{i,n+1}(i = 1,2,\cdots,m)$ ，表示各产地运到虚拟销地的量，其本质含义可以理解为产地 i 没有运出而就地储存起来的物资量。其余参数保持不变。则数学模型变为如下形式：

$$\min f = \sum_{i=1}^{m}\sum_{j=1}^{n+1} c_{ij}x_{ij}$$

$$\text{s.t.}\quad \sum_{j=1}^{n+1} x_{ij} = a_i,\ i = 1,2,\cdots,m$$
$$\sum_{i=1}^{m} x_{ij} = b_j,\ j = 1,2,\cdots,n+1$$
$$x_{ij} \geqslant 0,\ i = 1,2,\cdots,m;\ j = 1,2,\cdots,n+1$$

这样就把产大于销的运输问题转化为产销平衡的运输问题。

2. 销大于产的情况

当总销量大于总产量时，说明某些销地的需求量不能被完全满足，显然此时所有产地的产量将全部运出，数学模型如下：

$$\min f = \sum_{i=1}^{m}\sum_{j=1}^{n} c_{ij}x_{ij}$$
$$\text{s.t.}\quad \sum_{j=1}^{n} x_{ij} = a_i,\ i = 1,2,\cdots,m$$
$$\sum_{i=1}^{m} x_{ij} \leqslant b_j,\ j = 1,2,\cdots,n$$
$$x_{ij} \geqslant 0,\ i = 1,2,\cdots,m;\ j = 1,2,\cdots,n$$

与产销平衡的数学模型相比，只是把第二个约束条件的“=”变成了“≤”，表示对于各销地，运达该销地的物资量不超过其需求量。

若要将销大于产的产销不平衡问题转化为产销平衡问题，需要虚拟一个产地，即第 $m+1$ 个产地，该产地的产量 $a_{m+1} = \sum_{j=1}^{n} b_j - \sum_{i=1}^{m} a_i$ 。一般假设该产地到所有销地的单位运价 $c_{m+1,j} = 0(j = 1,2,\cdots,n)$ ，也可等于销地 j 的单位物资缺货成本。增加了决策变量 $x_{m+1,j}(j = 1,2,\cdots,n)$ ，表示虚拟产地运到各销地的量，其本质含义为各销地没有被满足的需求量，即缺货量。其余参数保持不变。则数学模型变为如下形式：

$$\min f = \sum_{i=1}^{m+1}\sum_{j=1}^{n} c_{ij}x_{ij}$$
$$\text{s.t.}\quad \sum_{j=1}^{n} x_{ij} = a_i,\ i = 1,2,\cdots,m+1$$
$$\sum_{i=1}^{m+1} x_{ij} = b_j,\ j = 1,2,\cdots,n$$
$$x_{ij} \geqslant 0,\ i = 1,2,\cdots,m+1;\ j = 1,2,\cdots,n$$

这样就把销大于产的运输问题转化为产销平衡的运输问题。每个销地实际获得的物资量 $b_j' = \sum_{i=1}^{m} x_{ij}(j = 1,2,\cdots,n)$ ，即不包括虚拟产地运到的物资量。

4.2 表上作业法

4.2.1 表上作业法的步骤

表上作业法于 1954 年由查纳斯（Charners）和库伯（Cooper）两位学者提出，是专门用于求解运输问题的方法，其本质是单纯形法，因此其基本思路与单纯形法一致，但表上作业法大大简化了计算过程，且涉及的相关术语也不同。

需要注意的是，表上作业法只能用于求解产销平衡的运输问题。由于产销平衡，故有以下关系式存在：

$$\sum_{i=1}^{m} a_i = \sum_{i=1}^{m} \left(\sum_{j=1}^{n} x_{ij} \right) = \sum_{j=1}^{n} \left(\sum_{i=1}^{m} x_{ij} \right) = \sum_{j=1}^{n} b_j$$

即前 m 个约束方程之和等于后 n 个约束方程之和，所以模型只有 $m+n-1$ 个独立的约束方程，即系数矩阵的秩为 $m+n-1$，也就是说运输问题有 $m+n-1$ 个基变量。

此外，运输问题一定有最优解。因为一定存在 $x_{ij} \geqslant 0 (i=1,2,\cdots,m; j=1,2,\cdots,n)$ 满足约束条件，所以，运输问题总是存在可行解。又由于 $0 \leqslant x_{ij} \leqslant \min\{a_i, b_j\}$，故运输问题不存在无界解，因此，运输问题一定有最优解。

基于以上分析，表上作业法的流程如图 4－1 所示。

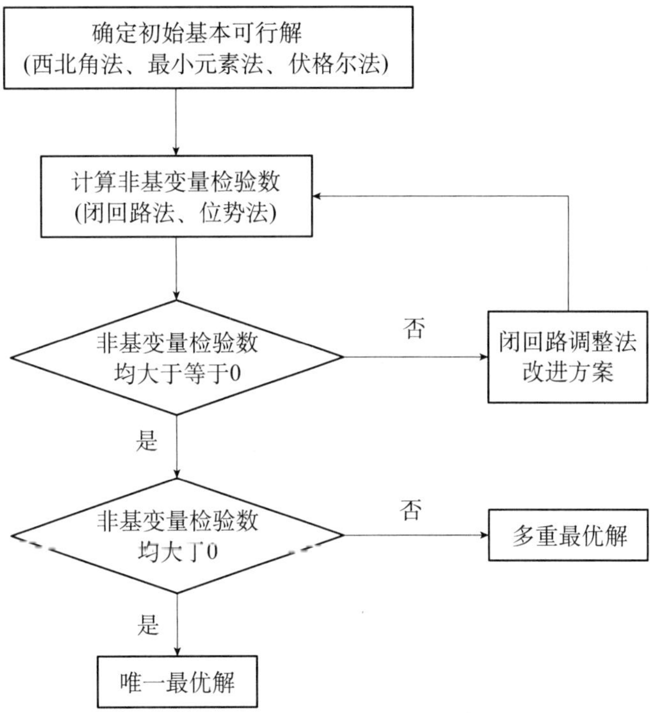

图 4－1　表上作业法的流程

步骤 1：确定初始基本可行解。在包含 m 行 n 列的产销平衡表中给出 $m+n-1$ 个数字格，数字格对应的决策变量即为基变量，格子中所填写的数字就是基变量的值。

步骤 2：判别最优解。求出各非基变量的检验数，即计算除了上述 $m+n-1$ 个格子以外的空格所对应的检验数。如果检验数都大于等于 0，说明已经求出最优解，转到步骤 4；否则，转到步骤 3。

步骤 3：改进运输方案。在所有为负值的检验数中，选择其中最小的负检验数对应的非基变量作为入基变量，并通过闭回路调整法进行基变换，求出新的基本可行解，转入步骤 2。

步骤 4：判别多重最优解。如果所有非基变量的检验数均大于 0，则运输问题只有唯一最优解；若有非基变量的检验数等于 0，则运输问题存在多重最优解，将该检验数为 0 的非基变量作为入基变量进行基变换，可求出另一最优解。

在上述步骤中，确定初始基本可行解和计算非基变量检验数都有多种方法。其中确定初始基本可行解可采用西北角法、最小元素法以及伏格尔法；计算非基变量检验数可采用闭回路法和位势法；改进运输方案采用的是闭回路调整法，其本质就是进行基变换。接下来将详细介绍上述方法。

4.2.2 确定初始基本可行解

确定初始基本可行解的方法很多，一般希望方法既简便，又能得出尽量接近最优解的结果。下面介绍三种方法，即西北角法、最小元素法以及伏格尔法。

1. 西北角法

西北角法的基本思想是对西北角（左上角）的变量分配运输量，尽量使该运输量最大，即至少使一产地或销地的剩余量为 0；划去产地或销地剩余量为 0 的行或列，再对新的西北角进行运输量的分配；重复以上步骤，直到所有运输量分配完毕。西北角法的优点是操作简便，缺点是完全没有考虑与最优解的接近程度，可能会增加后面步骤的迭代次数。

以例 4-1 为例进行说明，为了方便演示，产地用 A_i 代替，销地用 B_j 代替，如表 4-2 所示。

表 4-2 西北角法

		销地				产量
		B_1	B_2	B_3	B_4	
产地	A_1	160	40			~~200~~ ~~40~~ 0
	A_2		130	70		~~200~~ ~~70~~ 0
	A_3			130	110	~~240~~ ~~110~~ 0
销量		~~160~~ 0	~~170~~ ~~130~~ 0	~~200~~ ~~130~~ 0	~~110~~ 0	

先从表的西北角的变量 x_{11} 开始分配运输量，要使运输量尽可能地大，则 $x_{ij} = \min\{a_i, b_j\}$ ，即 $x_{11} = \min\{200, 160\} = 160$ ，这时销地 B_1 的需求量已经全部满足，所以 x_{21} 和 x_{31} 必为 0。令 x_{21} 和 x_{31} 为非基变量，在 x_{11} 对应的格子里填上数字 160，并把 A_1 的产量和 B_1 的销量都减去 160 后的值填入产量、销量处，把原来的产量和销量划去。新填入的产量和销量表示在 $x_{11} = 160$ 的情况下，A_1 还能够供应的产量和 B_1 还需要的销量。此时，B_1 还需要的销量已经为 0，即不再需要往 B_1 运输物资，就可以把 B_1 列划去。

这时 x_{12} 成了新的西北角，填入 $x_{12} = \min\{40, 170\} = 40$ ，A_1 的产量和 B_2 的销量分别减去 40，划去 A_1 行。这时 x_{22} 成了新的西北角，填入 $x_{22} = \min\{200, 130\} = 130$ ，A_2 的产

量和 B_2 的销量分别减去 130，划去 B_2 列。这时 x_{23} 成了新的西北角，填入 $x_{23}=\min\{70,200\}=70$，A_2 的产量和 B_3 的销量分别减去 70，划去 A_2 行。这时 x_{33} 成了新的西北角，填入 $x_{33}=\min\{240,130\}=130$，$A_3$ 的产量和 B_3 的销量分别减去 130，划去 B_3 列。这时 x_{34} 成了新的西北角，填入 $x_{34}=\min\{110,110\}=110$，$A_3$ 的产量和 B_4 的销量分别减去 110。至此，所有的产量和销量都等于 0，意味着运输量全部分配完毕。

这样就得到了一个初始基本可行解，有 $m+n-1=3+4-1=6$ 个基变量，其中 $x_{11}=160$，$x_{12}=40$，$x_{22}=130$，$x_{23}=70$，$x_{33}=130$，$x_{34}=110$。总运输费用为 $14\times160+2.6\times40+14\times130+16\times70+17\times130+28\times110=10\ 574$，即 1 057 400 元。西北角法虽然操作简便，但初始解的质量不高。

2. 最小元素法

最小元素法的基本思想是就近供应，即优先对单位运价最低的变量分配运输量，这里就要用到单位运价这个参数，因此，表上作业法的表格需要做适当修改，将每个单元格对应的单位运价写在格子的右上方，如表 4－3 所示。

表 4－3　最小元素法

		销地				产量
		B_1	B_2	B_3	B_4	
产地	A_1	14	2.6 170	12 30	15	~~200~~ ~~30~~ 0
	A_2	24.5	14	16 90	2 110	~~200~~ ~~90~~ 0
	A_3	12 160	16	17 80	28	~~240~~ ~~80~~ 0
销量		~~160~~ 0	~~170~~ 0	~~200~~ ~~170~~ ~~80~~ 0	~~110~~ 0	

在表 4－3 中找到单位运价最低的 x_{24} 开始分配运输量，仍然尽可能取最大值，则 $x_{24}=\min\{200,110\}=110$，划去 B_4 列。从剩下单元格中找到单位运价最低的 x_{12} 分配运输量，$x_{12}=\min\{200,170\}=170$，划去 B_2 列。从剩下单元格中找到单位运价最低的 x_{31} 分配运输量，$x_{31}=\min\{240,160\}=160$，划去 B_1 列。从剩下单元格中找到单位运价最低的 x_{13} 分配运输量，$x_{13}=\min\{30,200\}=30$，划去 A_1 行。从剩下单元格中找到单位运价最低的 x_{23} 分配运输量，$x_{23}=\min\{90,170\}=90$，划去 A_2 行。从剩下单元格中找到单位运价最低的 x_{33} 分配运输量，$x_{33}=\min\{80,80\}=80$，A_3 的产量和 B_3 的销量分别减去 80。至此，所有的产量和销量都等于 0，运输量全部分配完毕。

这样就得到了一个初始基本可行解，其中 $x_{12}=170$，$x_{13}=30$，$x_{23}=90$，$x_{24}=110$，$x_{31}=160$，$x_{33}=80$。总运输费用为 $2.6\times170+12\times30+16\times90+2\times110+12\times160+17\times80=$

5 742，即 574 200 元，显然比西北角法得到的初始解的质量要高。因此，从最小元素法求得的初始基本可行解出发求最优解的迭代次数可能就要少一些。但最小元素法也有局限性，那就是可能会为了节省某条线路的费用，而造成其他线路要多花几倍的费用。

3. 伏格尔法

考虑到最小元素法的局限性，伏格尔法的基本思想是假如某产地的物资不能按最低运费就近供应，就需要考虑次低运费，这就有一个差额，差额越大，说明不能按最低运费运输时，运费增加得越多，因此差额最大时，就应当采用最低运费运输。基于此，伏格尔法需要用到两个表，即单位运费表和产销平衡表，主要有三个步骤：第 1 步，在单位运费表中计算各行各列最低费用和次低费用的差额，选出差额最大者，选择其所在行或列中最小元素所在的单元格作为待分配运输量的单元格，并划去最大差额者所在的行或列；第 2 步，在产销平衡表中按照使运输量尽量大的原则分配运输量；第 3 步，重复第 1、2 步，直到给出初始基本可行解为止。

仍以例 4－1 为例进行说明，首先计算单位运费表中各行各列最低运费和次低运费的差额，并填入该表的最右列或最下行，如表 4－4 所示；找到最大差额“13”，在其所在列找到最小元素“2”，并划去 B_4列；在产销平衡表中，对最小元素“2”对应的变量 x_{24} 进行运输量的分配，取行或列的最小值 110 填入单元格中，对应行、列的产量和销量分别减去 110，如表 4－5 所示。接着在新的单位运费表中继续计算各行各列最低运费和次低运费的差额，找到最大差额“11.4”，在其所在列找到最小元素“2.6”，并划去 B_2列；在产销平衡表中，对最小元素“2.6”对应的变量 x_{12} 进行运输量的分配，取行或列的最小值 170 填入单元格中，对应行、列的产量和销量分别减去 170。接着在新的单位运费表中继续计算各行各列最低运费和次低运费的差额，找到最大差额“8”，在其所在行找到最小元素“16”，并划去 A_2行；在产销平衡表中，对最小元素“16”对应的变量 x_{23} 进行运输量的分配，取行或列的最小值 90 填入单元格中，对应行、列的产量和销量分别减去 90。以此类推，直到所有的运输量都分配完毕，得到初始基本可行解。

表 4－4　伏格尔法单位运费表

		销地				行差额
		B_1	B_2	B_3	B_4	
产地	A_1	14	**2.6**	**12**	15	9.4　9.4　2　2　**2**
	A_2	24	14	**16**	**2**	12　2　**8**
	A_3	**12**	16	17	28	4　4　5　**5**
列差额		2 2 2 2 0	11.4 **11.4**	4 4 4 5 0	**13**	

表 4-5　伏格尔法产销平衡表

		销地				产量
		B_1	**B_2**	**B_3**	**B_4**	
产地	**A_1**		170	30		~~200~~ ~~30~~ 0
	A_2			90	110	~~200~~ ~~90~~ 0
	A_3	160		80		~~240~~ ~~80~~ 0
销量		~~160~~ 0	~~170~~ 0	~~200~~ ~~110~~ ~~80~~ 0	~~110~~ 0	

从表 4-5 可知，该例中用伏格尔法得到的初始基本可行解与最小元素法得到的一致，事实上，这已经是该问题的最优解。从求解过程可知，伏格尔法与最小元素法的区别在于确定优先分配变量的原则不同，其余步骤均相同。此外，伏格尔法的计算过程比最小元素法烦琐，但一般情况下，伏格尔法给出的初始解要比最小元素法给出的初始解质量更高（至少相等），即更接近最优解。

4.2.3　判别最优解

表上作业法判别最优解的原则与单纯形法一样，都是计算检验数，不同的是运输问题的目标是求最小值，因此判别的方法是当所有非基变量的检验数都大于等于 0 时，为最优解，即计算产销平衡表中所有空格的检验数 $c_{ij}-\boldsymbol{C}_B\boldsymbol{B}^{-1}\boldsymbol{p}_{ij}$，当所有的检验数 $c_{ij}-\boldsymbol{C}_B\boldsymbol{B}^{-1}\boldsymbol{p}_{ij}\geqslant 0$ 时，运输问题有最优解。其中 $\boldsymbol{p}_{ij}$ 为变量 x_{ij} 在约束条件中的系数向量，运输问题的系数矩阵结构松散且特殊，如下所示：

$$\begin{array}{ccccccccccccc} x_{11} & x_{12} & \cdots & x_{1n} & x_{21} & x_{22} & \cdots & x_{2n} & \cdots & x_{m1} & x_{m2} & \cdots & x_{mn} \end{array}$$

$$\left(\begin{array}{ccccccccccccc}
1 & 1 & \cdots & 1 & & & & & & & & & \\
 & & & & 1 & 1 & \cdots & 1 & & & & & \\
 & & & & & & & & \ddots & & & & \\
 & & & & & & & & & 1 & 1 & \cdots & 1 \\
1 & & & & 1 & & & & & 1 & & & \\
 & 1 & & & & 1 & & & & & 1 & & \\
 & & \ddots & & & & \ddots & & \cdots & & & \ddots & \\
 & & & 1 & & & & 1 & & & & & 1
\end{array}\right)
\begin{array}{l}
\left.\begin{array}{l}\vphantom{1}\\ \vphantom{1}\\ \vphantom{1}\\ \vphantom{1}\end{array}\right\} m\text{ 行} \\
\left.\begin{array}{l}\vphantom{1}\\ \vphantom{1}\\ \vphantom{1}\\ \vphantom{1}\end{array}\right\} n\text{ 行}
\end{array}$$

可以看出系数向量 $\boldsymbol{p}_{ij}$ 的分量中，除了第 i 个和第 $m+j$ 个为 1 以外，其余的都为 0，即 $\boldsymbol{p}_{ij}=(0\cdots1\cdots0\cdots1\cdots0)^{\mathrm{T}}=e_i+e_{m+j}$。

下面介绍两种求产销平衡表中空格检验数的方法，即闭回路法和位势法。

1. 闭回路法

在产销平衡表中，以某一个空格（非基变量）为起点，沿水平或垂直方向前进，只有遇到有数字的单元格（基变量）才能向左或向右转 90 度，也可以直行，这样继续前进，直到回到出发的那个空格为止，由此形成的封闭折线称为闭回路。每一个空格对应唯一一条闭回路，因为 $m+n-1$ 个数字格（基变量）对应的系数向量是一个基，任一空格（非基变量）对应的系数向量是这个基的线性组合。

闭回路法计算检验数的经济解释为：把空格（非基变量）的运输量调整为 1（原运输量为 0），由于要求产销平衡，需要对闭回路上各顶点的运输量加上或减去 1，然后计算出由于运输量的变化而使总运输费用增加或减少的值，该值即为该空格的检验数。如果所有空格的检验数都大于等于 0，也就是说任一非基变量变成基变量都会使总运费增加，那么此时的产销平衡表就是最优运输方案，否则要进一步迭代以找出最优解。需要注意的是，对于求目标函数最大值的运输问题，是要求所有检验数都小于等于 0。

由于最小元素法和伏格尔法给出的例 4－1 的初始解已经是最优解，我们以西北角法给出的初始解为例，对闭回路法进行说明，如表 4－6 所示。如计算非基变量 x_{13} 的检验数，先从空格（1，3）出发，找到闭回路（1，3）→（2，3）→（2，2）→（1，2）→（1，3），为了保持产销平衡，闭回路上顺序为奇数的顶点运输量 +1，顺序为偶数的顶点运输量 -1，则总运费的变化值 $=12-16+14-2.6=7.4$。这说明如果把 x_{13} 变为基变量，总运费要增加，我们把增加值 7.4 填入空格作为 x_{13} 的检验数，为了与运输量加以区别，将检验数用括号括起来。再如计算非基变量 x_{14} 的检验数，如表 4－7 所示，先从空格（1，4）出发，找到闭回路（1，4）→（3，4）→（3，3）→（2，3）→（2，2）→（1，2）→（1，4），总运费的变化值 $=15-28+17-16+14-2.6=-0.6$，把（-0.6）填入空格作为 x_{14} 的检验数，检验数为负数说明如果把 x_{14} 变为基变量，总运费还有减少的空间。

表 4－6　闭回路法示例 1

		销地				产量
		B_1	B_2	B_3	B_4	
产地	A_1	14 160	2.6 40	12 (7.4)	15	200
	A_2	24.5	14 130	16 70	2	200
	A_3	12	16	17 130	28 110	240
销量		160	170	200	110	

表 4－7　闭回路法示例 2

		销地				产量
		B_1	B_2	B_3	B_4	
产地	A_1	14 160	2.6 40	12	15 (－0.6)	200
	A_2	24.5	14 130	16 70	2	200
	A_3	12	16	17 130	28 110	240
销量		160	170	200	110	

以此类推可以找到所有非基变量的检验数，如表 4－8 所示。

表 4－8　闭回路法求检验数

空格	闭回路	检验数
(1，3)	(1，3) → (2，3) → (2，2) → (1，2) → (1，3)	7.4
(1，4)	(1，4) → (3，4) → (3，3) → (2，3) → (2，2) → (1，2) → (1，4)	－0.6
(2，1)	(2，1) → (1，1) → (1，2) → (2，2) → (2，1)	－0.9
(2，4)	(2，4) → (3，4) → (3，3) → (2，3) → (2，4)	－25
(3，1)	(3，1) → (1，1) → (1，2) → (2，2) → (2，3) → (3，3) → (3，1)	－14.4
(3，2)	(3，2) → (2，2) → (2，3) → (3，3) → (3，2)	1

2. 位势法

闭回路法的局限性在于要为每个空格都要找一条闭回路，当产地和销地很多时，计算就会很烦琐。相比于闭回路法，位势法就较为简便。

位势法的原理如下：设 $u_1, u_2, \cdots, u_m; v_1, v_2, \cdots, v_n$ 为运输问题 $m+n$ 个约束条件对应的对偶变量，由对偶理论可知 $\boldsymbol{C}_B\boldsymbol{B}^{-1}=(u_1, u_2, \cdots, u_m; v_1, v_2, \cdots, v_n)$，又由于每个决策变量 x_{ij} 的系数向量 $\boldsymbol{p}_{ij}=e_i+e_{m+j}$，所以 $\boldsymbol{C}_B\boldsymbol{B}^{-1}\boldsymbol{p}_{ij}=u_i+v_j$，于是检验数 $\sigma_{ij}=c_{ij}-\boldsymbol{C}_B\boldsymbol{B}^{-1}\boldsymbol{p}_{ij}=c_{ij}-(u_i+v_j)$。由单纯形法得知所有基变量的检验数等于0，利用这个条件求出所有的 u_i 和 v_j，再结合非基变量的单位运价 c_{ij} 就可以求出所有非基变量的检验数。

仍以西北角法给出的初始解为例，对位势法进行说明。如表 4－9 所示，将原来表中最后一列的产量改为 u_i 值，最后一行的销量改为 v_j 值，表中每个单元格的右上角表示运价，单元格中有数字的表示运输量，空格表示非基变量。

表 4-9 位势法

		销地				u_i
		B_1	B_2	B_3	B_4	
产地	A_1	14 160	2.6 40	12 (7.4)	15 (-0.6)	0
	A_2	24.5 (-0.9)	14 130	16 70	2 (-25)	11.4
	A_3	12 (-14.4)	16 (1)	17 130	28 110	12.4
v_j		14	2.6	4.6	15.6	

先给 u_1 赋一个任意值，一般赋值0，由基变量 x_{11} 的检验数为0，可得 $\sigma_{11}=c_{11}-(u_1+v_1)=0$，求得 $v_1=c_{11}-u_1=14-0=14$。同理：

从 $\sigma_{12}=c_{12}-(u_1+v_2)=0$，求得 $v_2=c_{12}-u_1=2.6-0=2.6$；

从 $\sigma_{22}=c_{22}-(u_2+v_2)=0$，求得 $u_2=c_{22}-v_2=14-2.6=11.4$；

从 $\sigma_{23}=c_{23}-(u_2+v_3)=0$，求得 $v_3=c_{23}-u_2=16-11.4=4.6$；

从 $\sigma_{33}=c_{33}-(u_3+v_3)=0$，求得 $u_3=c_{33}-v_3=17-4.6=12.4$；

从 $\sigma_{34}=c_{34}-(u_3+v_4)=0$，求得 $v_4=c_{34}-u_3=28-12.4=15.6$。

然后，利用求得的 u_i 和 v_j 的值来计算非基变量的检验数：

$\sigma_{13}=c_{13}-(u_1+v_3)=12-(0+4.6)=7.4$；

$\sigma_{14}=c_{14}-(u_1+v_4)=15-(0+15.6)=-0.6$；

$\sigma_{21}=c_{21}-(u_2+v_1)=24.5-(11.4+14)=-0.9$；

$\sigma_{24}=c_{24}-(u_2+v_4)=2-(11.4+15.6)=-25$；

$\sigma_{31}=c_{31}-(u_3+v_1)=12-(12.4+14)=-14.4$；

$\sigma_{32}=c_{32}-(u_3+v_2)=16-(12.4+2.6)=1$。

把检验数填入表4-9，用括号括起来以便与运输量区分。可以看出，用位势法求得的检验数与闭回路法一致，但位势法的计算更为简便。

4.2.4 改进运输方案

当空格（非基变量）的检验数小于等于0时，说明当前解不是最优解，需要进行改进。下面介绍运输方案的改进方法——闭回路调整法。

闭回路调整法的步骤为：第1步，在所有为负值的检验数中，选择其中最小的负检验数对应的非基变量作为入基变量；第2步，以此空格为起点，作一条闭回路；第3步，将闭回路上偶数顺序顶点的最小值作为调整量（该最小值对应的基变量将作为出基变量），然后奇数顺序顶点加上此值，偶数顺序顶点减去此值；第4步，再用闭回路法或位势法求出所有非基变量的检验数，判别所有非基变量检验数是否都大于等于0，如果是则停止计算，否则转到第 1 步。

以表 4－9 的结果为例，进行闭回路调整法的说明，由表 4－9 可知，非基变量检验数的最小值是 x_{24} 的检验数 －25，将其作为入基变量；作出其闭回路（2，4）→（3，4）→（3，3）→（2，3）→（2，4），偶数顺序顶点为（3，4）和（2，3），其最小值 min {110，70} =70；在闭回路上，奇数顺序顶点（2，4）和（3，3）加上 70，偶数顺序顶点（3，4）和（2，3）减去 70；再用位势法计算调整后各非基变量的检验数，如表 4－10 所示。

表 4－10　闭回路调整法第 1 次迭代

		销地				u_i
		B$_1$	B$_2$	B$_3$	B$_4$	
产地	A$_1$	14 160	2.6 40	12 (32.4)	15 (24.4)	0
	A$_2$	24.5 (－0.9)	14 130	16 (25)	2 70	11.4
	A$_3$	12 (－39.4)	16 (－24)	17 200	28 40	37.4
v_j		14	2.6	－20.4	－9.4	

由表 4－10 可知，非基变量检验数的最小值是 x_{31} 的检验数 －39.4，将其作为入基变量；作出其闭回路（3，1）→（1，1）→（1，2）→（2，2）→（2，4）→（3，4）→（3，1），偶数顺序顶点为（1，1）、（2，2）和（3，4），其最小值 min {160，130，40} =40；在闭回路上，奇数顺序顶点（3，1）、（1，2）和（2，4）加上 40，偶数顺序顶点（1，1）、（2，2）和（3，4）减去 40；再用位势法计算调整后各非基变量的检验数，如表 4－11 所示。

表 4－11　闭回路调整法第 2 次迭代

		销地				u_i
		B$_1$	B$_2$	B$_3$	B$_4$	
产地	A$_1$	14 120	2.6 80	12 (－7)	15 (24.4)	0
	A$_2$	24.5 (－0.9)	14 90	16 (－14.4)	2 110	11.4
	A$_3$	12 40	16 (15.4)	17 200	28 (39.4)	－2
v_j		14	2.6	19	－9.4	

由表4－11 可知，非基变量检验数的最小值是 x_{23} 的检验数 －14.4，将其作为入基变量；作出其闭回路（2，3）→（2，2）→（1，2）→（1，1）→（3，1）→（3，3）→（2，3），偶数顺序顶点为（2，2）、（1，1）和（3，3），其最小值 min ｛90，120，200｝＝90；在闭回路上，奇数顺序顶点（2，3）、（1，2）和（3，1）加上 90，偶数顺序顶点（2，2）、（1，1）和（3，3）减去 90；再用位势法计算调整后各非基变量的检验数，如表 4－12 所示。

表 4－12　闭回路调整法第 3 次迭代

		销地				u_i
		B_1	B_2	B_3	B_4	
产地	A_1	14 30	2.6 170	12 （－7）	15 （10）	0
	A_2	24.5 （13.5）	14 （14.4）	16 90	2 110	－3
	A_3	12 130	16 （15.4）	17 110	28 （25）	－2
v_j		14	2.6	19	5	

由表 4－12 可知，检验数为负值的非基变量只有 x_{13}，将其作为入基变量；作出其闭回路（1，3）→（1，1）→（3，1）→（3，3）→（1，3），偶数顺序顶点为（1，1）和（3，3），其最小值 min｛30，110｝＝30；在闭回路上，奇数顺序顶点（1，3）和（3，1）加上 30，偶数顺序顶点（1，1）和（3，3）减去 30；再用位势法计算调整后各非基变量的检验数，如表 4－13 所示。此时，所有非基变量的检验数都大于等于 0，表明已经求得最优解。由此可知，初始基本可行解如果找得不好，就有可能增加后面方案改进的迭代次数，可见初始解的质量将直接影响算法的效率。

表 4－13　闭回路调整法第 4 次迭代

		销地				u_i
		B_1	B_2	B_3	B_4	
产地	A_1	14 （7）	2.6 170	12 30	15 （17）	0
	A_2	24.5 （13.5）	14 （7.4）	16 90	2 110	4
	A_3	12 160	16 （8.4）	17 80	28 （25）	5
v_j		7	2.6	12	－2	

4.2.5 表上作业法的特殊情况

1. 多重最优解

前面已经证明运输问题一定有最优解，那么如何判断是有唯一最优解还是多重最优解呢？判断依据与判断单纯形法是否有多重最优解一致，即某个非基变量（空格）的检验数为 0 时，该问题有多重最优解。

假设某运输问题已经求出最优解，如表 4－14 所示。

表 4－14　多重最优解情况

产地		销地				u_i
		B_1	B_2	B_3	B_4	
产地	A_1	3 (0)	11 (2)	3 5	10 2	0
	A_2	1 3	9 (2)	2 (1)	8 1	−2
	A_3	7 (9)	4 6	10 (12)	5 3	−5
v_j		3	9	3	10	

非基变量 x_{11} 的检验数为 0，我们以 x_{11} 为入基变量，做闭回路（1，1）→（1，4）→（2，4）→（2，1）→（1，1），偶数顺序顶点为（1，4）和（2，1），其最小值 min{2，3}＝2；在闭回路上，奇数顺序顶点（1，1）和（2，4）加上 2，偶数顺序顶点（1，4）和（2，1）减去 2；再用位势法计算调整后各非基变量的检验数，如表 4－15 所示。所有非基变量的检验数都大于等于 0，调整后的解仍然是最优解。假设用向量 X_1 和 X_2 表示这两个最优解，则它们的线性组合 $X=\alpha X_1+(1-\alpha)X_2\ (0\leqslant\alpha\leqslant1)$ 都是该运输问题的最优解。

表 4－15　另一最优解

		销地				u_i
		B_1	B_2	B_3	B_4	
产地	A_1	3 2	11 (2)	3 5	10 (0)	0
	A_2	1 1	9 (2)	2 (1)	8 3	−2
	A_3	7 (9)	4 6	10 (12)	5 3	−5
v_j		3	9	3	10	

2. 退化

表上作业法的退化有两种情况。

(1) 在确定初始基本可行解时，有可能出现下面这种情况：当在某个单元格填入数字后，该单元格对应的行和列的剩余量都变成 0。这时就要同时划去行和列，但为了保证基变量的个数为 $m+n-1$ 个，就需要在该单元格对应的行和列的任一空格处填入 0，表示该单元格为基变量。

例如，用最小元素法求表 4－16 运输问题的初始基本可行解，首先找到最小单位运价 10，在对应的单元格（2，1）中填入 400，此时，行和列的剩余量均变为 0，划去 A_2 行和 B_1 列，但要在 A_2 行和 B_1 列的空格（1，1）、（1，3）、（2，2）、（2，3）、（2，4）中任选一格填入 0，不妨在空格（1，1）处填入 0；继续在单元格（1，2）中填入 250，划去 B_2 列；在单元格（3，3）中填入 350，划去 B_3 列；在单元格（3，4）中填入 150，划去 B_4 列；最后在单元格（1，4）中填入 50，至此找到该问题的初始基本可行解。

表 4－16 退化解情况

		销地				产量
		B_1	B_2	B_3	B_4	
产地	A_1	21 0	17 250	23	25 50	~~300~~ ~~50~~ 0
	A_2	10 400	15	30	19	~~400~~ 0
	A_3	23	21	20 350	22 150	~~500~~ ~~150~~ 0
销量		~~400~~ 0	~~250~~ 0	~~350~~ 0	~~200~~ ~~50~~ 0	

(2) 在用闭回路调整时，有可能出现两个或两个以上的偶数顺序顶点有相同的最小值的情况。这时只能选择其中一个作为出基变量，经调整后，得到退化解。退化解中有相同最小值的其他单元格必须填入 0，表明它们是基变量。

4.3 运输问题的计算机求解

4.3.1 产销平衡的情况

仍以例 4－1 为例，说明如何利用 LINGO 求解运输问题。例 4－1 的 LINGO 程序如下：

```
min =14 * x11 +2.6 * x12 +12 * x13 +15 * x14 +
    24.5 * x21 +14 * x22 +16 * x23 +2 * x24 +
    12 * x31 +16 * x32 +17 * x33 +28 * x34;

x11 + x12 + x13 + x14 =200;
x21 + x22 + x23 + x24 =200;
x31 + x32 + x33 + x34 =240;

x11 + x21 + x31 =160;
x12 + x22 + x32 =170;
x13 + x23 + x33 =200;
x14 + x24 + x34 =110;
```

求解报告如图4－2所示，可知程序已求出问题的全局最优解，最优值为5 742，默认情况下，程序会显示所有决策变量的值，但我们通常更关注非零的决策变量，于是可以在选项中设置只显示非零的决策变量，可通过“LINGO→Solution”或工具栏中的按钮（操作前需先将当前的求解报告关闭），打开求解报告设置窗口，如图4－3所示，勾选选项“Nonzeros Only”，点击“OK”，这时就会弹出只含非零决策变量的求解报告，如图4－4所示。由图4－4可知，最优运输方案为：武汉分厂→华中，170吨；武汉分厂→华东，30吨；东莞分厂→华东，90吨；东莞分厂→华南，110吨；长春分厂→华北，160吨；长春分厂→华东，80吨。与表上作业法求得的最优解一致。

```
Global optimal solution found.
Objective value:                              5742.000
Infeasibilities:                              0.000000
Total solver iterations:                             6


                    Variable           Value        Reduced Cost
                         X11        0.000000            7.000000
                         X12        170.0000            0.000000
                         X13        30.00000            0.000000
                         X14        0.000000            17.00000
                         X21        0.000000            13.50000
                         X22        0.000000            7.400000
                         X23        90.00000            0.000000
                         X24        110.0000            0.000000
                         X31        160.0000            0.000000
                         X32        0.000000            8.400000
                         X33        80.00000            0.000000
                         X34        0.000000            25.00000
```

图4－2　例4－1的求解报告

4.3.2　产销不平衡的情况

例4－2　若在例4－1中，武汉分厂、东莞分厂和长春分厂的产能分别是250吨、220吨、260吨，其他参数不变，求此时的最优运输方案。

解：该问题显然是一个产大于销的产销不平衡运输问题，建立数学模型如下：

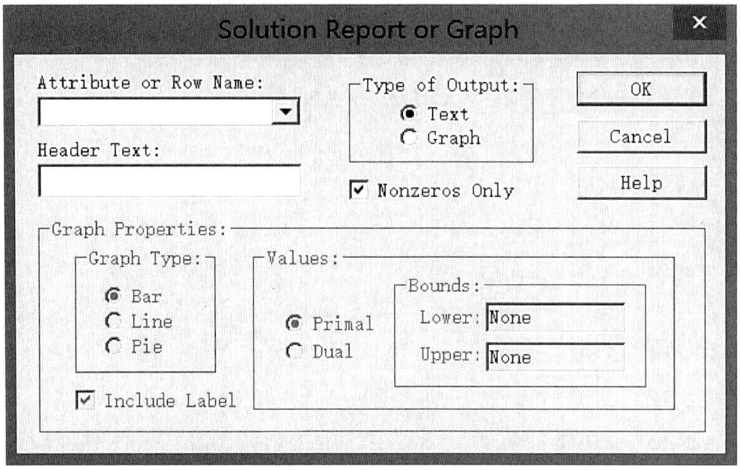

图 4-3　设置只显示非零决策变量

```
Global optimal solution found.
Objective value:                              5742.000
Infeasibilities:                              0.000000
Total solver iterations:                             8


                       Variable           Value        Reduced Cost
                            X12        170.0000            0.000000
                            X13        30.00000            0.000000
                            X23        90.00000            0.000000
                            X24        110.0000            0.000000
                            X31        160.0000            0.000000
                            X33        80.00000            0.000000
```

图 4-4　只显示非零决策变量的求解报告

$$\min f = 14x_{11} + 2.6x_{12} + 12x_{13} + 15x_{14} + 24.5x_{21} + 14x_{22} + 16x_{23} + 2x_{24} + 12x_{31} + 16x_{32} + 17x_{33} + 28x_{34}$$

$$\text{s.t}\quad \begin{cases} x_{11} + x_{12} + x_{13} + x_{14} \leqslant 250 \\ x_{21} + x_{22} + x_{23} + x_{24} \leqslant 220 \\ x_{31} + x_{32} + x_{33} + x_{34} \leqslant 260 \\ x_{11} + x_{21} + x_{31} = 160 \\ x_{12} + x_{22} + x_{32} = 170 \\ x_{13} + x_{23} + x_{33} = 200 \\ x_{14} + x_{24} + x_{34} = 110 \\ x_{ij} \geqslant 0,\ i = 1,2,3;\ j = 1,2,3,4 \end{cases}$$

根据数学模型写出相应的 LINGO 程序：

```
min =14 * x11 +2.6 * x12 +12 * x13 +15 * x14 +
   24.5 * x21 +14 * x22 +16 * x23 +2 * x24 +
   12 * x31 +16 * x32 +17 * x33 +28 * x34;

x11 +x12 +x13 +x14 <250;
```

```
x21 +x22 +x23 +x24 <220;
x31 +x32 +x33 +x34 <260;

x11 +x21 +x31 =160;
x12 +x22 +x32 =170;
x13 +x23 +x33 =200;
x14 +x24 +x34 =110;
```

求解结果如图4-5所示，可知程序已求出问题的全局最优解，最优值为5 472。最优运输方案为：武汉分厂→华中，170吨；武汉分厂→华东，80吨；东莞分厂→华东，110吨；东莞分厂→华南，110吨；长春分厂→华北，160吨；长春分厂→华东，10吨。由结果可知，武汉分厂和东莞分厂的产量全部都调运出去，长春分厂只调运了170吨出去，剩余90吨将作为库存储存起来。

```
Global optimal solution found.
Objective value:                              5472.000
Infeasibilities:                              0.000000
Total solver iterations:                             6


                    Variable           Value        Reduced Cost
                         X12        170.0000            0.000000
                         X13        80.00000            0.000000
                         X23        110.0000            0.000000
                         X24        110.0000            0.000000
                         X31        160.0000            0.000000
                         X33        10.00000            0.000000
```

图4-5 例4-2的求解报告

例4-3 若例4-1中，华北、华中、华东和华南4个销售中心的需求分别是170吨、180吨、210吨、120吨，其他参数不变，求此时的最优运输方案。

解：该问题是一个销大于产的产销不平衡运输问题，建立数学模型如下：

$$\min f = 14x_{11} + 2.6x_{12} + 12x_{13} + 15x_{14} + 24.5x_{21} + 14x_{22} + 16x_{23} + 2x_{24} + 12x_{31} + 16x_{32} + 17x_{33} + 28x_{34}$$

$$\text{s.t.} \quad \begin{aligned} & x_{11} + x_{12} + x_{13} + x_{14} = 200 \\ & x_{21} + x_{22} + x_{23} + x_{24} = 200 \\ & x_{31} + x_{32} + x_{33} + x_{34} = 240 \\ & x_{11} + x_{21} + x_{31} \leqslant 170 \\ & x_{12} + x_{22} + x_{32} \leqslant 180 \\ & x_{13} + x_{23} + x_{33} \leqslant 210 \\ & x_{14} + x_{24} + x_{34} \leqslant 120 \\ & x_{ij} \geqslant 0,\ i = 1,2,3;\ j = 1,2,3,4 \end{aligned}$$

根据数学模型写出相应的LINGO程序：

```
min =14 * x11 +2.6 * x12 +12 * x13 +15 * x14 +
    24.5 * x21 +14 * x22 +16 * x23 +2 * x24 +
    12 * x31 +16 * x32 +17 * x33 +28 * x34;
```

```
x11 +x12 +x13 +x14 =200;
x21 +x22 +x23 +x24 =200;
x31 +x32 +x33 +x34 =240;

x11 +x21 +x31 <170;
x12 +x22 +x32 <180;
x13 +x23 +x33 <210;
x14 +x24 +x34 <120;
```

求解结果如图 4-6 所示，可知程序已求出问题的全局最优解，最优值为 5 458。最优运输方案为：武汉分厂→华中，180 吨；武汉分厂→华东，20 吨；东莞分厂→华东，80 吨；东莞分厂→华南，120 吨；长春分厂→华北，170 吨；长春分厂→华东，70 吨。由结果可知，华北、华中、华南销售中心的需求量全部满足，而华东销售中心的需求量只满足了 170 吨，还有 40 吨未满足。

```
Global optimal solution found.
Objective value:                              5458.000
Infeasibilities:                              0.000000
Total solver iterations:                             8


                       Variable           Value        Reduced Cost
                            X12        180.0000            0.000000
                            X13        20.00000            0.000000
                            X23        80.00000            0.000000
                            X24        120.0000            0.000000
                            X31        170.0000            0.000000
                            X33        70.00000            0.000000
```

图 4-6　例 4-3 的求解报告

由例 4-2 和例 4-3 可知，在产销不平衡的运输问题中，如果没有增加其他的约束条件，剩余的产量或未满足的销量都将集中在一个点，这是线性规划的特性导致的，为了使目标函数尽可能地取得最优值，程序就会尽量使单位运价高的线路少运。但在实际中，往往会有其他的约束条件，如销地有最低或最高的需求满足率、产地有最低或最高的运出率以及库存费用、缺货成本、运力限制等条件。面临以上约束时如何求解，我们将在 4.4.1 小节详细介绍。

与表上作业法相比，LINGO 软件求解运输问题的优点是不用转化为产销平衡问题再求解。当然，LINGO 软件也有局限性，就是无法判断模型是否有多重最优解，在有多重最优解的情况下，只会给出一个最优解。不过一般在实际问题中，很少会出现多重最优解的情况，因为实际问题往往较为复杂，而且参数之间更加无规律可循。

4.4　运输问题的应用

运筹学的特征之一就是能够从一类问题中总结归纳出数学模型，又可将该数学模型稍加改进并应用于其他不同的问题。运输问题的数学模型除了可以解决产销不平衡的运输问题，还可以将模型稍加改进，用于解决设施选址、物资转运、生产与储存等问题。

4.4.1　产销不平衡的运输问题

例4-4　某公司有两个水泥厂，生产的水泥质量相同，要给三个施工项目运送水泥，项目的期限均为1年。三个项目水泥的需求分别是300吨、100吨和200吨，两个水泥厂的年产量分别是400吨和150吨，各地之间的单位运价如表4-17所示。由于供小于求，经和甲方商定，项目1的供应量可以减少0~30吨，不足的量由甲方自行到其他地方采购；项目2的需求量需全部满足；项目3的供应量不能少于165吨。试求使总运费最低的运输方案。

表4-17　单位运价表　单位：元/吨

		销地		
		项目1	项目2	项目3
产地	水泥厂1	28	17	10
	水泥厂2	16	10	27

解：如果用表上作业法求解，需先将问题转化为产销平衡的运输问题。由于供小于求，需要虚拟一个产地，该产地的产量为300+100+200-400-150=50吨。又由于项目1要求供应量最多可以减少30吨，因此需将项目1的需求量分为两部分：一部分为270吨，这部分的需求量必须满足，因此不能从虚拟产地调运水泥给它，这时可假设虚拟产地到项目1的单位运价为M（一个很大的数），就可防止虚拟产地给项目1调运水泥，因为如果虚拟产地给项目1调运了水泥，那么总运费也将是一个很大的数，不符合题目求最小值的目标；另一部分为30吨，为了区别我们称其为项目1′，这部分的需求量可由虚拟产地供应（相当于缺货），也可由其他水泥厂供应，这时假设虚拟产地到项目1′的单位运价为0。由于项目2的需求量需要全部满足，所以虚拟产地不能向项目2供应，假设虚拟产地到项目2的单位运价为M。同理，项目3的需求量也分为两部分，一部分为165吨，假设虚拟产地到项目3的单位运价为M；另一部分为35吨，为了区别我们称其为项目3′，虚拟产地到项目3′的单位运价为0。综上，可得修改后的数据表，如表4-18所示。

表4-18　修改后的单位运价表　单位：元/吨

		销地					供应量（吨）
		项目1	项目1′	项目2	项目3	项目3′	
产地	水泥厂1	28	28	17	10	10	400
	水泥厂2	16	16	10	27	27	150
	虚拟产地	M	0	M	M	0	50
需求量（吨）		270	30	100	165	35	

首先，用最小元素法给出初始基本可行解，如表4-19所示，为了表示方便，仍用A_i、B_j表示产地和销地，且不再在表格中划线。找到最小元素0所在单元格（3，2），分配运输量30；继续找到最小元素0所在单元格（3，5），分配运输量20；继续找到最小

元素 10 所在单元格（1，4），分配运输量 165；继续找到最小元素 10 所在单元格（1，5），分配运输量 15；继续找到最小元素 10 所在单元格（2，3），分配运输量 100；继续找到最小元素 16 所在单元格（2，1），分配运输量 50；继续找到最小元素 28 所在单元格（1，1），分配运输量 220。

表 4－19　确定初始基本可行解

		销地					产量
		B$_1$	B$_2$	B$_3$	B$_4$	B$_5$	
产地	A$_1$	28 220	28	17	10 165	10 15	~~400~~ ~~235~~ ~~220~~ 0
	A$_2$	16 50	16	10 100	27	27	~~150~~ ~~50~~ 0
	A$_3$	M	0 30	M	M	0 20	~~50~~ ~~20~~ 0
销量		~~270~~ ~~220~~ 0	30 0	~~100~~ 0	~~165~~ 0	~~35~~ ~~15~~ 0	

采用位势法判别是不是最优解，如表 4－20 所示。结果显示非基变量 x_{13} 的检验数为 －5，需要进行闭回路调整，调整结果如表 4－21 所示。

表 4－20　最优解的判别

		销地					u_i
		B$_1$	B$_2$	B$_3$	B$_4$	B$_5$	
产地	A$_1$	28 220	28 (18)	17 (－5)	10 165	10 15	0
	A$_2$	16 50	16 (18)	10 100	27 (29)	27 (29)	－12
	A$_3$	M M－18	0 30	M M－12	M M	0 20	－10
v_j		28	10	22	10	10	

表 4－21　闭回路调整

		销地					u_i
		B$_1$	B$_2$	B$_3$	B$_4$	B$_5$	
产地	A$_1$	28 120	28 (18)	17 100	10 165	10 15	0

续表

		销地					u_i
		B_1	B_2	B_3	B_4	B_5	
产地	A_2	16 150	16 (18)	10 (5)	27 (29)	27 (29)	-12
	A_3	M M-18	0 30	M M-7	M M	0 20	-10
v_j		28	10	17	10	10	

闭回路为（1，3）→（2，3）→（2，1）→（1，1）→（1，3），调整值为 min(100，220)=100，调整后所有非基变量的检验数均大于等于 0，已求得最优解。最优解为 $x_{11}=120$，$x_{13}=100$，$x_{14}=165$，$x_{15}=15$，$x_{21}=150$，$x_{32}=30$，$x_{35}=20$，即水泥厂 1 运 120 吨给项目 1，运 100 吨给项目 2，运 180 吨（165+15）给项目 3；水泥厂 2 运 150 吨给项目 1。项目 1 缺货 30 吨，项目 3 缺货 20 吨。这样最低运费为 9 260 元。

如果用 LINGO 程序求解，有两种方法，一种是根据修改后的单位运价表构建产销平衡运输模型，另一种是直接构建产销不平衡的运输模型，如下所示：

$$\min f = 28x_{11} + 17x_{12} + 10x_{13} + 16x_{21} + 10x_{22} + 27x_{23}$$

$$\text{s.t.}\quad \begin{aligned} & x_{11} + x_{12} + x_{13} = 400 \\ & x_{21} + x_{22} + x_{23} = 150 \\ & x_{11} + x_{21} \geqslant 270 \\ & x_{11} + x_{21} \leqslant 300 \\ & x_{12} + x_{22} = 100 \\ & x_{13} + x_{23} \geqslant 165 \\ & x_{13} + x_{23} \leqslant 200 \\ & x_{ij} \geqslant 0,\ i = 1,2;\ j = 1,2,3 \end{aligned}$$

对应的 LINGO 程序如下：

```
min =28 * x11 +17 * x12 +10 * x13 +16 * x21 +10 * x22 +27 * x23;

x11 +x12 +x13 =400;
x21 +x22 +x23 =150;

x11 +x21 >270;!项目 1 的需求量至少满足 270 吨;
x11 +x21 <300;
x12 +x22 =100;!项目 2 的需求量必须全部满足;
x13 +x23 >165;!项目 3 的需求量至少满足 165 吨;
x13 +x23 <200;
```

程序中的文字表示“注释”，由“!”引导，至“;”结束，注意这两个符号必须在英文半角状态下输入，注释可以是中文，表示对程序语言的解释，有助于阅读者对程序的理解。求解结果如图 4－7 所示，与表上作业法的求解结果一致。可见采用 LINGO 软件建模求解，不用转化为产销平衡的运输问题，模型更简洁，计算更简便。

```
Global optimal solution found.
Objective value:                              9260.000
Infeasibilities:                              0.000000
Total solver iterations:                             4


                     Variable           Value        Reduced Cost
                          X11        120.0000            0.000000
                          X12        100.0000            0.000000
                          X13        180.0000            0.000000
                          X21        150.0000            0.000000
```

图 4－7　例 4－4 的 LINGO 软件的求解结果

例 4－5　有 3 个粮仓（A_1、A_2、A_3）分别供应 4 个地区（B_1、B_2、B_3、B_4）的粮食，粮仓的年储存量、各地区的年需求量及各地之间的单位运价如表 4－22 所示。粮仓的粮食如果还有剩余将产生仓储费用，其中粮仓 A_1 属于快速周转仓，每年的粮食必须全部周转；粮仓 A_2 的仓储费为 18 元/吨，粮仓 A_3 的仓储费为 20 元/吨。试求使总成本最低的调运方案。

表 4－22　例 4－5 数据表　　单位：元/吨

		销地				供应量（万吨）
		B_1	B_2	B_3	B_4	
产地	A_1	16	13	23	15	100
	A_2	14	22	19	17	60
	A_3	19	20	18	16	50
需求量（万吨）		30	70	50	40	210 ＼ 190

解：如果用表上作业法求解，需先将问题转化为产销平衡的运输问题。由于供大于求，因此需要虚拟一个销地，该销地的销量为 210－190＝20 吨。此外，本题考虑了仓储费，实际上可以看成各粮仓到虚拟销地的单位运价，于是可构建如表 4－23 所示的产销平衡表，其中 B_5 表示虚拟销地，由于 A_1 的粮食必须要全部周转，因此设其仓储费为 M。用最小元素法确定初始可行解。

表 4－23　确定初始基本可行解

		销地					产量
		B_1	B_2	B_3	B_4	B_5	
产地	A_1	16	13 70	23	15 30	M	~~100~~ ~~30~~ 0
	A_2	14 30	22	19 10	17	18 20	~~60~~ ~~30~~ ~~10~~ 0
	A_3	19	20	18 40	16 10	20	~~50~~ ~~40~~ 0

续表

产地	销地					产量
	B_1	B_2	B_3	B_4	B_5	
销量	~~30~~ 0	~~70~~ 0	~~50~~ ~~10~~ 0	~~40~~ ~~10~~ 0	~~20~~ 0	

采用位势法判别是不是最优解，如表 4－24 所示。结果显示所有非基变量的检验数都大于等于 0，已经求出最优解，但非基变量 x_{24} 的检验数等于 0，意味着该问题有多重最优解，采用闭回路调整法，找到单元格（2，4）的闭回路（2，4）→（3，4）→（3，3）→（2，3）→（2，4），调整值为 10，调整后的解如表 4－25 所示，注意这里出现了退化现象，即单元格（3，4）和（2，3）同时变为 0，但这里只能取一个出基变量，不妨取（3，4）为出基变量，在单元格（2，3）处填入 0，表示其为基变量，调整后计算检验数，仍然都大于等于 0。

表 4－24　最优解的判别

		销地					u_i
		B_1	B_2	B_3	B_4	B_5	
产地	A_1	16 （4）	13 70	23 （16）	15 30	M （M—16）	0
	A_2	14 30	22 （7）	19 10	17 （0）	18 20	2
	A_3	19 （6）	20 （6）	18 40	16 10	20 （3）	1
v_j		12	13	17	15	16	

表 4－25　闭回路调整

		销地					u_i
		B_1	B_2	B_3	B_4	B_5	
产地	A_1	16 （4）	13 70	23 （16）	15 30	M （M—16）	0
	A_2	14 30	22 （7）	19 0	17 10	18 20	2
	A_3	19 （6）	20 （6）	18 50	16 （0）	20 （3）	1
v_j		12	13	17	15	16	

由以上计算可知，本问题有多重最优解，其中有代表性的两个最优解为：$x_{12} = 70$，

$x_{14}=30$，$x_{21}=30$，$x_{23}=10$，$x_{25}=20$，$x_{33}=40$，$x_{34}=10$；以及 $x_{12}=70$，$x_{14}=30$，$x_{21}=30$，$x_{24}=10$，$x_{25}=20$，$x_{33}=50$。其最优值都为 3 210 万元。

如果用 LINGO 程序求解，有两种方法，一种是根据修改后的产销平衡数据构建产销平衡运输模型，另一种是直接构建产销不平衡的运输模型，如下所示：

$$\begin{aligned}\min f = {} & 16x_{11}+13x_{12}+23x_{13}+15x_{14}+14x_{21}+22x_{22}+19x_{23}+17x_{24}+19x_{31}+20x_{32}+18x_{33} \\ & +16x_{34}+18(60-x_{21}-x_{22}-x_{23}-x_{24})+20(50-x_{31}-x_{32}-x_{33}-x_{34})\end{aligned}$$

$$\text{s. t.}\quad \begin{cases} x_{11}+x_{12}+x_{13}+x_{14}=100 \\ x_{21}+x_{22}+x_{23}+x_{24}\leqslant 60 \\ x_{31}+x_{32}+x_{33}+x_{34}\leqslant 50 \\ x_{11}+x_{21}+x_{31}=30 \\ x_{12}+x_{22}+x_{32}=70 \\ x_{13}+x_{23}+x_{33}=50 \\ x_{14}+x_{24}+x_{34}=40 \\ x_{ij}\geqslant 0,\ i=1,2,3;\ j=1,2,3,4 \end{cases}$$

对应的 LINGO 程序如下：

```
min =16 * x11 +13 * x12 +23 * x13 +15 * x14 +14 * x21 +22 * x22 +19 *
x23 +17 * x24 +19 * x31 +20 * x32 +18 * x33 +16 * x34 +18 * (60 - x21 -
x22 - x23 - x24) +20 * (50 - x31 - x32 - x33 - x34);

x11 + x12 + x13 + x14 =100;
x21 + x22 + x23 + x24 <60;
x31 + x32 + x33 + x34 <50;

x11 + x21 + x31 =30;
x12 + x22 + x32 =70;
x13 + x23 + x33 =50;
x14 + x24 + x34 =40;
```

求解结果如图 4-8 所示，与表上作业法的第一个最优解一致。LINGO 软件只能给出一个最优解，且无法判断是否有多重最优解。

但如果需要考虑某条线路的运力约束，表上作业法将不再适用，只能通过 LINGO 软件建模求解。比如该例题中，假设产地 A_3 到销地 B_3 的运力约束为 20 万吨，即 $x_{33}\leqslant 20$，这个约束在表上作业法中无法处理，但在 LINGO 软件中只需增加相应的约束条件即可，求解结果如图 4-9 所示。可见增加了约束，使得运输方案有所调整，进而使目标函数的最优值有所增加，即总成本变高。一般情况下，在模型中增加约束条件，会将目标函数最优值变得更“差”。

例 4-6 某公司有 3 个分厂（A_1、A_2、A_3），生产同一种产品，产量分别是 300 吨、400 吨和 500 吨，供应 5 个地区（B_1、B_2、B_3、B_4、B_5），各地区的需求量分别是 250 吨、200 吨、150 吨、350 吨、250 吨。由于各地原材料价格以及各厂的生产工艺有差异，因此各厂产品的单位生产成本不同，分别是 15 万元/吨、14 万元/吨和 13 万元/吨。又由于各地区市场行情不同，各地区产品的销售价格也不同，分别是 20 万元/吨、22 万元/吨、19 万元/吨、21 万元/吨和 18 万元/吨。已知各地之间的单位运价如表 4－26 所示。试求使总利润最大的调运方案。

```
Global optimal solution found.
Objective value:                              3210.000
Infeasibilities:                              0.000000
Total solver iterations:                             7


                    Variable           Value        Reduced Cost
                         X12        70.00000            0.000000
                         X14        30.00000            0.000000
                         X21        30.00000            0.000000
                         X23        10.00000            0.000000
                         X33        40.00000            0.000000
                         X34        10.00000            0.000000
```

图 4－8　例 4－5 的 LINGO 软件的求解结果

```
Global optimal solution found.
Objective value:                              3270.000
Infeasibilities:                              0.000000
Total solver iterations:                             7


                    Variable           Value        Reduced Cost
                         X12        70.00000            0.000000
                         X14        30.00000            0.000000
                         X21        30.00000            0.000000
                         X23        30.00000            0.000000
                         X33        20.00000            0.000000
                         X34        10.00000            0.000000
```

图 4－9　例 4－5 增加约束条件后的 LINGO 软件的求解结果

表 4－26　例 4－6 单位运价表　　单位：万元/吨

产地	销地				
	B_1	B_2	B_3	B_4	B_5
A_1	1	3	2	5	5
A_2	2	1	2	6	5
A_3	1	4	2	1	4

解：本题是求目标函数值最大的产销平衡运输问题，先计算出各产地的产品调运到各销地并销售的单位利润是多少，如表 4－27 所示。例如产地 A_1 的产品调运到销地 B_1 的单位利润＝售价－成本－运价＝20－15－1＝4 万元/吨，同理计算其他单位利润。

表 4－27　例 4－6 单位利润表　　单位：万元/吨

产地	销地				
	B_1	B_2	B_3	B_4	B_5
A_1	4	4	2	1	－2

续表

产地	销地				
	B_1	B_2	B_3	B_4	B_5
A_2	4	7	3	1	-1
A_3	6	5	4	7	1

接下来用表上作业法求解，但注意这里是求目标函数的最大值，有两种处理方法，一种是将利润矩阵乘以 -1，将求最大值问题转化为求最小值问题，采用一般的表上作业法步骤求解；另一种是直接求解，不过确定初始基本可行解就不是用最小元素法，而是用最“大”元素法，最优值的判别也变成所有非基变量的检验数小于等于 0。根据最“大”元素法确定初始基本可行解，如表 4-28 所示。

表 4-28 确定初始基本可行解

		销地					产量
		B_1	B_2	B_3	B_4	B_5	
产地	A_1	4 100	4	2	1	-2 200	~~300~~ ~~200~~ 0
	A_2	4	7 200	3 150	1	-1 50	~~400~~ ~~200~~ ~~50~~ 0
	A_3	6 150	5	4	7 350	1	~~500~~ ~~150~~ 0
销量		~~250~~ ~~100~~ 0	~~200~~ 0	~~150~~ 0	~~350~~ 0	~~250~~ ~~50~~ 0	

利用位势法进行最优解的判别，如表 4-29 所示，非基变量 x_{35} 的检验数为 1，大于 0，需要进行闭回路调整，闭回路为（3，5）→（3，1）→（1，1）→（1，5）→（3，5），调整值为 150，调整后的解如表 4-30 所示。

表 4-29 最优解的判别

		销地					u_i
		B_1	B_2	B_3	B_4	B_5	
产地	A_1	4 100	4 (-2)	2 (0)	1 (-4)	-2 200	0
	A_2	4 (-1)	7 200	3 150	1 (-5)	-1 50	1

续表

		销地					u_i
		B_1	B_2	B_3	B_4	B_5	
产地	A_3	6 150	5 (−3)	4 (0)	7 350	1 1	2
v_j		4	6	2	5	−2	

表 4−30　闭回路调整

		销地					u_i
		B_1	B_2	B_3	B_4	B_5	
产地	A_1	4 250	4 (−2)	2 (0)	1 (−3)	−2 50	0
	A_2	4 (−1)	7 200	3 150	1 (−4)	−1 50	1
	A_3	6 (−1)	5 (−3)	4 (−1)	7 350	1 150	3
v_j		4	6	2	4	−2	

表 4−30 的所有非基变量的检验数均小于等于 0，说明已经求出最优解。最优解为 $x_{14}=250$，$x_{15}=50$，$x_{22}=200$，$x_{23}=150$，$x_{25}=50$，$x_{34}=350$，$x_{35}=150$。从最优解可知，虽然 A_1 到 B_5 以及 A_2 到 B_5 的单位产品利润为负值，也就是说如果从 A_1、A_2 运产品到 B_5 销售，不但不赚钱还有亏损，但最优解中还是从这两地调运了产品到 B_5。这里充分体现了运筹学的系统观、全局观，即总是从系统最优出发考虑问题，不计较局部的得失。

不过非基变量 x_{13} 为 0，说明有多重最优解，以 x_{13} 为入基变量进行闭回路调整，如表 4−31 所示。调整后的最优解为 $x_{14}=250$，$x_{13}=50$，$x_{22}=200$，$x_{23}=100$，$x_{25}=100$，$x_{34}=350$，$x_{35}=150$，最优值都为 5 300 万元。

表 4−31　另一最优解

		销地					u_i
		B_1	B_2	B_3	B_4	B_5	
产地	A_1	4 250	4 (−2)	2 50	1 (−3)	−2 (0)	0
	A_2	4 (−1)	7 200	3 100	1 (−4)	−1 100	1
	A_3	6 (−1)	5 (−3)	4 (−1)	7 350	1 150	3
v_j		4	6	2	4	−2	

如果用 LINGO 软件求解，需要构建如下数学模型：

$$\max z = 4x_{11} + 4x_{12} + 2x_{13} + x_{14} - 2x_{15} + 4x_{21} + 7x_{22} + 3x_{23} + x_{24} - x_{25} + 6x_{31} + 5x_{32} + 4x_{33} + 7x_{34} + x_{35}$$

$$\text{s. t.} \quad \begin{cases} x_{11} + x_{12} + x_{13} + x_{14} + x_{15} = 300 \\ x_{21} + x_{22} + x_{23} + x_{24} + x_{25} = 400 \\ x_{31} + x_{32} + x_{33} + x_{34} + x_{35} = 500 \\ x_{11} + x_{21} + x_{31} = 250 \\ x_{12} + x_{22} + x_{32} = 200 \\ x_{13} + x_{23} + x_{33} = 150 \\ x_{14} + x_{24} + x_{34} = 350 \\ x_{15} + x_{25} + x_{35} = 250 \\ x_{ij} \geqslant 0,\ i = 1,2,3;\ j = 1,2,3,4,5 \end{cases}$$

对应的 LINGO 程序如下：

```
max =4 * x11 +4 * x12 +2 * x13 +x14 -2 * x15
     +4 * x21 +7 * x22 +3 * x23 +x24 -x25
     +6 * x31 +5 * x32 +4 * x33 +7 * x34 +x35;

x11 +x12 +x13 +x14 +x15 =300;
x21 +x22 +x23 +x24 +x25 =400;
x31 +x32 +x33 +x34 +x35 =500;

x11 +x21 +x31 =250;
x12 +x22 +x32 =200;
x13 +x23 +x33 =150;
x14 +x24 +x34 =350;
x15 +x25 +x35 =250;
```

运行程序，求解结果如图 4-10 所示，与表上作业法的第一个最优解一致。

```
Global optimal solution found.
Objective value:                              5300.000
Infeasibilities:                              0.000000
Total solver iterations:                             9


                       Variable           Value        Reduced Cost
                            X11        250.0000            0.000000
                            X15        50.00000            0.000000
                            X22        200.0000            0.000000
                            X23        150.0000            0.000000
                            X25        50.00000            0.000000
                            X34        350.0000            0.000000
                            X35        150.0000            0.000000
```

图 4-10　例 4-6 的 LINGO 软件的求解结果

4.4.2　考虑选址的运输问题

例 4－7　例 4－1 中的化肥厂由于产品质量过硬，市场份额增加，华北、华中、华东和华南的 4 个销售中心的需求量分别变为 190 吨、220 吨、260 吨、150 吨。原来 3 个厂的产能不变，分别是 200 吨、200 吨、240 吨。现化肥厂需要再建一个分厂，目前有两个方案，一个在深圳，一个在长沙，产能都是 200 吨，单位运价如表 4－32 所示，问新厂建在哪里比较合适。

表 4－32　单位运价表　　单位：百元/吨

		销地			
		华北	华中	华东	华南
产地	武汉分厂	14	2.6	12	15
	东莞分厂	24.5	14	16	2
	长春分厂	12	16	17	28
	深圳分厂(新)	23	15	15.5	2.2
	长沙分厂(新)	13	2.5	11	16

解：该问题是一个设施选址问题，我们可以将其转化为两个运输问题，分别计算其最低的总运输费用，选取总运输费用较低的方案决定新建工厂的地址。两种方案的单位运价、供应量及需求量分别如表 4－33 和 4－34 所示。由于产销不平衡，且产大于销，需要新增一个虚拟销地，销量为 20 吨。

利用表上作业法或 LINGO 软件分别求解两个运输问题，这里省略求解过程，结果如下：

方案 1（深圳）：最优值为 2 647 000 元，最优解为 $x_{12}=200$，$x_{22}=20$，$x_{23}=30$，$x_{24}=150$，$x_{31}=190$，$x_{33}=30$，$x_{43}=200$。

方案 2（长沙）：最优值为 2 544 000 元，最优解为 $x_{12}=200$，$x_{23}=50$，$x_{24}-150$，$x_{31}=190$，$x_{33}=30$，$x_{42}=20$，$x_{43}=180$。

因此，新建工厂的地址选在长沙是最优方案。

表 4－33　新增深圳分厂的产销平衡表　　单位：百元/吨

		销地					供应量（吨）
		华北	华中	华东	华南	虚拟销地	
产地	武汉分厂	14	2.6	12	15	0	200
	东莞分厂	24.5	14	16	2	0	200
	长春分厂	12	16	17	28	0	240
	深圳分厂（新）	23	15	15.5	2.2	0	200
需求量（吨）		190	220	260	150	20	840 / 840

表 4-34 新增长沙分厂的产销平衡表 单位：百元/吨

		销地					供应量（吨）
		华北	华中	华东	华南	虚拟销地	
产地	武汉分厂	14	2.6	12	15	0	200
	东莞分厂	24.5	14	16	2	0	200
	长春分厂	12	16	17	28	0	240
	长沙分厂（新）	13	2.5	11	16	0	200
需求量（吨）		190	220	260	150	20	840 \ 840

本题新建工厂的备选方案只有 2 个，若有 n 个备选方案，如果按照本题的处理方法，就要求解 n 个运输问题，而且如果不是从备选方案中选 1 个，而是选 m 个的话，就要求解 C_n^m 个运输问题，这样显然是不经济的。实际上，我们可以构建专门的选址模型，只用一个模型就可以解决以上问题，这要用到整数规划中的 0－1 规划，我们将在下一章介绍。

4.4.3 考虑中转的运输问题

考虑中转的运输问题实际上是经典运输问题的一个扩充。在中转问题中，除了产地和销地外，还增加了中转点，产地需先将物品运往中转点，再由中转点运往销地。在现实世界中，这类问题很常见，中转点通常是物流中心、分销中心等。产销平衡中转问题一般形式的数学模型描述如下。

符号说明：

i 表示产地，$i=1, 2, \cdots, m$；

j 表示销地，$j=1, 2, \cdots, n$；

k 表示中转点，$k=1, 2, \cdots, l$；

a_i表示产地 i 的产量；

b_j表示销地 j 的销量；

c_{ik}表示产地 i 向中转点 k 运输每单位物资的运价；

d_{kj}表示中转点 k 向销地 j 运输每单位物资的运价；

x_{ik}表示产地 i 向中转点 k 运输物资的量（决策变量）；

y_{kj}表示中转点 k 向销地 j 运输物资的量（决策变量）。

根据以上符号，我们可以给出产销平衡中转问题的一般模型：

$$\min f = \sum_{i=1}^{m}\sum_{k=1}^{l} c_{ik}x_{ik} + \sum_{k=1}^{l}\sum_{j=1}^{n} d_{kj}y_{kj}$$

$$\text{s.t.} \quad \sum_{k=1}^{l} x_{ik} = a_i, \quad i = 1,2,\cdots,m$$

$$\sum_{i=1}^{m} x_{ik} - \sum_{j=1}^{n} y_{kj} = 0, \quad k = 1,2,\cdots,l$$

$$\sum_{k=1}^{l} y_{kj} = b_j,\ j = 1,2,\cdots,n$$

$$x_{ik}, y_{kj} \geqslant 0,\ i = 1,2,\cdots,m;\ k = 1,2,\cdots,l;\ j = 1,2,\cdots,n$$

我们可以看到，中转问题的模型比运输问题复杂，实际上可以看成两层运输模型，第一层是产地到中转点，即针对每一个产地，它运出到所有中转点的量等于其产量；第二层是中转点到销地，即针对每一个销地，所有中转点运到它的量等于其销量。但是中转问题比运输问题还要多一个约束条件，那就是对于每一个中转点，运进的量等于运出的量，如第 2 个约束条件所示。因为中转点只起到中转作用，既不生产物资，也不消耗物资。

例 4－8　某设备制造商有 2 个生产厂（A_1、A_2）和 3 个分销中心（T_1、T_2、T_3），生产厂生产出的产品必须运到分销中心，由分销中心销售，生产厂 A_1 每个月的产量是 400 台，A_2 每个月的产量是 600 台。某月接到 4 个地区（B_1、B_2、B_3、B_4）的订单，分别是 200 台、150 台、350 台和 300 台。各地之间的单位运价如表 4－35 所示，运输费用由制造商承担，问制造商应该如何调运才能使总的运输费用最低。

表 4－35　单位运价表　　单位：元/台

		产地		销地			
		A_1	A_2	B_1	B_2	B_3	B_4
分销中心	T_1	13	14	23	57	36	41
	T_2	15	23	48	52	49	24
	T_3	29	13	46	48	36	59

解：中转问题仍然可以用表上作业法求解，首先仍然是要画出产销平衡表，分销中心既要接收物资，又要发出物资，因此分销中心既是产地又是销地。又由于分销中心只是起到中转的作用，收到多少物资就要运出多少物资，所以其产量等于销量，且产量与销量的值取分销中心的最大转运量。又由于生产厂与销地之间，以及分销中心与分销中心之间不能相互运输，因此它们之间的单位运价取 M。分销中心自己与自己的单位运价取 0，其对应决策变量的实际含义为“最大转运量－实际转运量”，如果题目规定了分销中心的最大转运能力，则该值就是剩余可用的能力。根据以上描述，构造本题的产销平衡表，如表 4－36 所示。

表 4－36　例 4－8 的产销平衡表　　单位：元/台

		销地							供应量（台）
		T_1	T_2	T_3	B_1	B_2	B_3	B_4	
产地	A_1	13	15	29	M	M	M	M	400
	A_2	14	23	13	M	M	M	M	600
	T_1	0	M	M	23	57	36	41	1 000
	T_2	M	0	M	48	52	49	24	1 000
	T_3	M	M	0	46	48	36	59	1 000
需求量（台）		1 000	1 000	1 000	200	150	350	300	4 000 / 4 000

根据最小元素法，确定初始基本可行解，但这里要注意的是，暂不考虑运输单价为0的元素，即暂不考虑分销中心自己与自己的转运，因为这在现实中毫无意义。先用最小元素法在产地与分销中心之间分配运输量，再将分销中心剩余的需求量填入对应的单元格中，即（T_1，T_1）、（T_2，T_2）、（T_3，T_3），并保持产销平衡。还要注意的是，当在（T_2，T_2）单元格填入1 000时，对应的产量和销量同时变为0，这时出现退化现象，需要在该行或该列的任一空格处填入0，但由于中转问题比较特殊，要先有物资运到分销中心，分销中心才能再继续运输，所以最好是在列上的某个单元格填入0，且不能填在单位运价是M的单元格内，这里我们在单元格（A_2，T_2）中填入0，再用最小元素法在分销中心与销地之间分配运输量，结果如表4-37所示。

表4-37　确定初始基本可行解

		销地							产量
		T_1	T_2	T_3	B_1	B_2	B_3	B_4	
产地	A_1	400							~~400~~ 0
	A_2		0	600					~~600~~ 0
	T_1	600			200		200		~~1 000~~ ~~400~~ ~~200~~ 0
	T_2		1 000						~~1 000~~ 0
	T_3			400		150	150	300	~~1 000~~ ~~600~~ ~~450~~ ~~300~~ 0
销量		~~1 000~~ ~~600~~ 0	~~1 000~~ 0	~~1 000~~ ~~400~~ 0	~~200~~ 0	~~150~~ 0	~~350~~ 150 0	300 0	

采用位势法计算非基变量的检验数，需要注意的是，单位运价是M的单元格不用计算其检验数，因为其检验数肯定大于0。计算结果如表4-38所示，可见存在非基变量检验数小于0，该解不是最优解，需要进行调整。

表4-38　最优解的判别

		销地							u_i
		T_1	T_2	T_3	B_1	B_2	B_3	B_4	
产地	A_1	400	(-8)	(16)					0
	A_2	(1)	0	600					0
	T_1	600			200	(9)	200	(-18)	-13
	T_2		1 000		(35)	(14)	(23)	(-25)	-23
	T_3			400	(23)	150	150	300	-13
v_j		13	23	13	36	61	49	72	

采用闭回路调整法，选择检验数最小的单元格（T_2，B_4）作为入基变量，找到闭回路（T_2，B_4）→（T_3，B_4）→（T_3，T_3）→（A_2，T_3）→（A_2，T_2）→（T_2，T_2）→（T_2，B_4），调整量为300，出基变量为（T_3，B_4）。调整后的解如表4-39所示，继续计算非基变量检验数的值，发现仍有小于0的检验数，需要继续调整。

表 4-39 闭回路调整 1

		销地							u_i
		T_1	T_2	T_3	B_1	B_2	B_3	B_4	
产地	A_1	400	(-8)	(16)					0
	A_2	(1)	300	300					0
	T_1	600			200	(9)	200	(7)	-13
	T_2		700		(35)	(14)	(23)	300	-23
	T_3			700	(23)	150	150	(25)	-13
v_j		13	23	13	36	61	49	47	

将（A_1，T_2）作为入基变量，闭回路为（A_1，T_2）→（A_1，T_1）→（T_1，T_1）→（T_1，B_3）→（T_3，B_3）→（T_3，T_3）→（A_2，T_3）→（A_2，T_2）→（A_1，T_2），调整量为 200，出基变量为（T_1，B_3）。调整后如表 4-40 所示，继续计算非基变量检验数的值，发现仍有小于 0 的检验数，需要继续调整。

表 4-40 闭回路调整 2

		销地							u_i
		T_1	T_2	T_3	B_1	B_2	B_3	B_4	
产地	A_1	200	200	(24)					0
	A_2	(-7)	100	500					8
	T_1	800			200	(17)	(8)	(15)	-13
	T_2		700		(27)	(14)	(23)	300	-15
	T_3			500	(15)	150	350	(25)	-5
v_j		13	15	5	36	53	41	39	

将（A_2，T_1）作为入基变量，闭回路为（A_2，T_1）→（A_1，T_1）→（A_1，T_2）→（A_2，T_2）→（A_2，T_1），调整量为 100，出基变量为（A_2，T_2）。调整后如表 4-41 所示，继续计算非基变量检验数的值，发现所有非基变量的检验数均大于等于 0，表明已求出问题的最优解。

表 4-41 闭回路调整 3

		销地							u_i
		T_1	T_2	T_3	B_1	B_2	B_3	B_4	
产地	A_1	100	300	(17)					0
	A_2	100	(7)	500					1
	T_1	800			200	(10)	(1)	(15)	-13
	T_2		700		(27)	(7)	(16)	300	-15
	T_3			500	(22)	150	350	(32)	-12
v_j		13	15	12	36	60	48	39	

最优解为：

$A_1 \to T_1$：100 台；

$A_1 \to T_2$：300 台；

$A_2 \to T_1$：100 台；

$A_2 \to T_3$：500 台；

$T_1 \to B_1$：200 台；

$T_2 \to B_4$：300 台；

$T_3 \to B_2$：150 台；

$T_3 \to B_3$：350 台。

最优值为 $13\times100+15\times300+14\times100+13\times500+23\times200+24\times300+48\times150+36\times350=45\ 300$（元）。

还可以建立相应的线性规划模型用 LINGO 软件求解。

设 x_{ik} 表示生产厂 i 向分销中心 k 运输物资的量，y_{kj} 表示分销中心 k 向销地 j 运输物资的量。$i=1$，2；$k=1$，2，3；$j=1$，2，3，4。建立如下数学模型：

$$\min f = 13x_{11}+15x_{12}+29x_{13}+14x_{21}+23x_{22}+13x_{23}+23y_{11}+57y_{12}+36y_{13}+41y_{14}$$
$$+48y_{21}+52y_{22}+49y_{23}+24y_{24}+46y_{31}+48y_{32}+36y_{33}+59y_{34}$$

$$\text{s.t.}\quad \begin{cases} x_{11}+x_{12}+x_{13}=400 \\ x_{21}+x_{22}+x_{23}=600 \\ x_{11}+x_{21}-(y_{11}+y_{12}+y_{13}+y_{14})=0 \\ x_{12}+x_{22}-(y_{21}+y_{22}+y_{23}+y_{24})=0 \\ x_{13}+x_{23}-(y_{31}+y_{32}+y_{33}+y_{34})=0 \\ y_{11}+y_{21}+y_{31}=200 \\ y_{12}+y_{22}+y_{32}=150 \\ y_{13}+y_{23}+y_{33}=350 \\ y_{14}+y_{24}+y_{34}=300 \\ x_{ik},y_{kj}\geqslant 0,\ i=1,2;\ k=1,2,3;\ j=1,2,3,4 \end{cases}$$

其中，前 2 个约束条件表示对于生产厂 A_1 和 A_2，它们运出给所有分销中心的量等于产量；中间 3 个约束条件表示对于分销中心 T_1、T_2、T_3，从所有生产厂运进的量等于运出的量；后 4 个约束条件表示对于 4 个地区 B_1、B_2、B_3、B_4，从所有分销中心运达的量等于其订单的数量。

对应的 LINGO 程序如下：

```
min =13 * x11 +15 * x12 +29 * x13 +14 * x21 +23 * x22 +13 * x23 +
    23 * y11 +57 * y12 +36 * y13 +41 * y14 +
    48 * y21 +52 * y22 +49 * y23 +24 * y24 +
    46 * y31 +48 * y32 +36 * y33 +59 * y34;

x11 +x12 +x13 =400;
x21 +x22 +x23 =600;
```

```
x11 +x21 - (y11 +y12 +y13 +y14) =0;
x12 +x22 - (y21 +y22 +y23 +y24) =0;
x13 +x23 - (y31 +y32 +y33 +y34) =0;

y11 +y21 +y31 =200;
y12 +y22 +y32 =150;
y13 +y23 +y33 =350;
y14 +y24 +y34 =300;
```

求解结果如图 4－11 所示，与表上作业法的求解结果一致。可知最低运输费用为 45 300元，调运方案如图 4－12 所示。

```
Global optimal solution found.
Objective value:                              45300.00
Infeasibilities:                              0.000000
Total solver iterations:                             9

                    Variable           Value        Reduced Cost
                         X11        100.0000            0.000000
                         X12        300.0000            0.000000
                         X21        100.0000            0.000000
                         X23        500.0000            0.000000
                         Y11        200.0000            0.000000
                         Y24        300.0000            0.000000
                         Y32        150.0000            0.000000
                         Y33        350.0000            0.000000
```

图 4－11 例 4－8 的 LINGO 软件的求解结果

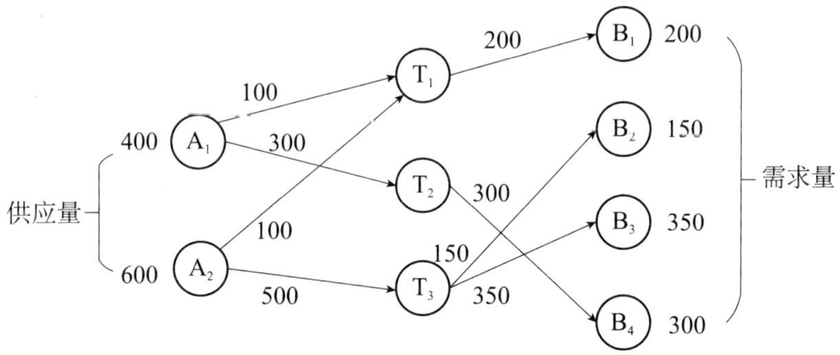

图 4－12 例 4－8 的调运方案

中转问题还有很多变形，比如规定在运输网络中，产地可以直接运往销地而不经过中转点；或者产地之间可以相互转运，中转点之间可以相互转运，甚至销地之间都可以相互转运。增加这些条件之后，无疑会使模型变得更加复杂，需根据实际情况建立合适的数学模型。关于更复杂的中转问题这里不再赘述，感兴趣的读者可自行探索。

4.4.4 生产与储存问题

产品的生产与储存问题看似与运输问题没有任何联系，但实际上前面我们也提过，运筹学的特点之一就是研究如何把一类问题抽象为一个通用的数学模型，并将这个通用模型扩展应用到其他问题中。生产与储存问题的数学模型与运输问题类似，因此，可以用解决运输问题的方法解决生产与储存问题。

例 4－9 某发动机生产厂实行的是按订单生产的生产模式，已知最近 4 个月（1—4 月）的订单分别是 20、25、35、30 台，订单统一每个月末交货。由于原材料价格及供应变动等原因，每个月的生产能力和单位生产成本也不同，生产能力分别是 35、45、40、20 台，单位生产成本分别是 4.8、5.1、5.0、5.3 万元。如果生产出来的发动机当月不交货，那么每台发动机每月的储存、维护等成本为 0.1 万元。问如何在按时交货的前提下，制订使总成本最低的生产与储存计划。

解：由于当月生产出的产品不一定当月交货，因此该问题的决策变量可以假设为第 i 月生产的发动机在第 j 月交货的数量，不妨用 x_{ij}表示。第 i 月生产的发动机在第 j 月交货的单位成本应该是生产成本和储存、维护等成本之和。如果在 1 月生产的发动机在 2 月交货，其单位成本 =4.8 +0.1 =4.9 万元；如果 2 月生产的发动机在 4 月交货，其单位成本 =5.1 +0.1 ×2 =5.3 万元；以此类推。

又由于时间不可倒流，即后面月份生产出的产品不可能在前面的月份交货，所以 $x_{ij}=0$ $(i>j)$，我们可以假设其相应的单位成本为 M（一个非常大的数）来使决策变量为 0。此外，由于产大于销，我们还需假设一个虚拟销地，本题的产销平衡表如表4－42所示。

表 4－42　例 4－9 的产销平衡表　　单位：万元/台

		销地					供应量（台）
		1 月	2 月	3 月	4 月	虚拟销地	
产地	1 月	4.8	4.9	5.0	5.1	0	35
	2 月	M	5.1	5.2	5.3	0	45
	3 月	M	M	5.0	5.1	0	40
	4 月	M	M	M	5.3	0	20
需求量（台）		20	25	35	30	30	140 / 140

可以看出，生产与储存问题可以看成一种特殊的运输问题，特殊之处在于：（1）产地和销地的数量相等；（2）单位运价矩阵中，主对角线上的单价就是生产成本，主对角线以下的单价都为 M；（3）由于单位运价矩阵的特殊性，问题往往有多重最优解。得到产销平衡表后就可以利用表上作业法求解，这里不再演示，本例的最优值为 553.5 万元，最优解多达 12 个，这里不一一列举，请感兴趣的读者自行求解。

如果用 LINGO 软件求解，需要先构建数学模型，由于已知 $x_{ij}=0(i>j)$，因此数学模型比一般运输问题要简洁，如下所示：

$$\begin{aligned}\min f = {} & 4.8x_{11}+4.9x_{12}+5x_{13}+5.1x_{14}+5.1x_{22}+5.2x_{23}+5.3x_{24}+5x_{33}+5.1x_{34} \\ & +5.3x_{44}\end{aligned}$$

$$\text{s.t.}\quad x_{11}+x_{12}+x_{13}+x_{14}\leqslant 35$$

$$x_{22}+x_{23}+x_{24}\leqslant 45$$

$$x_{33} + x_{34} \leqslant 40$$
$$x_{44} \leqslant 20$$
$$x_{11} = 20$$
$$x_{12} + x_{22} = 25$$
$$x_{13} + x_{23} + x_{33} = 35$$
$$x_{14} + x_{24} + x_{34} + x_{44} = 30$$
$$x_{ij} \geqslant 0,\ i = 1,2,3,4;\ j = 1,2,3,4$$

其对应的LINGO程序为：

```
min =4.8 * x11 +4.9 * x12 +5 * x13 +5.1 * x14
    +5.1 * x22 +5.2 * x23 +5.3 * x24
    +5 * x33 +5.1 * x34 +5.3 * x44;

x11 +x12 +x13 +x14 <35;
x22 +x23 +x24 <45;
x33 +x34 <40;
x44 <20;

x11 =20;
x12 +x22 =25;
x13 +x23 +x33 =35;
x14 +x24 +x34 +x44 =30;
```

求解结果如图4-13所示，最优值与表上作业法的一致，求解结果为其中一个最优解，即1月份生产35台，交货20台，剩下15台2月份交货；2月份生产35台（剩余10台的生产能力），交货10台，剩下25台3月份交货；3月份生产40台，交货10台，剩余30台4月份交货；4月份不生产（剩余20台的生产能力）。

```
Global optimal solution found.
Objective value:                              553.5000
Infeasibilities:                              0.000000
Total solver iterations:                             6


                 Variable           Value        Reduced Cost
                      X11        20.00000            0.000000
                      X12        15.00000            0.000000
                      X22        10.00000            0.000000
                      X23        25.00000            0.000000
                      X33        10.00000            0.000000
                      X34        30.00000            0.000000
```

图4-13 例4-9的LINGO软件的求解结果

练习题

1. 简述表上作业法的基本步骤和每个步骤可用的方法。

2. 表上作业法有多重最优解的判别条件是什么?

3. 表上作业法的退化现象指什么?

4. 判断下列说法的对错,如果是错的,请写出正确说法。

(1) 在运输问题的单位运价表的某一行或某一列分别加上一个常数,最优解不会变。

(2) 产销平衡问题是指产地数和销地数相等。

(3) 运输问题最优解中不为 0 的变量的个数最多为 $m+n$ 个。

(4) 运输问题一定有最优解。

(5) 用表上作业法求解最小化运输问题时,当所有非基变量的检验数均小于等于 0,说明已求出最优解。

(6) 用表上作业法求解产大于销的运输问题时,需要虚拟一个销地。

5. 某同学在解决运输问题时得到下面 3 个初始解,如表 4-43、表 4-44、表 4-45 所示,哪些解不可能是通过表上作业法得出的?

表 4-43 初始解 1

		销地				产量
		1	2	3	4	
产地	1	10				10
	2		14	6		20
	3	3		4	8	15
销量		13	14	10	8	

表 4-44 初始解 2

		销地				产量
		1	2	3	4	
产地	1			10		10
	2		14		6	20
	3	13			2	15
销量		13	14	10	8	

表 4-45 初始解 3

		销地				产量
		1	2	3	4	
产地	1		5	5		10
	2	10	5	5		20
	3	3	4		8	15
销量		13	14	10	8	

6. 某建筑公司目前在全市有 4 个工地,对水泥的需求量分别为 300 吨、300 吨、200 吨和 200 吨,某水泥供应商在该市有 3 个工厂,分别可供应 500 吨、200 吨和 400 吨水

泥。相互之间的单位运价如表 4－46 所示。建筑公司采购水泥后，由供应商负责运输，问供应商应该如何制定调运方案可使总运输费用最低。

表 4－46　单位运价表　　单位：元/吨

		建筑公司			
		工地 1	工地 2	工地 3	工地 4
供应商	工厂 1	3	7	6	4
	工厂 2	2	4	3	2
	工厂 3	4	3	8	5

7. 某企业在不同的地方有 3 个分公司，生产同一种产品，每月的产量分别是 300 台、400 台和 500 台，目前主要的销售地有 4 个，需求量分别是 200 台、250 台、350 台和 400 台。单位运价如表 4－47 所示。

表 4－47　单位运价表　　单位：元/台

		销地			
		销地 1	销地 2	销地 3	销地 4
产地	分公司 1	10	15	30	19
	分公司 2	21	17	23	25
	分公司 3	23	21	20	22

（1）应该如何安排运输方案，使得总运输费用最低？

（2）假设由于技术改进，分公司 2 的产量提高到 600 台，问应如何安排运输方案，使得总运输费用最低？

（3）假设由于产品质量过硬，销地 1 的销量提高到 400 台，其他条件与（1）相同，且为了保持各地之间的销量平衡，要求最低供应量不能低于需求量的 80%，应如何安排运输方案，使得总运输费用最低？

（4）如果在（2）的基础上，考虑储存成本，各分公司的储存成本分别是 4 元/台，5 元/台，3 元/台，此时应该如何安排运输方案，使得总运输费用最低？

8. 有 3 个储煤基地负责供应 5 个地区冬天的煤炭，5 个地区的煤炭需求量不确定，但根据历史数据，可以估计其最低需求量和最高需求量，储煤基地的供应量、各地区的需求以及单位运价如表 4－48 所示。试求尽量满足各地区的用煤需求，且运输总费用最低的调运方案。

表 4－48　第 8 题数据表　　单位：元/吨

		销地					供应量（吨）
		地区 1	地区 2	地区 3	地区 4	地区 5	
产地	储煤基地 1	6	3	8	9	5	550
	储煤基地 2	8	5	4	6	2	500
	储煤基地 3	11	9	7	4	8	450

续表

	销地					供应量（吨）
	地区 1	地区 2	地区 3	地区 4	地区 5	
最低需求量（吨）	250	350	200	300	150	
最高需求量（吨）	350	500	250	350	250	

9. 某化肥厂有 4 个分厂生产同一种化肥，产量分别是 300 吨、500 吨、400 吨和 200 吨，负责供应 6 个地区的客户，各地区的需求量分别是 280 吨、250 吨、320 吨、350 吨、370 吨和 340 吨。由于工厂生产工艺的差别，各厂的单位生产成本分别是 1.3 万元/吨、1.4 万元/吨、1.35 万元/吨和 1.45 万元/吨。又由于市场行情不同，各地区的销售价格分别是 3.2 万元/吨、3.1 万元/吨、2.9 万元/吨、2.8 万元/吨、3.3 万元/吨和 3.0 万元/吨。各地之间的单位运价如表 4－49 所示。由于供小于求，必然会有某些地区缺货，根据各地区的市场评估，销售部门要求地区 1 和地区 2 至少供应 150 吨且不超过其需求量，地区 3 和地区 4 必须满足需求量，地区 5 和地区 6 只要不超过其需求量即可。请制定使总利润最高的运输方案。

表 4－49　单位运价表　　单位：万元/吨

		销地					
		地区 1	地区 2	地区 3	地区 4	地区 5	地区 6
产地	分厂 1	0.3	0.2	0.4	0.7	0.8	0.8
	分厂 2	0.8	0.4	0.7	0.2	0.1	0.1
	分厂 3	0.7	0.1	0.2	0.5	0.5	0.6
	分厂 4	0.1	0.4	0.3	0.3	0.4	0.4

10. 某公司目前有 2 个工厂，5 个销售地。由于市场前景好，产品供不应求，因此公司决定再建一个工厂，初步有 3 个备选方案，原工厂以及各备选方案到销售地的单位运价、工厂的供应量及销地的需求量如表 4－50 所示。请问选哪个方案更加合理？

表 4－50　第 10 题数据表　　单位：元/吨

		销地					供应量（吨）
		销地 1	销地 2	销地 3	销地 4	销地 5	
产地	工厂 1	16	7	5	16	16	400
	工厂 2	7	18	9	5	5	300
	备选方案 1	16	13	10	19	18	300
	备选方案 2	7	5	13	12	7	300
	备选方案 3	20	7	6	19	9	300
需求量（吨）		190	220	260	150	180	1 000 / 1 000

11. 某产品的供应链上有3个制造商（A、B、C），2个分销商（D、E）和4个销售商（F、G、H、I），制造商的产品只能通过分销商转运到销售商。每个制造商的年供应量（单位：万件）、每个销售商的年需求量（单位：万件）以及各地之间的单位运价（单位：元/件）如图4－14所示。

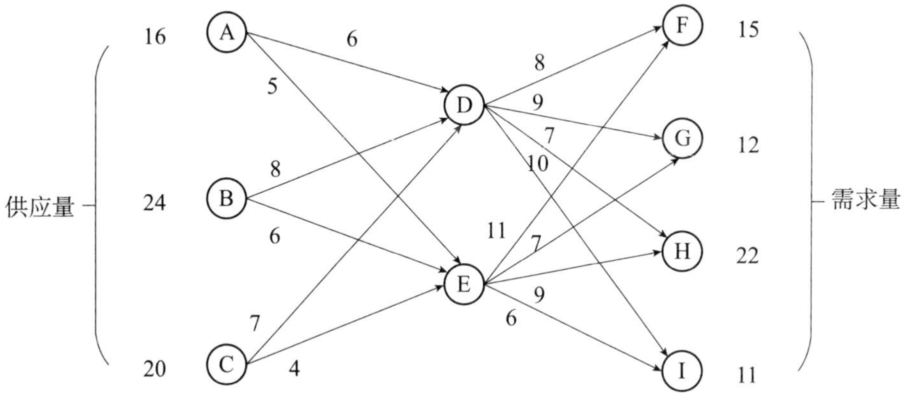

图4－14　运输网络示意图

（1）求使得运输费用最低的调运方案。

（2）如果分销商每年的最大处理能力为40万件，求使运输费用最低的调运方案。

12. 某工厂实行的是按订单生产的生产模式，已知明年4个季度的订单分别是208台、256台、354台、307台，订单统一季度末交货。由于原材料价格及供应变动等，工厂每季度的生产能力和单位生产成本也不同，生产能力分别是350台、450台、400台、200台，单位成本分别是4.4万元/台、4.3万元/台、4.6万元/台、4.9万元/台。如果生产出来的产品当季度不交货，那么每台产品每季度的储存、维护等成本为0.15万元。问如何在按时交货的前提下，制订使总成本最低的生产与储存计划。

第5章 整数规划

本章主要介绍整数规划（integer programming，IP）的三个子类，即纯整数规划（pure integer programming，PIP）、0－1 整数规划（binary integer programming，BIP）、混合整数规划（mixed integer programming，MIP）的定义、求解方法及应用案例。需要注意的是，整数规划其实包括整数线性规划和整数非线性规划，如无特别说明，本书中的整数规划都是指整数线性规划。

5.1 整数规划的提出及分类

在没有学习整数规划之前，我们处理决策变量为整数情况的方法往往是四舍五入或取整，但是这种方法只有在小数部分占整个变量的比例非常小（如 123 456.78），通常可以忽略不计的情况下才能使用，这样即使没能得到问题的最优解，也能得到问题的次优解，且通常不会使解变得不可行。如果决策变量的小数部分占比不小（如 4.56），那通常四舍五入或取整的方法就不见得有效，因为取整后决策变量不一定是可行解，就算是可行解，也有可能与最优解相差甚远。比如下面这个例子。

例 5－1 某厢式货车的最大载重为 13 吨，最大容积为 24 立方米。现有 A、B 两种货物想要托运：A 货物重量为 2 吨/件，体积为 5 立方米/件，托运费为 2 万元/件；B 货物重量为 5 吨/件，体积为 4 立方米/件，托运费为 1 万元/件。问货车司机应该各托运 A、B 两种货物多少件，才能获利最多？

解： 设决策变量为 x_1, x_2，分别表示托运 A 货物的件数和托运 B 货物的件数。建立数学规划模型如下：

$$\begin{aligned}
\max z &= 2x_1 + x_2 \\
\text{s.t.}\quad & 2x_1 + 5x_2 \leqslant 13 \\
& 5x_1 + 4x_2 \leqslant 24 \\
& x_1, x_2 \geqslant 0 \\
& x_1, x_2 \text{ 为整数}
\end{aligned}$$

去掉最后一个约束，该问题就是一个线性规划问题，该线性规划问题的最优解为 $x_1=4.8, x_2=0$，最优值为 $z=9.6$。但这时 x_1 不是整数，不满足原问题的约束条件，如果将 x_1 取整，即 $x_1=5$ 或 $x_1=4$：当 $x_1=5, x_2=0$ 时，不满足约束条件 $5x_1+4x_2\leqslant 24$，是不可行解；当 $x_1=4, x_2=0$ 时，是可行解，但不是最优解，因为这时 $z=8$，但当 $x_1=4, x_2=1$ 时，仍是可行解，且 $z=9$。

由上例可以看出，将整数规划相应线性规划的最优解，通过四舍五入、进一法或去尾法化为整数来作为原整数规划的最优解在某些情况下是行不通的，因此有必要对整数规划的求解方法进行专门的研究。从上例中我们还可以看出整数规划的一个重要性质：整数规划的最优值不会优于其对应线性规划的最优值。因为整数规划本质上就是在其相应线性规划上增加了变量取整的限制，这就缩小了原线性规划的可行域，所以，该整数规划的最优解不会比相应线性规划的最优解更优，其最优值也不会优于其对应线性规划的最优值。

整数规划按照决策变量的限制可分为三个子类，即纯整数规划、0－1 整数规划和混合整数规划。纯整数规划是指所有决策变量都取整数的数学规划。0－1 整数规划是指所有决策变量只能取 0 或 1 的数学规划，可以看出，0－1 整数规划是一种特殊的纯整数规划，有很多实际决策问题（即二元决策问题，只需从两个选项中选一个的决策问题）都可归为 0－1 整数规划问题，因此将其单独划为整数规划的一类。混合整数规划是指决策变量中既有整数又有实数的数学规划。

5.2　整数规划的求解方法

5.2.1　分支定界法

分支定界法（branch and bound method，B-and-B）是求解整数规划常用的一种有效方法，多数求解整数规划的运筹学软件求解器都是基于分支定界法开发的，包括 LINGO 软件。设有最大化的整数规划问题 A，其相应的线性规划为问题 B，从解问题 B 开始，若其最优解不符合问题 A 的整数约束条件，那么问题 B 的最优目标函数值必是问题 A 的最优目标函数值 z^* 的上界，记为 $\bar{z}$；而问题 A 的任一可行解的目标函数值将是 z^* 的一个下界，记为 $\underline{z}$。分支定界法的基本思想是将问题 B 的可行域不断分为子区域（称为分支），进而逐步减小目标函数值的上界 $\bar{z}$ 和增大目标函数值的下界 $\underline{z}$，最终使得 $\bar{z}=\underline{z}$，即求得最优目标函数值 z^*，$z^*=\bar{z}=\underline{z}$。其求解流程如图 5－1 所示。

步骤 1：将原整数规划问题去掉决策变量取整约束，转化为相应的线性规划问题并用单纯形法求解，如果无可行解，则原整数规划问题也无可行解；如有可行解，则求出线性规划的最优解。

步骤 2：判断解是否为整数，以及目标函数值的上界是否等于下界，如果是，则结束计算，输出最优解；如果否，则转到步骤 3。

步骤 3：将线性规划进行分支，选择一个有整数约束但目前不是整数的决策变量 x_i，

假设 $x_i = b$，则分别将 $x_i \leqslant [b]$ 和 $x_i \geqslant [b]+1$ 增加到上一步线性规划的约束条件中，得到两个新的线性规划并用单纯形法求解；选择目标函数值较大的线性规划，转到步骤 2。

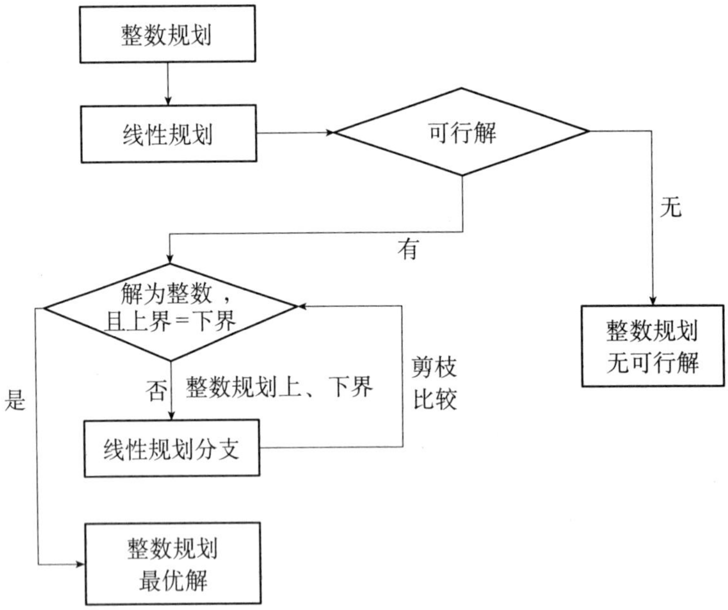

图 5-1　分支定界法流程

例 5-2　求解下列整数规划 A。

$$\max z = 2x_1 + 3x_2$$
$$\text{s.t.} \quad 19x_1 + 27x_2 \leqslant 136$$
$$4x_1 + 40x_2 \leqslant 140$$
$$x_1, x_2 \geqslant 0$$
$$x_1, x_2 \text{ 为整数}$$

解：去掉整数规划 A 的决策变量取整约束条件，转化为线性规划 B，求解 B，得最优解及最优值为 $x_1 = 2.546, x_2 = 2.245, z_0 = 14.828$。这时 z_0 是问题 A 最优目标函数值 z^* 的上界；显然 $x_1 = 0, x_2 = 0$ 是问题 A 的一个整数可行解，这时 $z = 0$，是 z^* 的一个下界，因此 $0 \leqslant z^* \leqslant 14.828$。

在线性规划 B 的解中，$x_1 = 2.546$ 不是整数，于是分别在线性规划 B 上增加约束条件 $x_1 \leqslant 2$ 和 $x_1 \geqslant 3$，得到两个线性规划 B_1 和 B_2，这样的操作并不会影响问题 A 的可行域。运用单纯形法分别求解 B_1 和 B_2，得到如下结果。

线性规划 B_1：$x_1 = 2, x_2 = 3.3, z_1 = 13.9$；

线性规划 B_2：$x_1 = 3, x_2 = 2.926, z_2 = 14.778$。

由于 $z_2 > z_1$，因此进一步对线性规划 B_2 进行分支，这时问题 A 的上界变为 14.778，$0 \leqslant z^* \leqslant 14.778$。由于 $x_2 = 2.926$，分别在线性规划 B_2 上增加约束条件 $x_2 \leqslant 2$ 和 $x_2 \geqslant 3$，得到两个线性规划 B_3 和 B_4 并求解，得到如下结果。

线性规划 B_3：$x_1 = 4.316, x_2 = 2, z_3 = 14.632$；

线性规划 B_4：无可行解。

进一步对 B_3 进行分支，这时问题A的上界为14.632，$0 \leqslant z^* \leqslant 14.632$。分别在 B_3 上增加约束条件 $x_1 \leqslant 4$ 和 $x_1 \geqslant 5$，得到两个线性规划 B_5 和 B_6 并求解，得到如下结果。

线性规划 B_5：$x_1 = 4, x_2 = 2, z_5 = 14$；

线性规划 B_6：$x_1 = 5, x_2 = 1.519, z_6 = 14.556$。

这时线性规划 B_5 都是整数解，因此是问题A的一个下界。进一步对线性规划 B_6 进行分支，这时问题A的上界为14.556，则 $14 \leqslant z^* \leqslant 14.556$。由于 $x_2 = 1.519$，分别在线性规划 B_6 上增加约束条件 $x_2 \leqslant 1$ 和 $x_2 \geqslant 2$，得到两个线性规划 B_7 和 B_8 并求解，得到如下结果。

线性规划 B_7：$x_1 = 5.737, x_2 = 1, z_7 = 14.474$；

线性规划 B_8：无可行解。

进一步对 B_7 进行分支，这时问题A的上界为14.474，$14 \leqslant z^* \leqslant 14.474$。分别在线性规划 B_7 上增加约束条件 $x_1 \leqslant 5$ 和 $x_1 \geqslant 6$，得到两个线性规划 B_9 和 B_{10} 并求解，得到如下结果。

线性规划 B_9：$x_1 = 5, x_2 = 1, z_9 = 13$；

线性规划 B_{10}：$x_1 = 6, x_2 = 0.815, z_{10} = 14.444$。

由于线性规划 B_9 已得到整数解，但其最优解小于已知下界，因此它不是问题A的最优解。进一步对线性规划 B_{10} 进行分支，这时问题A的上界为14.444，$14 \leqslant z^* \leqslant 14.444$。分别在线性规划 B_{10} 上增加约束条件 $x_2 \leqslant 0$ 和 $x_2 \geqslant 1$，得到两个线性规划 B_{11} 和 B_{12} 并求解，得到如下结果。

线性规划 B_{11}：$x_1 = 7.158, x_2 = 0, z_{11} = 14.316$；

线性规划 B_{12}：无可行解。

进一步对线性规划 B_{11} 进行分支，这时问题A的上界为14.316，$14 \leqslant z^* \leqslant 14.316$。分别在线性规划 B_{11} 上增加约束条件 $x_1 \leqslant 7$ 和 $x_1 \geqslant 8$，得到两个线性规划 B_{13} 和 B_{14} 并求解，得到如下结果。

线性规划 B_{13}：$x_1 = 7, x_2 = 0, z_{13} = 14$；

线性规划 B_{14}：无可行解。

线性规划 B_{13} 已经得到整数解，这时问题A的上界也为14，上界等于下界，已求出问题A的最优解。最优解有两个，分别是 $x_1 = 4, x_2 = 2$ 和 $x_1 = 7, x_2 = 0$。

由此可以看出，当整数规划的最优目标函数值 z^* 的上界 $\bar{z}$ 等于其下界 $\underline{z}$ 时，整数规划的最优解已经被求出，且整数规划的最优解即为目标函数值取此下界的对应线性规划的整数可行解。

5.2.2　0-1整数规划的隐枚举法

前面提到0-1整数规划就是决策变量只能取0或1的数学规划，因此，我们求解0-1整数规划最容易想到的就是枚举法，即检查每个变量取值为0或1的所有组合，找出满足全部约束条件的所有组合，并比较目标函数的值，求得最优解。然而，对于一个有 n 个决策变量，m 个约束条件的0-1整数规划，变量的取值组合有 2^n 个，也就意味着要进行 $2^n \times m$ 次约束条件的检查，以及 2^n 次目标函数的计算并比较。当 n 比较大时，这种方法几乎不可能。因此，产生了隐枚举法，即根据一定规则，只检查全部变量组合的一部分，求得问题的最优解。其实分支定界法也是一种隐枚举法，它通过分支操作，让我们只用检查部分整数决策变量，就能求得问题的最优解。

0－1 整数规划的隐枚举法的操作步骤如下。

步骤 1：将目标函数中决策变量按照其前面的系数从大到小排列。

步骤 2：如果是求最大值，决策变量的取值按照（1，1，…，1，1）、（1，1，…，1，0）、(1，1，…，0，1)、…、(0，0，…，0，0）的顺序排列（即按照目标函数取值从大到小排列)；如果是求最小值，决策变量的取值按照（0，0，…，0，0)、(0，0，…，0，1)、(0，0，…，1，0)、…、(1，1，…，1，1）的顺序排列（即按照目标函数取值从小到大排列)。

步骤 3：依次计算各解是否可行，直到找到第一个可行解，即为最优解。

例 5－3　求解下列 0－1 整数规划。

$$\max z = 2x_1 + 3x_2 + x_3$$

$$\text{s.t.} \quad 9x_1 + 7x_2 + 4x_3 \leq 16 \qquad (1)$$

$$4x_1 + 4x_2 + 3x_3 \leq 7 \qquad (2)$$

$$x_1, x_2 \in \{0,1\}$$

解：将决策变量按照目标函数中系数从大到小的顺序排列，即 x_2, x_1, x_3，然后决策变量按顺序取值，并检验约束条件是否满足，如表 5－1 所示。

表 5－1　隐枚举法求解例 5－3

解 (x_2, x_1, x_3)	约束条件左边值		是否满足约束条件	z 值
	(1)	(2)		
1，1，1	20		否	
1，1，0	16	8	否	
1，0，1	11	7	是	4

因此，最优解为 $x_2 = 1, x_1 = 0, x_3 = 1$，最优值为 4。用隐枚举法求解例 5－3 只运算了 6 次，而如果用枚举法需要进行 8×3＝24 次运算（8 个解，2 个约束＋目标函数)。

5.2.3　指派问题的匈牙利法

指派问题（assignment problem）是一类特殊的 0－1 整数规划问题，经典指派问题的描述如下：有 n 项任务需要完成，且恰好有 n 个人可以承担这些任务，由于每个人的专长不同，每个人完成不同任务的成本或效率也不同。那么，如何把任务分配给不同的人，使得完成这些任务的总成本最低或总效率最高？

假设 i 表示人员，j 表示任务，c_{ij} 表示人员 i 完成任务 j 的成本，则可得系数矩阵：

$$(c_{ij}) = \begin{pmatrix} c_{11} & c_{12} & \cdots & c_{1n} \\ c_{21} & c_{22} & \cdots & c_{2n} \\ \vdots & \vdots & & \vdots \\ c_{n1} & c_{n2} & \cdots & c_{nn} \end{pmatrix}$$

由于我们关心的只是不同人完成不同任务的相对成本，因此指派问题的最优解有以下性质：若从系数矩阵（c_{ij}）的一行或一列的各元素中分别减去该行或列的最小元素，得到新矩阵（b_{ij}），那么以（b_{ij}）为系数矩阵求得的最优解和用原系数矩阵求得的最优解相同。

库恩（W. W. Kuhn）于 1955 年提出了指派问题的解法——匈牙利法。之所以命名为匈牙利法，是因为库恩在设计算法时，引用了匈牙利数学家康尼格（D. König）的一个关于矩阵中 0 元素的定理：系数矩阵中独立 0 元素的最多个数等于能覆盖所有 0 元素的最少直线数。这里的独立 0 元素是指系数矩阵中位于不同行不同列的 0 元素。

匈牙利法的步骤如下。

步骤 1：从系数矩阵的每行元素中减去该行的最小元素，得到新系数矩阵。

步骤 2：从新系数矩阵的每列元素中减去该列的最小元素，得到另一个新系数矩阵。

步骤 3：用总数最少的横线或纵线覆盖新系数矩阵中所有的 0，如果横线和纵线的数量之和等于系数矩阵的行数，则得到最优系数矩阵，转到步骤 5；否则，转到步骤 4。

步骤 4：把系数矩阵中所有未被覆盖的数减去其中的最小数，并将这个最小数加到横线与纵线交叉点上的数上，被覆盖的其他非交叉点上的数不变，得到新的系数矩阵，转到步骤 3。

步骤 5：从只有一个 0 的行或列开始，这个 0 所对应的行与列就给出了一个分配方案，把这个 0 所对应的行和列划去。重复这一步骤，直到全部任务分配完毕。

需要注意的是，匈牙利法针对的是目标函数求极小值的情况，如果是目标函数求极大值，只需将系数矩阵中所有元素减去其中的最大值，然后再按照匈牙利法求解。

例 5－4　有甲、乙、丙、丁、戊 5 个工人以及 A、B、C、D、E 5 项任务，由于每个工人的特长不同，其完成任务的时间也各不相同，每个工人完成每项任务的时间如表 5－2 所示，要求确定工人和任务之间一一对应的指派方案，使总时间最少。

表 5－2　完成任务时间表　　单位：小时

		任务				
		A	B	C	D	E
工人	甲	12	7	9	7	9
	乙	8	9	6	8	6
	丙	7	17	12	14	9
	丁	15	14	6	6	10
	戊	4	10	7	10	9

解：系数矩阵各行减去其中最小的元素得到新的系数矩阵，如下所示，该矩阵每一列都已经有 0 元素，因此跳过第 2 步。

$$\begin{pmatrix} 12 & 7 & 9 & 7 & 9 \\ 8 & 9 & 6 & 8 & 6 \\ 7 & 17 & 12 & 14 & 9 \\ 15 & 14 & 6 & 6 & 10 \\ 4 & 10 & 7 & 10 & 9 \end{pmatrix} \rightarrow \begin{pmatrix} 5 & 0 & 2 & 0 & 2 \\ 2 & 3 & 0 & 2 & 0 \\ 0 & 10 & 5 & 7 & 2 \\ 9 & 8 & 0 & 0 & 4 \\ 0 & 6 & 3 & 6 & 5 \end{pmatrix}$$

然后用最少的横线或纵线覆盖新系数矩阵中所有的0，如下所示。

$$\begin{pmatrix} 5 & 0 & 2 & 0 & 2 \\ 2 & 3 & 0 & 2 & 0 \\ 0 & 10 & 5 & 7 & 2 \\ 9 & 8 & 0 & 0 & 4 \\ 0 & 6 & 3 & 6 & 5 \end{pmatrix}$$

可见横线和纵线总数为4条，而系数矩阵行数为5，则需要把系数矩阵中所有未被覆盖的数减去其中的最小数2，并将这个最小数加到横线与纵线交叉点上的数上，被覆盖的其他非交叉点上的数不变，得到新的系数矩阵如下，再用最少的横线或纵线覆盖新系数矩阵中所有的0，如下所示。

$$\begin{pmatrix} 7 & 0 & 2 & 0 & 2 \\ 4 & 3 & 0 & 2 & 0 \\ 0 & 8 & 3 & 5 & 0 \\ 11 & 8 & 0 & 0 & 4 \\ 0 & 4 & 1 & 4 & 3 \end{pmatrix}$$

可见横线和纵线的数量为5条，等于系数矩阵的行数，故求得最优系数矩阵。从只有一个0的第5行开始，这个0所对应的行与列就给出了一个分配方案，即 $x_{51}=1$，把这个0所对应的行和列划去；第3行只有1个0，即 $x_{35}=1$，把这个0所对应的行和列划去；第2行只有1个0，即 $x_{23}=1$，把这个0所对应的行和列划去；第4行只有一个0，即 $x_{44}=1$，把这个0所对应的行和列划去；只剩第1行有一个0，即 $x_{12}=1$。

$$\begin{pmatrix} 7 & 0 & 2 & 0 & 2 \\ 4 & 3 & 0 & 2 & 0 \\ 0 & 8 & 3 & 5 & 0 \\ 11 & 8 & 0 & 0 & 4 \\ \enclose{circle}{0} & 4 & 1 & 4 & 3 \end{pmatrix} \quad \begin{pmatrix} 7 & 0 & 2 & 0 & 2 \\ 4 & 3 & 0 & 2 & 0 \\ 0 & 8 & 3 & 5 & \enclose{circle}{0} \\ 11 & 8 & 0 & 0 & 4 \\ \enclose{circle}{0} & 4 & 1 & 4 & 3 \end{pmatrix} \quad \begin{pmatrix} 7 & 0 & 2 & 0 & 2 \\ 4 & 3 & \enclose{circle}{0} & 2 & 0 \\ 0 & 8 & 3 & 5 & \enclose{circle}{0} \\ 11 & 8 & 0 & 0 & 4 \\ \enclose{circle}{0} & 4 & 1 & 4 & 3 \end{pmatrix} \quad \begin{pmatrix} 7 & \enclose{circle}{0} & 2 & 0 & 2 \\ 4 & 3 & \enclose{circle}{0} & 2 & 0 \\ 0 & 8 & 3 & 5 & \enclose{circle}{0} \\ 11 & 8 & 0 & \enclose{circle}{0} & 4 \\ \enclose{circle}{0} & 4 & 1 & 4 & 3 \end{pmatrix}$$

至此，得到最优解：甲指派给任务 B，乙指派给任务 C，丙指派给任务 E，丁指派给任务 D，戊指派给任务 A。总时间最少为32小时。

需要注意的是，在进行步骤5时，有时会遇到没有一个行或列只有一个0的情况，这时说明存在多个最优解，选择一个0最少的行或列，然后随便选择一个0，这个0所对应的行与列就给出了一个分配方案，把这个0所对应的行和列划去，重复这一步骤，直到全部任务分配完毕；再从刚才的步骤5开始，选择一个刚才没有选过的0，再重复以上步骤，得到分配方案，即为另外的最优解。

5.2.4 LINGO 软件求解法

LINGO 软件提供了限制决策变量为整数的函数，@gin 函数限制决策变量只能取整数，@ bin 函数限制决策变量只能取 0 或 1。此外，LINGO 软件默认决策变量均非负，要想取负数决策变量，可以用@ free 函数取消决策变量的非负限制。

例如，例 5 - 1 的 LINGO 求解程序如下：

```
max =2 * x1 + x2;

2 * x1 +4 * x2 <13;
5 * x1 +4 * x2 <24;

@ gin(x1);
@ gin(x2);
```

求解结果如图 5 - 2 所示，可以看出模型属于纯整数线性规划（pure integer linear programing，PILP），已求出全局最优解，最优解为 $x_1 = 4, x_2 = 1$，最优值为 9 。调用的求解算法为分支定界法。

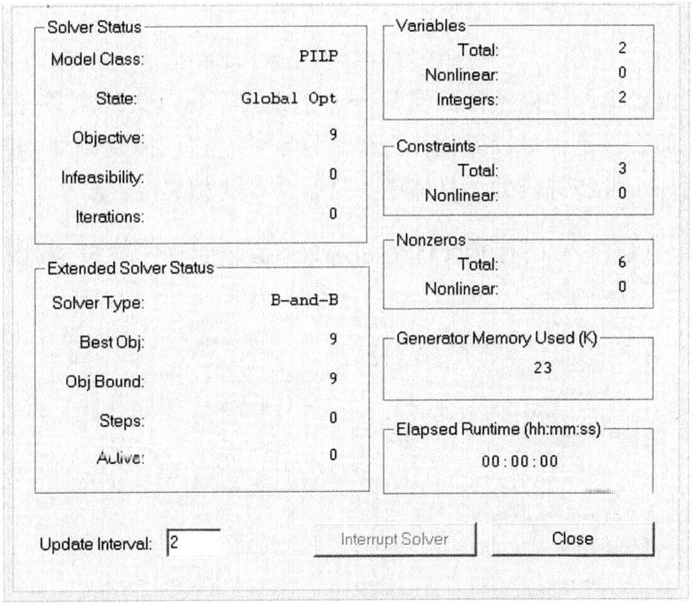

图 5 - 2　例 5 - 1 的 LINGO 求解结果

再如，例 5 - 4 的 LINGO 求解程序如下：

```
min =12 * x11 +7 * x12 +9 * x13 +7 * x14 +9 * x15
   +8 * x21 +9 * x22 +6 * x23 +8 * x24 +6 * x25
   +7 * x31 +17 * x32 +12 * x33 +14 * x34 +9 * x35
   +15 * x41 +14 * x42 +6 * x43 +6 * x44 +10 * x45
   +4 * x51 +10 * x52 +7 * x53 +10 * x54 +9 * x55;

x11 + x12 + x13 + x14 + x15 =1;
x21 + x22 + x23 + x24 + x25 =1;
```

```
x31 +x32 +x33 +x34 +x35 =1;
x41 +x42 +x43 +x44 +x45 =1;
x51 +x52 +x53 +x54 +x55 =1;
x11 +x21 +x31 +x41 +x51 =1;
x12 +x22 +x32 +x42 +x52 =1;
x13 +x23 +x33 +x43 +x53 =1;
x14 +x24 +x34 +x44 +x54 =1;
x15 +x25 +x35 +x45 +x55 =1;

@ bin(x11);@ bin(x12);@ bin(x13);@ bin(x14);@ bin(x15);
@ bin(x21);@ bin(x22);@ bin(x23);@ bin(x24);@ bin(x25);
@ bin(x31);@ bin(x32);@ bin(x33);@ bin(x34);@ bin(x35);
@ bin(x41);@ bin(x42);@ bin(x43);@ bin(x44);@ bin(x45);
@ bin(x51);@ bin(x52);@ bin(x53);@ bin(x54);@ bin(x55);
```

求解结果如图 5－3 所示，最优解为 $x_{12}=x_{23}=x_{35}=x_{44}=x_{51}=1$，最优值为 32。此外，从程序中可以看出，约束条件其实只分为了 2 类，每一类约束条件我们写了 5 个结构相似的公式。那么，是否可以简化，答案是肯定的，这就需要用到 LINGO 软件中的集合概念，以及循环、求和等函数，具体请参见第 9 章的相关内容。

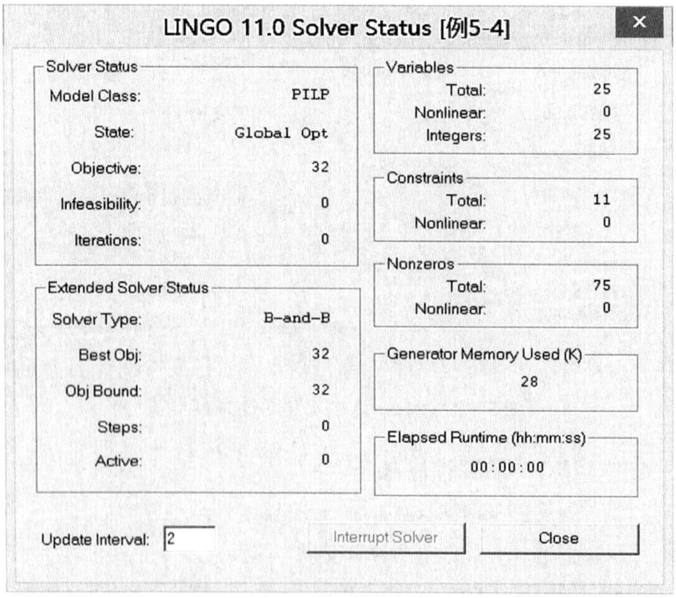


```
Variable        Value        Reduced Cost
     X12     1.000000            0.000000
     X23     1.000000            0.000000
     X35     1.000000            0.000000
     X44     1.000000            0.000000
     X51     1.000000            0.000000
```

图 5－3　例 5－4 的 LINGO 求解结果

5.3　整数规划的应用

5.3.1　纯整数规划的应用

在实际问题中，决策变量是离散型的占大多数，因此，有很多问题的决策变量必须是整数，如制造企业生产决策中产品（汽车、电脑、手机等）的数量、资源分配决策中资源（设备、人员等）的数量、装箱问题中各类货物的数量等。

1. 生产计划问题

例 5-5　某汽车制造企业生产 A、B、C 3 款汽车，3 款汽车都要经过冲压、焊装、涂装、总装 4 道工序，由于工艺略有差异，三款汽车经过每道工序的时间有所不同，如表 5-3 所示，此外，表中还说明了每款汽车的单位利润以及本周期 4 道工序的可用总工时。问要使总利润最大，该企业应如何制订本周期的生产计划。

表 5-3　例 5-5 数据表

项目	工艺消耗时间（小时/辆）				单位利润（万元/辆）
	冲压	焊装	涂装	总装	
汽车 A	5	6	3	2	15
汽车 B	10	4	2	3	13
汽车 C	7	6	2	1	14
可用工时（小时）	18 000	15 000	10 000	9 000	

解： 根据题意，设生产 A、B、C 汽车的数量为 x_1, x_2, x_3，建立如下模型：

$$\max z = 15x_1 + 13x_2 + 14x_3$$

$$\text{s. t.}\quad 5x_1 + 10x_2 + 7x_3 \leqslant 18\ 000 \qquad (1)$$

$$6x_1 + 4x_2 + 6x_3 \leqslant 15\ 000 \qquad (2)$$

$$3x_1 + 2x_2 + 2x_3 \leqslant 10\ 000 \qquad (3)$$

$$2x_1 + 3x_2 + x_3 \leqslant 9\ 000 \qquad (4)$$

$$x_1, x_2, x_3 \geqslant 0 \text{ 且为整数}$$

目标函数为总利润最大，约束条件（1）~（4）分别表示冲压、焊装、涂装、总装的可用工时约束。模型的 LINGO 程序如下：

```
max =15 * x1 +13 * x2 +14 * x3;

5 * x1 +10 * x2 +7 * x3 <18000;
6 * x1 +4 * x2 +6 * x3 <15000;
3 * x1 +2 * x2 +2 * x3 <10000;
2 * x1 +3 * x2 +x3 <9000;
```

```
@ gin(x1);
@ gin(x2);
@ gin(x3);
```

求解结果如图 5-4 所示，最优解为 $x_1=1\ 950, x_2=825, x_3=0$，最大利润为 39 975 万元。从求解结果中还可以知道涂装和总装的工时并没有用完，分别剩余 2 500 小时和 2 625小时，公司可将剩余的工时外包或进行其他产品的加工。

```
Global optimal solution found.
Objective value:                              39975.00
Objective bound:                              39975.00
Infeasibilities:                              0.000000
Extended solver steps:                               0
Total solver iterations:                             2


                     Variable           Value        Reduced Cost
                           X1        1950.000           -15.00000
                           X2        825.0000           -13.00000
                           X3        0.000000           -14.00000

                          Row    Slack or Surplus      Dual Price
                            1        39975.00            1.000000
                            2        0.000000            0.000000
                            3        0.000000            0.000000
                            4        2500.000            0.000000
                            5        2625.000            0.000000
```

图 5-4　例 5-5 的 LINGO 求解结果

例 5-6　某制造企业可以生产甲、乙、丙 3 种产品，每种产品都需要经过 A、B、C 3 道工序。该企业有 2 种规格的设备可以完成工序 A，记为设备 A_1、A_2；有 3 种规格的设备可以完成工序 B，记为设备 B_1、B_2、B_3；有 2 种规格的设备可以完成工序 C，记为设备 C_1、C_2。产品甲可以在工序 A、B、C 的任何规格的设备上进行加工；产品乙的工序 B 只能在设备 B_1上加工；产品丙的工序 A 只能在设备 A_2上加工，工序 B 只能在设备 B_2 上加工，工序 C 只能在设备 C_2上加工。已知各种设备加工各种产品的单件工时、设备的有效台时、每设备台时的成本、各种产品的单价以及原材料单价等信息，如表 5-4 所示。问应该如何安排生产，使总利润最大。

表 5-4　例 5-6 数据表

项目		产品单件工时（小时/件）			设备有效台时（小时）	每台时成本（元/时）
		甲	乙	丙		
设备编号	A_1	5	10		6 000	5.0
	A_2	7	9	12	10 000	3.2
	B_1	6	8		4 000	6.3
	B_2	4		11	7 000	11.2
	B_3	7			4 000	5.0
	C_1	4	6		5 000	3.5
	C_2	5	4	7	8 000	4.0

续表

项目	产品单件工时（小时/件）			设备有效台时（小时）	每台时成本（元/时）
	甲	乙	丙		
产品单价（元/件）	125	200	280		
原材料单价（元/件）	25	35	50		

解： 设 x_{ijk} 表示产品 i（产品甲、乙、丙分别编号为 1、2、3）在工序 j（工序 A、B、C 分别编号为 1、2、3）的设备 k 上加工的数量，可建立如下数学模型：

$$\max z = (125-25)(x_{111}+x_{112}) + (200-35)(x_{211}+x_{212}) + (280-50)x_{312} - 5(5x_{111} + 10x_{211}) - 3.2(7x_{112}+9x_{212}+12x_{312}) - 6.3(6x_{121}+8x_{221}) - 11.2(4x_{122} + 11x_{322}) - 5(7x_{123}) - 3.5(4x_{131}+6x_{231}) - 4(5x_{132}+4x_{232}+7x_{332})$$

s. t.

$$5x_{111}+10x_{211} \leqslant 6\,000 \quad (1)$$
$$7x_{112}+9x_{212}+12x_{312} \leqslant 10\,000 \quad (2)$$
$$6x_{121}+8x_{221} \leqslant 4\,000 \quad (3)$$
$$4x_{122}+11x_{322} \leqslant 7\,000 \quad (4)$$
$$7x_{123} \leqslant 4\,000 \quad (5)$$
$$4x_{131}+6x_{231} \leqslant 5\,000 \quad (6)$$
$$5x_{132}+4x_{232}+7x_{332} \leqslant 8\,000 \quad (7)$$
$$x_{111}+x_{112} = x_{121}+x_{122}+x_{123} \quad (8)$$
$$x_{121}+x_{122}+x_{123} = x_{131}+x_{132} \quad (9)$$
$$x_{211}+x_{212} = x_{221} \quad (10)$$
$$x_{221} = x_{231}+x_{232} \quad (11)$$
$$x_{312} = x_{322} \quad (12)$$
$$x_{322} = x_{332} \quad (13)$$
$$x_{ijk} \geqslant 0 \text{ 且为整数}$$

其中，目标函数表示利润最大，前 3 项表示产品的利润总和，后 7 项表示设备的工时成本，要从总利润中减去设备的工时成本才是真正的利润。约束条件（1）~（7）表示各设备工时的约束，约束条件（8）~（13）表示产品必须经过三道工序加工才能成为成品，即各种产品在三道工序上加工的数量相等。

该模型的 LINGO 程序如下：

```
max = (125 -25) * (x111 +x112) + (200 -35) * (x211 +x212) + (280 -50) *
    x312 -5 * (5 * x111 +10 * x211) -3.2 * (7 * x112 +9 * x212 +12 *
    x312) -6.3 * (6 * x121 +8 * x221) -11.2 * (4 * x122 +11 * x322) -5
    * 7 * x123 -3.5 * (4 * x131 +6 * x231) -4 * (5 * x132 +4 * x232 +7 *
    x332);

5 * x111 +10 * x211 <6000;
7 * x112 +9 * x212 +12 * x312 <10000;
```

```
6 * x121 + 8 * x221 < 4000;
4 * x122 + 11 * x322 < 7000;
7 * x123 < 4000;
4 * x131 + 6 * x231 < 5000;
5 * x132 + 4 * x232 + 7 * x332 < 8000;

x111 + x112 = x121 + x122 + x123;
x121 + x122 + x123 = x131 + x132;
x211 + x212 = x221;
x221 = x231 + x232;
x312 = x322;
x322 = x332;

@ gin(x111);@ gin(x112);@ gin(x121);@ gin(x122);@ gin(x123);
@ gin(x131);@ gin(x132);@ gin(x211);@ gin(x212);@ gin(x221);
@ gin(x231);@ gin(x232);@ gin(x312);@ gin(x322);@ gin(x332);
```

求解结果如图 5－5 所示，最大利润为 76 778.4 元。最优方案为生产甲产品 1 251 件，其中 A 工序由设备 A_1加工 1 133 件，由设备 A_2加工 118 件，B 工序由设备 B_2加工 680 件，由设备 B_3加工 571 件，C 工序由设备 C_1加工 1 250 件，由设备 C_2加工 1 件；生产乙产品 500 件，A 工序全部由设备 A_2加工，B 工序全部由设备 B_1加工，C 工序全部由设备 C_2加工；生产丙产品 389 件，A 工序全部由设备 A_2加工，B 工序全部由设备 B_2加工，C 工序全部由设备 C_2加工。

```
Global optimal solution found.
Objective value:                              76778.40
Objective bound:                              76778.40
Infeasibilities:                              0.000000
Extended solver steps:                               2
Total solver iterations:                            37


                  Variable           Value        Reduced Cost
                      X111        1133.000           -75.00000
                      X112        118.0000           -77.60000
                      X212        500.0000           -136.2000
                      X312        389.0000           -191.6000
                      X221        500.0000            50.40000
                      X122        680.0000            44.80000
                      X322        389.0000            123.2000
                      X123        571.0000            35.00000
                      X131        1250.000            14.00000
                      X132        1.000000            20.00000
                      X232        500.0000            16.00000
                      X332        389.0000            28.00000
```

图 5－5　例 5－6 的 LINGO 求解结果

2. 人力资源管理问题

例 5－7　某商城需要制订人员排班计划，根据以往的历史数据，星期一至星期日每天分别需要营业人员15，24，25，19，28，31，31人，营业人员每周需要上5天班，然后连续休息两天，问应该如何排班，既能满足每天的人数需求，又能使聘用的营业人员总数最少？

解： 设 x_i 表示星期 i 开始上班的人数，建立数学模型如下：

$$\min z = x_1 + x_2 + x_3 + x_4 + x_5 + x_6 + x_7$$

$$\text{s.t.}\quad \begin{aligned} & x_1 + x_4 + x_5 + x_6 + x_7 \geqslant 15 \\ & x_1 + x_2 + x_5 + x_6 + x_7 \geqslant 24 \\ & x_1 + x_2 + x_3 + x_6 + x_7 \geqslant 25 \\ & x_1 + x_2 + x_3 + x_4 + x_7 \geqslant 19 \\ & x_1 + x_2 + x_3 + x_4 + x_5 \geqslant 28 \\ & x_2 + x_3 + x_4 + x_5 + x_6 \geqslant 31 \\ & x_3 + x_4 + x_5 + x_6 + x_7 \geqslant 31 \\ & x_i \geqslant 0 \text{ 且为整数}, i = 1,2,\cdots,7 \end{aligned}$$

约束条件表示每天安排的营业人员人数要不少于需求，例如第一个约束表示星期一的人数要大于等于15，等式左边表示安排星期一、四、五、六、日上班的人数之和，因为星期二、星期三上班的人星期一休息。同理写出其他约束条件。

该模型的LINGO程序如下：

```
min = x1 + x2 + x3 + x4 + x5 + x6 + x7;

x1 + x4 + x5 + x6 + x7 > 15;
x1 + x2 + x5 + x6 + x7 > 24;
x1 + x2 + x3 + x6 + x7 > 25;
x1 + x2 + x3 + x4 + x7 > 19;
x1 + x2 + x3 + x4 + x5 > 28;
x2 + x3 + x4 + x5 + x6 > 31;
x3 + x4 + x5 + x6 + x7 > 31;

@gin(x1);@gin(x2);@gin(x3);@gin(x4);
@gin(x5);@gin(x6);@gin(x7);
```

求解结果如图5-6所示，最少人数为36人，最优方案为安排3人从星期一开始上班，2人从星期二开始上班，12人从星期三开始上班，11人从星期五开始上班，6人从星期六开始上班，2人从星期日开始上班。

3. 装箱问题

例5-8 某货车司机要运一批货物，货车的最大载重为5吨，最大容积为30立方米。现有10种货物可供运输，每种货物的数量不限，其重量依次为71、52、123、24、75、66、147、118、149、150千克；体积分别为1.5、0.9、1.1、1.5、1.5、2、1、0.6、0.5、1.1立方米。每种货物的单位托运费分别为70、138、72、148、84、59、55、149、100、130元。那么，货车司机应该如何装箱才能使总托运费最高。

```
Global optimal solution found.
Objective value:                              36.00000
Objective bound:                              36.00000
Infeasibilities:                              0.000000
Extended solver steps:                               0
Total solver iterations:                             6


                    Variable           Value        Reduced Cost
                          X1        3.000000            1.000000
                          X2        2.000000            1.000000
                          X3        12.00000            1.000000
                          X4        0.000000            1.000000
                          X5        11.00000            1.000000
                          X6        6.000000            1.000000
                          X7        2.000000            1.000000
```

图 5-6　例 5-7 的 LINGO 求解结果

解： 设 x_i 表示第 i 种货物装入货箱的数量，建立数学模型如下：

$$\max z = 70x_1 + 138x_2 + 72x_3 + 148x_4 + 84x_5 + 59x_6 + 55x_7 + 149x_8 + 100x_9 + 130x_{10}$$

$$\text{s.t.}\quad 71x_1 + 52x_2 + 123x_3 + 24x_4 + 75x_5 + 66x_6 + 147x_7 + 118x_8 + 149x_9 + 150x_{10} \leqslant 5\,000 \quad (1)$$

$$1.5x_1 + 0.9x_2 + 1.1x_3 + 1.5x_4 + 1.5x_5 + 2x_6 + x_7 + 0.6x_8 + 0.5x_9 + 1.1x_{10} \leqslant 30 \quad (2)$$

$$x_i \geqslant 0 \text{ 且为整数}, \ i = 1,2,\cdots,10$$

其中，约束条件（1）表示车辆的载重约束，约束条件（2）表示车辆货箱的容积约束。

该模型的 LINGO 程序如下，其中［st1］表示给约束条件命名，不影响程序的表达，可以省略。

```
max =70 * x1 +138 * x2 +72 * x3 +148 * x4 +84 * x5
    +59 * x6 +55 * x7 +149 * x8 +100 * x9 +130 * x10;


[st1]71 * x1 +52 * x2 +123 * x3 +24 * x4 +75 * x5
    +66 * x6 +147 * x7 +118 * x8 +149 * x9 +150 * x10 <5000;
[st2]1.5 * x1 +0.9 * x2 +1.1 * x3 +1.5 * x4 +1.5 * x5
    +2 * x6 +x7 +0.6 * x8 +0.5 * x9 +1.1 * x10 <30;


@ gin(x1);@ gin(x2);@ gin(x3);@ gin(x4);@ gin(x5);
@ gin(x6);@ gin(x7);@ gin(x8);@ gin(x9);@ gin(x10);
```

求解结果如图 5-7 所示，最大托运费为 6 777 元，最优方案为托运第 2 种货物 7 件，第 8 种货物 39 件。

5.3.2　0-1 整数规划的应用

除之前提到的指派问题，还有很多决策问题可以用 0-1 整数规划解决，如选址问题、最短路问题等。

```
Global optimal solution found.
Objective value:                              6777.000
Objective bound:                              6777.000
Infeasibilities:                              0.000000
Extended solver steps:                               0
Total solver iterations:                             7


                    Variable           Value        Reduced Cost
                          X2        7.000000           -138.0000
                          X8        39.00000           -149.0000
```

图 5-7　例 5-8 的 LINGO 求解结果

1. 选址问题

例 5-9　某公司计划在全国 10 个城市建立销售网点，由于各城市的土地价格及客户分布等因素不同，其投资额及每年的利润也不同，如表 5-5 所示，投资总额为 720 万元。另外考虑到各区域的经济发展水平及居民的消费水平，规定西部地区（成都、重庆、贵阳）最多选 2 个，中部地区（武汉、长沙、郑州）至少选 1 个，东部地区（北京、上海、广州、青岛）至少选 2 个。问该公司的销售网点应该如何选址，才能使每年的总利润最大？

表 5-5　例 5-9 数据表　　单位：万元

	城市									
	成都	重庆	贵阳	武汉	长沙	郑州	北京	上海	广州	青岛
编号	1	2	3	4	5	6	7	8	9	10
投资额	90	80	80	100	120	70	180	160	150	140
利润	30	25	22	36	40	20	61	58	50	48

解： 设 x_i 表示是否在城市 i 建设销售网点，是取 1，否则取 0，建立数学模型如下：

$$\max z = 30x_1 + 25x_2 + 22x_3 + 36x_4 + 40x_5 + 20x_6 + 61x_7 + 58x_8 + 50x_9 + 48x_{10}$$

$$\text{s. t.}\quad 90x_1 + 80x_2 + 80x_3 + 100x_4 + 120x_5 + 70x_6 + 180x_7 + 160x_8 + 150x_9 + 140x_{10} \leqslant 720 \quad (1)$$

$$x_1 + x_2 + x_3 \leqslant 2 \quad (2)$$

$$x_4 + x_5 + x_6 \geqslant 1 \quad (3)$$

$$x_7 + x_8 + x_9 + x_{10} \geqslant 2 \quad (4)$$

$$x_i \in \{0,1\},\ i = 1,2,\cdots,10$$

目标函数表示最大化每年的利润，约束条件（1）表示投资额约束，约束条件（2）~（4）表示东、中、西部选址个数的限制。

该模型的 LINGO 程序如下：

```
max =30 * x1 +25 * x2 +22 * x3 +36 * x4 +40 * x5
    +20 * x6 +61 * x7 +58 * x8 +50 * x9 +48 * x10;

90 * x1 +80 * x2 +80 * x3 +100 * x4 +120 * x5
    +70 * x6 +180 * x7 +160 * x8 +150 * x9 +140 * x10 <720;
```

```
x1 +x2 +x3 <2;
x4 +x5 +x6 >1;
x7 +x8 +x9 +x10 >2;

@ bin(x1);@ bin(x2);@ bin(x3);@ bin(x4);@ bin(x5);
@ bin(x6);@ bin(x7);@ bin(x8);@ bin(x9);@ bin(x10);
```

求解结果如图 5－8 所示，最大年利润为 247 万元，最优选址方案为成都、重庆、武汉、上海、广州、青岛 6 个城市。

```
Global optimal solution found.
Objective value:                              247.0000
Objective bound:                              247.0000
Infeasibilities:                              0.000000
Extended solver steps:                               0
Total solver iterations:                             0


                     Variable           Value        Reduced Cost
                           X1        1.000000           -30.00000
                           X2        1.000000           -25.00000
                           X4        1.000000           -36.00000
                           X8        1.000000           -58.00000
                           X9        1.000000           -50.00000
                          X10        1.000000           -48.00000
```

图 5－8　例 5－9 的 LINGO 求解结果

2. 最短路问题

例 5－10　某地区的路网如图 5－9 所示，图中线段上的数字表示距离（单位：千米），现有一批建筑材料需要从 A 点运到 G 点，问如何选择路径才能使总运输距离最短。

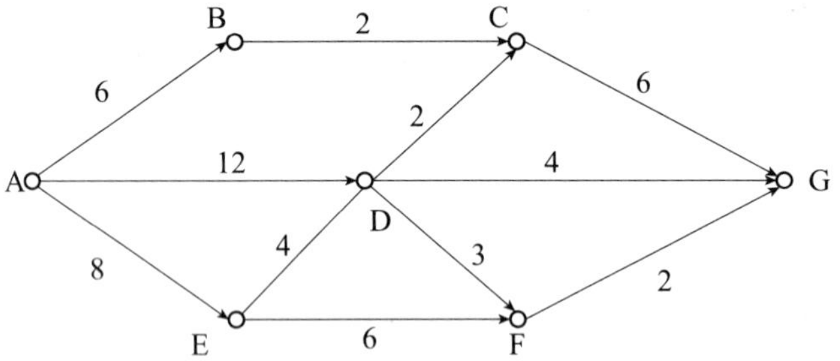

图 5－9　某地区路网示意图

解：将 A、B、C、D、E、F、G 编号为 1～7，设决策变量 x_{ij} 表示线段 (i,j) 是否在最短路径上，是取 1，否则取 0，建立数学模型如下：

$$\min z = 6x_{12} + 12x_{14} + 8x_{15} + 2x_{23} + 6x_{37} + 2x_{43} + 4x_{47} + 3x_{46} + 4x_{54} + 6x_{56} + 2x_{67}$$

$$\text{s. t.}\quad x_{12} + x_{14} + x_{15} = 1 \qquad (1)$$

$$x_{12} = x_{23} \qquad (2)$$

$$x_{23} + x_{43} = x_{37} \qquad (3)$$

$$x_{14} + x_{54} = x_{43} + x_{47} + x_{46} \qquad (4)$$

$$x_{15} = x_{54} + x_{56} \qquad (5)$$

$$x_{46} + x_{56} = x_{67} \tag{6}$$

$$x_{37} + x_{47} + x_{67} = 1 \tag{7}$$

$$x_{ij} \in \{0,1\},\ i,j = 1,2,\cdots,7$$

目标函数表示最小化从 A 点到 G 点路径的距离，约束条件（1）表示对于起点 A，它肯定在最短路径上，它出去的路径有 3 条，其中必有一条在最短路径上。约束条件（2）~（6）表示对于中间节点有两种情况，一是最短路径经过中间节点，二是最短路径不经过中间节点。第一种情况，等式两边都等于 0；第二种情况，等式两边都等于 1，无论哪种情况，等式都要成立。约束条件（7）表示对于终点 G，它也必定在最短路径上，到达它的 3 条路径其中必有一条在最短路径上。

该模型的 LINGO 程序如下：

```
min =6*x12+12*x14+8*x15+2*x23+6*x37+2*x43
    +4*x47+3*x46+4*x54+6*x56+2*x67;

x12+x14+x15=1;
x12=x23;
x23+x43=x37;
x14+x54=x43+x47+x46;
x15=x54+x56;
x46+x56=x67;
x37+x47+x67=1;

@bin(x12);@bin(x14);@bin(x15);@bin(x23);@bin(x37);@bin(x43);
@bin(x47);@bin(x46);@bin(x54);@bin(x56);@bin(x67);
```

求解结果如图 5－10 所示，最短路径距离为 14 千米，最优解为 $x_{12} = x_{23} = x_{37} = 1$，那么，最短路径为 1－2－3－7，即 A－B－C－G。

```
Global optimal solution found.
Objective value:                              14.00000
Objective bound:                              14.00000
Infeasibilities:                              0.000000
Extended solver steps:                               0
Total solver iterations:                             0

                 Variable           Value        Reduced Cost
                      X12        1.000000            6.000000
                      X23        1.000000            2.000000
                      X37        1.000000            6.000000
```

图 5－10　例 5－10 的 LINGO 软件的求解结果

5.3.3　混合整数规划的应用

在实际决策问题中，0－1 决策变量通常与其他决策变量联合起来使用，因此，在实际问题中混合整数规划更为常见，如选址-运输问题、固定成本问题、投资问题等。

1. 选址-运输问题

例 5-11 某化肥企业打算在武汉、长沙、东莞、深圳和长春这 5 个地方选几个建设工厂，由于土地限制及原材料等原因，5 个工厂的设计产能分别是 200 万吨/年、210 万吨/年、250 万吨/年、240 万吨/年、180 万吨/年，建设成本分别为 17 500 万元、20 000 万元、30 000 万元、50 000 万元、15 000 万元，假设工厂的使用期限是 10 年。企业目前有华北、华中、华东和华南的 4 个销售中心，需求分别是 160 万吨/年、170 万吨/年、200 万吨/年、110 万吨/年。各地之间运费如表 5-6 所示，问应该在哪几个地方建厂，才能在满足销售需求的前提下，使每年的总成本最低。

表 5-6 运费表 单位：万元/万吨

		销售中心			
		华北	华中	华东	华南
备选点	武汉	14	2.6	12	15
	长沙	13	2.5	11	16
	东莞	24.5	14	16	2
	深圳	23	15	15.5	2.2
	长春	12	16	17	28

解： 设决策变量 x_{ij} 表示备选点 i 到销售中心 j 的运输量，y_i 表示是否在 i 点建厂，是取 1，否则取 0，建立数学模型如下（目标函数的单位为万元）：

$$\begin{aligned}\min z = {} & 1\,750y_1 + 2\,000y_2 + 3\,000y_3 + 5\,000y_4 + 1\,500y_5 + 14x_{11} + 2.6x_{12} + 12x_{13} \\ & + 15x_{14} + 13x_{21} + 2.5x_{22} + 11x_{23} + 16x_{24} + 24.5x_{31} + 14x_{32} + 16x_{33} + 2x_{34} \\ & + 23x_{41} + 15x_{42} + 15.5x_{43} + 2.2x_{44} + 12x_{51} + 16x_{52} + 17x_{53} + 28x_{54}\end{aligned}$$

$$\text{s.t.}\quad \begin{cases} x_{11} + x_{12} + x_{13} + x_{14} \leqslant 200y_1 & (1) \\ x_{21} + x_{22} + x_{23} + x_{24} \leqslant 210y_2 & (2) \\ x_{31} + x_{32} + x_{33} + x_{34} \leqslant 250y_3 & (3) \\ x_{41} + x_{42} + x_{43} + x_{44} \leqslant 240y_4 & (4) \\ x_{51} + x_{52} + x_{53} + x_{54} \leqslant 180y_5 & (5) \\ x_{11} + x_{21} + x_{31} + x_{41} + x_{51} = 160 & (6) \\ x_{12} + x_{22} + x_{32} + x_{42} + x_{52} = 170 & (7) \\ x_{13} + x_{23} + x_{33} + x_{43} + x_{53} = 200 & (8) \\ x_{14} + x_{24} + x_{34} + x_{44} + x_{54} = 110 & (9) \\ x_{ij} \geqslant 0,\ i = 1,2,\cdots,5;\ j = 1,2,\cdots,4 \\ y_i \in \{0,1\},\ i = 1,2,\cdots,5 \end{cases}$$

目标函数为最小化每年的建设成本（均摊到 10 年）与运输成本之和。约束条件（1）~（5）表示工厂的产量约束，等式右边为产量乘以 y_i，当 y_i 为 0 时，表示不在 i 点建设工厂，那么可以看成 i 点的产量为 0；约束条件（6）~（9）表示每个销售中心的需求都要满足。

该模型的 LINGO 程序如下：

```
min =1750 * y1 +2000 * y2 +3000 * y3 +5000 * y4 +1500 * y5
    +14 * x11 +2.6 * x12 +12 * x13 +15 * x14
    +13 * x21 +2.5 * x22 +11 * x23 +16 * x24
    +24.5 * x31 +14 * x32 +16 * x33 +2 * x34
    +23 * x41 +15 * x42 +15.5 * x43 +2.2 * x44
    +12 * x51 +16 * x52 +17 * x53 +28 * x54;

x11 +x12 +x13 +x14 <200 * y1;
x21 +x22 +x23 +x24 <210 * y2;
x31 +x32 +x33 +x34 <250 * y3;
x41 +x42 +x43 +x44 <240 * y4;
x51 +x52 +x53 +x54 <180 * y5;
x11 +x21 +x31 +x41 +x51 =160;
x12 +x22 +x32 +x42 +x52 =170;
x13 +x23 +x33 +x43 +x53 =200;
x14 +x24 +x34 +x44 +x54 =110;

@ bin(y1);@ bin(y2);@ bin(y3);@ bin(y4);@ bin(y5);
```

求解结果如图 5－11 所示，每年的最低成本为 12 085 万元，选址方案为长沙、东莞、长春。运输方案为长沙到华中 170 万吨，长沙到华东 40 万吨，东莞到华东 140 万吨，东莞到华南 110 万吨，长春到华北 160 万吨，长春到华东 20 万吨。

```
Global optimal solution found.
Objective value:                              12085.00
Objective bound:                              12085.00
Infeasibilities:                              0.000000
Extended solver steps:                               9
Total solver iterations:                            49


                       Variable           Value        Reduced Cost
                             Y2        1.000000            740.0000
                             Y3        1.000000            2750.000
                             Y5        1.000000            1500.000
                            X22        170.0000            0.000000
                            X23        40.00000            0.000000
                            X33        140.0000            0.000000
                            X34        110.0000            0.000000
                            X51        160.0000            0.000000
                            X53        20.00000            0.000000
```

图 5－11　例 5－11 的 LINGO 求解结果

2. 固定成本问题

现实生活中，经常会遇到固定成本问题，固定成本是指不随产品数量变动的成本，如制造企业中设备的启动成本，只要启动设备就会产生固定的费用，哪怕只生产 1 件产品。因此，固定成本只有两种状态，要么产生要么不产生，故在数学规划中可用 0－1 决策变量体现。

例 5－12　某企业可制造 A、B、C 3 种大型产品，单位产品所需消耗原材料、劳动力、设备工时及利润如表 5-7 所示。可供使用的原材料有 400 吨，劳动力 30 000 工时，设备 20 000 工时。此外，由于 3 种产品的制造工艺不同，如果打算生产某种产品，那么不管制造数量是多少，都需要支付一笔固定的设备调试费用：A 产品为 40 万元，B 产品为 60 万元，C 产品为 80 万元。请制订一个生产计划使总利润最大。

表 5-7　例 5-12 数据表

项目	产品 A	产品 B	产品 C
原材料（吨/件）	2	3	4
劳动力（工时/件）	208	329	387
设备（工时/件）	115	226	250
利润（万元/件）	3	6	9

解：设决策变量 x_i 表示产品 i 的产量，y_i 表示是否生产产品 i，是则取 1，否则取 0，建立数学模型如下：

$$\max z = 3x_1 + 6x_2 + 9x_3 - 40y_1 - 60y_2 - 80y_3$$

$$\text{s.t.}\quad 2x_1 + 3x_2 + 4x_3 \leqslant 400 \tag{1}$$

$$208x_1 + 329x_2 + 387x_3 \leqslant 30\,000 \tag{2}$$

$$115x_1 + 226x_2 + 250x_3 \leqslant 20\,000 \tag{3}$$

$$y_i = \begin{cases} 1, x_i > 0 \\ 0, x_i = 0 \end{cases}, \ i = 1,2,3 \tag{4}$$

$$x_i \geqslant 0 \text{ 且为整数}, \ i = 1,2,3$$

其中，目标函数表示最大化总利润，总利润等于产品利润减去固定费用。约束条件（1）~（3）为各种资源约束，约束条件（4）为是否产生固定费用的判断条件，是一个分段函数（非线性规划），虽然可以用 LINGO 软件中的@ if 函数来表达分段函数，但是我们在建立数学模型时，为了求解的方便，应尽量将非线性表达转化为线性表达。

约束条件（4）可转化为下列线性表达：

$$y_i \leqslant \mathrm{M}x_i, \ i = 1,2,3 \tag{5}$$

$$x_i \leqslant \mathrm{M}y_i, \ i = 1,2,3 \tag{6}$$

$$y_i \in \{0,1\}, \ i = 1,2,3$$

其中，M 表示一个非常大的数，由式（5）可知，当 $x_i > 0$ 时，该公式没有约束，但当 $x_i = 0$ 时，一定有 $y_i = 0$；由式（6）可知，当 $x_i = 0$ 时，该公式没有约束，但当 $x_i >$ 0 时，一定有 $y_i = 1$。

该问题原数学模型的 LINGO 程序如下：

```
max =3 * x1 +6 * x2 +9 * x3 -40 * y1 -60 * y2 -80 * y3;


2 * x1 +3 * x2 +4 * x3 <400;
208 * x1 +329 * x2 +387 * x3 <30000;
115 * x1 +226 * x2 +250 * x3 <20000;
```

```
y1 =@ if(x1#eq#0,0,1);
y2 =@ if(x2#eq#0,0,1);
y3 =@ if(x3#eq#0,0,1);

@ gin(x1);@ gin(x2);@ gin(x3);
@ bin(y1);@ bin(y2);@ bin(y3);
```

求解结果如图 5－12 所示，可以看出结果大致上没有问题，但由于计算机运算的一些特性，x_1，x_2的取值有所差异，本应该取 0，而显示为 $0.1 * 10^{-5}$，这就是@ if 函数造成的。

```
Global optimal solution found.
Objective value:                              613.0000
Objective bound:                              613.0000
Infeasibilities:                            0.1000000E-05
Extended solver steps:                               0
Total solver iterations:                            17


                    Variable           Value        Reduced Cost
                          X1     0.1000000E-05       -3.000000
                          X2     0.1000000E-05       -6.000000
                          X3      77.00000           -9.000000
                          Y1      0.000000            40.00000
                          Y2      0.000000            60.00000
                          Y3      1.000000            80.00000
```

图 5－12　例 5－12 的 LINGO 求解结果（1）

该模型线性规划的 LINGO 程序如下，这里的 M 取值 300，因为根据第一个约束条件，决策变量的值不可能超过 300。

```
max =3 * x1 +6 * x2 +9 * x3 -40 * y1 -60 * y2 -80 * y3;

2 * x1 +3 * x2 +4 * x3 <400;
208 * x1 +329 * x2 +387 * x3 <30000;
115 * x1 +226 * x2 +250 * x3 <20000;
y1 <300 * x1;
y2 <300 * x2;
y3 <300 * x3;
x1 <300 * y1;
x2 <300 * y2;
x3 <300 * y3;

@ gin(x1);@ gin(x2);@ gin(x3);
@ bin(y1);@ bin(y2);@ bin(y3);
```

计算结果如图 5－13 所示，可见转化为线性规划后，就无上述问题，该问题的最优值为 613 万元，最优生产方案为生产 C 产品 77 件。

由此例可以看出，0－1 整数变量可以用于解决 if-then 逻辑关系的约束问题，更通用的描述如下：若 $f(x)<0$ 成立，则 $g(x)\leqslant 0$ 必须成立；若 $f(x)<0$ 不成立，则 $g(x)$ 无限制。

引入一个 0－1 变量 y 来解决这一逻辑关系，将该约束转化为线性约束：

$$f(x) \geqslant -M(1-y) \tag{1}$$

$$g(x) \leqslant My \tag{2}$$

其中，M 为一个非常大的数。显然，若 $f(x) < 0$，则 y 必为 0，否则与式（1）矛盾，因此根据式（2），有 $g(x) \leqslant 0$；若 $f(x) \geqslant 0$，则 y 的取值无限制，当 $y = 1$ 时，$g(x)$ 无限制，且 y 的取值可由式（2）控制，当 $g(x) > 0$ 时，y 只能取 1。

```
Global optimal solution found.
Objective value:                              613.0000
Objective bound:                              613.0000
Infeasibilities:                              0.000000
Extended solver steps:                               0
Total solver iterations:                            16


                   Variable           Value        Reduced Cost
                         X1        0.000000           -3.000000
                         X2        0.000000           -6.000000
                         X3        77.00000           -9.000000
                         Y1        0.000000            40.00000
                         Y2        0.000000            60.00000
                         Y3        1.000000            80.00000
```

图 5-13　例 5-12 的 LINGO 求解结果（2）

3. 投资问题

例 5-13　某公司在今后 5 年内考虑给以下 4 个项目投资，已知：

项目 1：从第 1 年到第 4 年每年年初需要投资，并于次年年末回收本利的 115%，但要求第 1 年投资最少 20 万元，第 2 ~4 年无限制；

项目 2：第 3 年年初需要投资，到第 5 年年末能回收本利的 128%，但规定最低投资额为 30 万元，最高投资额为 50 万元；

项目 3：第 2 年年初需要投资，到第 5 年年末能回收本利的 140%，但规定投资额或为 20 万元，或为 50 万元，或为 80 万元；

项目 4：5 年内每年年初可投资，于当年年末回收本利的 106%，此项目投资额不限。

现该公司有 100 万元用于投资，问应如何投资，才能使第 5 年年末拥有的资金本利最多？

解：设决策变量 x_{ij} 表示第 i 年投资给第 j 个项目的金额，0-1 变量 y_{ij} 表示第 i 年是否给第 j 个项目投资，是则取 1，否则取 0；但第 2 年项目 3 的投资额需要在几个中选一个，于是再设 0-1 变量 y_{23k} 表示第 2 年选择哪个额度投资第 3 个项目，当 $y_{231} = 1$，表示投资 20 万元，当 $y_{232} = 1$，表示投资 50 万元，当 $y_{233} = 1$，表示投资 80 万元，但三者最多只能选一个，因此 $y_{231} + y_{232} + y_{233} \leqslant 1$。

下面简单对每一年的投资情况进行分析。

第 1 年，可投第 1 个和第 4 个项目，且第 4 个项目无金额限制，所以第 1 年应该把资金全部投出去。

$$x_{11} + x_{14} = 100$$

第 2 年，由于第 1 个项目的本利要第二年年末才能收回，因此，第 2 年可供投资的资金只有第 4 个项目收回的本利，且第 2 年可投第 1 个、第 3 个和第 4 个项目。

$$x_{21} + x_{23} + x_{24} = 1.06x_{14}$$

第 3 年，可用资金为第 1 个项目第 1 年投资的本利和第 4 个项目第 2 年投资的本利总和，第 3 年可以投资第 1 个、第 2 个、第 4 个项目。

$$x_{31}+x_{32}+x_{34}=1.15x_{11}+1.06x_{24}$$

同理，分析第 4 年和第 5 年：

$$x_{41}+x_{44}=1.15x_{21}+1.06x_{34}$$

$$x_{54}=1.15x_{31}+1.06x_{44}$$

目标函数是第 5 年年末的本利总金额最大，于是

$$\max z=1.15x_{41}+1.28x_{32}+1.4x_{23}+1.06x_{54}$$

此外，还有一些约束条件，我们可以用 0－1 变量解决，项目 1 要求如果第 1 年要投资，那么最低需要投资 20 万元，可用如下约束条件表示：

$$x_{11}\geqslant 20y_{11}$$

$$x_{11}\leqslant \mathrm{M}y_{11}$$

M 为一个非常大的数，当 $y_{11}=1$ 时，表示要投资，由第 1 个约束条件可知这时 $x_{11}\geqslant 20$ 必成立，当 $y_{11}=0$ 时，由第 2 个约束条件可知 $x_{11}=0$ 必成立。

同理，对于项目 2 有以下约束条件，不同的是，项目 2 的投资设有上限，这时 M 就变为了此上限。

$$x_{32}\geqslant 30y_{32}$$

$$x_{32}\leqslant 50y_{32}$$

根据前面的分析，对于项目 3 有以下约束条件：

$$x_{23}=20y_{231}+50y_{232}+80y_{233}$$

$$y_{231}+y_{232}+y_{233}\leqslant 1$$

因此，此问题的数学模型如下：

$$\max z=1.15x_{41}+1.28x_{32}+1.4x_{23}+1.06x_{54}$$

$$\text{s.t.}\quad \begin{cases} x_{11}+x_{14}=100 \\ x_{21}+x_{23}+x_{24}=1.06x_{14} \\ x_{31}+x_{32}+x_{34}=1.15x_{11}+1.06x_{24} \\ x_{41}+x_{44}=1.15x_{21}+1.06x_{34} \\ x_{54}=1.15x_{31}+1.06x_{44} \\ x_{11}\geqslant 20y_{11} \\ x_{11}\leqslant \mathrm{M}y_{11} \\ x_{32}\geqslant 30y_{32} \\ x_{32}\leqslant 50y_{32} \\ x_{23}=20y_{231}+50y_{232}+80y_{233} \\ y_{231}+y_{232}+y_{233}\leqslant 1 \\ x_{ij}\geqslant 0,\ i=1,2,\cdots,5;\ j=1,2,\cdots,4 \\ y_{11},y_{32},y_{231},y_{232},y_{233}\in\{0,1\} \end{cases}$$

该模型的 LINGO 程序如下：

```
max =1.15 * x41 +1.28 * x32 +1.4 * x23 +1.06 * x54;
```

```
x11 +x14 =100;
x21 +x23 +x24 =1.06 * x14;
x31 +x32 +x34 =1.15 * x11 +1.06 * x24;
x41 +x44 =1.15 * x21 +1.06 * x34;
x54 =1.15 * x31 +1.06 * x44;
x11 >20 * y11;
x11 <100 * y11;
x32 >30 * y32;
x32 <50 * y32;
x23 =20 * y231 +50 * y232 +80 * y233;
y231 +y232 +y233 <1;

@ bin(y11);@ bin(y32);@ bin(y231);@ bin(y232);@ bin(y233);
```

求解结果如图 5－14 所示，最优值为 147.11 万元，最佳投资方案为：第 1 年投资第 1 个项目 43.478 26 万元，第 4 个项目 56.521 74 万元；第 2 年投资第 1 个项目 9.913 043 万元，第 3 个项目 50 万元；第 3 年投资第 2 个项目 50 万元；第 4 年投资第 1 个项目 11.4 万元。

```
Global optimal solution found.
Objective value:                              147.1100
Objective bound:                              147.1100
Infeasibilities:                              0.7105427E-14
Extended solver steps:                               1
Total solver iterations:                             9


                    Variable           Value        Reduced Cost
                         X41        11.40000            0.000000
                         X32        50.00000            0.000000
                         X23        50.00000            0.000000
                         X11        43.47826            0.000000
                         X14        56.52174            0.000000
                         X21        9.913043            0.000000
                         Y11        1.000000            0.000000
                         Y32        1.000000           -3.050000
                        Y232        1.000000           -3.875000
```

图 5－14　例 5－13 的 LINGO 求解结果

从此例中我们发现 0－1 变量还可以解决选择取值问题，正如例 5－13 中所示，约束条件右端项可能是 n 个值中的某一个（项目 3 的投资可能是 20 万元，可能是 50 万元，可能是 80 万元，也可能是 0 元）。写出更通用的形式如下：

$$f(x) = b_1, \text{或 } b_2, \cdots, \text{或 } b_n$$

等价于以下公式：

$$f(x) = \sum_{i=1}^{n} b_i y_i$$

$$\sum_{i=1}^{n} y_i = 1$$

$$y_i \in \{0,1\}, \ i = 1,2,\cdots,n$$

如果 $f(x)$ 可以取 0，则上式中 $\sum_{i=1}^{n} y_i \leqslant 1$ 。

练习题

1. 简述整数规划的三个分类。

2. 简述分支定界法的基本步骤。

3. 简述求解 0 - 1 整数规划的隐枚举法的步骤。

4. 简述匈牙利法的步骤。

5. 某集装箱卡车的最大载重为 140 吨，最大容积为 1 365 立方英尺。现有 A、B 两种货物想要托运：A 货物重量为 4 吨/件，体积为 195 立方英尺/件，托运费为 2 万元/件；B 货物重量为 40 吨，体积为 273 立方英尺/件，托运费为 3 万元/件。问卡车司机应该各托运 A、B 两种货物多少件，才能使获利最大？建立数学模型并用分支定界法求解（其中分支的线性规划可用软件求解）。

6. 用隐枚举法求解下列 0 - 1 整数规划。

（1）
$$
\begin{aligned}
\max z &= 4x_1 + 3x_2 + 5x_3 \\
\text{s. t.}\quad & 2x_1 + 3x_2 - x_3 \leqslant 3 \\
& x_1 + 3x_2 + 2x_3 \geqslant 2 \\
& x_1 + 2x_2 \leqslant 2 \\
& 3x_1 + 2x_2 + x_3 \geqslant 2 \\
& x_1, x_2, x_3 \in \{0,1\}
\end{aligned}
$$

（2）
$$
\begin{aligned}
\min z &= 5x_1 + 3x_2 + x_3 \\
\text{s. t.}\quad & 3x_1 - 2x_2 + 5x_3 \leqslant 6 \\
& 4x_1 + 4x_2 + 3x_3 \geqslant 3 \\
& 2x_1 + x_2 + x_3 \geqslant 2 \\
& x_1, x_2, x_3 \in \{0,1\}
\end{aligned}
$$

7. 某公司有 5 个工程队，现在刚好有 5 项工程任务，由于每个工程队的特长不同，其完成各项任务的成本也各不相同，每个工程队完成每项任务的成本如表 5 - 8 所示，要求确定工程队和任务之间一一对应的指派方案，使总成本最低。请用匈牙利法求解。

表 5 - 8　完成任务成本表　　单位：万元

	任务 1	任务 2	任务 3	任务 4	任务 5
工程队 1	10	5	14	5	14
工程队 2	14	14	8	11	11
工程队 3	7	12	5	12	11
工程队 4	11	9	13	11	12
工程队 5	12	7	11	6	9

8. 某公司生产 3 种产品，3 种产品都需要经过车加工、铣加工、钻加工、磨加工 4 道工序，由于工艺略有差异，3 种产品经过每道工序的时间有所不同，如表 5 - 9 所示。

此外，表中还说明了每种产品的单位利润以及 4 道工序本周期的可用总工时是多少。问该公司应如何制订本周期的生产计划使总利润最大？

表 5-9　第 8 题数据表

项目	工艺消耗时间（小时/件）				单位利润（万元/件）
	车加工	铣加工	钻加工	磨加工	
产品 1	9	5	10	6	5
产品 2	10	7	9	6	4
产品 3	5	9	6	5	3
可用工时（小时）	8 000	7 000	9 000	6 000	

9. 某制造企业可以生产甲、乙、丙 3 种产品，每种产品都需要经过 A、B 2 道工序。该企业有 3 种规格的设备可以完成工序 A，记为设备 A_1、A_2、A_3；有 4 种规格的设备可以完成工序 B，记为设备 B_1、B_2、B_3、B_4。产品甲可以在工序 A、B 的任何规格的设备上进行加工；产品乙的工序 B 只能在设备 B_1、B_2上加工；产品丙的工序 A 只能在设备 A_2上加工，工序 B 只能在设备 B_1、B_4上加工。已知各种设备加工各种产品的单件工时、设备的有效台时、每设备台时的成本、各种产品的单价以及原材料单价等信息，如表 5-10 所示。问应该如何安排生产，使总利润最大？

表 5-10　第 9 题数据表

项目		产品单件工时（小时/件）			设备有效台时（小时）	每台时成本（元/时）
		甲	乙	丙		
设备编号	A_1	8	7		6 000	4.5
	A_2	4	8	8	10 000	3
	A_3	9	5		6 000	6
	B_1	5	5	5	7 000	11
	B_2	6	9		7 000	5
	B_3	9			5 000	3.5
	B_4	8		6	8 000	4
产品单价（元/件）		150	200	280		
原材料单价（元/件）		25	35	50		

10. 某景区里的餐厅平时没多少顾客，但星期六顾客数量猛增，餐厅需要招聘临时服务人员以应对该状况。临时服务员每班的工作时间为 4 小时，星期六餐厅营业时间为 11 点到 22 点，根据顾客的就餐情况，每小时需要的临时服务员人数如表 5-11 所示。临时服务员的工资为 80 元/小时。（1）应招聘多少临时服务员以及如何安排班次，才能使得临时服务员的成本最低？（2）如果临时服务员每班的工作时间可以是 3 小时或 4 小时，这时应如何安排班次，使得临时服务员的成本最低？

表 5－11　第 10 题数据表

时间	所需临时服务员（名）	时间	所需临时服务员（名）
11：00～12：00	9	17：00～18：00	8
12：00～13：00	10	18：00～19：00	12
13：00～14：00	10	19：00～20：00	12
14：00～15：00	4	20：00～21：00	8
15：00～16：00	3	21：00～22：00	6
16：00～17：00	3		

11. 某人打算周末去徒步，他的背包最大可承受 50 千克的重量。现有 10 件装备可供选择携带，每件装备的重量依次为 7、5、12、24、15、16、14、18、19、15 千克。每件装备的重要性依次为 7、13、7、14、8、5、5、9、10、13。那么，应该如何选择才能使所拿装备的重要性最大？

12. 某公司计划在全国 20 个城市建立配送中心，由于各城市的土地价格及客户分布等因素不同，其投资额及每年的利润也不同，如表 5－12 所示，投资总额为 1 000 万元。20 个城市可分为 4 个片区，要求片区 1 至多建设 2 个配送中心；片区 2 和片区 3 至少建设 1 个配送中心；片区 4 至少建设 2 个配送中心。该公司的配送中心应该如何选址，才能使每年的总利润最大？

表 5－12　第 12 题数据表　　单位：万元

片区	片区 1					片区 2				
城市编号	1	2	3	4	5	6	7	8	9	10
投资额	146	80	81	106	135	136	111	86	82	92
利润	52	44	32	44	44	31	41	59	47	54
片区	片区 3					片区 4				
城市编号	11	12	13	14	15	16	17	18	19	20
投资额	115	150	110	84	106	116	117	107	149	77
利润	35	59	31	35	45	30	40	54	48	34

13. 某城市路网如图 5－15 所示，图中线段上的数字表示行驶时间（单位：分钟），现某公司有一急件派小张运送，需要从 V_s 送到 V_t，小张如何选择路径才能使总运送时间最短？

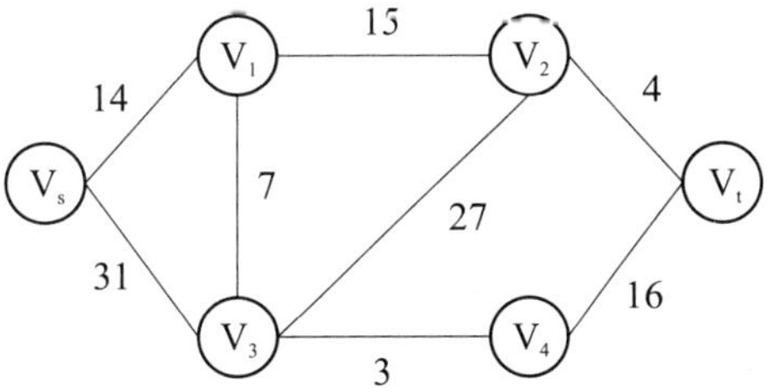

图 5－15　某城市路网示意图（单位：万辆/年）

14. 某汽车公司已经在城市 1 建设了工厂，产能为 20 万辆/年，公司现想扩大生产，拟在城市 2 ~ 城市 5 中选几个地方建厂，设计产能分别为 40、35、45、30 万辆/年，建设成本分别是 300、250、350、200 亿元。假设工厂的使用期限是 20 年。企业目前有 A、B、C、D 4 个销售中心，需求分别是 32、34、40、22 万辆。各地之间运费如表 5 - 13 所示，问应该在哪几个城市建厂，才能在满足销售需求的前提下，使每年的总成本最低。

表 5 - 13　运费表

单位：元/辆

		销售中心			
		A	B	C	D
备选点	城市 1	12	21	20	12
	城市 2	20	30	19	26
	城市 3	19	19	17	30
	城市 4	21	28	22	12
	城市 5	15	16	19	28

15. 某企业可制造 A、B、C、D 4 种产品，单位产品所需消耗原材料、劳动力、设备工时及利润如表 5 - 14 所示。可供使用的原材料有 5 000 千克，劳动力 6 000 工时，设备 7 000 工时。此外，由于 4 种产品的制造工艺不同，如果打算生产某种产品，那么不管制造数量是多少，都需要支付一笔固定的设备调试费用：A 产品为 18 万元，B 产品为 26 万元，C 产品为 21 万元，D 产品为 15 万元。请制订一个生产计划使总利润最大。

表 5 - 14　第 15 题数据表

项目	产品 A	产品 B	产品 C	产品 D
原材料（千克/件）	10	14	19	13
劳动力（工时/件）	8	11	12	7
设备（工时/件）	18	19	6	14
利润（万元/件）	6	9	8	7

16. 某公司在今后 5 年内考虑给以下 5 个项目投资，已知：

项目 1：从第 1 年到第 4 年每年年初需要投资，并于次年年末回收本利的 115%，但要求每年如果投资，则最低投资 10 万元；

项目 2：从第 1 年到第 3 年年初可投资，本利回收期为 3 年（如第 1 年投资要到第 3 年年末才能回收本利），到期回收本利的 118%；

项目 3：第 3 年年初需要投资，到第 5 年年末能回收本利的 120%，但规定最低投资额为 20 万元，最高投资额为 40 万元；

项目 4：第 2 年年初需要投资，到第 5 年年末能回收本利的 130%，但规定投资额或为20万元，或为50万元，或为80万元，或为100万元；

项目5：5年内每年年初可投资，于当年年末回收本利的105%，此项目投资额不限。

现该公司有150万元用于投资。应如何投资，才能使第五年年末拥有的资金本利最大？

17. 某货船载重400吨，最大容积为50 000立方米，其中包括一个10 000立方米的冷藏库。现有一些不同类型的货物需要运输，这些货物的单位重量、单位体积、冷藏要求都不同，如表5－15所示。如何装载才能使船上的货物总价值最大（各种货物的数量只能是整数）？

表5－15　第17题数据表

货号	单位重量（千克）	单位体积（立方米）	冷藏要求	单位价值（元）
1	7	3	需要	18
2	17	3	需要	14
3	21	1	不需要	8
4	14	2	需要	21
5	14	4	不需要	5

18. 某建筑公司3年内有6个项目可以考虑施工，每个项目的预计收益和年度费用如表5－16所示，每年用于各项目的费用之和不能超过60万元，项目一旦被选中就必须在3年内完成。该公司该如何选择，才能使3年末的总收入最大？

表5－16　第18题数据表

项目编号	费用（万元）			收入（万元）
	第1年	第2年	第3年	
1	21	10	19	100
2	6	19	23	90
3	17	5	18	80
4	20	6	12	70
5	5	24	21	110
6	22	12	12	120

19. 某公司考虑在A_1、A_2、A_3、A_4、A_5这5个地方设立仓库，仓库的使用年限为10年。这些仓库负责向B_1、B_2、B_3、B_4地区供货，每个仓库每年的处理能力为10 000件，仓库与需求点之间的运输费用单价、需求点的需求量以及各地仓库的建设成本如表5－17所示。由于政策因素，公司在选址时还需满足下列条件：（1）如果在A_1设立仓库，则必须在A_3设立仓库；（2）最多设立3个仓库；（3）A_4和A_5不能同时建设仓库。如何选址，才能满足上述条件及需求点的需求，并使每年的总费用最低？

表 5-17　第 19 题数据表

单位：元/件

		需求点				建设成本（万元）
		B_1	B_2	B_3	B_4	
备选点	A_1	5	5	11	10	45
	A_2	11	10	8	4	50
	A_3	4	6	1	6	70
	A_4	12	3	12	8	40
	A_5	6	4	8	6	60
需求量（件/年）		5 000	8 000	7 000	6 000	

第6章 目标规划

目标规划（goal programming）是求解多目标问题的一种方法，本章主要介绍目标规划的相关概念以及两种建模思路，即考虑优先权的目标规划和加权目标规划，并介绍如何利用 LINGO 软件求解目标规划模型。

6.1 目标规划问题的提出

6.1.1 引例

在前面的章节中，我们构建的数学模型都只有一个目标函数，如利润最大、成本最低、时间最短等。但在实际管理问题中，可能会碰到很多的多目标问题，如企业在制订生产计划时，通常首先考虑经济效益最大，但随着企业规模的增大，需要承担一定的社会责任，这时企业还要考虑环境污染、公众形象等社会效益；企业在进行投资时，不仅要考虑收益，还要考虑风险；企业在进行技术方案改革时，不仅要考虑效率，还要考虑成本等。从以上例子可以看出，多目标问题最大的特点是各目标之间往往是效益背反的，即通常不能使各目标同时达到最优，各目标之间是此消彼长的关系。下面通过一个例子，进一步说明目标规划的建模思路及求解方法。

例 6－1 某风投公司准备投资 3 个上市企业的股票，总投资为 9 000 万元，根据市场部门分析，3 只股票的价格、年收益和风险系数如表 6－1 所示。试求一种方案，使得一年的总投资风险尽可能不高于 100，且投资收益尽可能不低于 1 100 万元。

表 6－1 股票信息表

股票	价格（元/股）	年收益（元/年）	风险系数（每万股）
A	30	4	0.5
B	60	5	0.2
C	90	9	0.8

解：如果全部投资 A 股票，则收益为 1 200 万元，但风险为 150，高于 100。如果全部投资 B 股票，则收益为 750 万元，风险为 30；如果全部投资 C 股票，则收益为 900 万元，风险为 80。B 股票和 C 股票虽然风险达到要求，但收益没有达到预期目标。可见，把全部资金投到某一只股票的方案是不可行的。

上述问题属于目标规划问题，该问题有两个目标，一是限制风险，二是确保收益。假设限制风险目标的优先权比确保收益目标的优先权高，即必须首先满足第一个目标，再尽量满足第二个目标。

建立模型：设 x_1, x_2, x_3 分别表示该公司所购买 A、B、C 股票的数量（单位：万股）。

（1）投资总额约束：总投资额不能高于 9 000 万元，即

$$30x_1 + 60x_2 + 90x_3 \leqslant 9\ 000$$

注意，投资总额的约束是绝对约束，也称硬约束，是必须要满足的约束，如果不满足，则问题无可行解。

（2）风险约束：总风险不能超过 100，即

$$0.5x_1 + 0.2x_2 + 0.8x_3 \leqslant 100$$

但风险约束是目标约束，也称软约束，它不是要求总风险绝对不能超过 100，所以实际的总风险可能高于 100，也可能低于 100，于是引入两个变量 $d_1^+, d_1^- \geqslant 0$，其中 d_1^+ 表示总风险高于 100 的数量，d_1^- 表示总风险低于 100 的数量，于是，风险约束可写成：$0.5x_1 + 0.2x_2 + 0.8x_3 = 100 + d_1^+ - d_1^-$，一般我们习惯把决策变量写在等式左侧，常数项写在等式右侧，故转换等式得

$$0.5x_1 + 0.2x_2 + 0.8x_3 - d_1^+ + d_1^- = 100$$

d_1^+, d_1^- 这样的变量称为偏差变量（deviation variable）。偏差变量的作用是允许约束条件不被精确满足。

（3）年收益约束：同理，引入偏差变量 $d_2^+, d_2^- \geqslant 0$，分别表示年收益超过与低于 1 100 万元的数量。于是可得以下约束

$$4x_1 + 5x_2 + 9x_3 - d_2^+ + d_2^- = 1\ 100$$

（4）目标函数。本问题有两个目标，第一个目标是总风险尽可能不超过 100，换句话说就是超过的数量越少越好，即 d_1^+ 越小越好（注意，这里不能理解为低于 100 的数量越多越好，即 d_1^- 越大越好，因为这时相当于默认了总风险不能超过 100，即变为硬约束，d_1^- 相当于线性规划中的松弛变量）。同理，第二个目标是收益尽可能超过 1 100 万元，即低于 1 100 万元的数量越少越好，也就是 d_2^- 越小越好。

（5）数学模型。目标规划按照多目标处理方式的不同可分为考虑优先权的目标规划和加权目标规划。

1）优先权目标规划模型。本问题中第一个目标的优先权高于第二个目标的优先权，优先权用 $P_i(i = 1,2,\cdots,m)$ 表示，下标 i 越小，表示优先权越高。本问题限制风险目标的优先权为 P_1，确保收益目标的优先权为 P_2，建立数学模型：

$$\min P_1(d_1^+) + P_2(d_2^-)$$

$$\text{s.t.}\quad 30x_1 + 60x_2 + 90x_3 \leqslant 9\ 000$$

$$0.5x_1 + 0.2x_2 + 0.8x_3 - d_1^+ + d_1^- = 100$$

$$4x_1+5x_2+9x_3-d_2^++d_2^-=1\,100$$
$$x_1,x_2,x_3,d_1^+,d_1^-,d_2^+,d_2^-\geqslant 0$$

需要注意的是，目标函数中的 P_1 和 P_2 并不是权重，仅仅表示两个目标的优先权，模型在求解时首先考虑优先权较高的目标，在对优先权较低的目标求解时，不能改变优先权比它高的目标的最优值。关于考虑优先权的目标规划模型的具体求解思路，我们将在 6.2 节学习。

2）加权目标规划模型。加权目标规划是另一种解决多目标决策问题的方法，其基本思想是给每一个目标分配一个权重，该权重表示的是对每个目标偏离程度的惩罚（权重越大，表示决策者希望该权重对应的目标偏离得越小越好），然后建立总的目标函数，该函数表示每个目标函数与各自目标的加权偏差之和最小。设 ω_1,ω_2 分别表示限制风险目标和确保收益目标的权重，建立本问题的加权目标规划模型：

$$\min\ \omega_1 d_1^+ + \omega_2 d_2^-$$
$$\text{s. t.}\quad 30x_1+60x_2+90x_3\leqslant 9\,000$$
$$0.5x_1+0.2x_2+0.8x_3-d_1^++d_1^-=100$$
$$4x_1+5x_2+9x_3-d_2^++d_2^-=1\,100$$
$$x_1,x_2,x_3,d_1^+,d_1^-,d_2^+,d_2^-\geqslant 0$$

由上可知，加权目标规划就是通过对目标加权的方式将多目标问题转化为单目标问题，如果原模型的每个目标函数及约束条件都是线性的，那么整个问题就转化成了一个线性规划问题。直观上来看，目标函数的优先权高，就应该赋予较大的权重，但由于各目标的量纲往往不一样，如何赋予合适权重以更好地平衡各目标值得深入研究。对于管理者来说，判断各目标的重要性顺序往往比赋予其精确的权重要容易得多，故优先权目标规划比加权目标规划适用范围更广，可行性更强。

6.1.2　目标规划的相关概念

目标规划是一种用来进行多目标决策分析的数学规划方法。它是在线性规划基础上发展起来的，多用来解决线性规划所解决不了的实际问题。它的基本原理、数学模型结构与线性规划相同，也使用线性规划的单纯形法作为计算的基础。

不同之处在于，线性规划只寻求目标函数的最优值，即最大值或最小值。而目标规划，由于是多目标，其目标函数不是寻求最大值或最小值，而是寻求这些目标与预计成果的最小差距，差距越小，目标实现的可能性越大。线性规划只讨论一个线性目标函数在一组线性约束条件下的极值问题；而目标规划是多个目标决策，可求得更切合实际的解。线性规划是求最优解；目标规划是找到一个满意解。线性规划中的约束条件是同等重要的，是硬约束；而目标规划中的约束条件有轻重缓急和主次之分，即有优先权，既有硬约束又有软约束（也可以只有软约束）。

1. 目标值和偏差变量

目标规划通过引入目标值和偏差变量，可以将目标函数转化为目标约束。

（1）目标值：是指预先给定的某个目标的一个期望值，有时这个期望值需要构建理想状态下的线性规划模型求解得到。

（2）实现值或决策值：是指当决策变量选定以后，目标函数的对应值。

（3）偏差变量（事先无法确定的未知数）：是指实现值和目标值之间的差异，记为 d。

（4）正偏差变量：表示实现值超过目标值的部分，记为 d^+。

（5）负偏差变量：表示实现值未达到目标值的部分，记为 d^-。

（6）在一次决策中，实现值不可能既超过目标值又未达到目标值，故有 $d^+ \times d^- = 0$，即 d^+ 和 d^- 至少有一个为 0，并规定 $d^+ \geqslant 0$，$d^- \geqslant 0$。

（7）当超额完成规定的指标时则表示为 $d^+ \geqslant 0$，$d^- = 0$；当未完成规定的指标时则表示为 $d^+ = 0$，$d^- \geqslant 0$；当恰好完成规定的指标时则表示为 $d^+ = 0$，$d^- = 0$。

2. 软约束和硬约束

引入目标值和正、负偏差变量后，就对某一问题有了新的限制，即目标约束。目标约束既可对原目标函数起作用，也可对原约束起作用。目标约束是目标规划中特有的，是软约束。

绝对约束（系统约束）是指必须严格满足的等式或不等式约束。例如线性规划中的所有约束条件都是绝对约束，否则无可行解。所以，绝对约束是硬约束。

3. 目标规划中的目标函数

目标规划中的目标函数是一个使总偏差量最小的函数，记为 $\min z = f(d^+, d^-)$。一般说来，有以下三种情况，但只能出现其中之一：

（1）要求恰好达到规定的目标值，即正、负偏差变量要尽可能小，则 $\min z = f(d^+ + d^-)$。

（2）要求不超过目标值，即超过的程度越小越好，也就是正偏差变量尽可能小，则 $\min z = f(d^+)$。

（3）要求超过目标值，即没有超过的程度越小越好，也就是负偏差变量尽可能小，则 $\min z = f(d^-)$。

6.2 优先权目标规划

6.2.1 优先权目标规划的求解思路

优先权目标规划的求解思路是针对每一个优先权，建立一个单一目标的线性规划模型。首先建立具有最高优先权的目标的线性规划模型并求解；然后按优先权逐渐降低的顺序分别建立单一目标的线性规划模型，方法是在原来模型的基础上修改目标函数，并把原来模型求解所得的目标最优值作为一个新的约束条件加入当前模型中并求解。下面以例 6－1 的求解为例，介绍优先权目标规划的求解方法。

（1）针对优先权最高的目标建立线性规划模型：

$$\min d_1^+$$

$$\text{s.t.}\quad \begin{aligned} &30x_1 + 60x_2 + 90x_3 \leqslant 9\,000 \\ &0.5x_1 + 0.2x_2 + 0.8x_3 - d_1^+ + d_1^- = 100 \\ &4x_1 + 5x_2 + 9x_3 - d_2^+ + d_2^- = 1\,100 \\ &x_1, x_2, x_3, d_1^+, d_1^-, d_2^+, d_2^- \geqslant 0 \end{aligned}$$

求解该线性规划模型，可得目标函数 $d_1^+ = 0$ 。

（2）针对优先权次高的目标建立线性规划模型，并将上一步的目标函数得到的最优值作为新增约束条件：

$$\min d_2^-$$

$$\text{s.t.}\quad \begin{aligned} &30x_1 + 60x_2 + 90x_3 \leqslant 9\,000 \\ &0.5x_1 + 0.2x_2 + 0.8x_3 - d_1^+ + d_1^- = 100 \\ &4x_1 + 5x_2 + 9x_3 - d_2^+ + d_2^- = 1\,100 \\ &d_1^+ = 0 \\ &x_1, x_2, x_3, d_1^+, d_1^-, d_2^+, d_2^- \geqslant 0 \end{aligned}$$

求解该线性规划，求得最优解为 $x_1 = 175, x_2 = 62.5, x_3 = 0$ ，最优值 $d_2^- = 87.5$ ，结合第一个模型的最优值为 $d_1^+ = 0$ ，可知第一个目标可以达到，风险没有超过 100，但第二个目标没有达到，离目标收益 1 100 万元差了 87.5 万元。

优先权目标规划的 LINGO 软件求解有两种方法，一是按照以上思路，依次求解单个线性规划，再将上一步的目标函数最优值作为新增约束条件添加到下一个线性规划并求解，如此往复，直到求解完最后一个目标，请读者自行尝试这种方法。二是借助 LINGO 软件中的子模型段（submodel）和计算段（calc），一次性写出优先权目标规划的模型，程序如下（关于子模型段和计算段的内容请参见第 9 章）：

```
model:
!在子模型中定义风险目标函数;
submodel obj_risk:
min = dp1;
endsubmodel

!在子模型中定义收益目标函数;
submodel obj_profit:
min = dm2;
endsubmodel

!在子模型中定义约束条件;
submodel constraints:
30 * x1 + 60 * x2 + 90 * x3 < 9000;
0.5 * x1 + 0.2 * x2 + 0.8 * x3 - dp1 + dm1 = 100;
```

```
4 * x1 + 5 * x2 + 9 * x3 - dp2 + dm2 = 1100;
endsubmodel

!计算段;
calc:
!求解子模型一;
@ solve(obj_ risk,constraints);
!将子模型一的目标函数取值传递给子模型二;
dp1 = dp1;
!求解子模型二;
@ solve(obj_ profit,constraints);
endcalc
end
```

在上述程序中，我们在子模型段中分别定义了目标函数 1、目标函数 2 以及模型的约束条件，这样分开定义的好处是不用重复编写代码，后面求解时可直接用子模型名称代替代码。在计算段依次求解模型时，必须将上一个模型的目标函数值传递给下一个模型，因为 LINGO 软件的@ solve 函数会默认给所有变量重新赋值。程序中 DP 表示 d^+，P 表示加号 "plus"，DM 表示 d^-，M 表示减号 "minus"，当然读者也可用其他符号表示这些偏差变量。求解结果如图 6-1 所示，可见结果与单个线性规划依次求解的结果一致。

```
Global optimal solution found.
Objective value:                              87.50000
Infeasibilities:                              0.000000
Total solver iterations:                             5


                  Variable           Value        Reduced Cost
                       DP1        0.000000            1.000000
                       DM2        87.50000            0.000000
                        X1        175.0000            0.000000
                        X2        62.50000            0.000000
                        X3        0.000000           0.3750000
                       DM1        0.000000            3.750000
                       DP2        0.000000            1.000000
```

图 6-1　例 6-1 的 LINGO 求解结果

6.2.2　优先权目标规划的应用举例

例 6-2　某汽车制造企业生产 A、B、C 3 款汽车，3 款汽车都要经过冲压、焊装、涂装、总装 4 道工艺流程，由于工艺略有差异，3 款汽车经过每道工序的时间有所不同，如表 6-2 所示。此外，表中还说明了每款汽车的单位利润以及 4 道工序的可用总工时经生产部门及市场部门研究，决定在制订生产计划时依次考虑以下 3 个目标，并规定其相应的优先级：

P_1：汽车 C 已有 350 辆的订单，因此至少生产 350 辆；

P_2：总装车间尽量满负荷运行；

P_3：力求利润超过 39 000 万元。

试求满意的生产计划方案。

表 6－2　例 6－2 数据表

项目	工艺消耗时间（小时/辆）				利润（万元/辆）
	冲压	焊装	涂装	总装	
汽车 A	5	6	3	2	15
汽车 B	10	4	2	3	13
汽车 C	7	6	2	1	14
可用工时（小时）	18 000	15 000	10 000	5 000	

解：根据题意，设生产汽车 A、B、C 的数量分别为 x_1, x_2, x_3 辆，建立如下模型：

$$\min P_1(d_1^-) + P_2(d_2^+ + d_2^-) + P_3(d_3^-)$$

$$\text{s. t.}\quad 5x_1 + 10x_2 + 7x_3 \leqslant 18\,000 \qquad (1)$$

$$6x_1 + 4x_2 + 6x_3 \leqslant 15\,000 \qquad (2)$$

$$3x_1 + 2x_2 + 2x_3 \leqslant 10\,000 \qquad (3)$$

$$x_3 - d_1^+ + d_1^- = 350 \qquad (4)$$

$$2x_1 + 3x_2 + x_3 - d_2^+ + d_2^- = 5\,000 \qquad (5)$$

$$15x_1 + 13x_2 + 14x_3 - d_3^+ + d_3^- = 39\,000 \qquad (6)$$

$$x_1, x_2, x_3 \geqslant 0 \text{ 且为整数}$$

$$d_1^+, d_1^-, d_2^+, d_2^-, d_3^+, d_3^- \geqslant 0$$

其中，约束条件（1）~（3）分别表示冲压、焊装、涂装的可用工时约束，是硬约束。约束条件（4）~（6）是根据题意写出的目标约束。目标函数中，第一个目标是至少生产 350 辆汽车 C，即少于 350 的数量越小越好，即 $\min d_1^-$；第二个目标是总装车间尽量满负荷运行，即要求恰好达到规定的目标值，换句话说要求正、负偏差变量要尽可能小，即 $\min(d_2^+ + d_2^-)$；第三个目标是力求利润超过 39 000 万元，即没超过的数量越小越好，即 $\min d_3^-$。

（1）求解目标函数优先权为 P_1 的线性规划模型：

$$\min d_1^-$$

$$\text{s. t.}\quad 5x_1 + 10x_2 + 7x_3 \leqslant 18\,000 \qquad (1)$$

$$6x_1 + 4x_2 + 6x_3 \leqslant 15\,000 \qquad (2)$$

$$3x_1 + 2x_2 + 2x_3 \leqslant 10\,000 \qquad (3)$$

$$x_3 - d_1^+ + d_1^- = 350 \qquad (4)$$

$$2x_1 + 3x_2 + x_3 - d_2^+ + d_2^- = 5\,000 \qquad (5)$$

$$15x_1 + 13x_2 + 14x_3 - d_3^+ + d_3^- = 39\,000 \qquad (6)$$

$$x_1, x_2, x_3 \geqslant 0 \text{ 且为整数}$$

$$d_1^+, d_1^-, d_2^+, d_2^-, d_3^+, d_3^- \geqslant 0$$

求解得到最优解为 $x_1=0, x_2=0, x_3=350, d_2^-=4\ 650, d_3^-=34\ 100$。最优值为 $d_1^-=0$，并将其作为约束条件代入下一个线性规划模型。

（2）求解目标函数优先权为 P_2 的线性规划模型：

$$\min\ d_2^+ + d_2^-$$

$$\text{s. t.}\quad \begin{cases} 5x_1+10x_2+7x_3 \leqslant 18\ 000 & (1)\\ 6x_1+4x_2+6x_3 \leqslant 15\ 000 & (2)\\ 3x_1+2x_2+2x_3 \leqslant 10\ 000 & (3)\\ x_3-d_1^++d_1^-=350 & (4)\\ 2x_1+3x_2+x_3-d_2^++d_2^-=5\ 000 & (5)\\ 15x_1+13x_2+14x_3-d_3^++d_3^-=39\ 000 & (6)\\ d_1^-=0 & (7)\\ x_1,x_2,x_3 \geqslant 0 \text{ 且为整数} & \\ d_1^+,d_1^-,d_2^+,d_2^-,d_3^+,d_3^- \geqslant 0 & \end{cases}$$

求解得到最优解为 $x_1=0, x_2=1\ 550, x_3=350, d_3^-=13\ 950$。最优值为 $d_2^++d_2^-=0$，并将其作为约束条件代入下一个线性规划模型。

$$\min\ d_3^-$$

$$\text{s. t.}\quad \begin{cases} 5x_1+10x_2+7x_3 \leqslant 18\ 000 & (1)\\ 6x_1+4x_2+6x_3 \leqslant 15\ 000 & (2)\\ 3x_1+2x_2+2x_3 \leqslant 10\ 000 & (3)\\ x_3-d_1^++d_1^-=350 & (4)\\ 2x_1+3x_2+x_3-d_2^++d_2^-=5\ 000 & (5)\\ 15x_1+13x_2+14x_3-d_3^++d_3^-=39\ 000 & (6)\\ d_1^-=0 & (7)\\ d_2^++d_2^-=0 & (8)\\ x_1,x_2,x_3 \geqslant 0 \text{ 且为整数} & \\ d_1^+,d_1^-,d_2^+,d_2^-,d_3^+,d_3^- \geqslant 0 & \end{cases}$$

求解得到最优解为 $x_1=1\ 219, x_2=549, x_3=915, d_1^+=565$。最优值为 $d_3^-=768$，说明第三个目标没有达到，离期望利润 39 000 万元差 768 万元。第一、二个目标都得到了满足。

模型的 LINGO 程序如下：

```
model:
submodel obj1:
min=dm1;
endsubmodel

submodel obj2:
```

```
min = dm2 + dp2;
endsubmodel

submodel obj3:
min = dm3;
endsubmodel

submodel constraints:
5 * x1 + 10 * x2 + 7 * x3 < 18000;
6 * x1 + 4 * x2 + 6 * x3 < 15000;
3 * x1 + 2 * x2 + 2 * x3 < 10000;
x3 - dp1 + dm1 = 350;
2 * x1 + 3 * x2 + x3 - dp2 + dm2 = 5000;
15 * x1 + 13 * x2 + 14 * x3 - dp3 + dm3 = 39000;
@ gin(x1);@ gin(x2);@ gin(x3);
endsubmodel

calc:
@ solve(obj1,constraints);
dm1 = dm1;
@ solve(obj2,constraints);
dm1 = dm1;dm2 = dm2;dp2 = dp2;
@ solve(obj3,constraints);
endcalc
end
```

求解结果与上述单个线性规划依次求解的结果一致，这里不再赘述。

例 6-3 某化肥企业在武汉、长沙、东莞、深圳和长春这 5 个地方设有工厂，5 个工厂的产量分别是 200、210、250、240、180 万吨/年。企业目前有华北、华中、华东和华南 4 个销售中心，今年的需求分别是 260、270、300、310 万吨。各地之间的运费如表 6-3 所示。经物流部门研究，决定在制订运输计划时依次考虑以下 5 个目标，并规定其相应的优先级：

P_1：华东销售中心的需求必须全部满足；

P_2：东莞向华中销售中心的供应量不少于 50 万吨；

P_3：因路段原因，应尽量避免安排长沙的化肥运往华北销售中心；

P_4：华北、华中、华南销售中心的实际接收量不少于其需求量的 90%；

P_5：力求总运费不超过 8 000 万元。

试求满意的运输计划方案。

表 6-3 运费表 单位：元/吨

	华北	华中	华东	华南
武汉	14	2.6	12	15
长沙	13	2.5	11	16
东莞	24.5	14	16	2
深圳	23	15	15.5	2.2
长春	12	16	17	28

解：设决策变量 x_{ij} 表示工厂 i 到销售中心 j 的运输量，建立数学模型如下：

$$\min P_1(d_3^-) + P_2(d_5^-) + P_3(d_6^+) + P_4(d_1^- + d_2^- + d_4^-) + P_5(d_7^+)$$

$$\text{s.t.} \quad x_{11} + x_{12} + x_{13} + x_{14} = 200 \quad (1)$$

$$x_{21} + x_{22} + x_{23} + x_{24} = 210 \quad (2)$$

$$x_{31} + x_{32} + x_{33} + x_{34} = 250 \quad (3)$$

$$x_{41} + x_{42} + x_{43} + x_{44} = 240 \quad (4)$$

$$x_{51} + x_{52} + x_{53} + x_{54} = 180 \quad (5)$$

$$x_{11} + x_{21} + x_{31} + x_{41} + x_{51} - d_1^+ + d_1^- = 260 \times 0.9 \quad (6)$$

$$x_{12} + x_{22} + x_{32} + x_{42} + x_{52} - d_2^+ + d_2^- = 270 \times 0.9 \quad (7)$$

$$x_{13} + x_{23} + x_{33} + x_{43} + x_{53} - d_3^+ + d_3^- = 300 \quad (8)$$

$$x_{14} + x_{24} + x_{34} + x_{44} + x_{54} - d_4^+ + d_4^- = 310 \times 0.9 \quad (9)$$

$$x_{32} - d_5^+ + d_5^- = 50 \quad (10)$$

$$x_{21} - d_6^+ + d_6^- = 0 \quad (11)$$

$$\begin{aligned} &14x_{11} + 2.6x_{12} + 12x_{13} + 15x_{14} \\ &+ 13x_{21} + 2.5x_{22} + 11x_{23} + 16x_{24} \\ &+ 24.5x_{31} + 14x_{32} + 16x_{33} + 2x_{34} \\ &+ 23x_{41} + 15x_{42} + 15.5x_{43} + 2.2x_{44} \\ &+ 12x_{51} + 16x_{52} + 17x_{53} + 28x_{54} - d_7^+ + d_7^- = 8\,000 \quad (12) \end{aligned}$$

$$x_{ij} \geqslant 0,\ i = 1,2,\cdots,5;\ j = 1,2,\cdots,4$$

$$d_k^+, d_k^- \geqslant 0,\ k = 1,2,\cdots,7$$

约束条件（1）~（5）表示工厂的产量约束，由于这是一个供小于求的运输问题，可知工厂的产品将全部运到销售中心，所以公式取等号。约束条件（6）~（12）表示目标约束，其中式（8）是目标 1 的约束，式（10）是目标 2 的约束，式（11）是目标 3 的约束，式（6）、（7）、（9）是目标 4 的约束，式（12）是目标 5 的约束。

依次以目标函数优先权的高低求解单一的线性规划模型，直到求解完最后一个目标，具体过程不再赘述。

该模型的 LINGO 程序如下：

```
model:
submodel obj1:
min = dm3;
endsubmodel
```

```
submodel obj2:
min = dm5;
endsubmodel

submodel obj3:
min = dp6;
endsubmodel

submodel obj4:
min = dm1 + dm2 + dm4;
endsubmodel

submodel obj5:
min = dp7;
endsubmodel

submodel constraints:
x11 + x12 + x13 + x14 = 200;
x21 + x22 + x23 + x24 = 210;
x31 + x32 + x33 + x34 = 250;
x41 + x42 + x43 + x44 = 240;
x51 + x52 + x53 + x54 = 180;
x11 + x21 + x31 + x41 + x51 - dp1 + dm1 = 260 * 0.9;
x12 + x22 + x32 + x42 + x52 - dp2 + dm2 = 270 * 0.9;
x13 + x23 + x33 + x43 + x53 - dp3 + dm3 = 300;
x14 + x24 + x34 + x44 + x54 - dp4 + dm4 = 310 * 0.9;
x32 - dp5 + dm5 = 50;
x21 - dp6 + dm6 = 0;
14 * x11 + 2.6 * x12 + 12 * x13 + 15 * x14
 + 13 * x21 + 2.5 * x22 + 11 * x23 + 16 * x24
 + 24.5 * x31 + 14 * x32 + 16 * x33 + 2 * x34
 + 23 * x41 + 15 * x42 + 15.5 * x43 + 2.2 * x44
 + 12 * x51 + 16 * x52 + 17 * x53 + 28 * x54 - dp7 + dm7 = 8000;
endsubmodel

calc:
@ solve(obj1,constraints);
dm3 = dm3;
```

```
@ solve(obj2,constraints);
dm3 = dm3;dm5 = dm5;
@ solve(obj3,constraints);
dm3 = dm3;dm5 = dm5;dp6 = dp6;
@ solve(obj4,constraints);
dm3 = dm3;dm5 = dm5;dp6 = dp6;
dm1 = dm1;dm2 = dm2;dm4 = dm4;
@ solve(obj5,constraints);
endcalc
end
```

求解结果如图 6－2 所示（只显示了非零解），可见第 5 个目标没有达到，总费用比目标费用 8 000 万元超了 656.2 万元，但其他目标都达到了要求。最优运输方案如表 6－4 所示，可以进一步检验该运输方案确实满足目标 1～4。

```
Global optimal solution found.
Objective value:                              656.2000
Infeasibilities:                              0.000000
Total solver iterations:                            16


                    Variable           Value        Reduced Cost
                         DP7        656.2000            0.000000
                         X11        54.00000            0.000000
                         X12        146.0000            0.000000
                         X22        47.00000            0.000000
                         X23        163.0000            0.000000
                         X32        50.00000            0.000000
                         X34        200.0000            0.000000
                         X43        137.0000            0.000000
                         X44        103.0000            0.000000
                         X51        180.0000            0.000000
                         DP4        24.00000            0.000000
```

图 6－2　例 6－3 的 LINGO 求解结果

表 6－4　最优运输方案　　单位：万吨

	华北	华中	华东	华南
武汉	54	146	0	0
长沙	0	47	163	0
东莞	0	50	0	200
深圳	0	0	137	103
长春	180	0	0	0

6.3　加权目标规划

加权目标规划是解决多目标问题的方法之一，简而言之，该方法的基本思想就是通过给各目标函数加权将多目标问题转化为单目标问题，进而简化建模和计算过程。下面以例 6－2 为例，介绍加权目标规划的原理。

假设例 6－2 中，各目标的权重分别为 $\omega_1,\omega_2,\omega_3$，则可建立如下模型：

$$\min\ \omega_1 d_1^- + \omega_2(d_2^+ + d_2^-) + \omega_3 d_3^-$$

$$\text{s.t.}\quad 5x_1 + 10x_2 + 7x_3 \leqslant 18\,000 \qquad (1)$$

$$6x_1 + 4x_2 + 6x_3 \leqslant 15\,000 \qquad (2)$$

$$3x_1 + 2x_2 + 2x_3 \leqslant 10\,000 \qquad (3)$$

$$x_3 - d_1^+ + d_1^- = 350 \qquad (4)$$

$$2x_1 + 3x_2 + x_3 - d_2^+ + d_2^- = 5\,000 \qquad (5)$$

$$15x_1 + 13x_2 + 14x_3 - d_3^+ + d_3^- = 39\,000 \qquad (6)$$

$$x_1,x_2,x_3 \geqslant 0 \text{ 且为整数}$$

$$d_1^+,d_1^-,d_2^+,d_2^-,d_3^+,d_3^- \geqslant 0$$

假设决策者赋予 3 个目标的权重为 $\omega_1 = \omega_2 = \omega_3 = 1$。求解该线性规划模型，得到 $x_1 = 1\,539, x_2 = 669, x_3 = 515, d_1^- = 0, d_2^- = 0, d_2^+ = 600, d_3^- = 8$，可知第二个目标没有达到，总装车间超过目标 600 工时，属于超负荷运转，第三个目标也没有达到，离目标利润还差 8 万元。

如果决策者不想让车间超负荷运转，则需加大第二个目标偏离时的惩罚力度，即加大第二个目标的权重。假设决策者赋予 3 个目标的权重为 $\omega_1 = 1, \omega_2 = 2, \omega_3 = 1$。求解该线性规划模型，得到 $x_1 = 1\,219, x_2 = 549, x_3 = 915, d_1^- = 0, d_2^- = 0, d_2^+ = 0, d_3^- = 768$。这时结果与考虑优先权目标规划的结果一致。

需要注意的是，使用加权目标规划求解问题时，主要关心最优解是否满足决策者的要求，这时该线性规划的最优值没有任何实际意义。

理论上来说，优先权目标规划可转化为加权目标规划，只要保证 $\omega_1 \gg \omega_2 \gg \cdots \gg \omega_m$，其中 ω_i 表示优先权为 i 的目标函数的权重，符号“$\gg$”表示“远大于”。

读者可自行尝试用加权目标规划方法求解例 6－3。

练习题

1. 假设你有 1 万元闲钱打算用来购买基金，目前看上两种基金，其价格、收益以及风险系数如表 6－5 所示。试求一种投资方案，尽量满足以下两个目标：

P_1：总风险不高于 350；

P_2：总收益不低于 1 250 元。

表 6－5　基金相关信息

基金	价格（元）	收益（元/年）	风险系数（每万股）
A	25	4	0.7
B	45	5	0.4

2. 某混凝土公司可生产甲、乙两种混凝土产品，其车间的生产能力为 25 吨/小时，每天工作 8 小时，现有两个施工现场每天分别需要甲产品 120 吨，乙产品 100 吨。甲产

品水泥和沙的配比是4∶6，利润是 150 元/吨；乙产品水泥和沙的配比是5∶5，利润是 100 元/吨。该公司每天可供使用的水泥为 155 吨、沙为 145 吨。该公司管理部门提出以下几个目标：

P_1：保持车间满负荷运行；

P_2：每天加班不超过 3 小时；

P_3：产量尽量满足两个工地的需求；

P_4：力争实现利润 3 万元/天。

问该公司每天应生产甲、乙两种产品各多少吨？试建立目标规划模型并求解。

3. 某集装箱卡车的最大载重为140 吨，最大容积为1 365 立方英尺。现有 A、B 两种货物想要托运：A 货物重量为4 吨/件，体积为 19 立方英尺/件，托运费为 2 万元/件；B 货物重量为 8 吨/件，体积为 27 立方英尺/件，托运费为 3 万元/件。现有以下目标：

P_1：货物 A 的最大重量不超过 80 吨；

P_2：力争托运费最高。

问卡车司机应该各托运 A、B 两种货物多少件？试建立目标规划模型并求解。

4. 某公司生产 3 种产品，3 种产品都需要经过车加工、铣加工、钻加工、磨加工 4 道工序，由于工艺略有差异，3 种产品经过每道工序的时间有所不同，如表 6-6 所示，此外，表中还说明了每种产品的单位利润以及 4 道工序的可用总工时是多少。经生产部门及市场部门研究，决定在制订生产计划时依次考虑以下 3 个目标，并规定其相应的优先级：

P_1：产品 3 已有 200 件的订单，因此至少生产 200 件；

P_2：磨加工车间尽量满负荷运行；

P_3：力求利润最大。

试求满意的生产计划方案。

表 6-6　第 4 题数据表

项目	工艺消耗时间（件/小时）				单位利润（件/万元）
	车加工	铣加工	钻加工	磨加工	
产品 1	9	5	10	6	5
产品 2	10	7	9	6	4
产品 3	5	9	6	5	3
可用工时（小时）	8 000	7 000	9 000	6 000	

5. 某制造企业可以生产甲、乙、丙 3 种产品，每种产品都需要经过 A、B 2 道工序。该企业有 3 种规格的设备可以完成工序 A，记为设备 A_1、A_2、A_3；有 4 种规格的设备可以完成工序 B，记为设备 B_1、B_2、B_3、B_4。产品甲可以在工序 A、B 的任何规格的设备上进行加工；产品乙的工序 B 只能在设备 B_1、B_2上加工；产品丙的工序 A 只能在设备 A_2上加工，工序 B 只能在设备 B_1、B_4上加工。已知各种设备加工各种产品的单件工时、设备的有效台时、每设备台时的成本、各种产品的单价以及原材料单价等信息，如表 6-7 所示。经公司研究，制定了以下目标：

P_1：尽量保持设备 A_1、A_2、A_3满负荷运行；

P_2：乙产品、丙产品产量的比例尽量为 1∶1；

P_3：甲产品的产量尽量不少于 200 件；

P_4：力争利润最大。

问应该如何安排生产，使总利润最大？

表 6-7　第 5 题数据表

项目		产品单件工时（小时/件）			设备有效台时（小时）	每台时成本（元/小时）
		甲	乙	丙		
设备编号	A_1	8	7		6 000	4.5
	A_2	4	8	8	10 000	3
	A_3	9	5		6 000	6
	B_1	5	5	5	7 000	11
	B_2	6	9		7 000	5
	B_3	9			5 000	3.5
	B_4	8		6	8 000	4
产品单价（元/件）		150	200	280		
原材料单价（元/件）		25	35	50		

6. 某公司计划在全国 20 个城市建立配送中心，由于各城市的土地价格及客户分布等因素，其投资额及每年的利润都不同，如表 6-8 所示，投资总额为 1 000 万元。经公司研究，制定了以下目标：

P_1：片区 1 的投资额不少于 200 万元；

P_2：片区 2 的投资额不超过 300 万元；

P_3：片区 4 的投资额尽量在 300 万元左右；

P_4：力争利润最大。

问该公司的配送中心应该如何选址？

表 6-8　第 6 题数据表　　单位：万元

片区	片区 1					片区 2				
城市编号	1	2	3	4	5	6	7	8	9	10
投资额	146	80	81	106	135	136	111	86	82	92
利润	52	44	32	44	44	31	41	59	47	54
片区	片区 3					片区 4				
城市编号	11	12	13	14	15	16	17	18	19	20
投资额	115	150	110	84	106	116	117	107	149	77
利润	35	59	31	35	45	30	40	54	48	34

7. 某汽车公司已经在 5 个城市建设了工厂，产能分别为 20、40、35、45、30 万辆/年。

企业目前有 A、B、C、D 4 个销售中心，需求分别是 62、54、40、42 万辆。各地之间的运费如表 6-9 所示。经物流部门研究，决定在制订运输计划时依次考虑以下 5 个目标，并规定其相应的优先级：

P_1：尽量满足 A、B 销售中心的需求；

P_2：尽量满足 C、D 销售中心的需求；

P_3：因路段原因，应尽量避免城市 3 的车辆运往 C 销售中心；

P_4：力求总运费最低。

试求满意的运输计划方案。

表 6-9　运费表　　单位：元/辆

		销售中心			
		A	B	C	D
工厂	城市 1	12	21	20	12
	城市 2	20	30	19	26
	城市 3	19	19	17	30
	城市 4	21	28	22	12
	城市 5	15	16	19	28

8. 某企业可制造 A、B、C、D 4 种产品，单位产品所需原材料、劳动力、设备工时及利润如表 6-10 所示。可供使用的原材料有 5 000 千克，劳动力 6 000 工时，设备 7 000 工时。经公司研究，制定了以下目标：

P_1：充分利用设备工时；

P_2：产品 A 和产品 C 的比例尽量保持在 0.75 : 1；

P_3：产品 B 的产量尽量多于 100 件；

P_4：力争利润最大。

问该公司应该如何制订生产计划?

表 6-10　第 8 题数据表

项目	产品 A	产品 B	产品 C	产品 D
原材料（千克/件）	10	14	19	13
劳动力（工时/件）	8	11	12	7
设备（工时/件）	18	19	6	14
利润（万元/件）	6	9	8	7

9. 某公司在今后 5 年内考虑给以下 5 个项目投资，已知：

项目 1：从第 1 年到第 4 年每年年初可以投资，并于次年年末回收本利的 115%。

项目 2：从第 1 年到第 3 年年初可投资，本利回收期为 3 年（如第 1 年投资要到第 3 年年末才能回收本利），到期回收本利的 118%；

项目 3：第 3 年年初需要投资，到第 5 年年末能回收本利的 120%；

项目4：第2年年初需要投资，到第5年年末能回收本利的130%；

项目5：5年内每年年初可投资，于当年年末回收本利的105%。

现该公司有150万元用于投资，但投资时有以下一些目标需要考虑，并规定其相应的优先级：

P_1：项目1的总投资不少于40万元；

P_2：项目2的总投资不超过20万元；

P_3：项目3的总投资不超过40万元；

P_4：项目4的总投资不超过100万元；

P_5：力争第五年年末拥有的资金本利超过220万元。

问应如何投资？

10. 某建筑公司3年内有6个项目可以考虑施工，每个项目的预计收益和年度费用如表6－11所示，项目一旦被选中就必须在3年内完成。

该公司有以下几个目标需要考虑，并规定其相应的优先级：

P_1：第1年各项目的费用之和不能超过60万元；

P_2：第2年各项目的费用之和不能超过55万元；

P_3：第3年各项目的费用之和不能超过65万元；

P_4：3年末的总收入达到300万元。

问该公司该如何选择项目？

表6－11　第10题数据表　　单位：万元

项目编号	费用			收入
	第1年	第2年	第3年	
1	21	10	19	100
2	6	19	23	90
3	17	5	18	80
4	20	6	12	70
5	5	24	21	110
6	22	12	12	120

11. 某饲料公司有3种产品，每种产品都是由原材料混合而成，原材料A、B、C的日供应量分别为1 500、2 000和1 000千克，成本分别为6、4.5和3元/千克。其混合要求如下：生产产品甲时所需原材料A多于50%、原材料C少于10%；生产产品乙时所需原材料A多于20%、原材料C少于70%；生产产品丙时所需原材料A多于10%、原材料C少于50%。产品甲、乙、丙的售价分别为5.5、5、4.8元/千克。现公司规定：首先必须严格按规定比例生产产品，其次力争利润最大，最后要求每天至少生产产品甲2 000千克。试用目标规划求解该问题。

12. 某企业的岗位有3个等级，每个等级的编制人数有限制，且规定职工只能一级一级晋升，不能跨级晋升，等级C人数不足编制的可录用新员工。每个等级的年工资、现有人数及编制规定人数如表6－12所示。人力资源部在考虑明年的职工晋升方案，已知明年等级 A 和等级 B 的职工分别有 2 人和 3 人退休。公司领导要求尽量满足以下目标：

P_1：年工资总额不超过 6 000 万元；

P_2：每个岗位等级人数不超过规定的人数；

P_3：等级 B 和等级 C 的晋升人数尽可能达到上一年现有人数的 20% 。

试拟定一个满意的职工晋升方案，确定每一级的晋升人数或招聘人数。

表 6-12　第 12 题数据表

岗位等级	年工资（万元）	现有人数	编制规定人数
A	80	10	12
B	50	25	28
C	30	100	120

13. 某公司生产并销售 3 种产品 A、B、C，3 种产品用的同一条装配线，3 种产品的装配时间分别是 30 小时/台、40 小时/台和 50 小时/台，装配线每个月能运行 600 小时。A、B、C 3 种产品的利润分别是 3.2 万元、3.25 万元和 4 万元，下个月的销售计划为 A 产品 8 台、B 产品 6 台、C 产品 4 台，该公司的决策者制定了以下目标，并规定优先级：

P_1：争取下一个月的利润达到 49 万元；

P_2：充分利用装配线，尽量不要空闲；

P_3：如果要加班，加班总时间不超过 30 小时；

P_4：尽量完成销售任务。

问应如何安排生产计划？

14. 假设第 5 题 4 个目标的权重分别为 $\omega_1 = 10, \omega_2 = 7, \omega_3 = 2, \omega_4 = 8$，试用加权目标规划求解第 5 题，并分析各目标是否达成。

15. 假设第 7 题 4 个目标的权重分别为 $\omega_1 = 12, \omega_2 = 11, \omega_3 = 7, \omega_4 = 2$，试用加权目标规划求解第 7 题，并分析各目标是否达成。

16. 假设第 10 题 4 个目标的权重分别为 $\omega_1 = 5, \omega_2 = 8, \omega_3 = 4, \omega_4 = 7$，试用加权目标规划求解第 10 题，并分析各目标是否达成。

17. 假设第 13 题 4 个目标的权重分别为 $\omega_1 = 1, \omega_2 = 4, \omega_3 = 9, \omega_4 = 1$，试用加权目标规划求解第 13 题，并分析各目标是否达成。

第7章 动态规划

动态规划（dynamic programming）是解决多阶段决策问题的一种方法，基本原理是把多阶段决策问题变换为一系列相互联系的单阶段问题，逐个解决这一系列简单的单阶段问题，进而解决复杂的多阶段问题。在多阶段决策中，各阶段的决策一般与时间有关，下一阶段的状态取决于当前阶段的状态和所做的决策，一个决策序列就在变化的状态中产生出来，故有“动态”的含义。因此，处理这类多阶段决策问题的方法称为动态规划，而一般的线性规划所研究的问题通常与时间无关，故又称为静态规划。需要指出的是，动态规划是求解多阶段决策问题的一种方法，是考查问题的一种数学思维，而不是某种具体的算法（如线性规划的单纯形法）。因此，动态规划没有一个统一的标准模型可供应用，必须具体问题具体分析。

7.1 动态规划的基本概念和基本方程

7.1.1 多阶段决策实例

例7-1 某管道公司计划铺设A市到E市的天然气管道，管道要经过B、C、D三个城市进行加压处理，其中B市有4个备选点，C市有3个备选点，D市有2个备选点。从起点A到终点E之间各点的距离（单位：公里）如图7-1所示。假设每个城市只选一个点作为加压处理站，求经过3个城市从A到E距离最短的路径。

以上求从A到E的最短路问题，可以转化为4个性质完全相同，但规模较小的子问题，即分别从D_i、C_i、B_i、A到E的最短路问题。

为了解决这一问题，首先定义一下“阶段”。定义第1阶段是以A为起点，以B_i为终点的阶段；第2阶段是以B_i为起点，以C_i为终点的阶段；第3阶段是以C_i为起点，以D_i为终点的阶段；第4阶段是以D_i为起点，以E为终点的阶段。假设用$f_k(s_k)$表示第k阶段点s_k到终点E的最短距离。

则第4阶段，始点D_1、D_2到终点E只有一条路径，因此$f_4(D_1)=10$，$f_4(D_2)=6$。

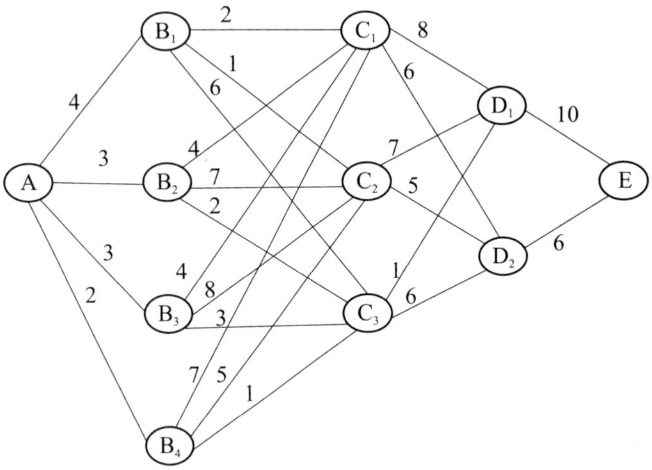

图 7-1　例 7-1 网络示意图

第 3 阶段，始点有 C_1、C_2、C_3 3 个，如果从 C_1 出发，下一步有两个选择，D_1 或 D_2，则有

$$f_3(C_1)=\min\begin{Bmatrix}d_3(C_1,D_1)+f_4(D_1)\\ d_3(C_1,D_2)+f_4(D_2)\end{Bmatrix}=\min\begin{Bmatrix}8+10\\ \underline{6+6}\end{Bmatrix}=12$$

这说明 C_1 到终点 E 的最短距离为 12，其最短路径为 $C_1 \to D_2 \to E$。

同理，如果从 C_2 出发，则有

$$f_3(C_2)=\min\begin{Bmatrix}d_3(C_2,D_1)+f_4(D_1)\\ d_3(C_2,D_2)+f_4(D_2)\end{Bmatrix}=\min\begin{Bmatrix}7+10\\ \underline{5+6}\end{Bmatrix}=11$$

C_2 到终点 E 的最短距离为 11，其最短路径为 $C_2 \to D_2 \to E$。

同理，如果从 C_3 出发，则有

$$f_3(C_3)=\min\begin{Bmatrix}d_3(C_3,D_1)+f_4(D_1)\\ d_3(C_3,D_2)+f_4(D_2)\end{Bmatrix}=\min\begin{Bmatrix}\underline{1+10}\\ 6+6\end{Bmatrix}=11$$

C_3 到终点 E 的最短距离为 11，其最短路径为 $C_3 \to D_1 \to E$。

第 2 阶段，始点有 B_1、B_2、B_3、B_4 4 个，终点有 C_1、C_2、C_3 3 个，计算可得

$$f_2(B_1)=\min\begin{Bmatrix}d_2(B_1,C_1)+f_3(C_1)\\ d_2(B_1,C_2)+f_3(C_2)\\ d_2(B_1,C_3)+f_3(C_3)\end{Bmatrix}=\min\begin{Bmatrix}2+12\\ \underline{1+11}\\ 6+11\end{Bmatrix}=12$$

$$f_2(B_2)=\min\begin{Bmatrix}d_2(B_2,C_1)+f_3(C_1)\\ d_2(B_2,C_2)+f_3(C_2)\\ d_2(B_2,C_3)+f_3(C_3)\end{Bmatrix}=\min\begin{Bmatrix}4+12\\ 7+11\\ \underline{2+11}\end{Bmatrix}=13$$

$$f_2(B_3)=\min\begin{Bmatrix}d_2(B_3,C_1)+f_3(C_1)\\ d_2(B_3,C_2)+f_3(C_2)\\ d_2(B_3,D_3)+f_3(C_3)\end{Bmatrix}=\min\begin{Bmatrix}4+12\\ 8+11\\ \underline{3+11}\end{Bmatrix}=14$$

$$f_2(B_4) = \min\begin{Bmatrix} d_2(B_4,C_1) + f_3(C_1) \\ d_2(B_4,C_2) + f_3(C_2) \\ d_2(B_4,C_3) + f_3(C_3) \end{Bmatrix} = \min\begin{Bmatrix} 7 + 12 \\ 5 + 11 \\ \underline{1 + 11} \end{Bmatrix} = 12$$

可知，B_1 到终点 E 的最短距离为 12，其最短路径为 $B_1 \to C_2 \to D_2 \to E$；$B_2$ 到终点 E 的最短距离为 13，其最短路径为 $B_2 \to C_3 \to D_1 \to E$；$B_3$ 到终点 E 的最短距离为 14，其最短路径为 $B_3 \to C_3 \to D_1 \to E$；$B_4$ 到终点 E 的最短距离为 12，其最短路径为 $B_4 \to C_3 \to D_1 \to E$。

第 1 阶段，始点为 A，终点有 B_1、B_2、B_3、B_4 4 个，计算可得

$$f_1(A) = \min\begin{Bmatrix} d_1(A,B_1) + f_2(B_1) \\ d_1(A,B_2) + f_2(B_2) \\ d_1(A,B_3) + f_2(B_3) \\ d_1(A,B_4) + f_2(B_4) \end{Bmatrix} = \min\begin{Bmatrix} 4 + 12 \\ 3 + 13 \\ 3 + 14 \\ \underline{2 + 12} \end{Bmatrix} = 14$$

可知，A 到终点 E 的最短距离为 14，其最短路径为 $A \to B_4 \to C_3 \to D_1 \to E$。

通过以上计算过程，不仅可以得到从 A 到 E 的最短路径，同时也得到了图中任意一点到终点 E 的最短路径。以上过程仅用了 22 次加法，如果用枚举法需要进行 96 次加法运算（共有 24 条路径，每条需要进行 4 次加法运算），可见动态规划可以大大提高求解问题的计算效率。

7.1.2　动态规划的基本概念

1. 阶段（stage）

为了能用动态规划解决问题，把问题的过程恰当地分为若干个相互联系的阶段，以便能按一定的次序去求解。阶段可以按时间或空间划分，划分的依据是便于把解决问题的过程转化为多阶段决策的过程。描述阶段的变量称为阶段变量，是表示决策顺序的离散的量，常用 k 表示。例如，例 7－1 可分为 4 个阶段来求解，k 分别等于 1、2、3、4。

2. 状态（state）

状态表示每个阶段开始时所处的自然状况或客观条件，它描述了研究问题过程的状况，又称不可控因素。例如例 7－1 中，某阶段的状态就是某阶段的始点，同时又是上一阶段的终点。描述过程状态的变量称为状态变量，常用 s_k 表示第 k 阶段的状态变量。通常各阶段都有若干个状态，如例 7－1 中第 3 阶段有 3 个状态，即状态变量可取 C_1、C_2、C_3 3 个值，记为 $s_3 = \{C_1, C_2, C_3\}$。需要注意的是，状态是根据问题过程的具体特征人为规定的，因此没有统一的标准，需要具体问题具体分析。

3. 决策（decision）

决策就是某一阶段内所做的选择，它与该阶段的状态有关，是该阶段状态的函数。描述决策的变量称为决策变量，常用 $x_k(s_k)$ 表示第 k 阶段当状态处于 s_k 时的决策变量，而这个决策又将影响第 $k+1$ 阶段的状态。在实际问题中，决策变量的取值往往限制在某一范围内，此范围称为允许决策集合，常用 $D_k(s_k)$ 表示第 k 阶段当状态处于 s_k 时的允许

决策集合，显然 $x_k(s_k) \in D_k(s_k)$ 。例如例7－1中 $x_2(B_1) = C_1$ 表示第2阶段处于 B_1 为起点的状态下选择了由 B_1 到 C_1 的决策，当然也可以有不同的决策，如 $x_2(B_1) = C_2$ ，$x_2(B_1) = C_3$，即 $D_2(B_1) = \{C_1, C_2, C_3\}$ 。

4. 策略（policy）

策略是一个按顺序排列的决策组成的集合。从第 k 阶段开始到最后第 n 阶段的决策序列，称为 k 子过程策略，简称 k 子策略，记为 $p_{k,n}(s_k)$ ，即

$$p_{k,n}(s_k) = \{x_k(s_k), x_{k+1}(s_{k+1}), \cdots, x_n(s_n)\}$$

当 $k=1$ 时，此决策序列称为全过程策略，简称策略，记为 $p_{1,n}(s_1)$ ，即

$$p_{1,n}(s_1) = \{x_1(s_1), x_2(s_2), \cdots, x_n(s_n)\}$$

在实际问题中，可供选择的策略有一定的范围，此范围称为允许策略集合，用 P 表示。从允许策略集合中找出达到最优效果的策略称为最优策略。

5. 状态转移方程

状态转移方程是确定过程由一个状态到另一个状态的演变过程，即某一状态及该状态下的决策，与下一状态之间的函数关系。用 T_k 表示状态转移函数，则状态转移方程可表示为 $s_{k+1} = T_k(s_k, x_k)$ 。在实际问题中，需要根据问题的特征将该函数具体化。

6. 指标函数

指标函数是用来衡量所实现过程优劣的一种数量指标，分为阶段指标函数和过程指标函数。阶段指标函数 $v_k(s_k, x_k)$ ，表示从状态 s_k 出发，选择决策 x_k 所产生的第 k 阶段的指标。过程指标函数 $V_{k,n}(s_k, x_k, x_{k+1}, \cdots, x_n)$ ，表示从状态 s_k 出发，选择决策 $x_k, x_{k+1}, \cdots, x_n$ 所产生的过程指标。对于构成动态规划模型的指标函数，应具有可分离性，并满足递推关系，在实际问题中很多指标都满足这个性质。

（1）如果过程和它的任一子过程的指标是它所包含的各阶段的指标之和，即

$$V_{k,n}(s_k, x_k, x_{k+1}, \cdots, x_n) = \sum_{j=k}^{n} v_j(s_j, x_j)$$

这时称指标具有可加性，上式可写成

$$V_{k,n}(s_k, x_k, x_{k+1}, \cdots, x_n) = v_k(s_k, x_k) + V_{k+1,n}(s_{k+1}, x_{k+1}, x_{k+2}, \cdots, x_n)$$

（2）如果过程和它的任一子过程的指标是它所包含的各阶段指标的乘积，即

$$V_{k,n}(s_k, x_k, x_{k+1}, \cdots, x_n) = \prod_{j=k}^{n} v_j(s_j, x_j)$$

这时称指标具有可乘性，上式可写成

$$V_{k,n}(s_k, x_k, x_{k+1}, \cdots, x_n) = v_k(s_k, x_k) \times V_{k+1,n}(s_{k+1}, x_{k+1}, x_{k+2}, \cdots, x_n)$$

不同问题的指标函数的含义不同，它可能是利润、成本、产量、库存、距离、时间等。例如在例7－1最短路问题中，阶段指标函数 $v_k(s_k, x_k)$ 表示在第 k 阶段由点 s_k 到点 s_{k+1} 的距离，过程指标函数 $V_{k,n}(s_k, x_k, x_{k+1}, \cdots, x_n)$ 表示在第 k 阶段由点 s_k 到终点 E 的距离。

7.1.3 动态规划的基本方程

在介绍动态规划的基本方程之前，先要引入最优指标函数的概念，最优指标函数表

示从状态 s_k 出发，对所有的策略 $p_{k,n}$，过程指标 $V_{k,n}$ 的最优值，即

$$f_k(s_k)=\underset{p_{k,n}\in P}{\text{opt}}[V_{k,n}(s_k,p_{k,n})]$$

其中，“opt”是最优化（optimization）的缩写，可根据题意取“max”或“min”；P 为允许策略集合。

对于可加性指标函数，上式可以写为：

$$\begin{cases}f_k(s_k)=\underset{x_k\in D_k(s_k)}{\text{opt}}[V_k(s_k,x_k)+f_{k+1}(s_{k+1})],k=n,n-1,\cdots,1\\ f_{n+1}(s_{n+1})=0\end{cases}\tag{1}$$

对于可乘性指标函数，上式可以写为：

$$\begin{cases}f_k(s_k)=\underset{x_k\in D_k(s_k)}{\text{opt}}[V_k(s_k,x_k)\times f_{k+1}(s_{k+1})],k=n,n-1,\cdots,1\\ f_{n+1}(s_{n+1})=1\end{cases}\tag{2}$$

其中，对于可加性指标，最后一个状态下最优指标 $f_{n+1}(s_{n+1})=0$，对于可乘性指标，最后一个状态下最优指标 $f_{n+1}(s_{n+1})=1$，称为递推方程的终端条件。式（1）和（2）称为动态规划最优指标的递推方程，又称动态规划的基本方程，其中 $s_{k+1}=T_k(s_k,x_k)$，应用动态规划方法的关键就在于能够正确写出问题的基本方程。

给一个问题建立动态规划模型的一般步骤如下：

（1）分析问题的特征，将问题的过程划分成恰当的阶段；

（2）正确规定状态变量 s_k，使它能准确描述过程的演变；

（3）确定决策变量 x_k 及每阶段的允许决策集合 $D_k(s_k)$；

（4）正确写出状态转移方程 $s_{k+1}=T_k(s_k,x_k)$；

（5）正确写出具有可分离性，并满足递推关系的指标函数 $V_{k,n}$；

（6）正确写出动态规划的基本方程，根据终端条件，从 $k=n$ 开始，由后向前逆推，逐步求得各阶段的最优决策和相应的最优指标函数值，最后求出 $f_1(s_1)$，即求出整个问题的最优解和最优值。

值得一提的是，以上介绍的动态规划建模步骤只适用了逆推法，但实际上动态规划有逆推法和顺推法之分，区别在于逆推法一般用于解决初始状态给定的动态规划，而顺推法一般用于解决终止状态给定的动态规划。例如例 7－1 也可以从 A 到 E 顺推，顺推法就要从第 1 阶段开始推到第 n 阶段结束。不同之处在于顺推法是已知终止状态 s_{n+1}，并假定最优指标函数 $f_k(s_k)$ 表示从第 1 阶段到第 k 阶段所得到的最大收益，状态变量 $s_k=T_k(s_{k+1},x_k)$。实际上，已知终止状态 s_{n+1} 用顺推法与已知初始状态用逆推法在本质上没有区别，它相当于把实际的起点视为终点，实际的终点视为起点，然后再按逆推法进行的。通常情况下，用动态规划解决实际问题时，初始状态一般是已知的，而终止状态不一定知道，因此本章在无特别说明的情况下，一般是采用逆推法求解动态规划问题。

7.2　动态规划的最优性原理和最优性定理

看到这里读者可能会有疑问，为什么按照以上动态规划的步骤求出的解就是问题的

最优解，动态规划方法的本质到底是什么？长期以来，不少人认为最优性原理就是动态规划的理论基础。最优性原理可概括为“一个最优策略的子策略总是最优的”，这很容易用反证法证之，但是最优性原理仅仅是策略最优性的必要条件，而我们求解最优策略时，更需要的是充分条件，即“一个策略的任一子策略都是最优的，那么这个策略是最优策略”。将这两者联合起来，就构成了最优性定理，最优性定理才是动态规划的理论基础。

动态规划的最优性定理：设阶段数为 n 的多阶段决策过程，$k(k=1,2,\cdots,n)$ 为阶段编号，策略 $p_{1,n}^{*}=(x_1^{*},x_2^{*},\cdots,x_n^{*})$ 为最优策略的充要条件是，对任意一个 $k(1<k<n)$ 有

$$V_{1,n}(s_1,p_{1,n}^{*})=\mathop{\mathrm{opt}}_{p_{1,k}\in P_{1,k}(s_1)}\left\{V_{1,k}(s_1,p_{1,k})+\mathop{\mathrm{opt}}_{p_{k+1,n}\in P_{k+1,n}(\tilde{s}_{k+1})}\left[V_{k+1,n}(\tilde{s}_{k+1},p_{k+1,n})\right]\right\} \tag{3}$$

其中，$p_{1,n}^{*}=(p_{1,k},p_{k+1,n})$，$P_{1,k}(s_1)$ 表示以初始状态 s_1 为起点的子策略 $p_{1,k}$ 的允许策略集合，$\tilde{s}_{k+1}=T_k(s_k,x_k)$ 表示由给定初始状态 s_1 和子策略 $p_{1,k}$ 所确定的第 $k+1$ 阶段的状态，$P_{k+1,n}(\tilde{s}_{k+1})$ 表示以初始状态 $\tilde{s}_{k+1}$ 为起点的子策略 $p_{k+1,n}$ 的允许策略集合。当 V 为收益函数时，opt 取 max，当 V 为损失函数时，opt 取 min。

证明：首先证明必要性，设 $p_{1,n}^{*}$ 是最优策略，则

$$\begin{aligned}V_{1,n}(s_1,p_{1,n}^{*})&=\mathop{\mathrm{opt}}_{p_{1,n}\in P_{1,n}(s_1)}\left[V_{1,n}(s_1,p_{1,n})\right]\\&=\mathop{\mathrm{opt}}_{p_{1,n}\in P_{1,n}(s_1)}\left[V_{1,k}(s_1,p_{1,k})+V_{k+1,n}(\tilde{s}_{k+1},p_{k+1,n})\right]\end{aligned}$$

第 $k+1$ 阶段到第 n 阶段子过程的总指标取决于过程的起始状态 $\tilde{s}_{k+1}$ 和子策略 $p_{k+1,n}$，而这个起始状态 $\tilde{s}_{k+1}$ 是由前一段子过程在子策略 $p_{1,k}$ 下确定的。

因此，在策略集合 $P_{1,n}$ 上求最优解，等价于先在子策略集合 $P_{k+1,n}(\tilde{s}_{k+1})$ 上求最优解，然后再求这些子最优解在子策略集合 $P_{1,k}(s_1)$ 上的最优解，故上式写成

$$V_{1,n}(s_1,p_{1,n}^{*})=\mathop{\mathrm{opt}}_{p_{1,k}\in P_{1,k}(s_1)}\left\{\mathop{\mathrm{opt}}_{p_{k+1,n}\in P_{k+1,n}(\tilde{s}_{k+1})}\left[V_{1,k}(s_1,p_{1,k})+V_{k+1,n}(\tilde{s}_{k+1},p_{k+1,n})\right]\right\}$$

但括号内第一项与子策略 $p_{k+1,n}$ 无关，故得

$$V_{1,n}(s_1,p_{1,n}^{*})=\mathop{\mathrm{opt}}_{p_{1,k}\in P_{1,k}(s_1)}\left\{V_{1,k}(s_1,p_{1,k})+\mathop{\mathrm{opt}}_{p_{k+1,n}\in P_{k+1,n}(\tilde{s}_{k+1})}\left[V_{k+1,n}(\tilde{s}_{k+1},p_{k+1,n})\right]\right\}$$

然后证明充分性，设 $p_{1,n}=(p_{1,k},p_{k+1,n})$ 为任一策略，$\tilde{s}_{k+1}$ 为由 $(s_1,p_{1,k})$ 所确定的第 $k+1$ 阶段的起始状态。则有

$$V_{k+1,n}(\tilde{s}_{k+1},p_{k+1,n})\leqslant\mathop{\mathrm{opt}}_{p_{k+1,n}\in P_{k+1,n}(\tilde{s}_{k+1})}\left[V_{k+1,n}(\tilde{s}_{k+1},p_{k+1,n})\right]$$

注意，当 opt 取 min 时，上式中的“ $\leqslant$ ”变为“ $\geqslant$ ”。

$$\begin{aligned}V_{1,n}(s_1,p_{1,n})&=V_{1,k}(s_1,p_{1,k})+V_{k+1,n}(\tilde{s}_{k+1},p_{k+1,n})\\&\leqslant V_{1,k}(s_1,p_{1,k})+\mathop{\mathrm{opt}}_{p_{k+1,n}\in P_{k+1,n}(\tilde{s}_{k+1})}\left[V_{k+1,n}(\tilde{s}_{k+1},p_{k+1,n})\right]\\&\leqslant\mathop{\mathrm{opt}}_{p_{1,k}\in P_{1,k}(s_1)}\left\{V_{1,k}(s_1,p_{1,k})+\mathop{\mathrm{opt}}_{p_{k+1,n}\in P_{k+1,n}(\tilde{s}_{k+1})}\left[V_{k+1,n}(\tilde{s}_{k+1},p_{k+1,n})\right]\right\}\end{aligned}$$

$$= V_{1,n}(s_1, p_{1,n}^*)$$

故只要 $p_{1,n}^*$ 使式（3）成立，则对于任一策略 $p_{1,n}$，都有

$$V_{1,n}(s_1, p_{1,n}) \leqslant V_{1,n}(s_1, p_{1,n}^*)$$

因此，策略 $p_{1,n}^*$ 是最优策略，证毕。

推论： 若策略 $p_{1,n}^*$ 是最优策略，则对于任意的 $k(1 < k < n)$，它的子策略 $p_{k+1,n}^*$ 对于以 $s_{k+1}^* = T_k(s_k^*, x_k^*)$ 为起始状态的第 $k+1$ 阶段到第 n 阶段的子过程来说，必是最优策略。

证明： 用反证法，假设 $p_{k+1,n}^*$ 不是最优策略，则有

$$V_{k+1,n}(s_{k+1}^*, p_{k+1,n}^*) < \underset{p_{k+1,n} \in P_{k+1,n}(s_{k+1}^*)}{\text{opt}} [V_{k+1,n}(s_{k+1}^*, p_{k+1,n})]$$

注意，当 opt 表示 min 时，上式中的“<”变为“>”。因而

$$\begin{aligned} V_{1,n}(s_1, p_{1,n}^*) &= V_{1,k}(s_1, p_{1,k}^*) + V_{k+1,n}(s_{k+1}^*, p_{k+1,n}^*) \\ &< V_{1,k}(s_1, p_{1,k}^*) + \underset{p_{k+1,n} \in P_{k+1,n}(s_{k+1}^*)}{\text{opt}} [V_{k+1,n}(s_{k+1}^*, p_{k+1,n})] \\ &< \underset{p_{1,k} \in P_{1,k}(s_1)}{\text{opt}} \left\{ V_{1,k}(s_1, p_{1,k}) + \underset{p_{k+1,n} \in P_{k+1,n}(\tilde{s}_{k+1})}{\text{opt}} [V_{k+1,n}(\tilde{s}_{k+1}, p_{k+1,n})] \right\} \end{aligned}$$

与最优性定理的必要性矛盾，证毕。

此推论就是动态规划的最优性原理，它仅仅是最优策略的必要条件。

任何一种方法都不是完美的，动态规划也不例外，也有其优越性和局限性。动态规划的优越性体现在：

（1）易于求出全局最优解。动态规划是一种逐步改善的方法，它把原问题分解为一系列结构相似的最优化子问题，每个子问题的变量个数比原问题少得多，因此较易求出全局最优解。特别是针对一些非线性的最优化问题，如果采用非线性规划求解往往很难求出问题的全局最优解，而动态规划却很容易。

（2）能够得到一组解，有利于分析结果。动态规划将问题分为多个阶段求解，不仅能得到问题的最优解，还能得到所有子过程的最优解，在某些情况下，这些解正是实际问题所需要的，它有助于分析结果是否有用。而一般的线性规划或非线性规划是对问题整体的求解，只能得到全过程的解。

动态规划的局限性体现在：

（1）没有一个统一的标准模型可供使用。不同实际问题所构造出来的动态规划模型不尽相同，而且有时候在将实际问题转化成动态规划模型时十分困难，需要丰富的想象力和灵活的技巧。

（2）应用的局限性。在构造动态规划模型时，状态变量必须满足“无后效性（马尔可夫性）”条件，即当前阶段的状态只与上一阶段的状态有关，与上一阶段之前阶段的状态无关。这是一个相当强的条件，很多实际问题在取其自然特征作为状态变量时往往不能满足这个条件。此外，动态规划还存在维数障碍，超过二维的问题用常规的动态规划方法求解已经十分困难。

7.3 动态规划的应用

根据多阶段决策过程中变量取值是否连续，动态规划可分为离散决策过程和连续决策过程。根据决策过程的演变是否确定，动态规划又可分为确定决策过程和不确定决策过程。组合起来动态规划模型的类型就有离散确定型、连续确定型、离散不确定型和连续不确定型四种。本节主要介绍离散确定型动态规划模型的应用，并简要介绍连续确定型和离散不确定型动态规划的应用。

7.3.1 离散确定型动态规划

1. 资源分配问题

资源分配问题就是将数量一定的一种或多种资源恰当地分配给多个使用者而使目标函数最优的决策问题。这里的资源可以是资金、设备、人力、食物、原材料、能源等等，目标函数可以是成本最低、效益最大等。用动态规划求解资源分配问题时，通常把资源分配给一个或几个使用者的过程作为一个阶段，把问题的变量视为决策变量，将累计的分配量视为状态变量。

例 7－2 某工厂拟引进 5 台先进的生产设备分配给所属的 1、2、3 共 3 个车间，各车间获得这种设备之后，每年的盈利增长幅度如表 7－1 所示。问应如何分配这 5 台设备，才能使盈利增长幅度最大?

表 7－1 不同设备台数的各车间盈利增长幅度

设备台数	盈利增长幅度（万元）		
	车间 1	车间 2	车间 3
0	0	0	0
1	3	5	4
2	7	10	6
3	9	11	11
4	12	11	12
5	13	11	12

解： 将问题按使用者（车间）分为 3 个阶段。

决策变量 x_k 表示分配给第 k 个车间的设备台数。

状态变量 s_k 表示分配给第 k 个车间至第 n 个车间的累计设备台数。

则状态转移方程为 $s_{k+1} = s_k - x_k$。

阶段指标函数 $v_k(x_k)$ 表示将 x_k 台设备分配到第 k 个车间所获得的盈利值。

最优指标函数 $f_k(s_k)$ 表示 s_k 台设备分配给第 k 个车间至第 n 个车间时所获得的最大盈利值。则可写出该问题的基本方程:

$$\begin{cases} f_k(s_k) = \max\limits_{0 \leqslant x_k \leqslant s_k} \{ v_k(x_k) + f_{k+1}(s_{k+1}) \}, \quad k = 3,2,1 \\ f_4(s_4) = 0 \end{cases}$$

其中，$s_{k+1} = s_k - x_k$。

当 $k = 3$，即第 3 阶段：

$$f_3(s_3) = \max_{0 \leqslant x_3 \leqslant s_3} \{ v_3(x_3) + f_4(s_4) \} = \max_{0 \leqslant x_3 \leqslant s_3} \{ v_3(x_3) \} = v_3(s_3)$$

因为此时只剩车间 3 没有分配设备，有多少台设备就应该全部分配给车间 3，这样才能使盈利增长幅度最大，故 $x_3 = s_3 = 0,1,2,3,4,5$。因此：

$$f_3(0) = v_3(0) = 0$$
$$f_3(1) = v_3(1) = 4$$
$$f_3(2) = v_3(2) = 6$$
$$f_3(3) = v_3(3) = 11$$
$$f_3(4) = v_3(4) = 12$$
$$f_3(5) = v_3(5) = 12$$

当 $k = 2$，即第 2 阶段：

$$f_2(s_2) = \max_{0 \leqslant x_2 \leqslant s_2} \{ v_2(x_2) + f_3(s_3) \} = \max_{0 \leqslant x_2 \leqslant s_2} \{ v_2(x_2) + f_3(s_2 - x_2) \}$$

当 $s_2 = 0$ 时，$x_2 = 0$，有

$$f_2(0) = v_2(0) + f_3(0) = 0$$

当 $s_2 = 1$ 时，$x_2 = 0,1$，有

$$f_2(1) = \max_{0 \leqslant x_2 \leqslant 1} \{ v_2(x_2) + f_3(1 - x_2) \} = \max \begin{Bmatrix} v_2(0) + f_3(1-0) \\ v_2(1) + f_3(1-1) \end{Bmatrix} = \max \begin{Bmatrix} 0+4 \\ \underline{5+0} \end{Bmatrix} = 5$$

当 $s_2 = 2$ 时，$x_2 = 0,1,2$，有

$$f_2(2) = \max_{0 \leqslant x_2 \leqslant 2} v_2(x_2) + f_3(2 - x_2) = \max \begin{Bmatrix} v_2(0) + f_3(2-0) \\ v_2(1) + f_3(2-1) \\ v_2(2) + f_3(2-2) \end{Bmatrix} = \max \begin{Bmatrix} 0+6 \\ 5+4 \\ \underline{10+0} \end{Bmatrix}$$
$$= 10$$

当 $s_2 = 3$ 时，$x_2 = 0,1,2,3$，有

$$f_2(3) = \max_{0 \leqslant x_2 \leqslant 3} \{ v_2(x_2) + f_3(3 - x_2) \} = \max \begin{Bmatrix} v_2(0) + f_3(3-0) \\ v_2(1) + f_3(3-1) \\ v_2(2) + f_3(3-2) \\ v_2(3) + f_3(3-3) \end{Bmatrix} = \max \begin{Bmatrix} 0+11 \\ 5+6 \\ \underline{10+4} \\ 11+0 \end{Bmatrix}$$
$$= 14$$

当 $s_2 = 4$ 时，$x_2 = 0,1,2,3,4$，有

$$f_2(4) = \max_{0 \leqslant x_2 \leqslant 4} \{ v_2(x_2) + f_3(4 - x_2) \} = \max \begin{Bmatrix} v_2(0) + f_3(4-0) \\ v_2(1) + f_3(4-1) \\ v_2(2) + f_3(4-2) \\ v_2(3) + f_3(4-3) \\ v_2(4) + f_3(4-4) \end{Bmatrix} = \max \begin{Bmatrix} 0+12 \\ \underline{5+11} \\ \underline{10+6} \\ 11+4 \\ 11+0 \end{Bmatrix}$$

$= 16$

当 $s_2 = 5$ 时，$x_2 = 0,1,2,3,4,5$ ，有

$$f_2(5) = \max_{0 \leqslant x_2 \leqslant 5} \{v_2(x_2) + f_3(5 - x_2)\} = \max\left\{\begin{array}{l} v_2(0) + f_3(5-0) \\ v_2(1) + f_3(5-1) \\ v_2(2) + f_3(5-2) \\ v_2(3) + f_3(5-3) \\ v_2(4) + f_3(5-4) \\ v_2(5) + f_3(5-5) \end{array}\right\} = \max\left\{\begin{array}{l} 0 + 12 \\ 5 + 12 \\ \underline{10 + 11} \\ 11 + 6 \\ 11 + 4 \\ 11 + 0 \end{array}\right\}$$

$= 21$

当 $k = 1$ ，即第 1 阶段：

$$f_1(s_1) = \max_{0 \leqslant x_1 \leqslant s_1} \{v_1(x_1) + f_2(s_2)\} = \max_{0 \leqslant x_1 \leqslant s_1} \{v_1(x_1) + f_2(s_1 - x_1)\}$$

这里只有 $s_1 = 5$ ，则 $x_1 = 0,1,2,3,4,5$ ，有

$$f_1(5) = \max_{0 \leqslant x_1 \leqslant 5} \{v_1(x_1) + f_2(5 - x_1)\} = \left\{\begin{array}{l} v_1(0) + f_2(5-0) \\ v_1(1) + f_2(5-1) \\ v_1(2) + f_2(5-2) \\ v_1(3) + f_2(5-3) \\ v_1(4) + f_2(5-4) \\ v_1(5) + f_2(5-5) \end{array}\right\} = \left\{\begin{array}{l} \underline{0 + 21} \\ 3 + 16 \\ \underline{7 + 14} \\ 9 + 10 \\ 12 + 5 \\ 13 + 0 \end{array}\right\} = 21$$

因此，可知最大盈利值为 21 万元，最优分配方案有两个。

（1）当 $x_1^* = 0$ 时，$s_2 = s_1 - x_1^* = 5 - 0 = 5$ ，根据 $f_2(5)$ 的计算过程可知，$x_2^* = 2$ ，又 $s_3 = s_2 - x_2^* = 5 - 2 = 3$ ，故 $x_3^* = s_3 = 3$ ，即分配给 1 车间 0 台设备，2 车间 2 台设备，3 车间 3 台设备。

（2）当 $x_1^* = 2$ 时，$s_2 = s_1 - x_1^* = 5 - 2 = 3$ ，根据 $f_2(3)$ 的计算过程可知，$x_2^* = 2$ ，又 $s_3 = s_2 - x_2^* = 3 - 2 = 1$ ，故 $x_3^* = s_3 = 1$ ，即分配给 1 车间 2 台设备，2 车间 2 台设备，3 车间 1 台设备。

这个问题中如果设备数变为 4 台或 3 台，用动态规划求解的好处就是不用从头计算，只需重新计算最后一个阶段就可得到结果，如当 $s_1 = 4$ 时：

$$f_1(4) = \max_{0 \leqslant x_1 \leqslant 4} \{v_1(x_1) + f_2(4 - x_1)\} = \left\{\begin{array}{l} v_1(0) + f_2(4-0) \\ v_1(1) + f_2(4-1) \\ v_1(2) + f_2(4-2) \\ v_1(3) + f_2(4-3) \\ v_1(4) + f_2(4-4) \end{array}\right\} = \left\{\begin{array}{l} 0 + 16 \\ \underline{3 + 14} \\ \underline{7 + 10} \\ 9 + 5 \\ 12 + 0 \end{array}\right\} = 17$$

最优分配方案为 $x_1^* = 1$ ，$x_2^* = 2$ ，$x_3^* = 1$ 或 $x_1^* = 2$ ，$x_2^* = 2$ ，$x_3^* = 0$ ，最大盈利为 17 万元。

同理，可得当设备台数为 3 时，最优分配方案为 $x_1^* = 0$ ，$x_2^* = 2$ ，$x_3^* = 1$ ，最大盈利为 14 万元。

此问题可写成静态规划模型：

$$\max z = f_1(x_1) + f_2(x_2) + f_3(x_3)$$
$$\text{s. t.} \quad x_1 + x_2 + x_3 = 5$$
$$x_1, x_2, x_3 \geqslant 0$$

其中 $f(x)$ 为收益函数，但本例中收益函数不是线性的，可将其写成分段函数，如

$$f_1(x_1) = \begin{cases} 0, & x_1 = 0 \\ 3, & x_1 = 1 \\ 7, & x_1 = 2 \\ 9, & x_1 = 3 \\ 12, & x_1 = 4 \\ 13, & x_1 = 5 \end{cases}$$

由于目标函数不是线性函数，该静态规划无法用单纯形法求解，但 LINGO 软件中的 @ if 函数能够表达分段函数，其语法为：@ if （logical_ condition，true_ result，false_ result）；当逻辑表达式 logical_ condition 的结果为真时，返回 true_ result，否则返回 false_ result，且@ if 函数可以嵌套使用。于是该静态规划可用 LINGO 软件求解，求解程序如下：

```
model:
f1 =@ if(x1#eq#5,13,
       @ if(x1#eq#4,12,
         @ if(x1#eq#3,9,
           @ if(x1#eq#2,7,
             @ if(x1#eq#1,3,0)))));
f2 =@ if(x2#eq#5,11,
       @ if(x2#eq#4,11,
         @ if(x2#eq#3,11,
           @ if(x2#eq#2,10,
             @ if(x2#eq#1,5,0)))));
f3 =@ if(x3#eq#5,12,
       @ if(x3#eq#4,12,
         @ if(x3#eq#3,11,
           @ if(x3#eq#2,6,
             @ if(x3#eq#1,4,0)))));
max = f1 + f2 + f3;!目标函数;
x1 + x2 + x3 =5;!约束条件;
@ gin(x1);
@ gin(x2);
@ gin(x3);
end
```

求解结果如图 7 - 2 所示，可以看出程序成功求出最优解和最优值。

```
Global optimal solution found.
Objective value:                          21.00000
Objective bound:                          21.00000
Infeasibilities:                          0.2508006E-14
Extended solver steps:                           0
Total solver iterations:                       839

                   Variable           Value        Reduced Cost
                         F1        7.000000            0.000000
                         X1        2.000000            0.000000
                         F2        10.00000            0.000000
                         X2        2.000000            0.000000
                         F3        4.000000            0.000000
                         X3        1.000000            0.000000

                        Row    Slack or Surplus      Dual Price
                          1        0.000000            1.000000
                          2        0.000000            1.000000
                          3        0.000000            1.000000
                          4        21.00000            1.000000
                          5        0.000000            0.000000
```

图 7－2　资源分配问题的 LINGO 求解结果

不过也可看到 LINGO 软件的缺点，就是在模型有多个最优解的情况下，程序只会计算出一个最优解，要想得到其他最优解就需要通过一些手段将当前已得到的最优解过滤掉，如本例可通过增加决策变量大小关系的约束看是否有多个最优解，共有六种情况，即 $x_1 \geqslant x_2 \geqslant x_3$，$x_1 \geqslant x_3 \geqslant x_2$，$x_2 \geqslant x_1 \geqslant x_3$，$x_2 \geqslant x_3 \geqslant x_1$，$x_3 \geqslant x_1 \geqslant x_2$，$x_3 \geqslant x_2 \geqslant x_1$，将以上约束分别代入模型计算，看是否有相同的最优值，如果有，就说明有多个最优解。

2. 采购与储存问题

在运营管理中，经常会遇到要合理安排采购（或生产）与储存的问题，其决策变量为每周期采购（或生产）的产品数量，决策目标为最小化总的采购成本和储存成本。

例 7－3　某工程项目需要制订某种大型设备的采购计划，工程项目的周期为一年（4 个季度），每个季度该大型设备的需求量分别为 2 台、3 台、2 台、4 台。假定采购每批设备的订货费用（包括运输、通讯等费用）是固定的，为 3 万元，若采购数量为 0，则不产生订货费用。每台大型设备的价格为 10 万元，若每个季度末有未使用的设备，每台设备将产生 0.5 万元的储存费用。由于资金限制，每个季度所允许的最大采购量为 6 台。问应该如何安排采购计划，才能在满足工程需求的情况下使总成本最低？

解：将该问题按照时间（季度）分为 4 个阶段。

决策变量 x_k 表示第 k 季度采购的设备台数。

状态变量 s_k 表示第 k 季度期初设备的库存量。

则状态转移方程为 $s_{k+1} = s_k + x_k - d_k$，其中 d_k 表示第 k 季度设备的需求量，并且由题意可知，$s_1 = 0$，$s_5 = 0$。

阶段指标函数 $v_k(x_k) = y_k(x_k) + c_k(x_k) + h_k(s_k, x_k)$ 表示第 k 季度的总成本，其中 $y_k(x_k)$ 表示订货成本，$c_k(x_k)$ 表示采购成本，$h_k(s_k, x_k)$ 表示储存成本，则

$$v_k(x_k) = y_k(x_k) + 10 \times x_k + 0.5 \times (s_k + x_k - d_k)$$

其中，$y_k(x_k) = \begin{cases} 0, x_k = 0 \\ 3, x_k \neq 0 \end{cases}$

又由于每季度的采购计划必须满足需求，且不大于第 k 季度到第 4 季度的需求之和（否则工程结束后将有剩余的设备），则

$$d_k \leqslant s_k + x_k \leqslant \sum_{i=k}^{4} d_i$$

$$d_k - s_k \leqslant x_k \leqslant \sum_{i=k}^{4} d_i - s_k$$

又根据题意，$0 \leqslant x_k \leqslant 6$，因此，决策变量的取值范围为：

$$\max\{d_k - s_k, 0\} \leqslant x_k \leqslant \min\left\{\sum_{i=k}^{4} d_i - s_k, 6\right\}$$

最优指标函数 $f_k(s_k)$ 表示第 k 季度至第 n 季度总成本的最小值。则可写出该问题的基本方程：

$$\begin{cases} f_k(s_k) = \min\limits_{\max\{d_k - s_k, 0\} \leqslant x_k \leqslant \min\{\sum_{i=k}^{4} d_i - s_k, 6\}} \begin{Bmatrix} y_k(x_k) + 10 \times x_3 + \\ 0.5 \times (s_k + x_k - d_k) + \\ f_{k+1}(s_k + x_k - d_k) \end{Bmatrix}, \ k = 4,3,2,1 \\ f_5(s_5) = 0 \end{cases}$$

当 $k = 4$，即第 4 阶段：

因为 $s_5 = s_4 + x_4 - d_4 = 0$，因此 $x_4 = d_4 - s_4 = 4 - s_4$，有

$$\begin{aligned} f_4(s_4) &= y_4(x_4) + 10 \times x_4 + 0.5 \times (s_4 + x_4 - 4) + f_5(s_4 + x_4 - 4) \\ &= y_4(4 - s_4) + 10 \times (4 - s_4) \end{aligned}$$

将 $s_4 = 0,1,2,3,4$ 代入上式：

$$f_4(0) = y_4(4) + 10 \times 4 = 3 + 40 = 43$$
$$f_4(1) = y_4(3) + 10 \times 3 = 3 + 30 = 33$$
$$f_4(2) = y_4(2) + 10 \times 2 = 3 + 20 = 23$$
$$f_4(3) = y_4(1) + 10 \times 1 = 3 + 10 = 13$$
$$f_4(4) = y_4(0) + 10 \times 0 = 0$$

当 $k = 3$，即第 3 阶段：

$$f_3(s_3) = \min_{\max\{2 - s_3, 0\} \leqslant x_3 \leqslant \min\{6 - s_3, 6\}} \{y_3(x_3) + 10 \times x_3 + 0.5 \times (s_3 + x_3 - 2) + f_4(s_3 + x_3 - 2)\}$$

若 $s_3 = 0$，则 $2 \leqslant x_3 \leqslant 6$，有

$$f_3(0) = \min\begin{Bmatrix} y_3(2) + 10 \times 2 + 0.5 \times 0 + f_4(0) \\ y_3(3) + 10 \times 3 + 0.5 \times 1 + f_4(1) \\ y_3(4) + 10 \times 4 + 0.5 \times 2 + f_4(2) \\ y_3(5) + 10 \times 5 + 0.5 \times 3 + f_4(3) \\ y_3(6) + 10 \times 6 + 0.5 \times 4 + f_4(4) \end{Bmatrix} = \min\begin{Bmatrix} 3 + 20 + 0 + 43 \\ 3 + 30 + 0.5 + 33 \\ 3 + 40 + 1 + 23 \\ 3 + 50 + 1.5 + 13 \\ 3 + 60 + 2 + 0 \end{Bmatrix}$$

$$= \min\begin{Bmatrix} 66 \\ 66.5 \\ 67 \\ 67.5 \\ 65 \end{Bmatrix} = 65$$

若 $s_3=1$，则 $1\leqslant x_3\leqslant 5$，有

$$f_3(1)=\min\begin{Bmatrix} y_3(1)+10\times 1+0.5\times 0+f_4(0)\\ y_3(2)+10\times 2+0.5\times 1+f_4(1)\\ y_3(3)+10\times 3+0.5\times 2+f_4(2)\\ y_3(4)+10\times 4+0.5\times 3+f_4(3)\\ y_3(5)+10\times 5+0.5\times 4+f_4(4)\end{Bmatrix}=\min\begin{Bmatrix}3+10+0+43\\ 3+20+0.5+33\\ 3+30+1+23\\ 3+40+1.5+13\\ 3+50+2+0\end{Bmatrix}$$

$$=\min\begin{Bmatrix}56\\ 56.5\\ 57\\ 57.5\\ 55\end{Bmatrix}=55$$

若 $s_3=2$，则 $0\leqslant x_3\leqslant 4$，有

$$f_3(2)=\min\begin{Bmatrix} y_3(0)+10\times 0+0.5\times 0+f_4(0)\\ y_3(1)+10\times 1+0.5\times 1+f_4(1)\\ y_3(2)+10\times 2+0.5\times 2+f_4(2)\\ y_3(3)+10\times 3+0.5\times 3+f_4(3)\\ y_3(4)+10\times 4+0.5\times 4+f_4(4)\end{Bmatrix}=\min\begin{Bmatrix}0+0+0+43\\ 3+10+0.5+33\\ 3+20+1+23\\ 3+30+1.5+13\\ 3+40+2+0\end{Bmatrix}$$

$$=\min\begin{Bmatrix}43\\ 46.5\\ 47\\ 47.5\\ 45\end{Bmatrix}=43$$

若 $s_3=3$,则 $0\leqslant x_3\leqslant 3$,有

$$f_3(3)=\min\begin{Bmatrix} y_3(0)+10\times 0+0.5\times 1+f_4(1)\\ y_3(1)+10\times 1+0.5\times 2+f_4(2)\\ y_3(2)+10\times 2+0.5\times 3+f_4(3)\\ y_3(3)+10\times 3+0.5\times 4+f_4(4)\end{Bmatrix}=\min\begin{Bmatrix}0+0+0.5+33\\ 3+10+1+23\\ 3+20+1.5+13\\ 3+30+2+0\end{Bmatrix}$$

$$=\min\begin{Bmatrix}33.5\\ 37\\ 37.5\\ 35\end{Bmatrix}=33.5$$

若 $s_3=4$，则 $0\leqslant x_3\leqslant 2$，有

$$f_3(4)=\min\begin{Bmatrix} y_3(0)+10\times 0+0.5\times 2+f_4(2)\\ y_3(1)+10\times 1+0.5\times 3+f_4(3)\\ y_3(2)+10\times 2+0.5\times 4+f_4(4)\end{Bmatrix}=\min\begin{Bmatrix}0+0+1+23\\ 3+10+1.5+13\\ 3+20+2+0\end{Bmatrix}$$

$$=\min\begin{Bmatrix}24\\ 27.5\\ 25\end{Bmatrix}=24$$

若 $s_3=5$，则 $0\leqslant x_3\leqslant 1$，有

$$f_3(5)=\min\begin{cases}y_3(0)+10\times 0+0.5\times 3+f_4(3)\\ y_3(1)+10\times 1+0.5\times 4+f_4(4)\end{cases}=\min\begin{cases}0+0+1.5+13\\ 3+10+2+0\end{cases}$$

$$=\min\begin{cases}14.5\\ 15\end{cases}=14.5$$

若 $s_3=6$，则 $x_3=0$，有

$$f_3(6)=\{y_3(0)+10\times 0+0.5\times 4+f_4(4)\}=\{0+0+2+0\}=2$$

当 $k=2$，即第2阶段：

$$f_2(s_2)=\min_{\max\{3-s_2,0\}\leqslant x_2\leqslant\min\{9-s_2,6\}}\{y_2(x_2)+10\times x_2+0.5\times(s_2+x_2-3)+f_3(s_2+x_2-3)\}$$

又 $s_2=s_1+x_1-2=x_1-2$，$x_1\leqslant 6$，则 $s_2\leqslant 4$。

若 $s_2=0$，则 $3\leqslant x_2\leqslant 6$，有

$$f_2(0)=\min\begin{cases}y_2(3)+10\times 3+0.5\times 0+f_3(0)\\ y_2(4)+10\times 4+0.5\times 1+f_3(1)\\ y_2(5)+10\times 5+0.5\times 2+f_3(2)\\ y_2(6)+10\times 6+0.5\times 3+f_3(3)\end{cases}=\min\begin{cases}3+30+0+65\\ 3+40+0.5+55\\ 3+50+1+43\\ 3+60+1.5+33.5\end{cases}$$

$$=\min\begin{cases}98\\ 98.5\\ 97\\ 98\end{cases}=97$$

若 $s_2=1$，则 $2\leqslant x_2\leqslant 6$，有

$$f_2(1)=\min\begin{cases}y_2(2)+10\times 2+0.5\times 0+f_3(0)\\ y_2(3)+10\times 3+0.5\times 1+f_3(1)\\ y_2(4)+10\times 4+0.5\times 2+f_3(2)\\ y_2(5)+10\times 5+0.5\times 3+f_3(3)\\ y_2(6)+10\times 6+0.5\times 4+f_3(4)\end{cases}=\min\begin{cases}3+20+0+65\\ 3+30+0.5+55\\ 3+40+1+43\\ 3+50+1.5+33.5\\ 3+60+2+24\end{cases}$$

$$=\min\begin{cases}88\\ 88.5\\ 87\\ 88\\ 89\end{cases}=87$$

若 $s_2=2$，则 $1\leqslant x_2\leqslant 6$，有

$$f_2(2)=\min\begin{cases}y_2(1)+10\times 1+0.5\times 0+f_3(0)\\ y_2(2)+10\times 2+0.5\times 1+f_3(1)\\ y_2(3)+10\times 3+0.5\times 2+f_3(2)\\ y_2(4)+10\times 4+0.5\times 3+f_3(3)\\ y_2(5)+10\times 5+0.5\times 4+f_3(4)\\ y_2(6)+10\times 6+0.5\times 5+f_3(5)\end{cases}=\min\begin{cases}3+10+0+65\\ 3+20+0.5+55\\ 3+30+1+43\\ 3+40+1.5+33.5\\ 3+50+2+24\\ 3+60+2.5+14.5\end{cases}$$

$$= \min\begin{Bmatrix}78\\78.5\\77\\78\\79\\80\end{Bmatrix} = 77$$

若 $s_2=3$，则 $0\leqslant x_2\leqslant 6$，有

$$f_2(3)=\min\begin{Bmatrix}y_2(0)+10\times 0+0.5\times 0+f_3(0)\\y_2(1)+10\times 1+0.5\times 1+f_3(1)\\y_2(2)+10\times 2+0.5\times 2+f_3(2)\\y_2(3)+10\times 3+0.5\times 3+f_3(3)\\y_2(4)+10\times 4+0.5\times 4+f_3(4)\\y_2(5)+10\times 5+0.5\times 5+f_3(5)\\y_2(6)+10\times 6+0.5\times 6+f_3(6)\end{Bmatrix}=\min\begin{Bmatrix}0+0+0+65\\3+10+0.5+55\\3+20+1+43\\3+30+1.5+33.5\\3+40+2+24\\3+50+2.5+14.5\\3+60+3+2\end{Bmatrix}$$

$$= \min\begin{Bmatrix}65\\68.5\\67\\68\\69\\70\\68\end{Bmatrix} = 65$$

若 $s_2=4$，则 $0\leqslant x_2\leqslant 5$，有

$$f_2(4)=\min\begin{Bmatrix}y_2(0)+10\times 0+0.5\times 1+f_3(1)\\y_2(1)+10\times 1+0.5\times 2+f_3(2)\\y_2(2)+10\times 2+0.5\times 3+f_3(3)\\y_2(3)+10\times 3+0.5\times 4+f_3(4)\\y_2(4)+10\times 4+0.5\times 5+f_3(5)\\y_2(5)+10\times 5+0.5\times 6+f_3(6)\end{Bmatrix}=\min\begin{Bmatrix}0+0+0.5+55\\3+10+1+43\\3+20+1.5+33.5\\3+30+2+24\\3+40+2.5+14.5\\3+50+3+2\end{Bmatrix}$$

$$= \min\begin{Bmatrix}55.5\\57\\58\\59\\60\\58\end{Bmatrix} = 55.5$$

当 $k=1$，即第 1 阶段：

这时只有 $s_1=0$，则 $2\leqslant x_1\leqslant 6$

$$f_1(s_1)=\min_{\max\{2-s_1,0\}\leqslant x_1\leqslant\min\{6-s_1,6\}}\{y_1(x_1)+10\times x_1+0.5\times(s_1+x_1-2)+f_2(s_1+x_1-2)\}$$

$$f_1(0) = \min\begin{cases} y_1(2) + 10\times 2 + 0.5\times 0 + f_2(0) \\ y_1(3) + 10\times 3 + 0.5\times 1 + f_2(1) \\ y_1(4) + 10\times 4 + 0.5\times 2 + f_2(2) \\ y_1(5) + 10\times 5 + 0.5\times 3 + f_2(3) \\ y_1(6) + 10\times 6 + 0.5\times 4 + f_2(4) \end{cases} = \min\begin{cases} 3 + 20 + 0 + 97 \\ 3 + 30 + 0.5 + 87 \\ 3 + 40 + 1 + 77 \\ 3 + 50 + 1.5 + 65 \\ 3 + 60 + 2 + 55.5 \end{cases}$$

$$= \min\begin{cases} 120 \\ 120.5 \\ 121 \\ 119.5 \\ 120.5 \end{cases} = 119.5$$

因此，可得 $x_1^* = 5$，$s_2 = s_1 + x_1^* - 2 = 0 + 5 - 2 = 3$，当 $x_2^* = 0$ 时，$f_2(3)$ 取得最优值，$s_3 = s_2 + x_2^* - 3 = 3 + 0 - 3 = 0$，当 $x_3^* = 6$ 时，$f_3(0)$ 取得最优值，$s_4 = s_3 + x_3^* - 2 = 0 + 6 - 2 = 4$，$x_4^* = d_4 - s_4 = 4 - 4 = 0$，即最优解为 $x_1^* = 5$，$x_2^* = 0$，$x_3^* = 6$，$x_4^* = 0$。最优值为119.5，即最低总成本为119.5万元。

此问题的一般形式可写成以下静态规划模型：

$$\min z = \sum_{k=1}^{n} f_k(x_k)$$

$$\text{s.t.} \quad f_k(x_k) = y_k + a_1 x_k + a_2 s_{k+1}, \quad k = 1,2,\cdots,n$$

$$s_{k+1} = s_k + x_k - d_k, \quad k = 1,2,\cdots,n$$

$$s_1 = s_{n+1} = 0$$

$$y_k = \begin{cases} 0, & x_k = 0 \\ b, & x_k \neq 0 \end{cases}, \quad k = 1,2,\cdots,n$$

$$0 \leqslant x_k \leqslant c, \quad k = 1,2,\cdots,n$$

式中，n 表示阶段数，$n=4$；a_1 表示单位设备的采购成本，$a_1=10$；a_2 表示单位设备每季度的储存成本，$a_2=0.5$；b 表示每批设备的订货成本，$b=3$；c 表示每次订货的最大订货数量，$c=6$。

根据模型写出LINGO程序如下：

```
model:
min = f1 + f2 + f3 + f4;
!目标函数;
f1 =y1 +10 * x1 +0.5 * s2;
f2 =y2 +10 * x2 +0.5 * s3;
f3 =y3 +10 * x3 +0.5 * s4;
f4 =y4 +10 * x4 +0.5 * s5;
!阶段指标函数;
s1 =0;
s2 =s1 +x1 -2;
s3 =s2 +x2 -3;
```

```
s4 =s3 +x3 -2;
s5 =s4 +x4 -4;
s5 =0;
!状态转移方程;
y1 =@ if(x1#eq#0,0,3);
y2 =@ if(x2#eq#0,0,3);
y3 =@ if(x3#eq#0,0,3);
y4 =@ if(x4#eq#0,0,3);
!订货(固定)成本表达式(分段函数);
x1 <6;
x2 <6;
x3 <6;
x4 <6;
!决策变量的取值范围;
end
```

由于该模型属于非线性规划模型，需要调用 LINGO 软件的全局求解器求解，具体操作为依次点击工具栏中 LINGO→Options→Global Solver→Use Global Solver。求解结果如图 7－3 所示，可以看出已求出全局最优解，最优值为 119.5，最优解为 $x_1 = 5, x_3 = 6$，与动态规划的求解结果一致。

```
Global optimal solution found.
Objective value:                              119.5000
Objective bound:                              119.5000
Infeasibilities:                              0.5950795E-13
Extended solver steps:                               2
Total solver iterations:                           201

                       Variable           Value        Reduced Cost
                             F1        54.50000            0.000000
                             F3        65.00000            0.000000
                             Y1        3.000000            0.000000
                             X1        5.000000            0.000000
                             S2        3.000000            0.000000
                             Y3        3.000000            0.000000
                             X3        6.000000            0.000000
                             S4        4.000000            0.000000
```

图 7－3 采购与储存问题的 LINGO 求解结果

观察以上 LINGO 模型我们发现，有很多公式我们是重复输入的，而这些公式只是变量的下标不一样，其实 LINGO 软件给我们提供了一种更加便捷的编程方法，同一类公式只输入一次即可，这就要借助 LINGO 软件的集合段定义集合，再以集合中的元素为索引并借助@ for、@ sum 等集循环函数编写程序，一个好的求解程序通常模型与数据是分开的，这样更加便于调试和重复使用。关于这部分知识将在第 9 章和第 10 章具体介绍，本例的通用 LINGO 模型如下所示：

```
model:
sets:
```

```
stage/1..5/:f,x,y,s,d;
!f 表示阶段指标函数,x 表示决策变量,
y 表示固定成本函数,s 表示状态变量,d 表示需求量;
endsets

data:
a1 =10;!单位产品的采购成本;
a2 =0.5;!单位产品每季度的储存费用;
d =2 3 2 4 0;!每季度的需求量;
b =3;!订货费用(固定成本);
c =6;!每季度的最大采购量;
enddata

min =@ sum(stage(k) | k#le#4 :f(k));
!目标函数;
@ for(stage(k) | k#le#4 :f(k) =y(k) +a1 *x(k) +a2 *s(k +1));
!每阶段的费用 =采购成本 +储存费用;
@ for(stage(k) | k#le#4 :s(k +1) =s(k) +x(k) -d(k));
!下一阶段期初库存量 =上一阶段期初库存量 +生产量 -需求量;
s(1) =0;!第 1 阶段的初始库存量为 0;
s(5) =0;!第 5 阶段初始库存量,即第 4 阶段期末库存量为 0;
@ for(stage(k) | k#le#4 :y(k) =@ if(x(k)#eq#0,0,b));
!每季度只有采购产品,才产生订货费用;
@ for(stage(k) | k#le#4 :x(k) <c);
!每季度的订货量不大于其最大订货量;
end
```

通用 LINGO 模型的优势在于如果遇到同类问题，只需根据新问题的特征修改模型数据段中相应的数据，而模型其余部分不用修改。

3. 可靠性问题

若某种机器的工作系统由若干个元件串联而成，只要有一个元件失效，整个系统就不能工作。为了提高系统的可靠性，每个部件都装有备用元件，主元件和备用元件之间是并联关系，显然，备用元件越多，系统的可靠性就越高，但同时成本也相应提高。因此，工作系统的可靠性问题就是在成本的约束下，如何选择各部件的备用元件数，使整个系统的可靠性最高。

例 7-4　某电子设备由 A、B、C 3 种元件组成，3 种元件的单位价格分别是 30 元、15 元、20 元，可靠性分别是 0.9、0.8、0.5。要求在设计中所使用元件的总费用不超过 105 元。问应该如何设计才能使该电子设备的可靠性达到最高?

解：按元件类型将问题分为 3 个阶段，A、B、C 元件编号为 1，2，3。

决策变量 x_k 表示第 k 号元件的并联个数。

状态变量 s_k 表示能用在第 k 号元件至第 3 号元件的总费用。

状态转移方程 $s_{k+1} = s_k - c_k x_k$，其中 c_k 表示第 k 号元件的单价。

用 p_k 表示第 k 号元件正常工作的概率，该问题的基本方程为：

$$\begin{cases} f_k(s_k) = \max\limits_{1 \leqslant x_k \leqslant [s_k/c_k]} \{[1-(1-p_k)^{x_k}] \cdot f_{k+1}(s_{k+1})\}, \quad k = 3,2,1 \\ f_4(s_4) = 1 \end{cases}$$

$[s_k/c_k]$ 表示取不大于 s_k/c_k 的最大整数，“ [ ]”为取整符号，由此可得：

$$f_3(s_3) = \max_{1 \leqslant x_3 \leqslant [s_3/20]} \{1 - 0.5^{x_3}\}$$

$$f_2(s_2) = \max_{1 \leqslant x_2 \leqslant [s_2/15]} \{[1 - 0.2^{x_2}] \cdot f_3(s_2 - 15x_2)\}$$

$$f_1(s_1) = \max_{1 \leqslant x_1 \leqslant [s_1/30]} \{[1 - 0.1^{x_1}] \cdot f_2(s_1 - 30x_1)\}$$

由于要保障电子设备正常工作，各元件至少要有 1 个，因此，$1 \leqslant x_1 \leqslant 2$，$1 \leqslant x_2 \leqslant 3$，$1 \leqslant x_3 \leqslant 3$。又由于 $s_1 = 105$，因此只需求出 $f_1(105)$ 即可。

$$f_1(105) = \max_{1 \leqslant x_1 \leqslant 2} \{[1 - 0.1^{x_1}] \cdot f_2(105 - 30x_1)\} = \max\{0.9f_2(75), 0.99f_2(45)\}$$

$$\begin{aligned} f_2(75) &= \max_{1 \leqslant x_2 \leqslant 3} \{[1 - 0.2^{x_2}] \cdot f_3(75 - 15x_2)\} \\ &= \max\{0.8f_3(60), 0.96f_3(45), 0.992f_3(30)\} \end{aligned}$$

$$f_2(45) = \max_{1 \leqslant x_2 \leqslant 1} \{[1 - 0.2^{x_2}] \cdot f_3(45 - 15x_2)\} = 0.8f_3(30)$$

$$f_3(60) = \max_{1 \leqslant x_3 \leqslant 3} \{1 - 0.5^{x_1}\} = \max\{0.5, 0.75, 0.875\} = 0.875$$

$$f_3(45) = \max_{1 \leqslant x_3 \leqslant 2} \{1 - 0.5^{x_1}\} = \max\{0.5, 0.75\} = 0.75$$

$$f_3(30) = \max_{1 \leqslant x_3 \leqslant 1} \{1 - 0.5^{x_3}\} = 0.5$$

因此，有

$$\begin{aligned} f_2(75) &= \max\{0.8 \times 0.875, 0.96 \times 0.75, 0.992 \times 0.5\} = \max\{0.7, 0.72, 0.496\} \\ &= 0.72 \end{aligned}$$

$$f_2(45) = 0.8f_3(30) = 0.8 \times 0.5 = 0.4$$

$$f_1(105) = \max\{0.9 \times 0.72, 0.99 \times 0.4\} = \max\{0.648, 0.396\} = 0.648$$

从而求得最优解为 $x_1 = 1, x_2 = 2, x_3 = 2$，其总费用为 100 元，可靠性为 0.648。

该问题一般形式的静态规划模型为：

$$\max z = \sum_{k=1}^{n} f_k(x_k)$$

$$\text{s.t.} \quad f_k(x_k) = 1 - (1 - p_k)^{x_k}, \quad k = 1,2,\cdots,n$$

$$\sum_{k=1}^{n} c_k x_k \leqslant C$$

$$x_k \geqslant 1 \text{ 且为整数}, \quad k = 1,2,\cdots,n$$

式中，p_k 表示第 k 号元件正常工作的概率，c_k 表示第 k 号元件的单价，C 表示可供使用的总费用。本问题的 LINGO 程序如下：

```
model:
max = f1 * f2 * f3;
```

```
!目标函数;

f1 =1 -0.1^x1;
f2 =1 -0.2^x2;
f3 =1 -0.5^x3;
!阶段指标函数;

30 * x1 +15 * x2 +20 * x3 <105;
!约束条件;
@ gin(x1);
@ gin(x2);
@ gin(x3);
!决策变量的整数限制;
end
```

由于该问题为非线性规划，同样要用全局求解器求解，求解结果如图 7－4 所示，可见与动态规划的求解结果一致。

```
Global optimal solution found.
Objective value:                          0.6480000
Objective bound:                          0.6480000
Infeasibilities:                           0.000000
Extended solver steps:                            9
Total solver iterations:                        329


                  Variable           Value        Reduced Cost
                        F1       0.9000000            0.000000
                        F2       0.9600000            0.000000
                        F3       0.7500000            0.000000
                        X1        1.000000          -0.1657858
                        X2        2.000000     -0.4345477E-01
                        X3        2.000000          -0.1497197
```

图 7－4　可靠性问题的 LINGO 求解结果

4. 背包问题

所谓背包问题是指有 n 种具有不同价值和不同重量的物品，在背包装载重量有限制的情况下，决策各种物品应各取多少件放入背包，使背包中物品的总价值最大。

例 7－5　有 4 种物品可供选取（编号为 1、2、3、4），每种物品的重量分别为 1 千克、3 千克、4 千克、7 千克，价值分别为 2 万元、8 万元、11 万元、20 万元，假设背包的装载重量上限为 10 千克，问应如何选择物品放入背包使其总价值最大。

解：按照物品的种类将问题分为 4 个阶段。

阶段变量 k 表示第 k 次装载第 k 种物品，$k = 1,2,3,4$。

决策变量 x_k 表示第 k 次装载第 k 种物品的数量。

状态变量 s_k 表示第 k 次装载时背包还可以装载的重量。

状态转移方程为 $s_{k+1} = s_k - w_k x_k$，其中 w_k 表示第 k 种物品的重量。

阶段指标函数为 $v_k = c_k x_k$，其中 c_k 表示第 k 种物品的价值。

该问题的基本方程为：

$$\begin{cases} f_k(s_k) = \max\limits_{0 \leqslant x_k \leqslant [s_k/w_k]} \{c_k x_k + f_{k+1}(s_k - w_k x_k)\}, \quad k = 4,3,2,1 \\ f_5(s_5) = 0 \end{cases}$$

第 4 阶段：

$$f_4(s_4) = \max_{0 \leqslant x_4 \leqslant [s_4/w_4]} \{c_4 x_4\}$$

s_4 可能的取值为 0，1，…，10，当 $s_4 = 0,1,\cdots,6$ 时，$[s_4/w_4] = [s_4/7] = 0$，当 $s_4 = 7,8,\cdots,10$ 时，$[s_4/w_4] = [s_4/7] = 1$，因此，有

$$f_4(0) = f_4(1) = f_4(2) = f_4(3) = f_4(4) = f_4(5) = f_4(6) = 0$$

$$f_4(7) = f_4(8) = f_4(9) = f_4(10) = \max_{0 \leqslant x_4 \leqslant 1} \{20x_4\} = \max\{0,20\} = 20$$

第 3 阶段：

$$f_3(s_3) = \max_{0 \leqslant x_3 \leqslant [s_3/w_3]} \{c_3 x_3 + f_4(s_3 - w_3 x_3)\}$$

因为 s_3 最大为 10，又由于 $0 \leqslant x_3 \leqslant [s_3/w_3]$，因此 x_3 的取值只能是 0，1，2。

$$f_3(0) = \max_{0 \leqslant x_3 \leqslant 0} \{11x_3 + f_4(0 - 4x_3)\} = 0, f_3(1) = f_3(2) = f_3(3) = 0$$

$$f_3(4) = \max_{0 \leqslant x_3 \leqslant 1} \{11x_3 + f_4(4 - 4x_3)\} = \max\{0 + f_4(4), 11 + f_4(0)\} = 11$$

$$f_3(5) = \max_{0 \leqslant x_3 \leqslant 1} \{11x_3 + f_4(5 - 4x_3)\} = \max\{0 + f_4(5), 11 + f_4(1)\} = 11$$

$$f_3(6) = \max_{0 \leqslant x_3 \leqslant 1} \{11x_3 + f_4(6 - 4x_3)\} = \max\{0 + f_4(6), 11 + f_4(2)\} = 11$$

$$f_3(7) = \max_{0 \leqslant x_3 \leqslant 1} \{11x_3 + f_4(7 - 4x_3)\} = \max\{0 + f_4(7), 11 + f_4(3)\} = \max\{20, 11\}$$
$$= 20$$

$$f_3(8) = \max_{0 \leqslant x_3 \leqslant 2} \{11x_3 + f_4(8 - 4x_3)\} = \max \begin{Bmatrix} 0 + f_4(8) \\ 11 + f_4(4) \\ 22 + f_4(0) \end{Bmatrix} = \max \begin{Bmatrix} 0 + 20 \\ 11 + 0 \\ \underline{22 + 0} \end{Bmatrix} = 22$$

$$f_3(9) = \max_{0 \leqslant x_3 \leqslant 2} \{11x_3 + f_4(9 - 4x_3)\} = \max \begin{Bmatrix} 0 + f_4(9) \\ 11 + f_4(5) \\ 22 + f_4(1) \end{Bmatrix} = \max \begin{Bmatrix} 0 + 20 \\ 11 + 0 \\ \underline{22 + 0} \end{Bmatrix} = 22$$

$$f_3(10) = \max_{0 \leqslant x_3 \leqslant 2} \{11x_3 + f_4(10 - 4x_3)\} = \max \begin{Bmatrix} 0 + f_4(10) \\ 11 + f_4(6) \\ 22 + f_4(2) \end{Bmatrix} = \max \begin{Bmatrix} 0 + 20 \\ 11 + 0 \\ \underline{22 + 0} \end{Bmatrix} = 22$$

第 2 阶段：

$$f_2(s_2) = \max_{0 \leqslant x_2 \leqslant [s_2/w_2]} \{c_2 x_2 + f_3(s_2 - w_2 x_2)\}$$

因为 s_2 最大为 10，又由于 $0 \leqslant x_2 \leqslant [s_2/w_2]$，因此 x_2 的取值只能是 0，1，2，3。

$$f_2(0) = \max_{0 \leqslant x_2 \leqslant 0} \{8x_2 + f_3(0 - 3x_2)\} = 0, f_2(1) = f_2(2) = 0$$

$$f_2(3) = \max_{0 \leqslant x_2 \leqslant 1} \{8x_2 + f_3(3 - 3x_2)\} = \max\{0 + f_3(3), 8 + f_3(0)\} = \max\{0,8\} = 8$$

$$f_2(4) = \max_{0\leqslant x_2\leqslant 1}\{8x_2 + f_3(4-3x_2)\} = \max\{0+f_3(4), 8+f_3(1)\} = \max\{11, 8\} = 11$$

$$f_2(5) = \max_{0\leqslant x_2\leqslant 1}\{8x_2 + f_3(5-3x_2)\} = \max\{0+f_3(5), 8+f_3(2)\} = \max\{11, 8\} = 11$$

$$f_2(6) = \max_{0\leqslant x_2\leqslant 2}\{8x_2 + f_3(6-3x_2)\} = \max\begin{Bmatrix}0+f_3(6)\\8+f_3(3)\\16+f_3(0)\end{Bmatrix} = \max\begin{Bmatrix}0+11\\8+0\\\underline{16+0}\end{Bmatrix} = 16$$

$$f_2(7) = \max_{0\leqslant x_2\leqslant 2}\{8x_2 + f_3(7-3x_2)\} = \max\begin{Bmatrix}0+f_3(7)\\8+f_3(4)\\16+f_3(1)\end{Bmatrix} = \max\begin{Bmatrix}\underline{0+20}\\8+11\\16+0\end{Bmatrix} = 20$$

$$f_2(8) = \max_{0\leqslant x_2\leqslant 2}\{8x_2 + f_3(8-3x_2)\} = \max\begin{Bmatrix}0+f_3(8)\\8+f_3(5)\\16+f_3(2)\end{Bmatrix} = \max\begin{Bmatrix}\underline{0+22}\\8+11\\16+0\end{Bmatrix} = 22$$

$$f_2(9) = \max_{0\leqslant x_2\leqslant 3}\{8x_2 + f_3(9-3x_2)\} = \max\begin{Bmatrix}0+f_3(9)\\8+f_3(6)\\16+f_3(3)\\24+f_3(0)\end{Bmatrix} = \max\begin{Bmatrix}0+22\\8+11\\16+0\\\underline{24+0}\end{Bmatrix} = 24$$

$$f_2(10) = \max_{0\leqslant x_2\leqslant 3}\{8x_2 + f_3(10-3x_2)\} = \max\begin{Bmatrix}0+f_3(10)\\8+f_3(7)\\16+f_3(4)\\24+f_3(1)\end{Bmatrix} = \max\begin{Bmatrix}0+22\\\underline{8+20}\\16+11\\24+0\end{Bmatrix} = 28$$

第1阶段：

$$f_1(s_1) = \max_{0\leqslant x_1\leqslant [s_1/w_1]}\{c_1x_1 + f_2(s_1 - w_1x_1)\}$$

因为 $s_1 = 10$，故 x_1 的可能取值为0，1，2，…，10。

$$f_1(10) = \max_{0\leqslant x_1\leqslant 10}\{2x_1 + f_2(10-x_1)\} = \begin{Bmatrix}0+f_2(10)\\2+f_2(9)\\4+f_2(8)\\6+f_2(7)\\8+f_2(6)\\10+f_2(5)\\12+f_2(4)\\14+f_2(3)\\16+f_2(2)\\18+f_2(1)\\20+f_2(0)\end{Bmatrix} = \begin{Bmatrix}\underline{0+28}\\2+24\\4+22\\6+20\\8+16\\10+11\\12+11\\14+8\\16+0\\18+0\\20+0\end{Bmatrix} = 28$$

结合计算顺序反推之，可得最优解为 $x_1 = 0, x_2 = 1, x_3 = 0, x_4 = 1$，最优值为 28。

该问题的静态规划可写为：

$$\max z = \sum_{k=1}^{4} c_k x_k$$

$$\text{s. t.} \quad \sum_{k=1}^{n} w_k x_k \leqslant W$$

$$x_k \geqslant 0 \text{ 且为整数}, \quad k = 1,2,\cdots,4$$

其中，w_k 表示第 k 种物品的重量，c_k 表示第 k 种物品的价值，W 为背包的装载重量。该问题的 LINGO 程序如下：

```
model:
max =2 * x1 +8 * x2 +11 * x3 +20 * x4;

x1 +3 * x2 +4 * x3 +7 * x4 <10;

@ gin(x1);
@ gin(x2);
@ gin(x3);
@ gin(x4);
end
```

计算结果如图 7－5 所示，可见求解结果与动态规划的求解结果一致。

```
Global optimal solution found.
Objective value:                              28.00000
Objective bound:                              28.00000
Infeasibilities:                              0.000000
Extended solver steps:                               0
Total solver iterations:                             0


                       Variable           Value        Reduced Cost
                             X1        0.000000           -2.000000
                             X2        1.000000           -8.000000
                             X3        0.000000           -11.00000
                             X4        1.000000           -20.00000
```

图 7－5　背包问题的 LINGO 软件求解结果

5. TSP 问题

TSP 问题（traveling salesman problem）即旅行商问题，问题描述为假设有一个旅行商要拜访 n 个城市，他必须选择所要走的路径，路径的限制是每个城市只能拜访一次，而且最后要回到原来出发的城市。路径的选择目标是要求选择的路径路程为所有路径之中的最小值。

假设旅行商从城市 1 开始旅行，走到城市 i，记 N_i 为不包括城市 1 和城市 i 的所有城市的集合。S 表示到达城市 i 之前中途所经过的城市的集合，显然，$S \subseteq N_i$。

因此，可选取 (i,S) 作为描述过程的状态变量，决策为下一阶段到哪个城市，采用顺推法构建动态规划模型。定义最优指标函数 $f_k(i,S)$ 为从城市 1 开始经由 k 个中间城市（S 集合）再到城市 i 的最短路径的距离，则可写出动态规划的基本方程为：

$$\begin{cases} f_k(i,S) = \min\{f_{k-1}(j,S\setminus\{j\}) + d_{ji}\}, k = 1,2,\cdots,n-1; i = 2,3,\cdots,n; S \subseteq N_i \\ f_0(i,\varnothing) = d_{1i} \end{cases}$$

$p_k(i,S)$ 为最优决策函数，表示从城市 1 开始经由 k 个中间城市（S 集合）再到城市 i 的最短路径上，城市 i 的紧前城市（紧挨着的上一个城市）。

例 7－6 某快递站每天要负责 3 个社区的快递配送，各点之间的行车时间如表 7－2 所示，由于交通的问题，同一线路不同方向的行车时间有所不同。问快递员应该如何规划路径才能使从快递站出发，配送完 3 个社区再回到快递站的总时间最短。

表 7－2 快递站及社区间的行车时间

单位：分钟

项目		目的地			
		快递站	社区 1	社区 2	社区 3
出发地	快递站	0	24	50	38
	社区 1	22	0	32	23
	社区 2	47	35	0	15
	社区 3	39	27	17	0

解：记快递站的编号为0，由终端条件可知：$f_0(1,\varnothing) = d_{01} = 24$，$f_0(2,\varnothing) = d_{02} = 50$，$f_0(3,\varnothing) = d_{03} = 38$

当 $k = 1$ 时，即从快递站开始，中间经过一个社区到达社区 i 的最短距离是：

$$f_1(1,\{2\}) = f_0(2,\varnothing) + d_{21} = 50 + 35 = 85$$
$$f_1(1,\{3\}) = f_0(3,\varnothing) + d_{31} = 38 + 27 = 65$$
$$f_1(2,\{1\}) = f_0(1,\varnothing) + d_{12} = 24 + 32 = 56$$
$$f_1(2,\{3\}) = f_0(3,\varnothing) + d_{32} = 38 + 17 = 55$$
$$f_1(3,\{1\}) = f_0(1,\varnothing) + d_{13} = 24 + 23 = 47$$
$$f_1(3,\{2\}) = f_0(2,\varnothing) + d_{23} = 50 + 15 = 65$$

当 $k = 2$ 时，即从快递站开始，中间经过两个社区到达社区 i 的最短距离是：

$$\begin{aligned} f_2(1,\{2,3\}) &= \min(f_1(2,\{3\}) + d_{21},\ f_1(3,\{2\}) + d_{31}) \\ &= \min(\underline{55 + 35}, 65 + 27) = 90 \end{aligned}$$

所以：$p_2(1,\{2,3\}) = 2$

$$\begin{aligned} f_2(2,\{1,3\}) &= \min(f_1(1,\{3\}) + d_{12},\ f_1(3,\{1\}) + d_{32}) \\ &= \min(65 + 32, \underline{47 + 17}) = 64 \end{aligned}$$

所以：$p_2(2,\{1,3\}) = 3$

$$\begin{aligned} f_2(3,\{1,2\}) &= \min(f_1(1,\{2\}) + d_{13},\ f_1(2,\{1\}) + d_{23}) \\ &= \min(85 + 23, \underline{56 + 15}) = 71 \end{aligned}$$

所以：$p_2(3,\{1,2\}) = 2$

当 $k = 3$ 时，即从快递站开始，中间经过 3 个社区并回到快递站的最短距离是：

$$\begin{aligned} f_3(0,\{1,2,3\}) &= \min(f_2(1,\{2,3\}) + d_{10},\ f_2(2,\{1,3\}) + d_{20},\ f_2(3,\{1,2\}) + d_{30}) \\ &= \min(90 + 22, 64 + 47, \underline{71 + 39}) = 110 \end{aligned}$$

所以 $p_3(0,\{1,2,3\}) = 3$

由此可知，快递员的最短配送路径为 0→1→2→3→0，最短距离为 110。

关于 TSP 问题的静态规划模型以及 LINGO 求解程序请见第 10 章。

7.3.2 连续确定型动态规划

连续确定型动态规划是指决策变量和状态变量取连续值，演变过程是确定情况下的动态规划，它比离散确定型动态规划要复杂，在计算各阶段的最优解指标函数时往往不能计算出确切的值，只能依靠函数本身的性质进行推算。下面以机器负荷分配问题为例进行介绍。

例 7-7 某工厂的一种机器能在高低两种不同的负荷状态下运行。高负荷状态下的产量为 $8\mu_1$，其中 μ_1 为高负荷运行的机器数目，高负荷运行状态下年底有 70% 的机器保持完好，30% 的机器报废。低负荷状态下的产量为 $5\mu_2$，其中 μ_2 为低负荷运行的机器数目，低负荷运行状态下年底有 90% 的机器保持完好，10% 的机器报废。假设目前有 1 000 台完好的机器，问每年应该如何分配完好的机器，使其在高、低两种负荷下生产，才能使 5 年内的总产量最高？

解： 按照时间将问题分为 5 个阶段。

决策变量 x_k 表示第 k 年在高负荷状态下生产的机器数目。

状态变量 s_k 表示第 k 年年初拥有的完好的机器数目，则 $s_k - x_k$ 就为第 k 年在低负荷状态下生产的机器数目。

状态转移方程为 $s_{k+1} = 0.7x_k + 0.9(s_k - x_k)$。

阶段指标函数为 $v_k = 8x_k + 5(s_k - x_k)$。

该问题的基本方程为：

$$\begin{cases} f_k(s_k) = \max\limits_{0 \leqslant x_k \leqslant s_k} \{8x_k + 5(s_k - x_k) + f_{k+1}(s_{k+1})\}, \quad k = 5,4,3,2,1 \\ f_6(s_6) = 0 \end{cases}$$

第 5 阶段：

$$f_5(s_5) = \max_{0 \leqslant x_5 \leqslant s_5} \{8x_5 + 5(s_5 - x_5)\} = \max_{0 \leqslant x_5 \leqslant s_5} \{3x_5 + 5s_5\}$$

显然 $f_5(s_5)$ 是 x_5 的线性单调增函数，而 $0 \leqslant x_5 \leqslant s_5$，故有 $x_5^* = s_5$，$f_5(s_5) = 8s_5$。

第 4 阶段：

$$\begin{aligned} f_4(s_4) &= \max_{0 \leqslant x_4 \leqslant s_4} \{8x_4 + 5(s_4 - x_4) + f_5(s_5)\} = \max_{0 \leqslant x_4 \leqslant s_4} \{8x_4 + 5(s_4 - x_4) + 8s_5\} \\ &= \max_{0 \leqslant x_4 \leqslant s_4} \{8x_4 + 5(s_4 - x_4) + 8[0.7x_4 + 0.9(s_4 - x_4)]\} \\ &= \max_{0 \leqslant x_4 \leqslant s_4} \{1.4x_4 + 12.2s_4\} \end{aligned}$$

同样，$f_4(s_4)$ 是 x_4 的线性单调增函数，故有 $x_4^* = s_4$，$f_4(s_4) = 13.6s_4$。

第 3 阶段：

$$\begin{aligned} f_3(s_3) &= \max_{0 \leqslant x_3 \leqslant s_3} \{8x_3 + 5(s_3 - x_3) + f_4(s_4)\} = \max_{0 \leqslant x_3 \leqslant s_3} \{8x_3 + 5(s_3 - x_3) + 13.6s_4\} \\ &= \max_{0 \leqslant x_3 \leqslant s_3} \{8x_3 + 5(s_3 - x_3) + 13.6[0.7x_3 + 0.9(s_3 - x_3)]\} \\ &= \max_{0 \leqslant x_3 \leqslant s_3} \{0.28x_3 + 17.24s_3\} \end{aligned}$$

同样，$f_3(s_3)$ 是 x_3 的线性单调增函数，故有 $x_3^* = s_3$，$f_3(s_3) = 17.52s_3$。

第 2 阶段：

$$f_2(s_2) = \max_{0\leqslant x_2\leqslant s_2}\{8x_2 + 5(s_2 - x_2) + f_3(s_3)\} = \max_{0\leqslant x_2\leqslant s_2}\{8x_2 + 5(s_2 - x_2) + 17.52s_3\}$$
$$= \max_{0\leqslant x_2\leqslant s_2}\{8x_2 + 5(s_2 - x_2) + 17.52[0.7x_2 + 0.9(s_2 - x_2)]\}$$
$$= \max_{0\leqslant x_2\leqslant s_2}\{-0.504x_2 + 20.768s_2\}$$

这时，$f_2(s_2)$ 是 x_2 的线性单调减函数，故有 $x_2^* = 0$，$f_2(s_2) = 20.768s_2$。

第 1 阶段：

$$f_1(s_1) = \max_{0\leqslant x_1\leqslant s_1}\{8x_1 + 5(s_1 - x_1) + f_2(s_2)\} = \max_{0\leqslant x_1\leqslant s_1}\{8x_1 + 5(s_1 - x_1) + 20.768s_2\}$$
$$= \max_{0\leqslant x_1\leqslant s_1}\{8x_1 + 5(s_1 - x_1) + 20.768[0.7x_1 + 0.9(s_1 - x_1)]\}$$
$$= \max_{0\leqslant x_1\leqslant s_1}\{-1.1536x_1 + 23.6912s_1\}$$

$f_1(s_1)$ 是 x_1 的线性单调减函数，故有 $x_1^* = 0$，$f_1(s_1) = 23.6912s_1$。

由题意，$s_1 = 1\,000$，则 $f_1(1\,000) = 23\,691.2$，即 5 年内最大的总产量为 23 691 台。最优解为 $x_1^* = 0$，$x_2^* = 0$，$x_3^* = s_3$，$x_4^* = s_4$，$x_5^* = s_5$，即前两年把年初完好的机器全部用于低负荷生产，后 3 年把年初完好的机器全部用于高负荷生产。则 $s_2 = 0.9s_1 = 900$，$s_3 = 0.9s_2 = 810$，$s_4 = 0.7s_3 = 567$，$s_5 = 0.7s_4 = 396.9 \approx 397$，$s_6 = 0.7s_5 = 277.9 \approx 278$，即 5 年后还有 278 台机器是完好的。

上述问题没有规定 5 年后完好机器的数目，即对终端的状态没有要求，这种情况称为“终端自由问题”。如果规定在第 5 年结束时仍要保持 500 台机器完好，则称为“终端固定问题”。那这时应如何安排生产使总产量最大？

根据终端条件和状态转移方程有

$$s_6 = 0.7x_5 + 0.9(s_5 - x_5) = 500,\ 则\ x_5 = 4.5s_5 - 2\,500。$$

第 5 阶段：

$$f_5(s_5) = \max\{8(4.5s_5 - 2\,500) + 5(s_5 - 4.5s_5 + 2\,500)\} = \max\{18.5s_5 - 7\,500\}$$

第 4 阶段：

$$f_4(s_4) = \max_{0\leqslant x_4\leqslant s_4}\{8x_4 + 5(s_4 - x_4) + f_5(s_5)\}$$
$$= \max_{0\leqslant x_4\leqslant s_4}\{8x_4 + 5(s_4 - x_4) + 18.5s_5 - 7\,500\}$$
$$= \max_{0\leqslant x_4\leqslant s_4}\{8x_4 + 5(s_4 - x_4) + 18.5[0.7x_4 + 0.9(s_4 - x_4)] - 7\,500\}$$
$$= \max_{0\leqslant x_4\leqslant s_4}\{-0.7x_4 + 21.65s_4 - 7\,500\}$$

$f_4(s_4)$ 是 x_4 的线性单调减函数，故有 $x_4^* = 0$，$f_4(s_4) = 21.65s_4 - 7\,500$。

以此类推，得

$$x_3^* = x_2^* = x_1^* = 0$$
$$f_3(s_3) = 24.485s_3 - 7\,500$$
$$f_2(s_2) = 27.0365s_2 - 7\,500$$
$$f_1(s_1) = 29.333285s_1 - 7\,500$$

$s_2 = 0.9s_1 = 900$，$s_3 = 0.9s_2 = 810$，$s_4 = 0.9s_3 = 729$，$s_5 = 0.9s_4 = 656.1 \approx 656$。$x_5 = 4.5s_5 - 2\ 500 = 452$。因此，为了使第 5 年结束时仍保持 500 台机器完好，需安排前 4 年年初完好的机器全部低负荷生产，且在第 5 年投入 452 台机器高负荷生产、204 台机器低负荷生产。相应的最优指标为：

$$f_1(1\ 000) = 29.333\ 285 \times 1\ 000 - 7\ 500 = 21\ 832.85 \approx 21\ 833$$

即总产量为 21 833 台，可以看到，增加了附加条件后，总产量比终端自由情况下要低。

该问题的静态规划可写成：

$$\max z = \sum_{k=1}^{5} f_k$$

$$\text{s.t.}\quad f_k = 8x_k + 5(s_k - x_k),\quad k = 1,2,\cdots,5$$

$$s_{k+1} = 0.7x_k + 0.9(s_k - x_k),\quad k = 1,2,\cdots,5$$

$$s_1 = 1\ 000$$

$$0 \leqslant x_k \leqslant s_k,\quad k = 1,2,\cdots,5$$

对应的 LINGO 程序如下：

```
model:
sets:
stage/1..6/:f,x,s;
!定义阶段数集合,f,x,s 为集合的属性变量,f 表示阶段指标函数,
x 为决策变量,表示各阶段在高负荷状态下生产的机器数量,
s 为状态变量,表示各阶段期初拥有的完好机器数量;
endsets

max =@ sum(stage(k) | k#le#5:f(k));
!目标函数为各阶段指标函数相加;
@ for(stage(k) | k#le#5:f(k) =8 * x(k) +5 * (s(k) - x(k)));
!阶段指标函数;
@ for(stage(k) | k#le#5:s(k +1) =0.7 * x(k) +0.9 * (s(k) - x(k)));
!状态转移方程;
s(1) =1000;
!第一阶段期初有 1 000 台机器;
@ for(stage(k) | k#le#5:x(k) < s(k));
!约束条件为每阶段在高负荷状态下生产的机器数量不超过期初的机器数量;
end
```

运行程序，求解结果如图 7 - 6 所示，可以看出已经求出最优解与最优值，结果与动态规划的求解结果一致。

如果是终端固定的情况，只需在约束条件中增加 `s(6) =500` 即可，求解结果如图 7 - 7所示，可见结果也与动态规划的求解结果一致。

```
Global optimal solution found.
Objective value:                              23691.20
Infeasibilities:                              0.000000
Total solver iterations:                             3


                  Variable           Value        Reduced Cost
                     F( 1)        5000.000            0.000000
                     F( 2)        4500.000            0.000000
                     F( 3)        6480.000            0.000000
                     F( 4)        4536.000            0.000000
                     F( 5)        3175.200            0.000000
                     F( 6)        0.000000            0.000000
                     X( 1)        0.000000            1.153600
                     X( 2)        0.000000           0.5040000
                     X( 3)        810.0000            0.000000
                     X( 4)        567.0000            0.000000
                     X( 5)        396.9000            0.000000
                     X( 6)        0.000000            0.000000
                     S( 1)        1000.000            0.000000
                     S( 2)        900.0000            0.000000
                     S( 3)        810.0000            0.000000
                     S( 4)        567.0000            0.000000
                     S( 5)        396.9000            0.000000
                     S( 6)        277.8300            0.000000
```

图 7-6　终端自由的机器负荷分配问题的 LINGO 求解结果

```
Global optimal solution found.
Objective value:                              21832.85
Infeasibilities:                              0.000000
Total solver iterations:                             4


                  Variable           Value        Reduced Cost
                     F( 1)        5000.000            0.000000
                     F( 2)        4500.000            0.000000
                     F( 3)        4050.000            0.000000
                     F( 4)        3645.000            0.000000
                     F( 5)        4637.850            0.000000
                     F( 6)        0.000000            0.000000
                     X( 1)        0.000000            2.407300
                     X( 2)        0.000000            1.897000
                     X( 3)        0.000000            1.330000
                     X( 4)        0.000000           0.7000000
                     X( 5)        452.4500            0.000000
                     X( 6)        0.000000            0.000000
                     S( 1)        1000.000            0.000000
                     S( 2)        900.0000            0.000000
                     S( 3)        810.0000            0.000000
                     S( 4)        729.0000            0.000000
                     S( 5)        656.1000            0.000000
                     S( 6)        500.0000            0.000000
```

图 7-7　终端固定的机器负荷分配问题的 LINGO 求解结果

7.3.3　离散不确定型动态规划

离散不确定型动态规划是指状态的演变过程不是确定的，我们一般用概率分布来表示状态演变的不确定性，即对给定的状态和决策，下一阶段的状态是具有确定概率分布的随机变量，这个概率分布由本阶段的状态和决策确定。在离散不确定型动态规划中，由于下一阶段到达的状态不确定，其效益值就不确定，只能根据各阶段的期望效益值进行优化。该类型的动态规划一般写不出对应的静态规划模型，因此一般也无法用 LINGO 软件求解。

1. 新产品开发问题

例 7-8 甲公司欲委托乙公司开发一种新产品，由于市场需求，需要在 3 个月内交出一件合格样品，否则乙公司须支付甲公司 10 万元的违约金。根据乙公司有经验的技术人员估计，试制品合格的概率为 0.5，每次试制一批产品的装配费为 2 万元，每件产品的制造成本为 1 万元，每次试制的周期为 1 个月。问如何安排试制，每次生产多少件才能使得期望费用最低，如果甲公司的委托费是 5 万元，乙公司是否该接受委托？

解： 按时间将该问题分为 3 个阶段。

决策变量 x_k 表示第 k 阶段试制的产品数目。

状态变量 s_k 表示第 k 阶段试制前是否已经生产出合格样品，如果是，则记 $s_k=0$，如果否，则记 $s_k=1$。

生产一件合格品的概率为 0.5，则生产 x_k 件产品都不合格的概率为 0.5^{x_k}，那么至少有一件合格品的概率为 $1-0.5^{x_k}$，故状态转移方程为：

$$s_{k+1}=\begin{cases}1, & p=0.5^{x_k}\\ 0, & p=1-0.5^{x_k}\end{cases}$$

其中 p 表示概率。

用 $c_k(x_k)$ 表示第 k 阶段的试制费用，包括装配费用（固定成本）和制造费用（变动成本）。

$$c_k(x_k)=\begin{cases}0, & x_k=0\\ 2+x_k, & x_k>0\end{cases}$$

最优指标函数 $f_k(s_k)$ 表示从第 k 阶段至第 n 阶段的最低期望费用，如果在第 k 阶段之前就已经试制出合格品，则后面就无须再进行实验，即 $f_k(0)=0$。

如果 3 个月没有试制出一件合格品，则要承担 10 万元的违约金，因此，该问题的基本方程为：

$$\begin{cases}f_k(1)=\min\limits_{x_k\geqslant 0}\{c_k(x_k)+(1-0.5^{x_k})f_{k+1}(0)+0.5^{x_k}f_{k+1}(1)\}\\ \qquad\ =\min\limits_{x_k\geqslant 0}\{c_k(x_k)+0.5^{x_k}f_{k+1}(1)\},k=3,2,1\\ f_4(1)=10\end{cases}$$

第 3 阶段：

$$\begin{aligned}f_3(1)&=\min_{x_3\geqslant 0}\{c_3(x_3)+(1-0.5^{x_3})f_4(0)+0.5^{x_3}f_4(1)\}\\&=\min_{x_3\geqslant 0}\{c_3(x_3)+0.5^{x_3}\times 10\}\\&=\min\{10,8,6.5,6.25,6.63,7.31,\cdots\}\\&=6.25\end{aligned}$$

x_3 依次取 0，1，2，… 进行计算，可得 $x_3^*=3$，可以证明当 $x_3\geqslant 3$ 时，最优指标函数单调递增，因此后面的值省略计算。

第 2 阶段：

$$\begin{aligned} f_2(1) &= \min_{x_2 \geqslant 0}\{c_2(x_2) + (1-0.5^{x_2})f_3(0) + 0.5^{x_2}f_3(1)\} \\ &= \min_{x_2 \geqslant 0}\{c_2(x_2) + 0.5^{x_2} \times 6.25\} \\ &= \min\{6.25, 6.13, 5.56, 5.78, 6.39, \cdots\} \\ &= 5.56 \end{aligned}$$

x_2 依次取 0，1，2，⋯ 进行计算，可得 $x_2^* = 2$ 。

第 1 阶段：

$$\begin{aligned} f_1(1) &= \min_{x_1 \geqslant 0}\{c_1(x_1) + (1-0.5^{x_1})f_2(0) + 0.5^{x_1}f_2(1)\} \\ &= \min_{x_1 \geqslant 0}\{c_1(x_1) + 0.5^{x_1} \times 5.56\} \\ &= \min\{5.56, 5.78, 5.39, 5.70, 6.35, \cdots\} \\ &= 5.39 \end{aligned}$$

x_1 依次取 0，1，2，⋯ 进行计算，可得 $x_1^* = 2$ 。

因此，得到的最优策略是：在第 1 个月试制 2 件产品，如果都不合格，在第 2 个月试制 2 件产品，如果还是都不合格，则在第 3 个月试制 3 件产品。该策略的最低期望费用为 5.39 万元。因此，如果甲公司的委托费用只有 5 万元的话，乙公司则应该选择不接受委托。

2. 不确定情况下的采购问题

例 7－9　某建筑公司打算在 4 周内采购一批建筑材料，根据市场部门预测，该材料在未来 4 周内的价格有 3 种情况，即有 0.2 的概率为 500 元，有 0.3 的概率为 600 元，有 0.5 的概率为 700 元。由于工程进度需要，必须在 4 周内采购这批建筑材料，问该如何制定采购方案，才能使期望的采购费用最低。

解：按时间将该问题分为 4 个阶段。

决策变量 x_k 表示第 k 周是否采购，如果是，则 $x_k = 1$ ，如果否，则 $x_k = 0$ 。

状态变量 s_k 表示第 k 周该材料的实际价格。

用 s_k^E 表示第 k 周不采购，而在以后采取最优决策时采购价格的期望值，则

$$s_k^E = 0.2f_{k+1}(500) + 0.3f_{k+1}(600) + 0.5f_{k+1}(700)$$

该问题的基本方程为：

$$f_k(s_k) = \min\{s_k, s_k^E\}$$

第 4 阶段：

如果前 3 周都没有购买，则第 4 周必须购买，因此，$f_4(s_4) = s_4$ ，即 $f_4(500) = 500$ ，$f_4(600) = 600$ ，$f_4(700) = 700$ 。

第 3 阶段：

如果第 3 周购买，则需花费 s_3 ，如果不买，则必须在第 4 周购买，第 4 周采购费用的期望值为：

$$s_3^E = 0.2f_4(500) + 0.3f_4(600) + 0.5f_4(700) = 630$$

于是，有

$$f_3(s_3) = \min\{s_3, s_3^E\} = \min\{s_3, 630\}$$

$$f_3(s_3)=\begin{cases}500, & s_3=500\\600, & s_3=600\\630, & s_3=700\end{cases}$$

故第 3 周的最优决策为：

$$x_3=\begin{cases}1, & s_3=500 \text{ 或 } 600\\0, & s_3=700\end{cases}$$

第 2 阶段：

$$\begin{aligned}s_2^E&=0.2f_3(500)+0.3f_3(600)+0.5f_3(700)\\&=0.2\times500+0.3\times600+0.5\times630=595\end{aligned}$$

于是，有

$$f_2(s_2)=\min\{s_2,s_2^E\}=\min\{s_2,595\}$$

$$f_2(s_2)=\begin{cases}500, & s_2=500\\595, & s_2=600 \text{ 或 } 700\end{cases}$$

故第 2 周的最优决策为：

$$x_2=\begin{cases}1, & s_2=500\\0, & s_2=600 \text{ 或 } 700\end{cases}$$

第 1 阶段：

$$\begin{aligned}s_1^E&=0.2f_2(500)+0.3f_2(600)+0.5f_2(700)\\&=0.2\times500+0.3\times595+0.5\times595=576\end{aligned}$$

于是，有

$$f_1(s_1)=\min\{s_1,s_1^E\}=\min\{s_2,576\}$$

$$f_1(s_1)=\begin{cases}500, & s_1=500\\576, & s_1=600 \text{ 或 } 700\end{cases}$$

故第 1 周的最优决策为：

$$x_1=\begin{cases}1, & s_1=500\\0, & s_1=600 \text{ 或 } 700\end{cases}$$

综上，最优采购策略为：在第 1 周和第 2 周时，如果市场价格为 500 元，应立即采购，否则不采购；在第 3 周时，如果市场价格为 500 元或 600 元，则采购，否则不采购；如果等到第 4 周，则必须采购。以上策略可使采购费用的期望值最低，为 576 元。

练习题

1. 简述动态规划的步骤。

2. 简述动态规划的最优性原理。

3. 某运输公司接到一项运输任务，要求从 A 城市运一批货物到 I 城市，图 7 - 8 是该区域公路网，图中点表示城市，两点之间如果有连线，表示两个城市之间有公路直接连接，线段旁的数字表示该段公路的距离（单位：百千米），问应该如何制定运输方案，使得运输的总距离最短？

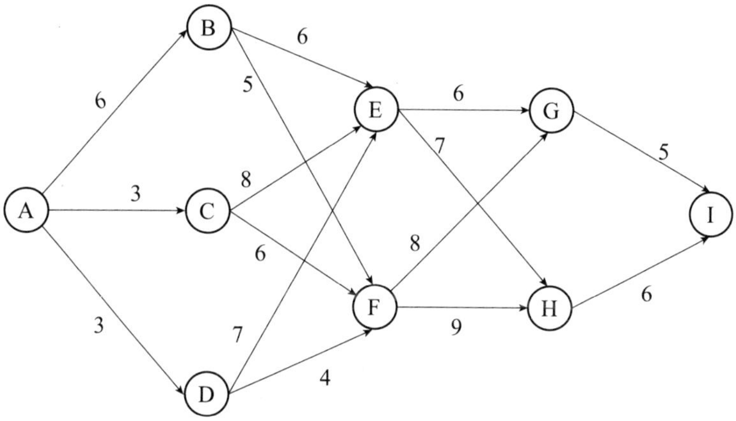

图 7－8　某区域的公路网

4. 石油公司需要铺设石油运输管道，如图 7－9 所示，其中 A 为起点，G 为终点，B、C、D、E、F 分别为 5 个必须建立油泵加压站的地区，每个地区有若干个候选点，如 B 地区的候选点为 B_1 和 B_2，图中的线段表示管道可铺设的位置，线段旁的数字表示铺设该段管道所需的费用（单位：万元），问如何铺设管道才能使总费用最低？

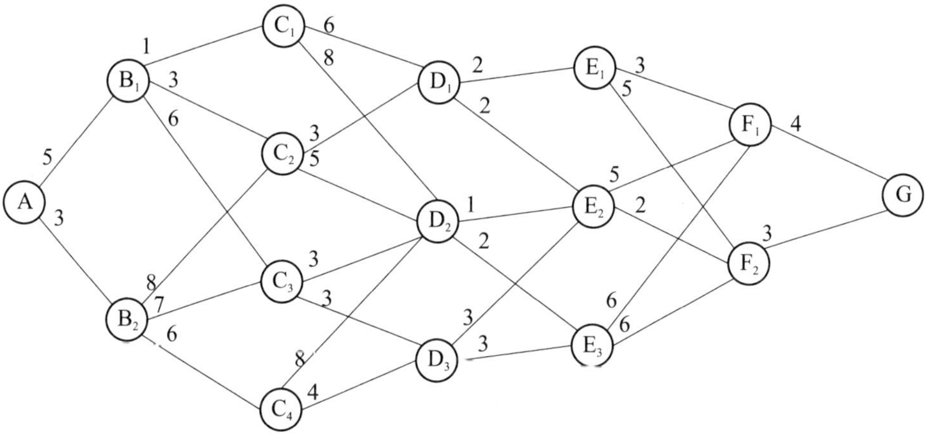

图 7－9　石油运输管道铺设路线图

5. 某公司现有 A、B、C 3 个项目，投资人欲追加 400 万元投资，3 个项目可以有不同的投资额度，相应的收益值如表 7－3 所示。问应如何分配资金，才能使总收益最大？

表 7－3　不同投资额度的项目的收益值

投资额度（百万元）	收益值（百万元）		
	项目 A	项目 B	项目 C
0	47	49	46
1	51	52	70
2	59	61	76
3	71	71	88
4	76	78	88

6. 某公司今年引进了6位高层次人才，可分配到4个部门，每个部门获得人才的数量不同，其预期增加的效益也不同，如表7-4所示，为了使总效益值增加最大，应如何分配这些高层次人才到各部门？

表7-4　高层次人才分配数量与各部门增加的效益值情况

高层次人才数	效益值（百万元）			
	部门1	部门2	部门3	部门4
0	0	0	0	0
1	3	2	3	4
2	6	3	6	5
3	7	5	7	6
4	7	7	8	6
5	7	9	8	6
6	7	10	8	6

7. 某大型设备制造企业需要对客户定制的产品制订4个月的生产计划，每个月客户的产品需求量分别为1台、2台、5台、3台。生产每批设备的固定费用为3万元，若不生产则不产生固定费用。每台大型设备的制造费用为10万元，若每个月月末有未销售的设备，每台设备将产生0.5万元的储存费用。该企业每个月的最大生产能力为6台，仓库的最大库存量为4台。应如何安排生产，才能在满足客户需求的情况下使总的费用最低？

8. 某工程项目周期为半年，每个月对水泥的需求分别为10吨、12吨、8吨、11吨、13吨、7吨，每采购一批水泥的固定成本为20 000元，水泥的单价为2 000元/吨，每个月月末未使用的水泥将产生500元/吨的储存费用，工地仓库的最大库存量为20吨。如何制订采购计划才能在满足需求的情况下使总费用最低？

9. 某饮料厂现引进4条自动化生产线，在试运行阶段发现每条生产线都有不同的故障率，为此公司决定为这4条生产线分配技术员，目前公司有3名技术员，经过实验，每条生产线出现故障的概率与分配技术人员的数目的关系如表7-5所示。应如何分配技术人员，才能使4条生产线出现故障的概率最低？

表7-5　不同人员分配下生产线的故障率

技术员数目	生产线故障率			
	生产线1	生产线2	生产线3	生产线4
0	0.25	0.4	0.2	0.5
1	0.2	0.3	0.15	0.2
2	0.15	0.25	0.1	0.15
3	0.1	0.2	0.05	0.1

10. 某电子设备由4种元件串联组成，4种元件的单位价格分别是3元、4元、5元、6元，可靠性分别是0.9、0.8、0.5、0.7。要求在设计中所使用元件的总费用不超过50元。应该如何设计才能使该电子设备的可靠性达到最高？

11. 某施工队一周（7天）内有4个工程可选择，工程种类、需要该工程的客户数量、工程所需工作日数量以及单位客户所获利润如表7－6所示。客户都要求工程在一周之内完成，因此施工队不可能接完所有工程，其他未接工程将交给公司的其他施工队处理。该施工队应如何选择工程项目，才能使所获利润最大？

表7－6　施工项目情况表

工程种类	需要该工程的客户数量	工程所需工作日数量	单位客户所获利润（万元）
修管道	4	1	1
砌墙	3	3	2
铺地砖	2	4	4
挖地基	1	6	7

12. 某仓库有效储存面积为100平米，现有客户委托储存A、B、C 3类货物，3类货物的单位占地面积分别为8平米、10平米、12平米，单位储存费用分别为5千元/年、6千元/年、7千元/年，该仓库应如何储存A、B、C 3种货物才能使总的储存费用（收入）最高？

13. 假设你从贵阳出发，计划自驾到重庆、成都、昆明、南宁4个城市旅游后回到贵阳。请制订一个旅游计划，即各城市的游玩顺序，使总的行驶距离最短，各城市之间的行驶距离可通过地图软件获取。

14. 在一个平面中有A、B、C、D 4个点，点的坐标分别为A（0，0）、B（25，62）、C（18，54）、D（7，44），两点之间的最短距离为直线距离，假设从A点出发，要一笔画连接B、C、D 3个点并回到A点，一笔画的最短距离是多少，应该怎样画？

15. 某公司购买了500台设备拟在今后4年内使用，设备可用于生产A、B两种产品。根据以往经验，当设备用于生产A产品时，每年年底将有30%的设备报废；用于生产B产品时，每年年底将有10%的设备报废。每台设备用于生产A产品时，每年可获得利润10万元；用于生产B产品时，每年可获得利润7万元。如何分配设备进行生产，才能使该公司4年内获得的利润最大？如果该公司希望4年后仍有200台完好的设备，应该如何分配设备进行生产？

16. 某建筑公司有100台挖掘机，每台挖掘机全年在高负荷状态下工作时可获利9万元，完好率是0.7；在正常负荷状态下工作时可获利6万元，完好率为0.95。假设公司要制订一个5年计划，这5年每年应该如何分配挖掘机的负荷，使总利润最大？

17. 甲公司欲委托乙公司开发一种新产品，由于市场需求，乙公司需要在4个月内交出一件合格样品，否则须支付甲公司20万元的违约金。根据乙公司有经验的技术人员估计，试制品合格的概率为0.6，每次试制一批产品的装配费为2万元，每件产品的制造成本为1万元，每次试制的周期为1个月。问如何安排试制，每次生产多少件才能使得期望费用最低，如果甲公司的委托费是10万元，乙公司是否应该接受委托？

18. 某建筑公司打算在5周内采购一批建筑材料，根据市场部门预测，该材料在未来5周内价格有3种情况：有0.3的概率为480元，有0.3的概率为600元，有0.4的概率为720元。由于工程进度需要，必须在5周内采购这批建筑材料，该如何制定采购方案，才能使期望的采购费用最低？

第8章 图与网络

本章首先介绍图与网络的基本概念，如点、边、弧、链、路、有向图、无向图、赋权图、网络等。其次介绍最短路问题、最小生成树问题、网络最大流问题、最小费用最大流问题等经典运筹学问题的传统求解方法和计算机求解方法以及应用案例。最后介绍如何绘制计划网络图，如何确定计划网络图中的关键路线，以及如何优化计划网络图。

8.1 图与网络的基本概念

8.1.1 引例

著名数学家欧拉 1736 年访问哥尼斯堡时发现，当地市民组织了一项非常有趣的消遣活动。哥尼斯堡城中有一条名叫普莱格尔的河，在河上建有 7 座桥如图 8-1(a) 所示，这项消遣活动是一次走过所有 7 座桥，每座桥只能经过一次，而且起点与终点必须是同一地点。图中 A、B 是陆地，C、D 是河中的两个小岛。欧拉把每一块陆地考虑成一个点，连接两块陆地的桥以线表示，把哥尼斯堡七桥问题抽象成如图 8-1(b) 所示的一笔画问题。

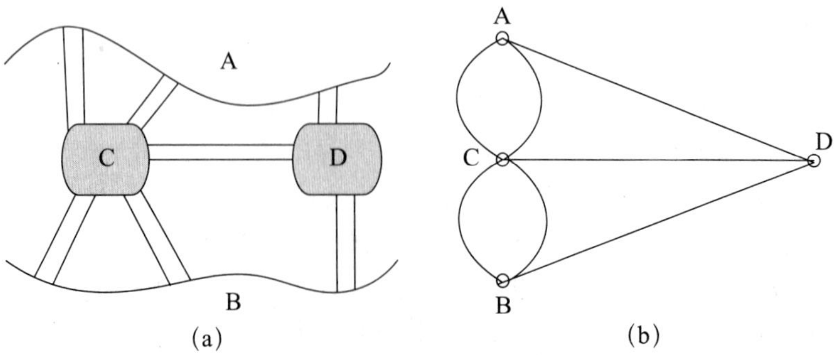

图 8-1　哥尼斯堡七桥问题

欧拉通过严格的数学推导证明此种走法是不可能的。详细的证明过程这里省略，他的基本思路是这样的，除了起点以外，每一次当一个人由一座桥进入一块陆地时，由于每座桥只能经过一次，他必须从另一座桥离开此陆地。所以每当一个人经过一块陆地时，需要计算两座桥。活动还要求起点与终点必须是同一地点，从起点离开后最后还要回到起点，也需要计算两座桥，因此每一块陆地与其他陆地连接的桥数必为偶数。而哥尼斯堡七桥问题中，没有一块陆地连接的桥数为偶数，因此上述任务是不可能完成的。

以上故事就是图论的起源。图论（graph theory）是运筹学的一个分支，它以图为研究对象。图论中的图是由若干给定的点及连接两点的线所构成的图形，这种图形通常用来描述某些事物之间的某种特定关系，用点表示事物，用连接两点的线表示相应两个事物间具有这种关系。随着信息技术及计算机技术的出现与应用，图论得到进一步发展，将庞大复杂的工程系统和管理问题用图描述，可以解决很多工程设计和管理决策的最优化问题。例如工程项目的工期最短问题、运输线路的距离最短问题、网络流量的最大化问题等。

8.1.2　相关概念

1. 点（vertex）和边（edge）

在实际问题中，人们常常用点和点之间的连线表示一些对象之间的关系。图 8－2 是一张简要铁路干线分布示意图，图中点表示城市，点和点之间的连线表示这两个城市之间的铁路线。诸如此类的还有地铁线路分布图、煤气管道图、航空线路图等。

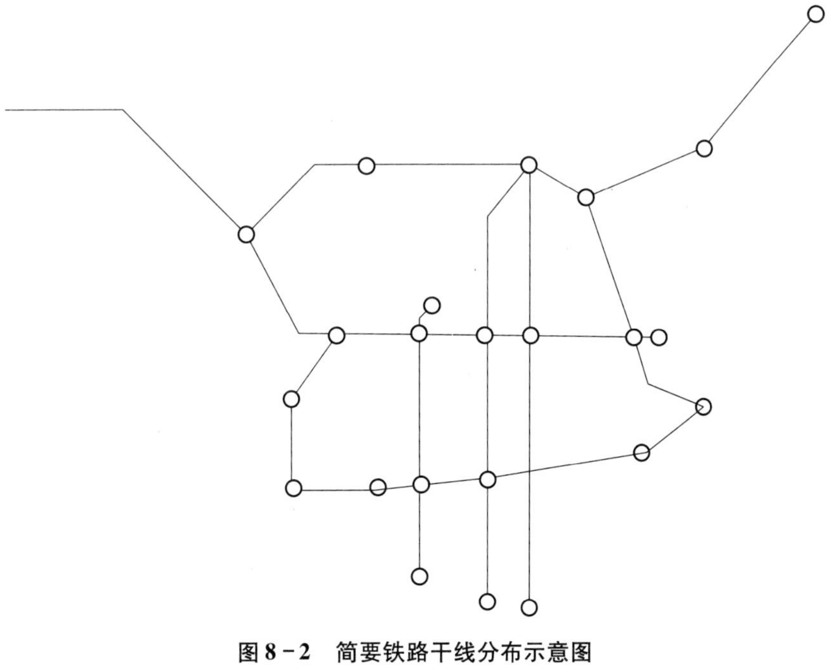

图 8－2　简要铁路干线分布示意图

再如，在一个群体中，我们可以用图来表示人们相互认识的关系，如图 8－3 所示，用 7 个点分别表示赵、钱、孙、李、周、吴、王 7 人，图论中的点通常用 v_i 表示，所以这 7 人分别用 $v_1, v_2, \cdots, v_7$ 表示。点之间的连线代表他们的相互认识关系，连线称为边，图

论中的边通常用 e_i 表示，由图 8－3 可知，赵、钱、孙三者相互认识，而李只和孙相互认识，王和吴相互认识，周和其他人都不相互认识。从这个例子可以看出图可以很好地描述和刻画对象之间的特定关系，但这只是图的基本作用之一，图论中的图不仅要描述对象之间的关系，还要研究特定关系之间的内在规律。在一般情况下，图中点的位置和线的长短曲直对反映对象之间的特定关系并不重要。例如，图 8－3 反映的关系我们也可以用图 8－4 表示，这两个图完全是等价的。因此，图论中的图不同于工程图、几何图、设计图等。

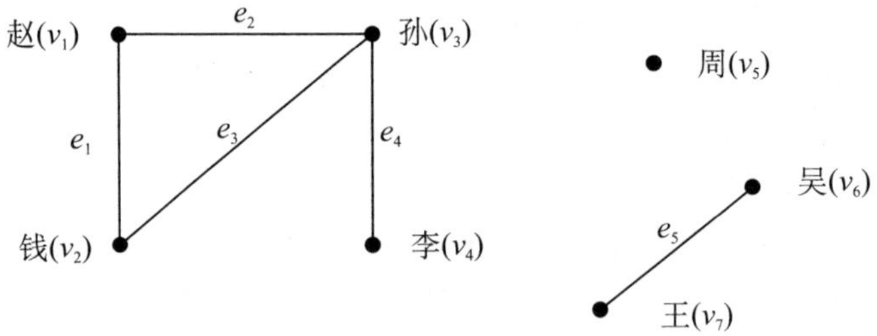

图 8－3　人群中相互认识关系图（无向图）

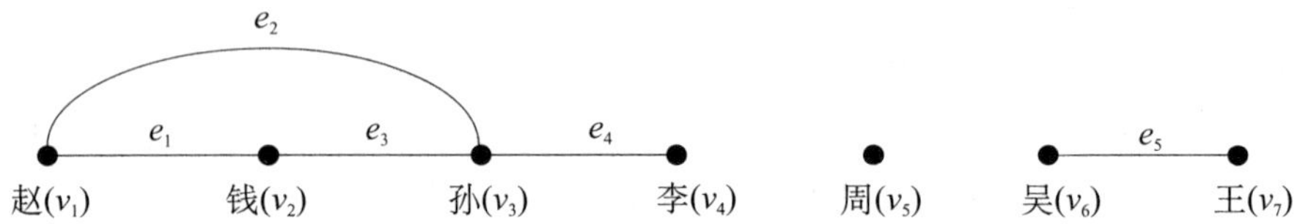

图 8－4　人群中相互认识关系图的另一种表述形式（无向图）

2. 弧（arc）

如果我们把上面例子中“相互认识”的关系改成“认识”的关系，那么只用两点之间的连线就很难刻画他们之间的关系了。例如，周认识赵，而赵却不认识周。这时我们可以引入带箭头的连线，称为弧，图论中的弧通常用 a_i 表示。图 8－5 就是反映这 7 个人“认识”关系的图，如果是“相互认识”，我们就用两条方向相反的弧来表示，如果只是“A 认识 B”，我们就用一条连接 A 和 B 且箭头指向 B 的弧来表示。

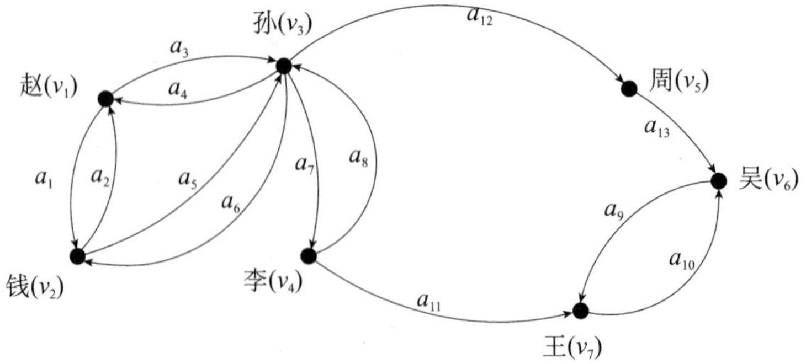

图 8－5　人群中相互认识关系图（有向图）

3. 无向图（undirected graph）与有向图（directed graph）

我们把像图 8－3 和图 8－4 这样由点和边组成的图称为无向图（简称图），无向图记为 G =（V，E），其中 V 表示图 G 的点集合，E 表示图 G 的边集合；像图 8－5 这样由点和弧组成的图称为有向图，有向图记为 D =（V，A），其中 V 表示图 D 的点集合，A 表示图 D 的弧集合。无向图实际上是一种特殊的有向图，无向图的边实际上等价于两条方向相反的弧。

4. 链（chain）与路（path）

在无向图中，由两两相邻的点及其相关联的边构成的点边序列（其中点和边不能重复）称为链，如图 8－3 中（v_1, e_1, v_2, e_3, v_3）就是一条链，我们可以只用顶点来表示，记为（v_1, v_2, v_3）。在无向图中，始点和终点重合的链就是一个圈（cycle）。图 8－3 中（v_1, v_2, v_3, v_1）就是一个圈。若一个无向图中，任意两点之间至少存在一条链，称这样的图为连通图（connected graph），如图 8－3 所示如果只看赵、钱、孙、李的关系就是个连通图，而整个图 8－3 是一个非连通图。无圈的连通图称为树。

在有向图中，由两两相邻的点及其相关联的弧构成的点边序列（其中点和弧不能重复）称为路，如图 8－5 中（$v_1, a_1, v_2, a_5, v_3, a_7, v_4$）就是一条路，我们可以只用顶点来表示，记为（$v_1, v_2, v_3, v_4$）。始点和终点重合的路叫做回路（circuit）。图 8－5 中（v_1, v_2, v_3, v_1）就是一条回路。

5. 赋权图（weighted graph）与网络（network）

对一个无向图 G 的每一条边（v_i, v_j），如果相应有个数 w_{ij}，则称这样的图 G 为赋权图，w_{ij}称为边（v_i, v_j）上的权；同样对于有向图 D 的每一条弧，如果相应有一个数 c_{ij}，也称这样的图 D 为赋权图，c_{ij} 称为弧（v_i, v_j）上的权。

在赋权的有向图中指定了一点，称为发点（或称为源，记为 v_s），指定另一点为收点（或称为汇，记为 v_t），其余的点称为中间点，并把图中的每一条弧的权数 c_{ij} 称为弧（v_i, v_j）的容量，这样的赋权有向图就称为网络。

网络最优化问题就是基于这样的网络，建立相应的网络模型，并求网络某一属性的最大值或最小值，如路径最短、流量最大、费用最低等问题。

8.2 最短路问题

在一个有向的赋权图中，指定一个发点 v_s 和一个收点 v_t，要求找到一条从 v_s 到 v_t 的路，使得这条路上所有弧的权数的总和最小，这条路称为从 v_s 到 v_t 的最短路。弧上的权数根据具体问题的要求可以表示路程的长度、行驶的时间、花费的成本等。

在整数规划和动态规划章节，我们分别用了 0－1 整数规划和动态规划的方法解决了最短路问题，现在我们尝试用图论的方法求解最短路问题。

8.2.1 狄克斯特拉算法

求解最短路问题的算法有很多，其中最著名的是狄克斯特拉（Dijkstra）算法和福特（Ford）算法。狄克斯特拉算法适用于解决所有权数大于等于 0 的最短路问题，不仅能求出从发点到收点的最短距离，而且可求出从发点到网络中任一点的最短距离。福特算法适用于有负权系数的最短路问题，它也能求出从发点到网络中任一点的最短距离。下面重点介绍狄克斯特拉算法，读者如果感兴趣，可自行查阅福特算法的相关资料进行学习。

狄克斯特拉算法也称双标号法，即对图中的点 v_j 赋予两个标号 (l_j,k_j)，第一个标号 l_j 表示从发点 v_s 到 v_j 的最短路长度，第二个标号 k_j 表示在 v_s 到 v_j 的最短路上 v_j 前面一个邻点的下标。算法步骤如下。

步骤 1：给发点 v_1 标号 $(0,s)$，表示从 v_1 到 v_1 的距离为 0，v_1 为发点。

步骤 2：找出已标号的点的集合 I、没标号的点的集合 J，以及已标号的点到未标号的点的弧的集合 $\{(v_i,v_j) \mid v_i \in I, v_j \in J\}$。

步骤 3：如果步骤 2 的弧的集合是空集，则计算结束。这时如果 v_t 已标号 (l_t,k_t)，则 v_s 到 v_t 的距离即为 l_t，而从 v_s 到 v_t 的最短路径通过第 2 个标号反向追踪得到；如果 v_t 未标号，则不存在 v_s 到 v_t 的有向路，也就不存在最短路。如果步骤 2 的弧的集合不是空集，则转到步骤 4。

步骤 4：对步骤 2 的弧的集合中的每一条弧计算 $s_{ij} = l_i + c_{ij}$。在所有的 s_{ij} 中，找到值最小的弧，假设此弧为 (v_c,v_d)，则给此弧的收点以双标号 (s_{cd},c)，返回步骤 2。

如果在计算过程中，使得 s_{ij} 值最小的弧有多条，则这些弧的收点即可以任选一个标定，也可以都予以标定，但如果这些弧中的有些弧的收点为同一点，则此点应有多个双标号，以便最后可找到多条最短路。

例 8－1　图 8－6 是一个单向道路系统。大批物资集中在出发地 v_1，要求用车尽快运输到目的地 v_7。$v_2 \sim v_6$ 是中间站。图中数字为相邻两站间的距离。求 v_1 到 v_7 的最短路。

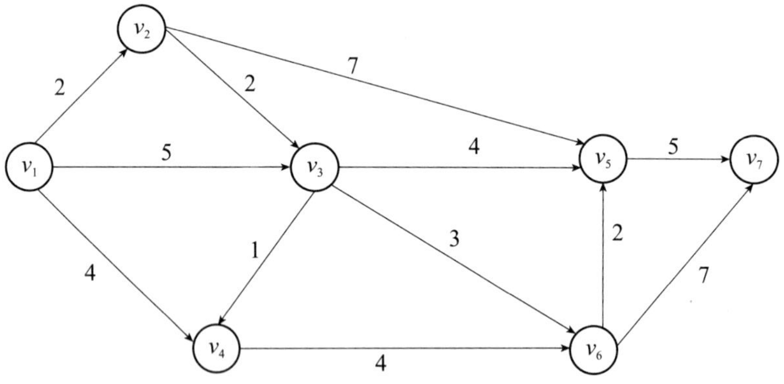

图 8－6　单向道路系统

解：(1) 给发点 v_1 标号 $(0,s)$。

(2) 这时已标号的点的集合 $I = \{v_1\}$，未标号的点的集合 $J = \{v_2,v_3,v_4,v_5,v_6,v_7\}$，已标号的点到未标号的点的弧的集合 $\{(v_i,v_j) \mid v_i \in I, v_j \in J\} = \{(v_1,v_2),(v_1,v_3),(v_1,v_4)\}$，并有

$$s_{12} = l_1 + c_{12} = 0 + 2 = 2$$

$$s_{13} = l_1 + c_{13} = 0 + 5 = 5$$

$$s_{14} = l_1 + c_{14} = 0 + 4 = 4$$

$$\min\{s_{12},s_{13},s_{14}\} = s_{12} = 2$$

因此，我们给弧 (v_1, v_2) 的终点 v_2 标以（2，1），表示从 v_1 到 v_2 的最短距离为 2，并且在 v_1 到 v_2 的最短路径中 v_2 的前面一个点是 v_1。

（3）这时已标号的点的集合 $I = \{v_1, v_2\}$，未标号的点的集合 $J = \{v_3, v_4, v_5, v_6, v_7\}$，已标号的点到未标号的点的弧的集合 $\{(v_i, v_j) \mid v_i \in I, v_j \in J\} = \{(v_1, v_3), (v_1, v_4), (v_2, v_3), (v_2, v_5)\}$，并有

$$s_{23} = l_2 + c_{23} = 2 + 2 = 4$$

$$s_{25} = l_2 + c_{25} = 2 + 7 = 9$$

$$\min\{s_{13}, s_{14}, s_{23}, s_{25}\} = s_{14} = 4$$

因此，我们给弧 (v_1, v_4) 的终点 v_4 标以（4，1），表示从 v_1 到 v_4 的最短距离为 4，并且在 v_1 到 v_4 的最短路径中 v_4 的前面一个点是 v_1。

（4）这时已标号的点的集合 $I = \{v_1, v_2, v_4\}$，未标号的点的集合 $J = \{v_3, v_5, v_6, v_7\}$，已标号的点到未标号的点的弧的集合 $\{(v_i, v_j) \mid v_i \in I, v_j \in J\} = \{(v_1, v_3), (v_2, v_3), (v_2, v_5), (v_4, v_6)\}$，并有

$$s_{46} = l_4 + c_{46} = 4 + 4 = 8$$

$$\min\{s_{13}, s_{23}, s_{25}, s_{46}\} = s_{23} = 4$$

因此，我们给弧 (v_2, v_3) 的终点 v_3 标以（4，2），表示从 v_1 到 v_3 的最短距离为 4，并且在 v_1 到 v_3 的最短路径中 v_3 的前面一个点是 v_2。

（5）这时已标号的点的集合 $I = \{v_1, v_2, v_3, v_4\}$，未标号的点的集合 $J = \{v_5, v_6, v_7\}$，已标号的点到未标号的点的弧的集合 $\{(v_i, v_j) \mid v_i \in I, v_j \in J\} = \{(v_2, v_5), (v_4, v_6), (v_3, v_5), (v_3, v_6)\}$，并有

$$s_{35} = l_3 + c_{35} = 4 + 4 = 8$$

$$s_{36} = l_3 + c_{36} = 4 + 3 = 7$$

$$\min\{s_{25}, s_{46}, s_{35}, s_{36}\} = s_{36} = 7$$

因此，我们给弧 (v_3, v_6) 的终点 v_6 标以（7，3），表示从 v_1 到 v_6 的最短距离为 7，并且在 v_1 到 v_6 的最短路径中 v_6 的前面一个点是 v_3。

（6）这时已标号的点的集合 $I = \{v_1, v_2, v_3, v_4, v_6\}$，未标号的点的集合 $J = \{v_5, v_7\}$，已标号的点到未标号的点的弧的集合 $\{(v_i, v_j) \mid v_i \in I, v_j \in J\} = \{(v_2, v_5), (v_3, v_5), (v_6, v_5), (v_6, v_7)\}$，并有

$$s_{65} = l_6 + c_{65} = 7 + 2 = 9$$

$$s_{67} = l_6 + c_{67} = 7 + 7 = 14$$

$$\min\{s_{25}, s_{35}, s_{65}, s_{67}\} = s_{35} = 8$$

因此，我们给弧 (v_3, v_5) 的终点 v_5 标以（8，3），表示从 v_1 到 v_5 的最短距离为 8，并且在 v_1 到 v_5 的最短路径中 v_5 的前面一个点是 v_3。

（7）这时已标号的点的集合 $I = \{v_1, v_2, v_3, v_4, v_5, v_6\}$，未标号的点的集合 $J = \{v_7\}$，已标号的点到未标号的点的弧的集合 $\{(v_i, v_j) \mid v_i \in I, v_j \in J\} = \{(v_6, v_7), (v_5, v_7)\}$，并有

$$s_{57} = l_5 + c_{57} = 8 + 5 = 13$$

$$\min\{s_{67}, s_{57}\} = s_{57} = 13$$

因此，我们给弧 (v_5, v_7) 的终点 v_7 标以（13，5），表示从 v_1 到 v_7 的最短距离为 13，并且在 v_1 到 v_7 的最短路径中 v_7 的前面一个点是 v_5。

由于已经没有未标号的点，计算结束，得到最优结果。

根据计算的结果反推，v_7 前面的点是 v_5，v_5 前面的点是 v_3，v_3 前面的点是 v_2，v_2 前面的点是 v_1 。因此得到最短路径为 $v_1 \to v_2 \to v_3 \to v_5 \to v_7$，最短距离为 13。

此外，我们还可以求出 v_1 到任意点的最短路径，如 v_1 到 v_6 的最短路径为 $v_1 \to v_2 \to v_3 \to v_6$，最短距离为 7。

例 8 - 1 中各点的标号如图 8 - 7 所示。

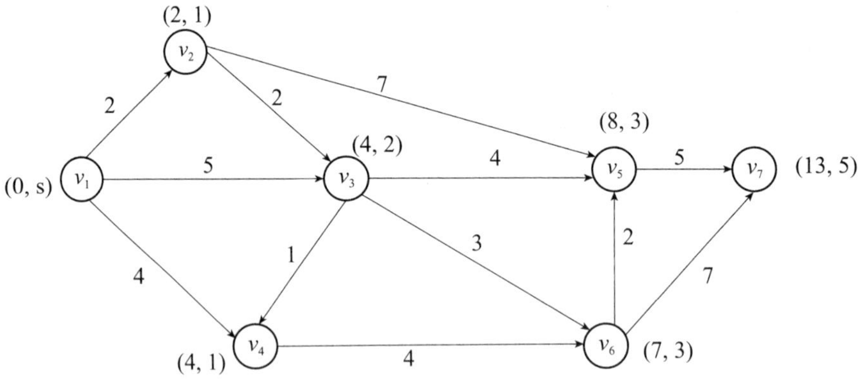

图 8 - 7　单向道路系统最短路标号

8.2.2　最短路问题的应用

最短路问题的应用范围非常广泛，可用来解决管路铺设、线路安装、厂区布局和设备更新等实际问题，解决问题的关键在于如何从问题的本质中抽象出正确的网络图。下面以设备更新问题为例，演示如何根据问题的特性抽象出正确的网络图。

例 8 - 2　某公司使用一台设备，在每年年初，公司就要决定是购置新设备还是继续使用旧设备。如果购置新设备，就要支付一定的购置费，当然新设备的维修费用低。如果继续使用旧设备，可以省去购置费，但维修费用高。已知，设备每年年初的价格如表 8 - 1 所示，设备维修费如表 8 - 2 所示。请设计一个 5 年之内的更新设备计划，使得 5 年内总的购置费用和维修费用最低。

表 8 - 1　设备购置费　　单位：万元

年份	1	2	3	4	5
年初价格	11	11	12	12	13

表 8 - 2　设备维修费　　单位：万元

使用年数	0 ~ 1	1 ~ 2	2 ~ 3	3 ~ 4	4 ~ 5
每年维修费用	5	6	8	11	18

解：要用求解最短路问题的方法，需先针对已知条件构造相应的网络，即找到问题的点、弧、权。如图 8 - 8 所示，用 v_i 表示“第 i 年年初购进一台新设备”，弧 (v_i, v_j) 表示第 i 年年初购进的设备一直使用到第 j 年年初。弧 (v_i, v_j) 上的权 c_{ij} 表示第 i 年年初购进的设备一直使用到第 j 年年初的总费用，可根据表 8 - 1 和表 8 - 2 计算得出，如 c_{16} 表示

第 1 年年初购进设备，购买费为 11 万元，一直使用到第 6 年年初，维修费用为 5 年的维修费用总和，即 5 +6 +8 +11 +18 =48 万元，总费用就等于 11 +48 =59 万元；c_{35} 表示第 3 年年初购进设备，购买费为 12 万元，一直使用到第 5 年年初，使用了 2 年，所以维修费用为5 +6 =11 万元，总费用为 12 +11 =23 万元。同理可计算出其他弧的权数。

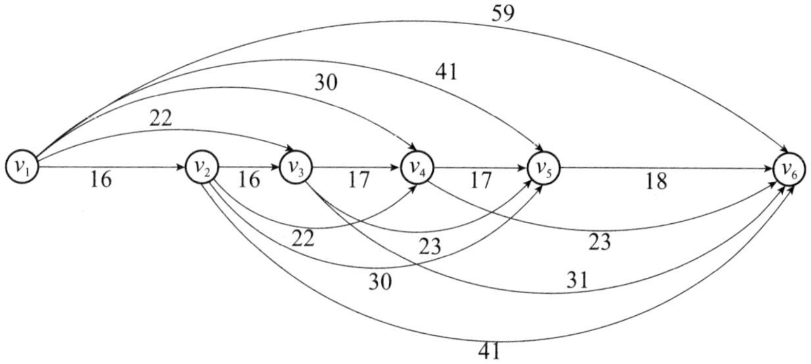

图 8－8　设备更新问题网络图

下面用狄克特斯拉算法求解该最短路问题。

（1）给发点 v_1 标号 $(0,s)$。

（2）这时已标号的点的集合 $I=\{v_1\}$，未标号的点的集合 $J=\{v_2,v_3,v_4,v_5,v_6\}$，已标号的点到未标号的点的弧的集合 $\{(v_i,v_j)\mid v_i\in I,v_j\in J\}=\{(v_1,v_2),(v_1,v_3),(v_1,v_4),(v_1,v_5),(v_1,v_6)\}$，并有

$$s_{12}=l_1+c_{12}=0+16=16$$

$$s_{13}=l_1+c_{13}=0+22=22$$

$$s_{14}=l_1+c_{14}=0+30=30$$

$$s_{15}=l_1+c_{15}=0+41=41$$

$$s_{16}=l_1+c_{16}=0+59=59$$

$$\min\{s_{12},s_{13},s_{14},s_{15},s_{16}\}=s_{12}=16$$

因此，我们给弧 (v_1,v_2) 的收点 v_2 标以（16，1），表示从 v_1 到 v_2 的最短距离为 16，并且在 v_1 到 v_2 的最短路径中 v_2 的前面一个点是 v_1。

（3）这时已标号的点的集合 $I=\{v_1,v_2\}$，未标号的点的集合 $J=\{v_3,v_4,v_5,v_6\}$，已标号的点到未标号的点的弧的集合 $\{(v_i,v_j)\mid v_i\in I,v_j\in J\}=\{(v_1,v_3),(v_1,v_4),(v_1,v_5),(v_1,v_6),(v_2,v_3),(v_2,v_4),(v_2,v_5),(v_2,v_6)\}$，并有

$$s_{23}=l_2+c_{23}=16+16=32$$

$$s_{24}=l_2+c_{24}=16+22=38$$

$$s_{25}=l_2+c_{25}=16+30=46$$

$$s_{26}=l_2+c_{26}=16+41=57$$

$$\min\{s_{13},s_{14},s_{15},s_{16},s_{23},s_{24},s_{25},s_{26}\}=s_{13}=22$$

因此，我们给弧 (v_1,v_3) 的终点 v_3 标以（22，1），表示从 v_1 到 v_3 的最短距离为 22，并且在 v_1 到 v_3 的最短路径中 v_3 的前面一个点是 v_1。

（4）这时已标号的点的集合 $I=\{v_1,v_2,v_3\}$，未标号的点的集合 $J=\{v_4,v_5,v_6\}$，已

标号的点到未标号的点的弧的集合 $\{(v_i,v_j)\mid v_i\in I,v_j\in J\}=\{(v_1,v_4),(v_1,v_5),(v_1,v_6),(v_2,v_4),(v_2,v_5),(v_2,v_6),(v_3,v_4),(v_3,v_5),(v_3,v_6)\}$，并有

$$s_{34}=l_3+c_{34}=22+17=39$$

$$s_{35}=l_3+c_{35}=22+23=45$$

$$s_{36}=l_3+c_{36}=22+31=53$$

$$\min\{s_{14},s_{15},s_{16},s_{24},s_{25},s_{26},s_{34},s_{35},s_{36}\}=s_{14}=30$$

因此，我们给弧 (v_1,v_4) 的终点 v_4 标以（30，1），表示从 v_1 到 v_4 的最短距离为 30，并且在 v_1 到 v_4 的最短路径中 v_4 的前面一个点是 v_1。

（5）这时已标号的点的集合 $I=\{v_1,v_2,v_3,v_4\}$，未标号的点的集合 $J=\{v_5,v_6\}$，已标号的点到未标号的点的弧的集合 $\{(v_i,v_j)\mid v_i\in I,v_j\in J\}=\{(v_1,v_5),(v_1,v_6),(v_2,v_5),(v_2,v_6),(v_3,v_5),(v_3,v_6),(v_4,v_5),(v_4,v_6)\}$，并有

$$s_{45}=l_4+c_{45}=30+17=47$$

$$s_{46}=l_4+c_{46}=30+23=53$$

$$\min\{s_{15},s_{16},s_{25},s_{26},s_{35},s_{36},s_{45},s_{46}\}=s_{15}=41$$

因此，我们给弧 (v_1,v_5) 的终点 v_5 标以（41，1），表示从 v_1 到 v_5 的最短距离为 41，并且在 v_1 到 v_5 的最短路径中 v_5 的前面一个点是 v_1。

（6）这时已标号的点的集合 $I=\{v_1,v_2,v_3,v_4,v_5\}$，未标号的点的集合 $J=\{v_6\}$，已标号的点到未标号的点的弧的集合 $\{(v_i,v_j)\mid v_i\in I,v_j\in J\}=\{(v_1,v_6),(v_2,v_6),(v_3,v_6),(v_4,v_6),(v_5,v_6)\}$，并有

$$s_{56}=l_5+c_{56}=41+18=59$$

$$\min\{s_{16},s_{26},s_{36},s_{46},s_{56}\}=s_{36}=s_{46}=53$$

这里最小值对应的弧有两条，且两条弧的终点都是 v_6，这时两条弧都需要标号，以便求出多个最优解。因此，我们给弧 (v_3,v_6) 的收点 v_6 标以（53，3），给弧 (v_4,v_6) 的收点 v_6 标以（53，4），表示从 v_1 到 v_6 的最短距离为 53，并且在 v_1 到 v_6 的最短路径中 v_6 的前面一个点是 v_3 或 v_4。

这时所有的点已标号，表明已求出最优解，最短路径有两条，即 $v_1\to v_3\to v_6$ 和 $v_1\to v_4\to v_6$，最优值为 53 万元。各点的标号如图 8－9 所示。

最优方案为第 3 年年初或第 4 年年初更换一次设备。

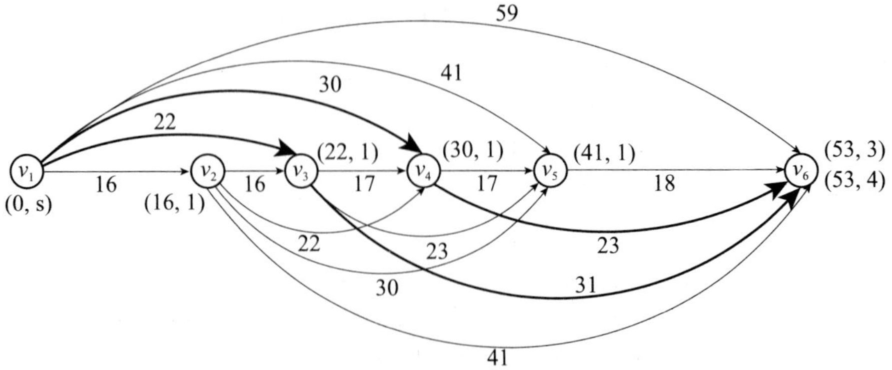

图 8－9　设备更新问题求解结果

8.3　最小生成树问题

树是图论中的一个重要概念，所谓树就是一个无圈的连通图，记为 T =（V，E）。假设无向图 G_1 =（V_1，E_1），G_2 =（V_2，E_2），如果 $V_2 \subseteq V_1$、$E_2 \subseteq E_1$，称 G_2是 G_1的子图；如果 $V_2 \subset V_1$、$E_2 \subset E_1$，称 G_2是 G_1的真子图；如果 $V_2 = V_1$，$E_2 \subset E_1$，称 G_2是 G_1的生成图。如果这个生成图还是一个树，称这个生成图为生成树（spanning tree）。如图 8－10 所示，G_2是 G_1的真子图；G_3是 G_1的生成图但不是生成树，因为该图不是连通图；G_4是 G_1的生成树。

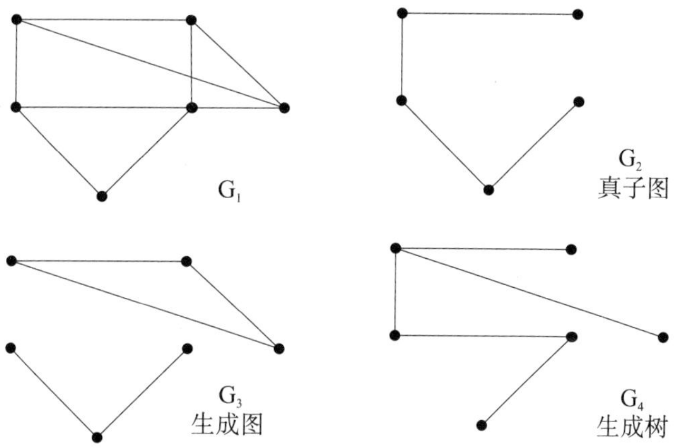

图 8－10　真子图、生成图与生成树

最小生成树问题就是在一个赋权的连通无向图 G 中找出一个生成树，并使得这个生成树的所有边的权数之和最小。

树有以下性质。

性质 1：树中任意两个顶点之间只有唯一的一条链。

性质 2：图中任意两个顶点之间有且仅有一条链，则该图是一棵树。

性质 3：如果树的顶点个数为 m，则边的个数为 $m-1$。

性质 4：任何一个顶点个数为 m，边数为 m－1 的连通图是一棵树。

性质 5：在树的任意两个不相邻的顶点之间增加一条边，则形成唯一的圈。

求最小生成树的破圈法：①在网络图中寻找一个圈。若不存在圈，则已经得到最小生成树，或网络中不存在生成树；②去掉该圈中权数最大的边。

反复重复①②两步，直到求出最小生成树。

例 8－3　某大学准备对其所属的 8 个学院的计算机联网，这个网络可能联通的途径如图 8－11 所示。图中 $v_1, v_2, \cdots, v_8$ 表示 8 个学院，请设计一个网络能联通 8 个学院，并使得总的线路长度最短。

解：求解过程如图 8－12 所示。

在图 8－12 中任意找一个圈，如（v_1, v_2, v_3, v_1），去掉该圈中权数最大的边（v_1, v_2）；再任意找一个圈，如（v_1, v_3, v_2, v_4, v_1），去掉该圈中权数最大的边（v_2, v_4）；再任意找一个圈，

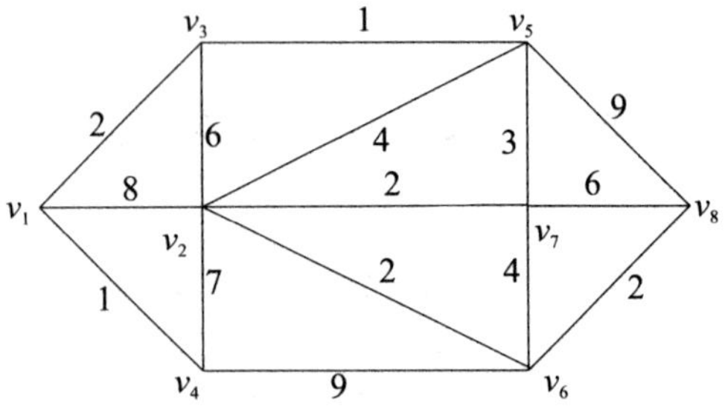

图 8－11　某大学各学院网络联通的可能途径

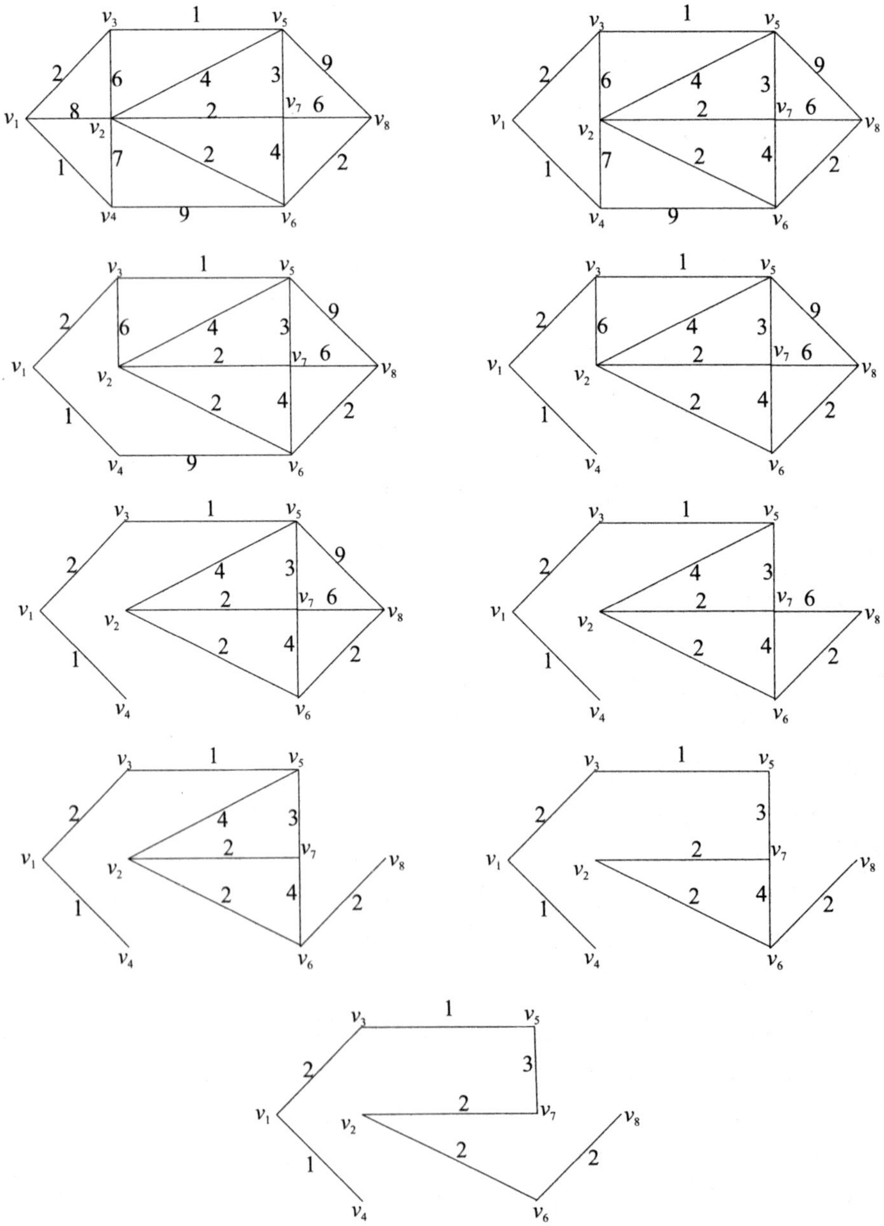

图 8－12　破圈法求例 8－3 的过程

如 $(v_1,v_3,v_2,v_6,v_4,v_1)$，去掉该圈中权数最大的边 (v_4,v_6)；再任意找一个圈，如 (v_3,v_2,v_5,v_3)，去掉该圈中权数最大的边 (v_2,v_3)；再任意找一个圈，如 (v_5,v_7,v_8,v_5)，去掉该圈中权数最大的边 (v_5,v_8)；再任意找一个圈，如 (v_6,v_7,v_8,v_6)，去掉该圈中权数最大的边 (v_7,v_8)；再任意找一个圈，如 (v_2,v_7,v_5,v_2)，去掉该圈中权数最大的边 (v_2,v_5)；再任意找一个圈，如 (v_2,v_7,v_6,v_2)，去掉该圈中权数最大的边 (v_6,v_7)。至此，网络中已经没有圈，得到最小生成树，最短的总线路长度为 13。

8.4　网络最大流问题

多数网络优化问题是以网络上的流（flow）为研究对象，常常称为网络流（network flows）或网络流规划等。

网络最大流问题可描述为在一个有发点和收点的网络中，其每条弧的权数称为容量，在不超过每条弧的容量的前提下，求出从发点到收点的最大流量。其中弧的容量即弧的权，通常记为 c_{ij}；弧的流量为通过弧输送的物资数量，通常记为 f_{ij}；将一定数量的物资从发点经网络中的弧送至收点就形成一个流 f；输送的物资数量称为网络流量，记作 $v(f)$。

满足以下条件的流称为可行流：

(1) $0 \leqslant f_{ij} \leqslant c_{ij}$，即每条弧的实际流量不超过它的容量；

(2) 每一个节点流量平衡，即从发点流出的流量等于流入收点的流量，且流入和流出每个中间节点的流量相等。

网络最大流问题就是求网络中从发点到收点的最大可行流。

8.4.1　网络最大流问题的求解方法

1. 弧标号法

为了便于弧标号法的计算，我们需要对网络上弧容量的表示作出改进，如图 8－13 所示。对于一条弧 (v_i,v_j) 的容量我们可以用一对数 $(c_{ij},0)$ 标在弧上，c_{ij} 靠近点 v_i，表示从 v_i 到 v_j 容许通过的容量为 c_{ij}；0 靠近点 v_j，表示从 v_j 到 v_i 容许通过的容量为 0。这样表示的好处是可以省去弧的方向，图 8－13(a) 和图 8－13(b) 表示的是同一个意思。对于两点间存在两条相反方向的弧，我们也可以用一条边和一对数组 (c_{ij}, c_{ji}) 来表示它们的容量，c_{ij} 靠近点 v_i，表示从 v_i 到 v_j 容许通过的容量为 c_{ij}；c_{ji} 靠近点 v_j，表示从 v_j 到 v_i 容许通过的容量为 c_{ji}。图 8－13(c) 和图 8－13(d) 表示的是同一个意思。

弧标号法的步骤如下。

步骤 1：找出一条从发点到收点的路，在这条路上的每一条弧顺流方向的容量都大于零。如果不存在这样的路，则已经求得最大流。

步骤 2：找出这条路上各条弧的最小的顺流容量 p_f，同时这条路的顺流容量增加 p_f。

步骤 3：在这条路上，每一条弧的顺流容量减少 p_f，同时这些弧的逆流容量增加 p_f，返回步骤 1。

步骤 4：用原图中各条弧上起点与终点数值减去修改后的图中对应点的数值，得到正负号相反的两个数，并将从正到负的方向用箭头表示。这样，就得到一个最大流量图。

注意：为了算法更快捷有效，一般在步骤 1 尽量选择包含弧数最少的路。

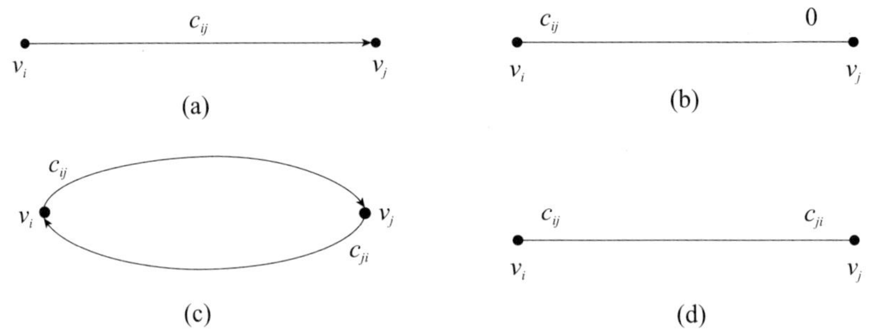

图 8－13　网络上弧容量表示的改进

例 8－4　某石油公司拥有一个管道网络，使用这个网络可以把石油从采集点输送到储存点，图 8－14(a) 是这个网络的一部分，由于管道直径的变化，它的各段管道的容量（单位：万加仑*/小时）也不一样，如果使用这个网络从采集点 1 向储存点 7 输送石油，问每小时最多能输送多少万加仑石油？

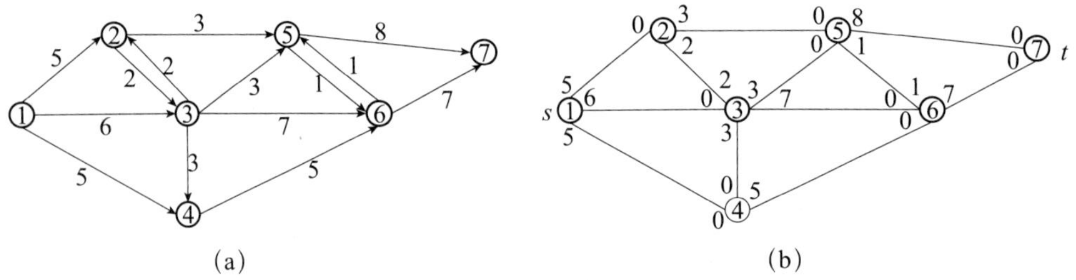

图 8－14　某石油管道网络

解：先将该石油管道网络转化成如图 8－14(b) 所示的形式，便于用弧标号法求解。求解过程如图 8－15 所示。

（1）从发点 s 到收点 t 找一条路，使得这条路上的所有弧前面的约束量 $c_{ij}>0$。从图中可以看出，显然，①—③—⑥—⑦就是满足这样条件的一条路。在路①—③—⑥—⑦中，$p_f=\min\{c_{13},c_{36},c_{67}\}=\min\{6,7,7\}=6$。每一条弧的顺流容量减少 p_f，$c_{13}=6-6=0$，$c_{36}=7-6=1$，$c_{67}=7-6=1$；同时这些弧的逆流容量增加 p_f，$c_{31}=0+6=6$，$c_{63}=0+6=6$，$c_{76}=0+6=6$。对网络图进行第 1 次修改。

（2）选定①—②—⑤—⑦，在这条路中，$p_f=\min\{c_{12},c_{25},c_{57}\}=\min\{5,3,8\}=3$。每一条弧的顺流容量减少 p_f，$c_{12}=2$，$c_{25}=0$，$c_{57}=5$；同时这些弧的逆流容量增加 p_f，$c_{21}=c_{52}=c_{75}=3$。对网络图进行第 2 次修改。

* 1 加仑≈3.79 升

（3）选定①—②—③—⑤—⑦，在这条路中，$p_f=2$。每一条弧的顺流容量减少 p_f，$c_{12}=0$，$c_{23}=0$，$c_{35}=1$，$c_{57}=3$；同时这些弧的逆流容量增加 p_f，$c_{21}=3+2=5$，$c_{32}=2+2=4$，$c_{53}=0+2=2$，$c_{75}=3+2=5$。对网络图进行第 3 次修改。

（4）选定①—④—⑥—⑦，在这条路中，$p_f=1$。每一条弧的顺流容量减少 p_f，$c_{14}=4$，$c_{46}=4$，$c_{67}=0$；同时这些弧的逆流容量增加 p_f，$c_{41}=c_{64}=1$，$c_{76}=6+1=7$。对网络图进行第 4 次修改。

（5）选定①—④—⑥—⑤—⑦，在这条路中，$p_f=1$。每一条弧的顺流容量减少 p_f，$c_{14}=3$，$c_{46}=3$，$c_{65}=0$，$c_{57}=2$；同时这些弧的逆流容量增加 p_f，$c_{41}=c_{64}=c_{56}=2$，$c_{75}=5+1=6$。对网络图进行第 5 次修改。

（6）选定①—④—⑥—③—⑤—⑦，在这条路中，$p_f=1$。每一条弧的顺流容量减少 p_f，$c_{14}=2$，$c_{46}=2$，$c_{63}=5$，$c_{35}=0$，$c_{57}=1$；同时这些弧的逆流容量增加 p_f，$c_{41}=c_{64}=3$，$c_{36}=2$，$c_{53}=3$，$c_{75}=6+1=7$。对网络图进行第 6 次修改。

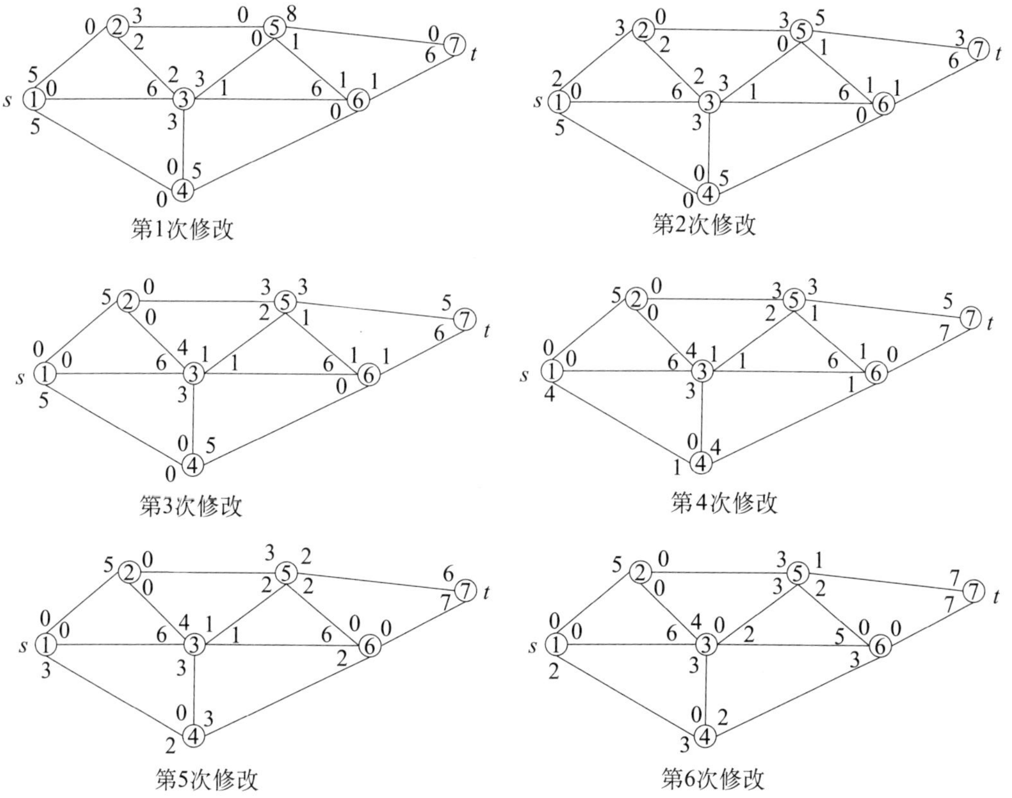

图 8－15　弧标号法的求解过程

此时，已经找不到一条从发点到收点的路，使这条路上的每一条弧顺流方向的容量都大于零，因此，计算停止。

最后作出最大流量图，用原图中各条弧上起点与终点数值减去修改后的图上各点的数值，将得到正负号相反的两个数，将这个数标在弧上，并将从正到负的方向用箭头表示，这样就得到最大流量图。例如原来弧（3，6）上的数据对是（7，0），现在是（2，5），相减为 ±5，③这边为正，我们记为③$\underrightarrow{5}$⑥。这样就得到了最大流量图，如图 8－16(a)

所示，依照这样的输送方案，就可以使输送量最大，最大值为 14 万加仑。

值得注意的是，最大流 f_{max} 的大小是确定的，但最大流的路线可以不唯一，即网络最大流问题一般有多重最优解。如果在步骤 1 中选择的是与示例不同的路，则可能得到另外一个最大流量图，如图 8－16(b) 所示。

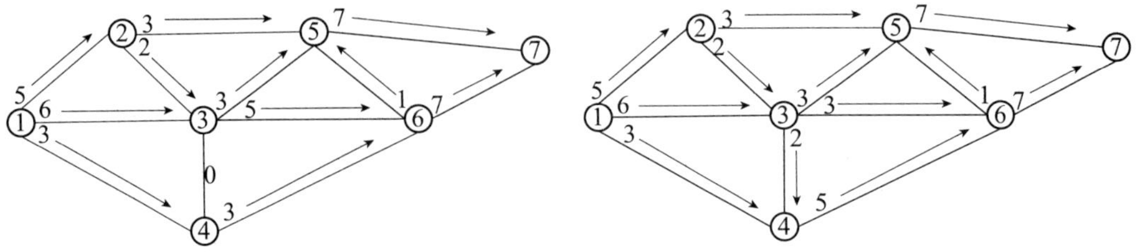

(a) (b)

图 8－16 最大流量图

2. 线性规划法

网络最大流问题还可以通过建立线性规划数学模型求解，以例 8－4 为例，要求网络最大流，即流出发点或流入收点的流量最大，并且中间各节点的流出量等于流入量，假设弧（v_i, v_j）上的流量为 x_{ij}，建立如下数学模型：

$$\max z = x_{12} + x_{13} + x_{14}$$

$$\text{s.t} \quad x_{12} + x_{32} = x_{23} + x_{25} \tag{1}$$

$$x_{13} + x_{23} = x_{32} + x_{34} + x_{35} + x_{36} \tag{2}$$

$$x_{14} + x_{34} = x_{46} \tag{3}$$

$$x_{25} + x_{35} + x_{65} = x_{56} + x_{57} \tag{4}$$

$$x_{36} + x_{46} + x_{56} = x_{65} + x_{67} \tag{5}$$

$$x_{12} + x_{13} + x_{14} = x_{57} + x_{67} \tag{6}$$

$$x_{ij} \leqslant c_{ij}, \; i,j = 1,2,\cdots,7 \tag{7}$$

$$x_{ij} \geqslant 0, \; i,j = 1,2,\cdots,7 \tag{8}$$

其中，目标函数表示最大化发点的流出量；约束条件（1）~（5）表示中间节点的流量平衡，约束条件（6）表示发点的流出量等于收点的流入量；约束条件（7）表示对于每一条弧，其流量不大于其容量；约束条件（8）表示流量不能为负。

该模型的 LINGO 程序如下：

```
max = x12 + x13 + x14;


x12 + x32 = x23 + x25;
x13 + x23 = x32 + x34 + x35 + x36;
x14 + x34 = x46;
x25 + x35 + x65 = x56 + x57;
x36 + x46 + x56 = x65 + x67;
x12 + x13 + x14 = x57 + x67;


x12 < 5;x13 < 6;x14 < 5;
```

```
x23 <2;x25 <3;
x32 <2;x34 <3;x35 <3;x36 <7;
x46 <5;
x56 <1;x57 <8;
x65 <1;x67 <7;
```

求解结果如图 8－17 所示，与弧标号法的求解结果一致。

```
Global optimal solution found.
Objective value:                              14.00000
Infeasibilities:                              0.000000
Total solver iterations:                             6


                    Variable           Value        Reduced Cost
                         X12        5.000000            0.000000
                         X13        6.000000            0.000000
                         X14        3.000000            0.000000
                         X23        2.000000            0.000000
                         X25        3.000000            0.000000
                         X35        3.000000            0.000000
                         X36        5.000000            0.000000
                         X46        3.000000            0.000000
                         X65        1.000000            0.000000
                         X57        7.000000            0.000000
                         X67        7.000000            0.000000
```

图 8－17　例 8－4 的 LINGO 求解结果

8.4.2　网络最大流问题的应用

网络最大流问题广泛地应用在交通运输、供水、油管供油、邮电通信等领域，也可以用在生产安排、管理优化等实际问题上。

例 8－5　一制造商需要把 2 个车间 D_1，D_2生产的同类商品通过运输网络送到 3 个销售点 M_1，M_2，M_3去，如图 8－18 所示。设各销售点的计划销售量分别为 10、8、8 万件，问运输网络的运输能力能否满足这一要求，两个车间的生产数量为多少最为恰当。

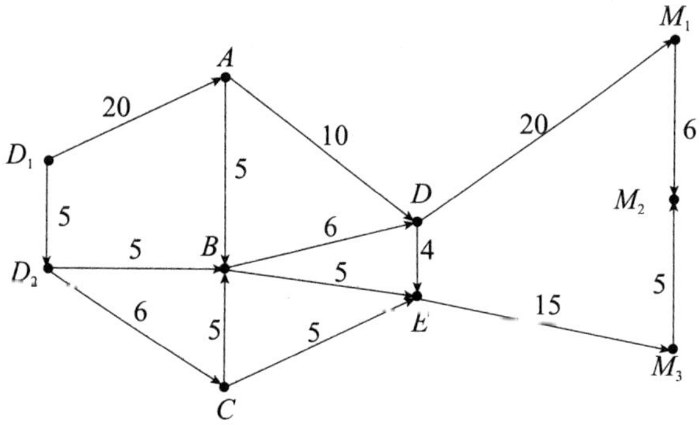

图 8－18　运输网络图

解：此问题虽为运输问题，但我们可根据其特点将其转化为网络最大流问题，根据网络图的定义，我们需要一个发点和一个收点。这时，我们虚拟一个发点 S，分别连接两个车间，且规定容量分别为 25，11（2 个车间最大发运量）；虚拟一个收点 T，分别连接 3 个销售点，容量分别为 10，8，8（3 个销售点的销售量），如图 8－19 所示。

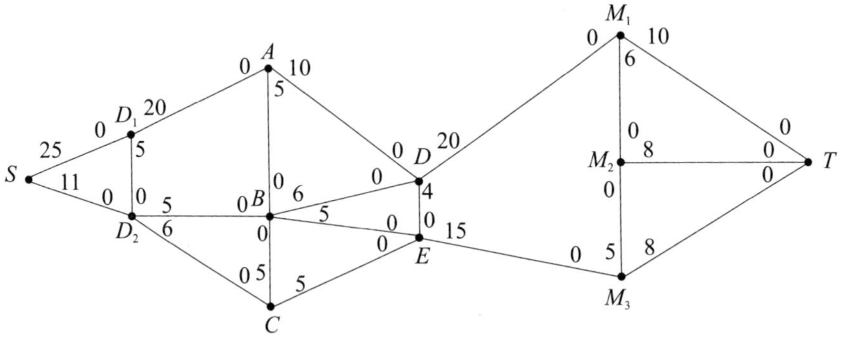

图 8－19　运输网络转化图

求解过程如图 8－20 所示。

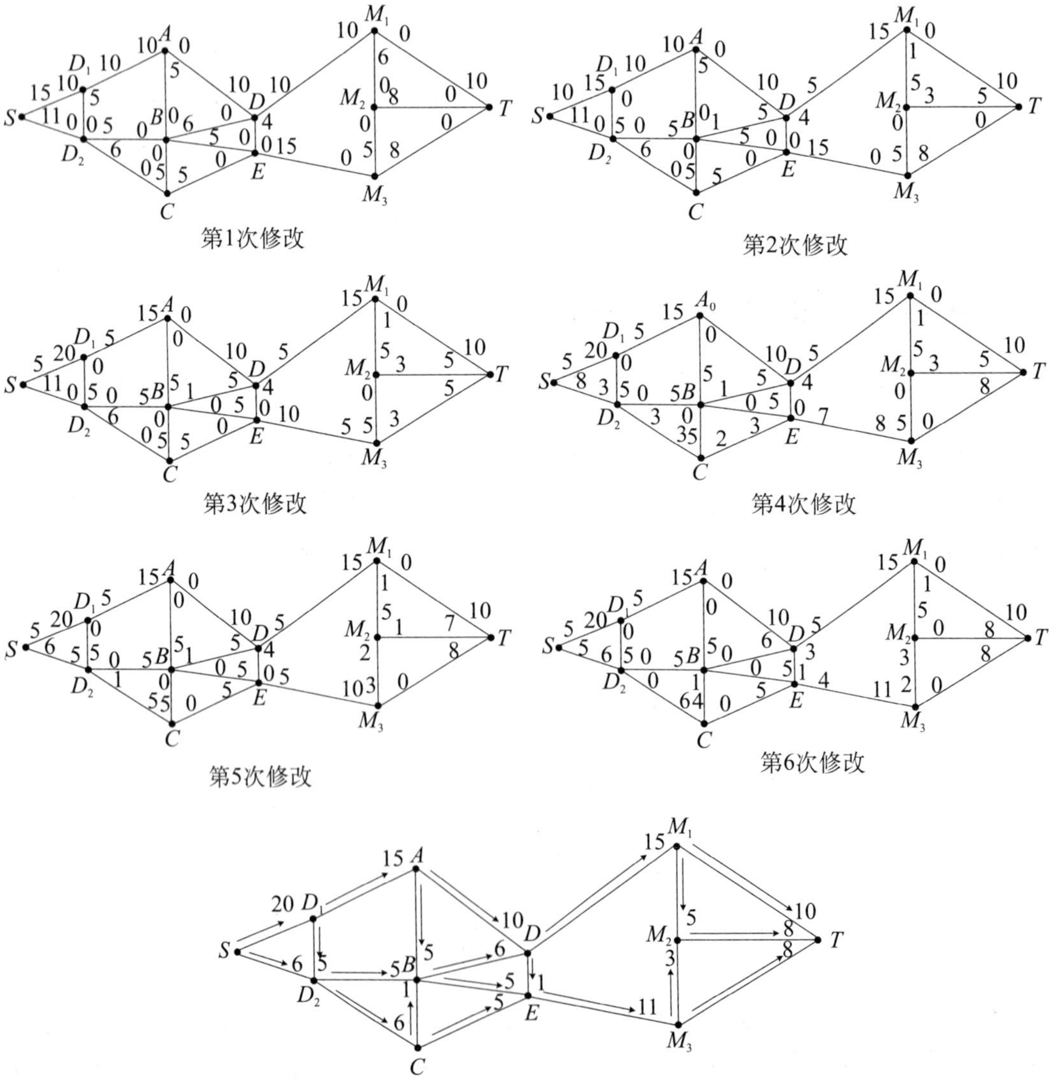

图 8－20　例 8－5 的求解过程

第1次修改，选定路 $S—D_1—A—D—M_1—T$，$p_f = 10$；

第2次修改，选定路 $S—D_1—D_2—B—D—M_1—M_2—T$，$p_f = 5$；

第3次修改，选定路 $S—D_1—A—B—E—M_3—T$，$p_f = 5$；

第4次修改，选定路 $S—D_2—C—E—M_3—T$，$p_f = 3$；

第5次修改，选定路 $S—D_2—C—E—M_3—M_2—T$，$p_f = 2$；

第6次修改，选定路 $S—D_2—C—B—D—E—M_3—M_2—T$，$p_f = 1$。

此时，已经找不到一条从发点到收点的路，使这条路上的每一条弧顺流方向的容量都大于零，因此，计算停止，并作出最大流量图（见图8－20）。从图8－20中可以看出，该网络的运输能力能够满足销售需求，车间 D_1 的产量为20，车间 D_2 的产量为6。

8.5　最小费用最大流问题

如果在考虑网络流量最大的同时，还要使得所安排流量的费用或者代价达到最小，就是所谓的最小费用最大流问题，即给了一个带收点和发点的网络，对每一条弧 (v_i, v_j)，除了给出容量 c_{ij} 外，还给出了这条弧的单位流量的费用 b_{ij}，要求一个最大流 f，并使得总运输费用最小。

8.5.1　最小费用最大流问题的求解方法

1. 弧标号法

最小费用最大流问题的弧标号法和最大流问题的弧标号法几乎完全一致，不同的是，最小费用最大流问题在步骤1中要选择一条总的单位费用最小的路，而不是包含边数最少的路。

例8－6　在例8－4的网络中，假设每条管道的单位使用费用（单位：元/小时）如图8－21(a) 所示，求该网络的最小费用最大流。

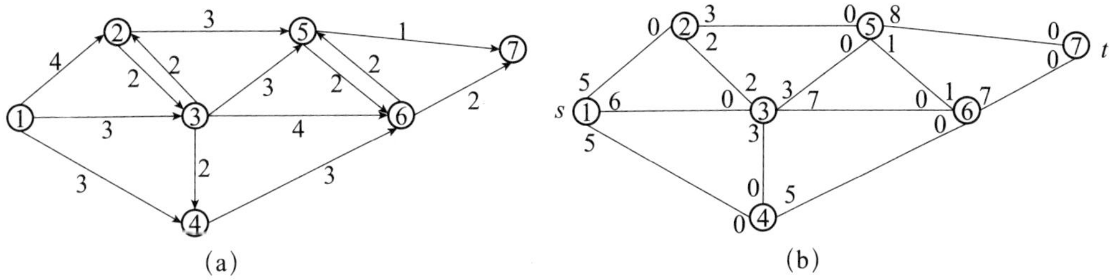

图8－21　管道单位使用费用图与网络图

解： 在图8－21(a) 中找一条从①到⑦单位费用之和最小的非饱和路，即最短路（找最短路的过程省略），最短路是①—③—⑤—⑦，最小单位费用之和为7。在图8－21(b) 中，在这条非饱和路上取 $p_f = 3$ 后，弧（3，5）的容量变为0，即已饱和，在下一次选择最短路时应将已饱和的弧删除。依据该方法不断重复求最大流的步骤，直到不存在非饱和路为止。具体过程如图8－22及表8－3所示。

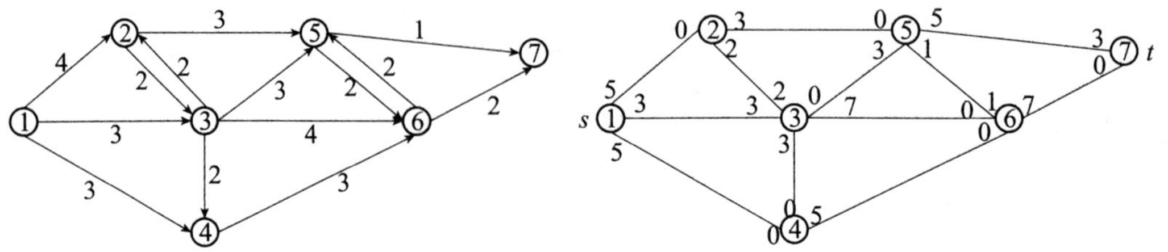

第1次修改

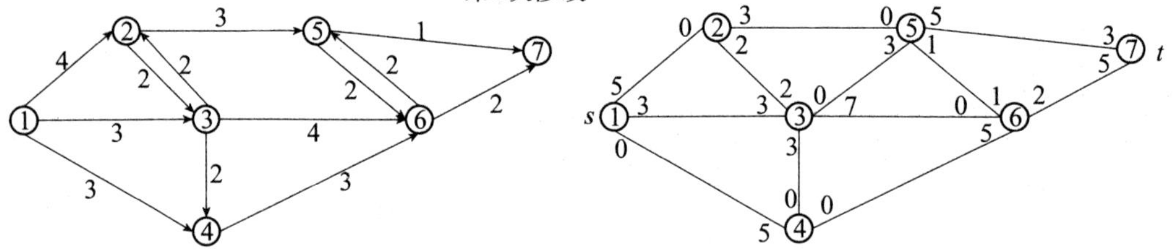

第2次修改

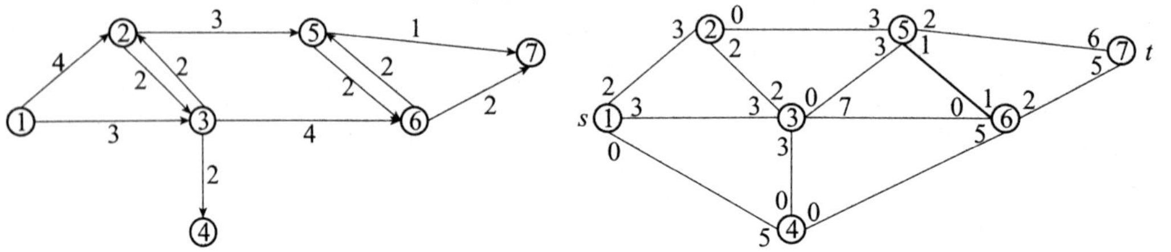

第3次修改

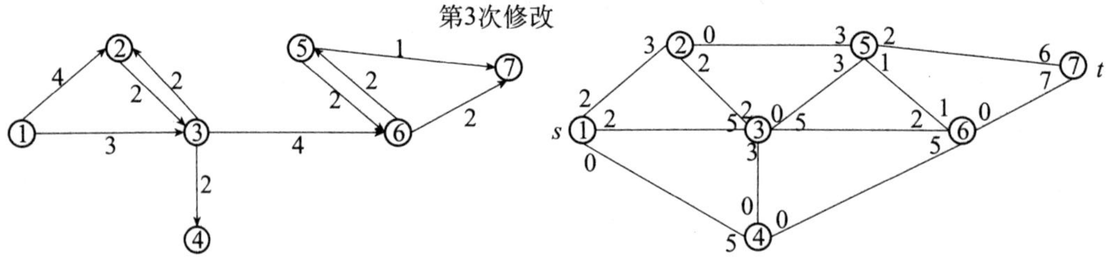

第4次修改

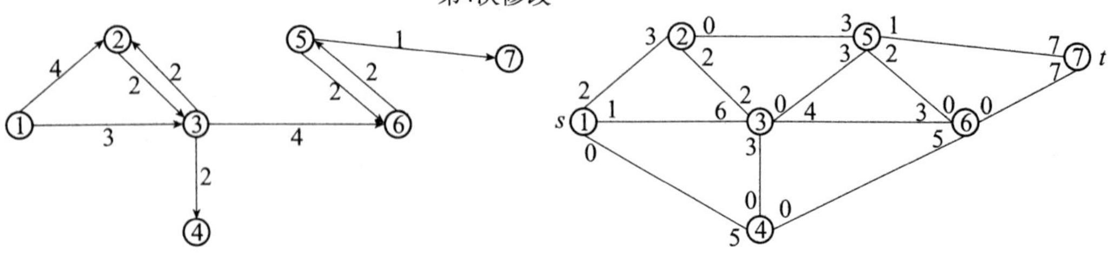

第5次修改

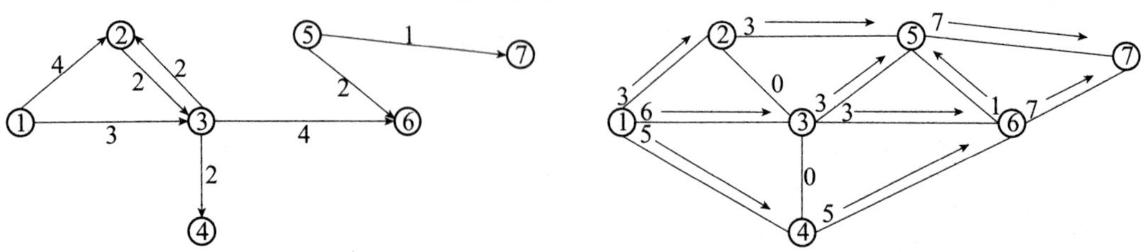

图 8－22　最小费用最大流问题的弧标号法求解过程

表 8-3　最小费用最大流问题的求解过程

修改次数	最短路	最短路的费用之和	最短路的流量	该路的饱和弧
1	①—③—⑤—⑦	7	3	(③, ⑤)
2	①—④—⑥—⑦	8	5	(①, ④) 和 (④, ⑥)
3	①—②—⑤—⑦	8	3	(②, ⑤)
4	①—③—⑥—⑦	9	2	(⑥, ⑦)
5	①—③—⑥—⑤—⑦	10	1	(⑥, ⑤)

最小费用为 $7\times3+8\times5+8\times3+9\times2+10\times1=113$(元)。

2. 线性规划法

用线性规划法求解最小费用最大流问题需要分成两阶段：第一阶段，以网络最大流为目标函数，以流量平衡及容量限制为约束条件，建立数学模型，求出网络图中的最大流量；第二阶段，以最小费用为目标函数，并将最大流量作为约束条件纳入模型，求出网络中的最小费用。

用线性规划法求解例 8-6，第一阶段的数学模型见前文。第二阶段数学模型的目标函数如下：

$$\min z = 4x_{12}+3x_{13}+3x_{14}+2x_{23}+3x_{25}+2x_{32}+2x_{34}+3x_{35}+4x_{36}+3x_{46}+2x_{56}+x_{57}+2x_{65}+2x_{67}$$

并增加约束条件：

$$x_{12}+x_{13}+x_{14}=14$$

两阶段可以借助 LINGO 软件中的子模型段，在一个程序中实现计算，如下所示。

```
model:
!定义第一阶段的目标函数;
submodel obj1:
max = z;
z = x12 + x13 + x14;
endsubmodel

!定义第二阶段的目标函数;
submodel obj2:
min = 4 * x12 + 3 * x13 + 3 * x14 + 2 * x23 + 3 * x25 + 2 * x32 + 2 * x34
    + 3 * x35 + 4 * x36 + 3 * x46 + 2 * x56 + x57 + 2 * x65 + 2 * x67;
endsubmodel

!定义第一阶段的约束条件;
submodel constraints:
x12 + x32 = x23 + x25;
x13 + x23 = x32 + x34 + x35 + x36;
```

```
x14 +x34 =x46;
x25 +x35 +x65 =x56 +x57;
x36 +x46 +x56 =x65 +x67;
x12 +x13 +x14 =x57 +x67;
x12 <5;x13 <6;x14 <5;
x23 <2;x25 <3;
x32 <2;x34 <3;x35 <3;x36 <7;
x46 <5;
x56 <1;x57 <8;
x65 <1;x67 <7;
endsubmodel

!定义第二阶段新增的约束条件;
submodel constraints_ new:
x12 +x13 +x14 =z;
endsubmodel

!以下为计算段,子模型的求解必须在计算段中进行;
calc:
@ solve(obj1,constraints);!求解第一阶段模型;
z =z;!将第一阶段的目标函数值代入新增约束条件;
@ solve(obj2,constraints,constraints_ new);!求解第二阶段模型;
endcalc
end
```

求解结果如图 8 - 23 所示，可见结果与弧标号法的求解结果一致。

```
Global optimal solution found.
Objective value:                              113.0000
Infeasibilities:                              0.000000
Total solver iterations:                             0

                  Variable           Value        Reduced Cost
                         Z        14.00000            0.000000
                       X12        3.000000            0.000000
                       X13        6.000000            0.000000
                       X14        5.000000            0.000000
                       X25        3.000000            0.000000
                       X35        3.000000            0.000000
                       X36        3.000000            0.000000
                       X46        5.000000            0.000000
                       X57        7.000000            0.000000
                       X65        1.000000            0.000000
                       X67        7.000000            0.000000
```

图 8 - 23　最小费用最大流问题的 LINGO 软件的求解结果

8.5.2 最小费用最大流问题的应用

最小费用最大流问题的解决思路可广泛地应用于解决实际问题，之前所学的运输问题、指派问题等均可转化为最小费用最大流问题，此外铁路车站的列车调度问题等也可用最小费用最大流问题的解决思路来求解。

1. 运输问题

运输问题可通过以下方式转化为最小费用最大流问题：在运输网络中增加一个虚拟的发点，并与所有产地连接，发点到产地的弧的容量等于产地的产量；再增加一个收点，并与所有销地连接，销地到收点的弧的容量等于销地的销量；各产地到各销地的弧的容量等于对应产量和销量的较小值。由于发点和收点都是虚拟的，所以发点到产地、销地到收点的单位运输费用都为0，而各产地到各销地的单位运输费用又已知。至此，运输问题就转化为了最小费用最大流问题。事实上，运输问题的最大流是个确定值，即min{总产量，总销量}，因此，如果用线性规划法，可直接进入第二阶段的求解。

2. 指派问题

指派问题实际上就是特殊的运输问题，把上述运输问题中产地改为工人，销地改为任务（工人数=任务数），单位运输费用改为完成任务的花费（费用、时间等），运输问题就转化为指派问题。这时，同样添加一个发点和一个收点分别与代表工人和任务的点连接，费用同样为0。与运输问题不同的是，指派问题中所有弧的容量均设置为1。至此，指派问题就转化为最小费用最大流问题。同运输问题一样，指派问题的最大流也是个确定值，即工人数量或任务数量，因此，如果用线性规划法，可直接进入第二阶段的求解。

需要注意的是，以上问题转化成最小费用最大流问题后，求解过程并不一定比用其他方法简单，这里只是给大家提供一种思路，有利于拓展解决问题的思维。

3. 列车调度问题

例8-7 某货运车站有2个车道，由于车道的长度有限，每个车道在某一时刻最多只能停靠一列货运列车。某天将有5列货运列车从车站经过，列车的编号、进站时刻、停留时间（搬运货物的时间）以及车上货物的价值如表8-4所示。如果准许列车进站，车站将获得列车上货物价值1%的收益，但由于货物的搬运需要时间，该列车将在车站停留一段时间，这段时间内，列车将占用车站中的某一个车道；或者列车直接出站，但这样车站将得不到一分钱。出于安全考虑，假设列车 a 从第 i 车道离开时，列车 b 刚好到站，则它不能进入第 i 车道。如何合理安排列车的进站与出站，使得车站的总获利最大？

表8-4 列车数据表

列车编号	进站时刻	停留时间（小时）	车上货物价值（万元）
1	9：00	2	500
2	10：00	2	400

续表

列车编号	进站时刻	停留时间（小时）	车上货物价值（万元）
3	12：00	3	600
4	9：00	2	200
5	13：00	2	300

我们可通过以下方法将该问题转化为最大收益流问题：

（1）将每一列列车拆成两个点，如第 i 列列车拆成点 i 和 i'；i 到 i' 之间加一条容量为 1，费用为 1% ×货物价值的弧（i，i'）；若弧（i，i'）的流量为 1，则表示该列火车进站。

（2）增加一个发点 S，S 与每个点 i 连一条容量为 1，费用为 0 的弧（S，i）；如果弧（S，i）的流量为 1，则表示列车 i 是某个车道的第一列入站的列车；假设总共有 n 条车道，则从发点 S 出发的所有弧的流量之和小于等于 n。

（3）增加一个收点 T，每个点 i' 与 T 连一条容量为 1，费用为 0 的弧（i'，T）；如果弧（i'，T）的流量为 1，则表示列车 i 是某个车道的最后一列入站的列车。

（4）对于所有的列车 i 和 j（$i \neq j$，且 i，$j = 1, 2, \cdots, m$），如果列车 i 的进站时刻加上停留时间小于列车 j 的进站时刻，则在 i' 与 j 之间连一条容量为 1，费用为 0 的弧，表示可以在某一个车道先停入列车 i，等 i 出站后再停入列车 j。

解：根据以上步骤，绘制该列车调度问题的网络图，如图 8－24 所示。

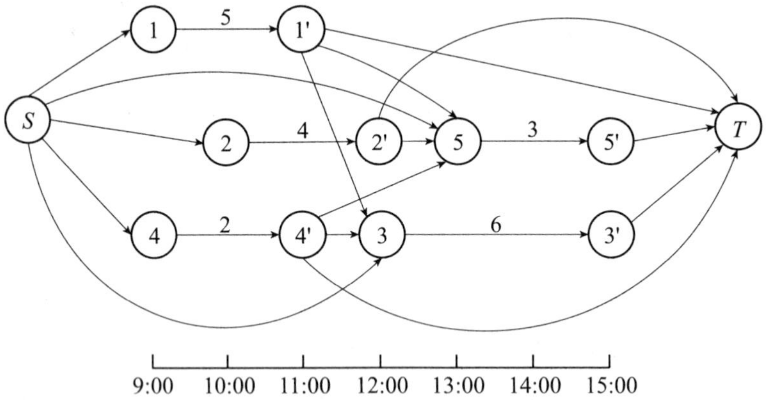

图 8－24　列车调度问题的网络图

为了构建线性规划模型方便，将网络中各节点编号，如图 8－25 所示。图中未标数字的弧的收益为 0。

根据题意，设 x_{ij} 表示弧 (i, j) 上的流量，流量要么取 1，要么取 0，因此，可进一步假设决策变量为 0－1 变量，建立如下线性规划模型：

$$\max z = 5x_{27} + 4x_{38} + 2x_{49} + 3x_{510} + 6x_{611}$$

$$\text{s.t.} \quad x_{12} + x_{13} + x_{14} + x_{15} + x_{16} = 2 \qquad (1)$$

$$x_{12} = x_{27} \qquad (2)$$

$$x_{13} = x_{38} \qquad (3)$$

$$x_{14} = x_{49} \tag{4}$$

$$x_{15} + x_{75} + x_{85} + x_{95} = x_{510} \tag{5}$$

$$x_{16} + x_{76} + x_{96} = x_{611} \tag{6}$$

$$x_{27} = x_{75} + x_{76} + x_{712} \tag{7}$$

$$x_{38} = x_{85} + x_{812} \tag{8}$$

$$x_{49} = x_{95} + x_{96} + x_{912} \tag{9}$$

$$x_{510} = x_{1012} \tag{10}$$

$$x_{511} = x_{1112} \tag{11}$$

$$x_{712} + x_{812} + x_{912} + x_{1012} + x_{1112} = 2 \tag{12}$$

$$x_{ij} \in \{0,1\}, i,j = 1,2,\cdots,12 \tag{13}$$

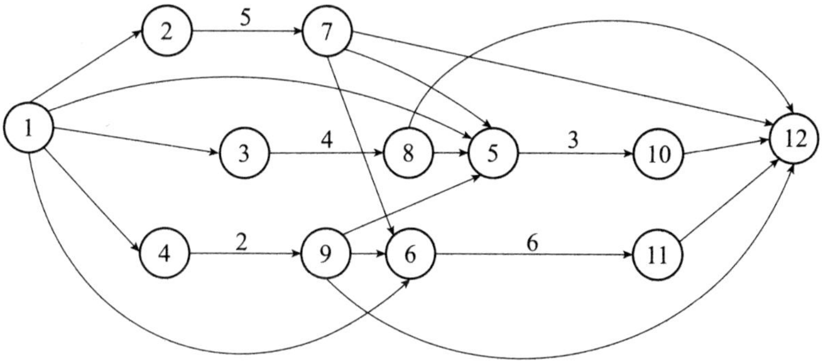

图8-25　网络节点编号

其中，目标函数表示收益最大，约束条件（1）、（12）表示车站有2条车道，约束条件（2）~（11）表示中间节点的流量平衡，约束条件（13）是0-1决策变量，表示网络中弧上的流量要么为1，要么为0。

该数学模型的LINGO程序如下：

```
max =5 * x27 +4 * x38 +2 * x49 +3 * x510 +6 * x611;


x12 +x13 +x14 +x15 +x16 =2;
x12 =x27;
x13 =x38;
x14 =x49;
x15 +x75 +x85 +x95 =x510;
x16 +x76 +x96 =x611;
x27 =x75 +x76 +x712;
x38 =x85 +x812;
x49 =x95 +x96 +x912;
x510 =x1012;
x511 =x1112;
x712 +x812 +x912 +x1012 +x1112 =2;
```

```
@ bin(x11);@ bin(x12);@ bin(x13);
@ bin(x14);@ bin(x15);@ bin(x16);
@ bin(x27);@ bin(x38);@ bin(x49);
@ bin(x510);@ bin(x611);
@ bin(x75);@ bin(x76);@ bin(x712);
@ bin(x85);@ bin(x812);
@ bin(x95);@ bin(x96);@ bin(x912);
@ bin(x1012);@ bin(x1112);
```

求解结果如图 8－26 所示，将结果进行还原，如图 8－27 所示。列车调度方案如下：列车 1 和列车 3 走第一车道，列车 2 和列车 5 走第二车道，列车 4 不停靠本站，最大获益为 18 万元。

```
Global optimal solution found.
Objective value:                              18.00000
Objective bound:                              18.00000
Infeasibilities:                              0.000000
Extended solver steps:                               0
Total solver iterations:                             0

                  Variable           Value        Reduced Cost
                       X27        1.000000           -5.000000
                       X38        1.000000           -4.000000
                      X510        1.000000           -3.000000
                      X611        1.000000           -6.000000
                       X12        1.000000            0.000000
                       X13        1.000000            0.000000
                       X85        1.000000            0.000000
                       X76        1.000000            0.000000
                     X1012        1.000000            0.000000
                      X511        1.000000            0.000000
                     X1112        1.000000            0.000000
```

图 8－26　列车调度问题的 LINGO 求解结果

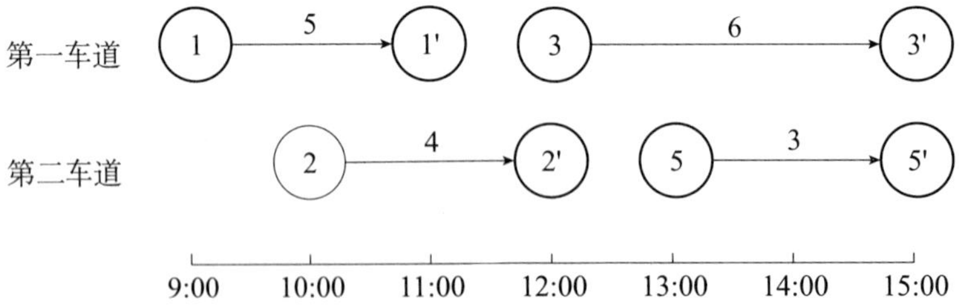

图 8－27　线性规划求解结果对应图

8.6　网络计划法

网络计划法是以网络图反映、表达计划安排，据以选择最优工作方案，组织协调和控制生产（项目）的进度（时间）和费用（成本），使其达到预定目标，获得更佳经济效益的一种优化决策方法，又称关键路线法（critical path method，CPM）或计划评审技术（program evaluation and review technique，PERT），已广泛应用于工业、农业、国防与科研等复杂的计划管理工作。

8.6.1　计划网络图

网络计划法所用到的主要工具是计划网络图，计划网络图有以下结构特征：（1）计划网络图中的点表示一个事件，是一个或若干个工序的开始或结束，是相邻工序在时间上的分界点，点用圆圈表示，圆圈里的数字表示点的编号；（2）弧表示一个工序（或活动），弧的方向是从工序的开始指向工序的结束，弧上是各工序的代号，下面标有完成此工序所需的时间（或资源）等数据，即为对此弧所赋的权数；（3）计划网络图中只有一个发点和一个收点，中间点前后均要有弧相连接，不允许中断。

在绘制计划网络图时，有以下几点注意事项：（1）从左至右绘制网络图；（2）网络中不能有回路；（3）两个事项间只能有一道工序，如果两个事项间有多道工序，就需要设置虚工序来解决，虚工序所需的时间（或资源）为0，如图8－28所示，(a)图是错误的表示方式，(b)图是增加虚工序之后正确的表示方式。

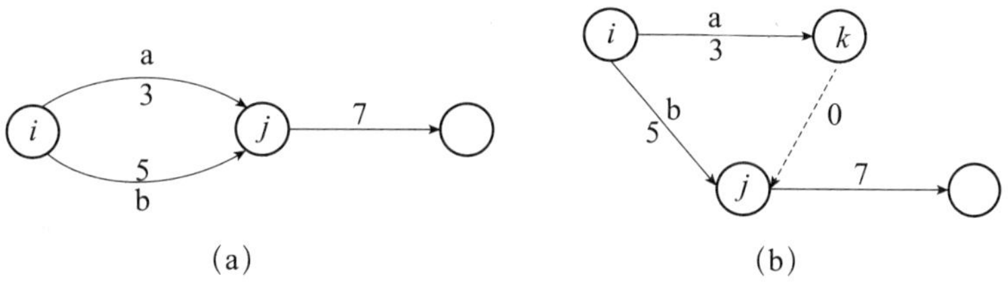

图8－28　虚工序的运用

例8－8　某装修公司装修房子的部分工序与所需时间以及它们之间的相互关系如表8－5所示，请画出其计划网络图。

表8－5　某装修公司部分工序进度表

工序代号	工序内容	所需时间（天）	紧前工序
a	水电安装	10	—
b	贴墙砖	5	a
c	装地暖	7	a
d	铺地砖	8	c
e	装橱柜	8	b，d
f	装书柜	6	d
g	装衣柜	6	d
h	搬家具	5	e，f，g

解：根据表8－5绘制计划网络图，绘制过程如图8－29所示。根据前面5道工序的

关系绘制的计划网络图如图 8-29(a) 所示，但当绘制第 6、7 道工序（工序 f、g）时，它们的紧前工序只有 d，如果以④为起点画弧，它们的紧前工序就是 b 和 d，这不符合题意，所以需要利用虚工序，修改计划网络图，如图 8-29(b) 所示。最后一道工序 h 的紧前工序是 e、f、g，则需要把图(b) 中的⑥⑦⑧合并为一个点⑥，但这样⑤和⑥之间就有两道工序 f 和 g，这不符合计划网络图的结构特征，因此，又需要添加虚工序来解决此问题，最终的计划网络图如图 8-29(c) 所示。

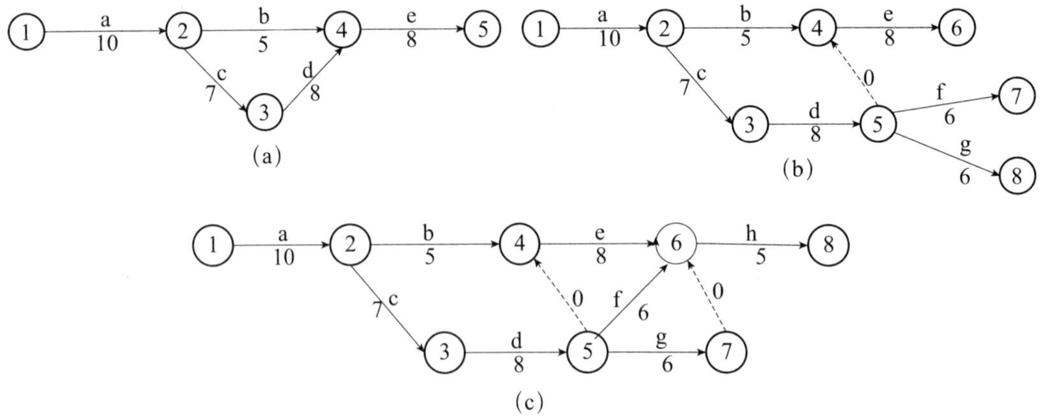

图 8-29　某装修公司计划网络图的绘制过程

8.6.2　关键路线

在计划网络图上从始点（发点）开始，沿弧的方向（即按各工序的顺序）连续不断地到终点（收点）的一条路称为路线。网络中最长的路线称为关键路线，通常可用双线标出。关键路线的长等于该路线上各工序的时间之和，又称为工程时间或工期，其他路线称为非关键路线。关键路线上的各工序称为关键工序，其他工序称为非关键工序。显然，缩短工期就是要缩短关键路线的长度，也就是说要加快关键工序的进度。而缩短非关键路线的长度或缩短非关键工序的时间均不能缩短工期。

在绘制出计划网络图之后，我们可以由计划网络图求出：（1）完成此工程项目所需的最少时间；（2）每道工序的开始时间与结束时间；（3）关键路线及其相应的关键工序；（4）非关键工序在不影响工程完成时间的前提下，其开始时间与结束时间可以推迟多久。求解步骤如下。

步骤 1：从网络的发点开始，按顺序计算出每道工序的最早开始时间（earliest start，ES）和最早结束时间（earliest finish，EF），设一道工序所需的时间为 t，则对于同一道工序来说，有 $EF = ES + t$。

步骤 2：从网络的收点开始计算出在不影响整个工程最早结束时间的情况下各道工序的最晚开始时间（latest start，LS）和最晚结束时间（latest finish，LF），显然对同一道工序有 $LS = LF - t$。

步骤 3：计算出每一道工序的时差，把在不影响工程最早结束时间的条件下，工序最早开始（或结束）时间可以推迟的时间，称为该工序的时差，对每道工序来说其时差

记为 T_s，有 $T_s = LS - ES = LF - EF$。

步骤 4：找出关键工序，得到关键路线。时差为 0 的工序即为关键工序，关键工序组成关键路线；时差不为 0 的工序为非关键工序，非关键工序的时差即为其可以推迟开始的最长时间。

例 8－9　某工程项目的工序关系如表 8－6 所示。求完成此工程的最短时间、关键路线及相应的关键工序、各工序的最早开始时间和非关键工序在不影响工程完成时间的前提下其开始时间与结束时间可以推迟多久。

表 8－6　某工程项目的工序表

工序编号	所需时间（天）	紧前工序
a	60	—
b	45	a
c	10	a
d	20	a
e	40	a
f	18	c
g	30	d
h	15	d，e
i	25	g
j	35	b，f，h，i

解：根据表 8－6 绘制该工程项目的计划网络图，如图 8－30(a) 所示。

(1) 从网络的发点开始，按顺序计算出每道工序的 ES 和 EF，并用“[ES，EF]”记录在表示该工序的弧的上方，如图 8－30(b) 所示。工序的最早开始时间为其所有紧前工序最早结束时间的最大值，如工序 j 的紧前工序为 b，f，h，i，其中 i 的最早结束时间所需天数最大，为 135，因此 j 的最早开始时间所需天数为 135，又对于同一道工序来说有 $EF = ES + t$，因此 j 的最早结束时间为 $135 + 35 = 170$；此外，不用计算虚工序的 ES 和 EF。

(2) 从网络的收点开始计算出在不影响整个工程最早结束时间的情况下各道工序的 LS 和 LF，并用“[LS，LF]”记录在表示该工序的弧的下方，如图 8－30(c) 所示。各工序的最晚结束时间为其所有紧后工序最晚开始时间的最小值，如工序 d 的紧后工序为 g 和 h，g 的最晚开始时间所需天数为 80，h 的最晚开始时间所需天数为 120，因此，d 的最晚结束时间所需天数为 80，又对于同一工序有 $LS = LF - t$，因此 d 最晚开始时间所需天数为 $80 - 20 = 60$。

(3) 根据公式 $T_s = LS - ES = LF - EF$，计算出每一道工序的时差，如表 8－7 所示。时差为 0 的工序即为关键工序，关键工序组成关键路线；时差非 0 的工序为非关键工序，非关键工序的时差即为其可以推迟开始的最长时间。

因此，可得该工程项目的关键路线为 a→d→g→i→j，最短工期为 170 天。

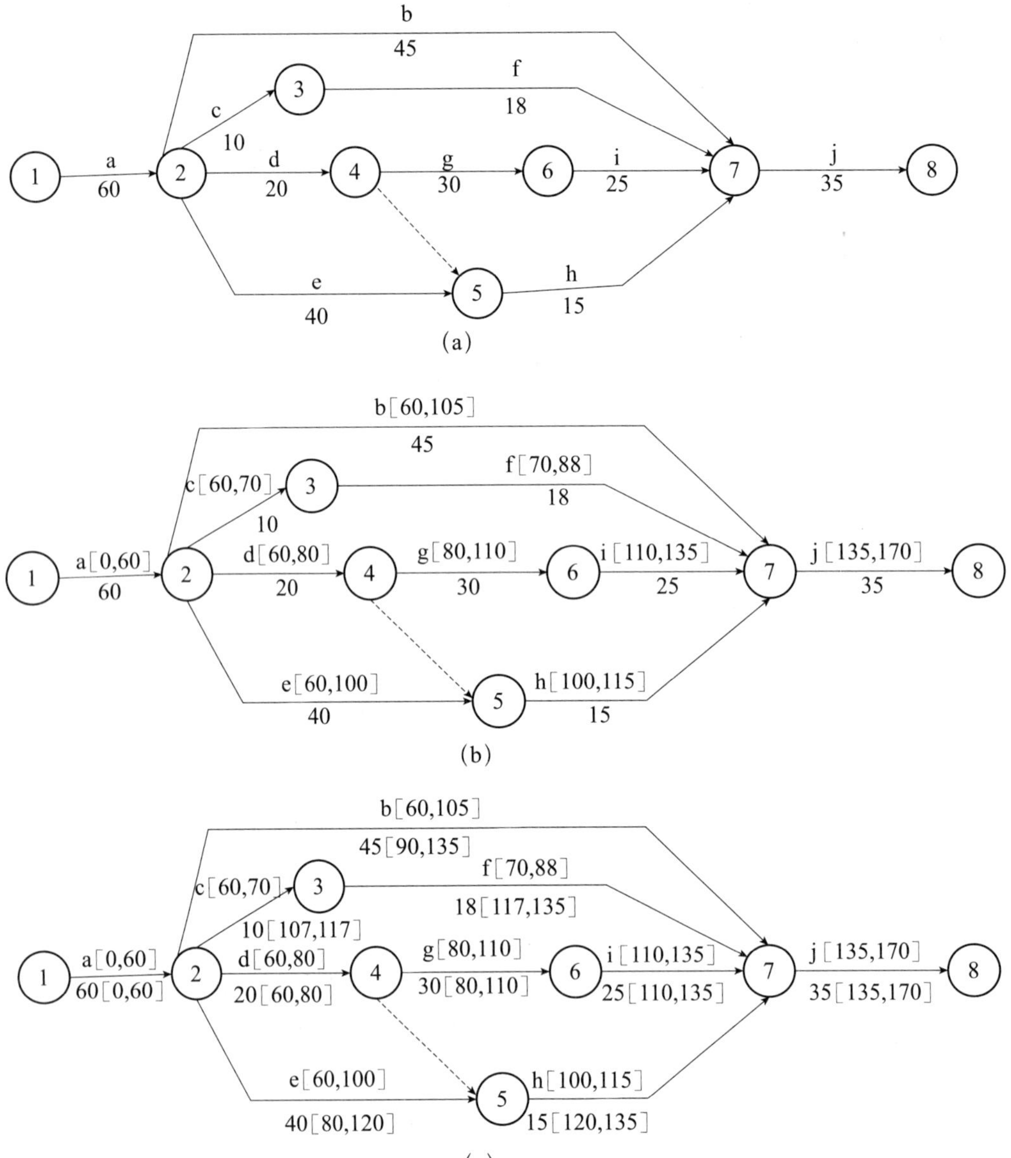

图 8-30　某工程项目的关键路线求解过程

表 8-7　工序时间表

工序编号	最早开始时间（ES）	最晚开始时间（LS）	最早完成时间（EF）	最晚完成时间（LF）	时差 T_s	是否为关键工序
a	0	0	60	60	0	是
b	60	90	105	135	30	否
c	60	107	70	117	70	否
d	60	60	80	80	0	是
e	60	80	100	120	20	否

续表

工序编号	最早开始时间（ES）	最晚开始时间（LS）	最早完成时间（EF）	最晚完成时间（LF）	时差 T_s	是否为关键工序
f	70	117	88	135	47	否
g	80	80	110	110	0	是
h	100	120	115	135	20	否
i	110	110	135	135	0	是
j	135	135	170	170	0	是

当然，我们也可以用线性规划的方法求关键路线，设 x_{ij} 表示弧（i，j）是否在关键路线上，是为 1，否为 0，建立数学模型如下：

$$\max z = 60x_{12} + 45x_{27} + 10x_{23} + 20x_{24} + 40x_{25} + 18x_{37} + 30x_{46} + 15x_{57} + 25x_{67} + 35x_{78}$$

$$\text{s. t.} \quad x_{12} = 1 \qquad (1)$$

$$x_{12} = x_{27} + x_{23} + x_{24} + x_{25} \qquad (2)$$

$$x_{23} = x_{37} \qquad (3)$$

$$x_{24} = x_{45} + x_{46} \qquad (4)$$

$$x_{45} + x_{25} = x_{57} \qquad (5)$$

$$x_{46} = x_{67} \qquad (6)$$

$$x_{27} + x_{37} + x_{57} + x_{67} = x_{78} \qquad (7)$$

$$x_{78} = 1 \qquad (8)$$

$$x_{ij} \in \{0,1\}, i,j = 1,2,\cdots,8 \qquad (9)$$

LINGO 软件的求解结果如图 8－31 所示（求解程序省略）。求解结果与上述方法的求解结果一致，数学模型的局限性在于只求出了关键路线，没有求出工序的最早开始时间、最早结束时间以及最晚开始时间、最晚结束时间。

```
Global optimal solution found.
Objective value:                              170.0000
Infeasibilities:                              0.000000
Total solver iterations:                             0


                    Variable           Value        Reduced Cost
                         X12        1.000000            0.000000
                         X24        1.000000            0.000000
                         X46        1.000000            0.000000
                         X67        1.000000            0.000000
                         X78        1.000000            0.000000
```

图 8－31　例 8－9 的 LINGO 求解结果

8.6.3　计划网络图优化

我们通过绘制计划网络图和求解关键路线能够得到项目的初始计划方案，但通常需要对初始方案进行调整与完善。根据计划目标，综合考虑资源限制和降低费用等目标，进行网络优化，确定最优的计划方案。

1. 时间-资源优化

在项目资源优化方面可以采取以下措施：（1）优先安排关键工序所需的资源。（2）利用非关键工序的时差，错开各工序的开始时间。（3）统筹兼顾工程进度的要求和现有资源的限制，多次综合平衡。

例 8-10 在例 8-9 中，假定工序 d，f，g，h，i 的工作性质相似，同一工人可以完成 5 道工序的任何一道，5 道工序所需的工人数如表 8-8 所示，试求一个时间-资源优化方案。

表 8-8 例 8-10 数据表

工序	需要人数	最早开始时间（天）	所需时间（天）	时差（天）
d	58	60	20	0
f	22	70	18	47
g	42	80	30	0
h	39	100	15	20
i	26	110	25	0

根据表 8-8 可绘制一个时间-资源负荷图，如图 8-32 所示。图的横坐标表示时间，纵坐标表示工人数，时间-资源负荷图表示任意时刻所需工人的数量。由图 8-32(a) 可知，如果按照最早开始时间安排各工序开工，则至少需要 81 个工人。

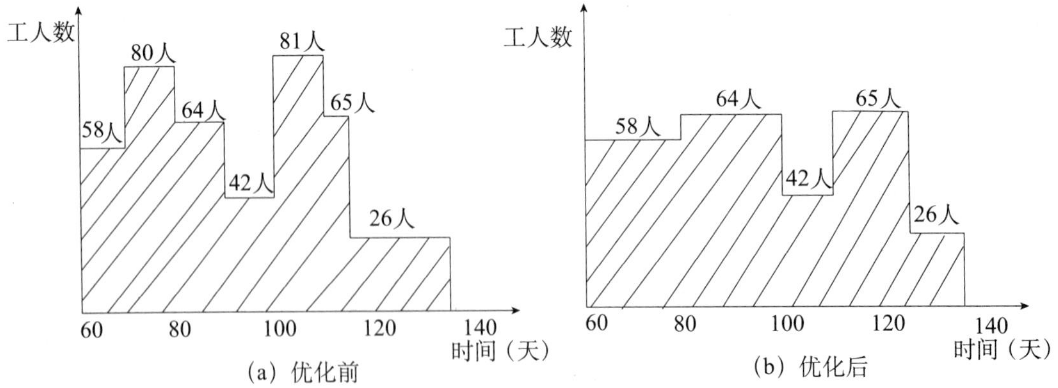

图 8-32 时间-资源负荷图

我们可以利用非关键工序的时差，错开各工序的开始时间，如让非关键工序 f 从第 80 天开始，工序 h 从第 110 天开始。注意在优化时，要保证"实际开始时间≤最早开始时间+时差"。优化后的时间-资源负荷图如图 8-32(b) 所示。可以看出，优化后工人的数量降低至 65 人，且资源的负荷更加均衡。

2. 时间-费用优化

时间-费用优化一般有两种情况：（1）在既定时间完成工程的前提下，使得所增加的费用最少；（2）在不超工程预算的前提下，使工程最早完工。

为了加快工程进度，需要增加人力、设备和工作班次，从而导致费用增加。那么我们如何描述费用与时间之间的关系呢？费用与完成工序所需的时间有关，一般时间越短，费用就越多。假设完成工序 (i,j) 的正常时间为 t_{ij}，相应的费用为 c_{ij}；完成工序 (i,j) 的最快时间为 t'_{ij}，相应的费用为 c'_{ij}。这样我们就可以计算出缩短工序 (i,j) 单位时间所增加的费用，用 k_{ij} 表示，称为费用变动率，其公式为：

$$k_{ij}=\frac{c'_{ij}-c_{ij}}{t_{ij}-t'_{ij}}$$

时间-费用优化模型一：在既定时间 T 完工的前提下，问各工序的实际完工时间为多少才能使因缩短工期而增加的费用最少。

假设用 x_{ij} 表示工序 (i,j) 的实际完工时间，其为本模型的主要决策变量，但为了构建数学模型，我们还需要假设一个辅助决策变量 y_i，表示网络上点 i 发生的时间。建立数学模型如下：

$$\min f=\sum_{(i,j)}k_{ij}(t_{ij}-x_{ij})$$

$$\text{s.t.}\quad x_{ij}\leqslant y_j-y_i,\quad \forall(i,j) \tag{1}$$

$$t'_{ij}\leqslant x_{ij}\leqslant t_{ij},\quad \forall(i,j) \tag{2}$$

$$y_n\leqslant T \tag{3}$$

$$y_1=0 \tag{4}$$

其中，目标函数为最小化由于工期缩短而增加的费用。约束条件（1）表示对于所有的弧（工序），实际完工时间要小于等于弧两端两个节点的时间差；约束条件（2）表示对于所有的弧（工序），实际完工时间要大于等于最快完工的时间且小于等于正常完工时间；约束条件（3）表示整个工期不能超过给定的期限 T；约束条件（4）表示计划网络图的第 1 个节点取 0 时刻。

例 8－11　仍以例 8－9 为例，除了基本信息，还知道各道工序的最快完工时间，以及各工序正常完工的费用和最快完工的费用，根据以上信息可计算出费用变动率，如表 8－9 所示。

表 8－9　例 8－11 数据表

工序	t_{ij} 正常完工（天）	c_{ij} 费用（元）	t'_{ij} 最快完工（天）	c'_{ij} 费用（元）	费用变动率（元/天）
a	60	10 000	60	10 000	—
b	45	4 500	30	6 300	120
c	10	2 800	5	4 300	300
d	20	7 000	10	11 000	400
e	40	10 000	35	12 500	500

续表

工序	t_{ij} 正常完工（天）	c_{ij} 费用（元）	t'_{ij} 最快完工（天）	c'_{ij} 费用（元）	费用变动率（元/天）
f	18	3 600	10	5 440	230
g	30	9 000	20	12 500	350
h	15	3 750	10	5 750	400
i	25	6 250	15	9 150	290
j	35	12 000	35	12 000	—

假设该工程要求在 150 天内完工，问每道工序的实际完工时间是多少，才能使整个工程因缩短工期而增加的费用最少？

解：设 x_{ij} 表示工序 (i,j) 的实际完工时间，y_i 表示网络上点 i 发生的时间。根据该工程的计划网络图建立如下数学模型：

$$\min f = 120(45-x_{27})+300(10-x_{23})+400(20-x_{24})+500(40-x_{25})$$
$$+230(18-x_{37})+350(30-x_{46})+400(15-x_{57})+290(25-x_{67})$$

s. t.

$$x_{12} \leqslant y_2 - y_1 \quad (1)$$
$$x_{27} \leqslant y_7 - y_2 \quad (2)$$
$$x_{23} \leqslant y_3 - y_2 \quad (3)$$
$$x_{24} \leqslant y_4 - y_2 \quad (4)$$
$$x_{25} \leqslant y_5 - y_2 \quad (5)$$
$$x_{37} \leqslant y_7 - y_3 \quad (6)$$
$$x_{46} \leqslant y_6 - y_4 \quad (7)$$
$$0 \leqslant y_5 - y_4 \quad (8)$$
$$x_{57} \leqslant y_7 - y_5 \quad (9)$$
$$x_{67} \leqslant y_7 - y_6 \quad (10)$$
$$x_{78} \leqslant y_8 - y_7 \quad (11)$$
$$x_{12} = 60 \quad (12)$$
$$30 \leqslant x_{27} \leqslant 45 \quad (13)$$
$$5 \leqslant x_{23} \leqslant 10 \quad (14)$$
$$10 \leqslant x_{24} \leqslant 20 \quad (15)$$
$$35 \leqslant x_{25} \leqslant 40 \quad (16)$$
$$10 \leqslant x_{37} \leqslant 18 \quad (17)$$
$$20 \leqslant x_{46} \leqslant 30 \quad (18)$$
$$10 \leqslant x_{57} \leqslant 15 \quad (19)$$
$$15 \leqslant x_{67} \leqslant 25 \quad (20)$$
$$x_{78} = 35 \quad (21)$$
$$y_8 \leqslant 150 \quad (22)$$
$$y_1 = 0 \quad (23)$$

其中，目标函数为整个工程因缩短工期而增加的费用最少。约束条件（1）~（11）表示对于所有的弧（工序），实际完工时间要小于等于弧两端两个节点的时间差，由于工序（4，5）是虚工序，因此它的实际完工时间为 0；约束条件（12）~（21）表示对于所有的弧（工序），实际完工时间要大于等于最快完工的时间且小于等于正常完工时间；约束条件（22）表示整个工期不能超过给定的期限 150 天；约束条件（23）表示计划网络图的第 1 个节点取 0 时刻。

用 LINGO 软件求解，结果如图 8－33 所示（LINGO 程序省略）。由结果可以看出，优化方案是弧（4，6）（即工序 g）缩短工期 10 天，弧（6，7）（即工序 i）缩短工期 10 天，可使整个工期缩短至 150 天，增加的费用最少，为 6 400 元。可以看出，要缩短整个工程的工期只能通过缩短关键路线上工序的工期实现。

```
Global optimal solution found.
Objective value:                              6400.000
Infeasibilities:                              0.000000
Total solver iterations:                             0


                       Variable           Value        Reduced Cost
                            X27        45.00000            0.000000
                            X23        10.00000            0.000000
                            X24        20.00000            0.000000
                            X25        40.00000            0.000000
                            X37        18.00000            0.000000
                            X46        20.00000            0.000000
                            X57        15.00000            0.000000
                            X67        15.00000            0.000000
                            X12        60.00000            0.000000
                             Y2        60.00000            0.000000
                             Y1        0.000000            0.000000
                             Y7        115.0000            0.000000
                             Y3        70.00000            0.000000
                             Y4        80.00000            0.000000
                             Y5        100.0000            0.000000
                             Y6        100.0000            0.000000
                            X78        35.00000            0.000000
                             Y8        150.0000            0.000000
```

图 8－33　例 8－11 的 LINGO 求解结果

我们可以通过计算关键路线上各工序的最快完工时间之和求出该工程的最短工期为 140 天，利用上述模型，可以求出此时费用增加的最小值，只用将约束条件（22）改为 $y_8 \leqslant 140$，读者可自行尝试求解，最优值为 14 900 元。

时间-费用优化模型二：在不超工程预算的前提下，使工程最早完工。

设工程预算为 B，建立数学模型如下：

$$\min f = y_n$$

$$\text{s.t.}\quad x_{ij} \leqslant y_j - y_i,\quad \forall (i,j) \tag{1}$$

$$t'_{ij} \leqslant x_{ij} \leqslant t_{ij},\quad \forall (i,j) \tag{2}$$

$$\sum_{(i,j)} k_{ij}(t_{ij} - x_{ij}) \leqslant B \tag{3}$$

$$y_1 = 0 \tag{4}$$

该模型将模型一的目标函数变为约束条件，该约束条件表示预算的限制，并去掉了模型一的约束条件（3），其他约束条件不变。目标函数变为工期时间最短。

例 8-12 如果在例 8-11 的基础上，假设工程增加的预算为 6 000 元，求最短工期及各工序的实际完成时间。

解：决策变量的含义与例 8-11 相同，目标函数变为 $\min f = y_8$，去掉约束条件 $y_8 \leq 150$，其他约束条件不变，并增加如下约束条件：

$$120(45 - x_{27}) + 300(10 - x_{23}) + 400(20 - x_{24}) + 500(40 - x_{25}) + 230(18 - x_{37}) + 350(30 - x_{46}) + 400(15 - x_{57}) + 290(25 - x_{67}) \leq 6\ 000$$

求解结果如图 8-34 所示，可知当增加的预算为 6 000 元的时候，工期可缩短至 152 天，最优优化方案为弧（4，6）（即工序 g）缩短工期 8 天，弧（6，7）（即工序 i）缩短工期 10 天。同理可计算当增加的预算为 8 000 元时，工期可缩短至 148 天；当增加的预算为 10 000 元时，工期可缩短至 146 天。可见预算越多，工程工期可缩短的程度就越大。

```
Objective bound:                                152.0000
Infeasibilities:                                0.000000
Extended solver steps:                                 0
Total solver iterations:                              12


                     Variable           Value        Reduced Cost
                           Y8        152.0000            0.000000
                          X27        45.00000            0.000000
                          X23        10.00000            0.000000
                          X24        20.00000            1.000000
                          X25        40.00000            0.000000
                          X37        18.00000            0.000000
                          X46        22.00000            1.000000
                          X57        15.00000            0.000000
                          X67        15.00000            1.000000
                          X12        60.00000            0.000000
                           Y2        60.00000            0.000000
                           Y1        0.000000            0.000000
                           Y7        117.0000            0.000000
                           Y3        70.00000            0.000000
                           Y4        80.00000            0.000000
                           Y5        100.0000            0.000000
                           Y6        102.0000            0.000000
                          X78        35.00000            0.000000
```

图 8-34 例 8-13 的 LINGO 求解结果

练习题

1. 货柜车司机计划在最短的时间内将一车货物从 *A* 地运往 *I* 地。从 *A* 地到 *I* 地的公路网纵横交错，如图 8-35 所示，因此有多种行车路线。这名司机应选择哪条线路呢？假设货柜车的运行速度是恒定的。

2. 某一地区有若干个主要城市，现准备修建高速公路把这些城市连接起来，使得从其中任何一个城市都可以经高速公路直接或间接到达另一个城市。假定已经知道了某些城市之间修建高速公路的成本（单位：亿元），如图 8-36 所示，边上的权数表示两个城市之间修建高速公路的成本，那么应如何决定在哪些城市间修建高速公路，使得总成本最低？

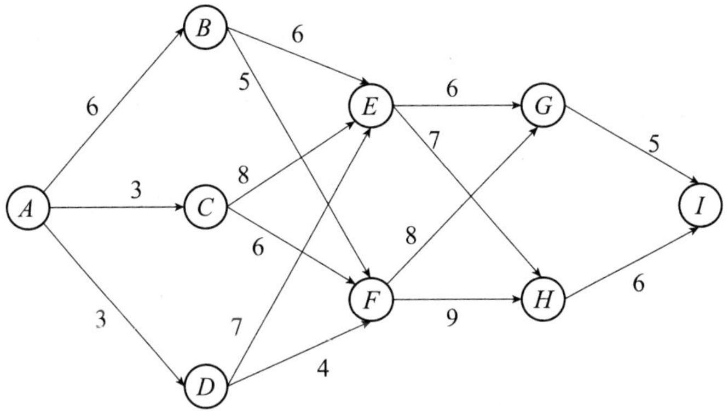

图 8－35　某地区公路网

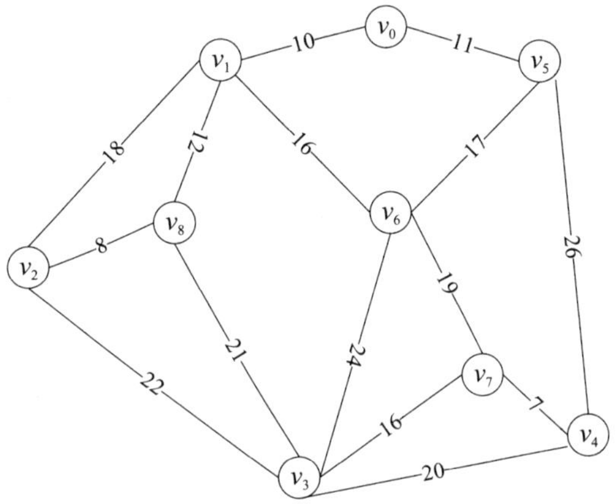

图 8－36　修建高速公路成本图

3. 图 8－37 为某输油管道的一部分，由于各油泵之间管道直径不同，它们的运输能力也不同，弧上的权重表示单位时间内的最大输送能力（单位：吨/小时）。现需要将 s 点的石油输送到 t 点，问应该如何输送，才能使单位时间内到达 t 点的石油量最大。

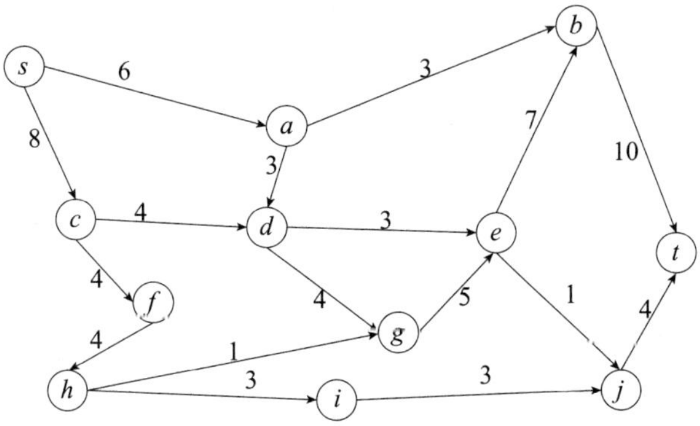

图 8－37　某输油管道局部图

4. 某种原材料有 3 个产地 D_1、D_2、D_3，现在需要将原材料从产地运往 4 个原材料加工厂 M_1、M_2、M_3、M_4。产地与加工厂之间通过管道运输，如图 8－38 所示，网络图上弧的权数表示单位时间内管道的运输能力（单位：吨/天），已知工厂的加工能力（单位：吨/天）分别是 10、8、8、10。该管道运输网络能否保证加工厂满负荷运行？各产地的产量是多少？

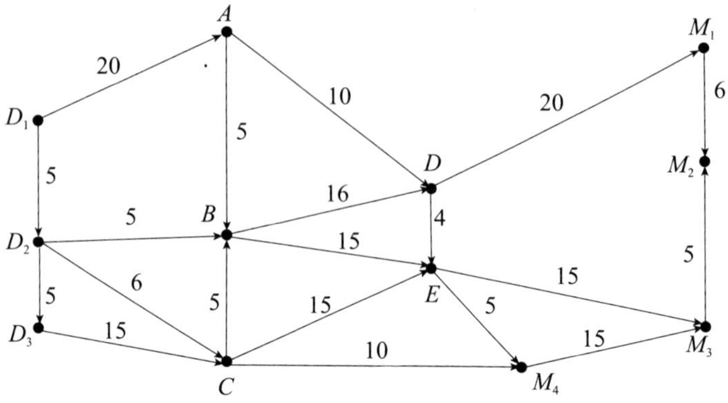

图 8-38　原材料管道运输网络

5. 某地区发生地震急需大量应急物资，地震造成道路损坏，能够通行的道路如图 8-39 所示，且实行交通管制，所有道路都为单向通道，弧上括号中的第一个数字表示道路的最大通行能力（单位：辆/小时），第二个数字表示车辆的运输成本（单位：百元/辆）。假设运输车辆都是同质的，v_s 为应急物资供应点，v_t 为灾区。应该如何安排运输才能使得送达灾区的应急物资量最大，同时运输成本最低？

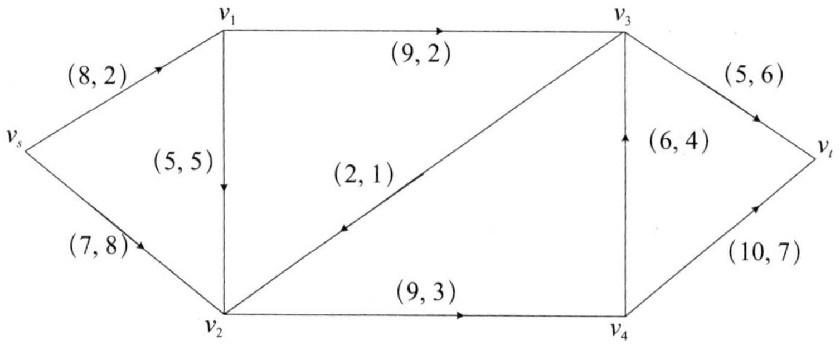

图 8-39　某地区地震后的路网

6. 某公司的一个项目需要进行调研工作，调研工作的工序进度表如表 8-10 所示，请绘制该调研工作的计划网络图。

表 8-10　某调研工作的工序进度表

工序	内容	工时（天）	紧前工序
a	初步研究	1	—
b	研究选点	2	a
c	准备调研方案	4	a
d	联系调研点	2	b
e	培训工作人员	3	b，c
f	准备表格	1	c

续表

工序	内容	工时（天）	紧前工序
g	实地调研	5	d，e，f
h	写调研报告	2	g
i	开会汇总	3	h

7. 设某工程的计划网络图如图 8－40 所示，试求关键路线。

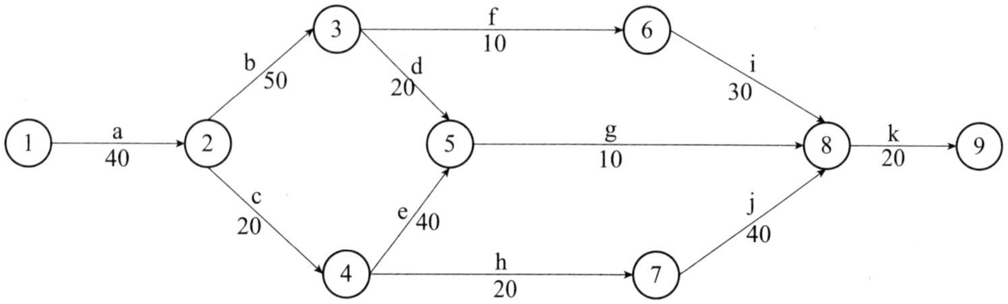

图 8－40　某工程的计划网络图

8. 在第 7 题中，各工序的正常完工时间、最快完工时间以及费用变动率如表 8－11 所示。（1）假设甲方要求工期不超过 140 天，问各工序的工期应该提前多少天，才能满足甲方要求，并使得增加的费用最少？（2）请计算出最短工期所需增加的费用，并讨论工程增加的费用与缩短工期之间的关系。

表 8－11　各工序的正常完工时间、最快完工时间以及费用变动率

工序	正常完工时间（天）	最快完工时间（天）	费用变动率（元/天）
a	40	30	120
b	50	35	300
c	20	10	400
d	20	10	500
e	40	30	230
f	10	5	350
g	10	5	400
h	20	10	290
i	30	20	350
j	40	35	300
k	20	15	200

第9章 LINGO 软件的进阶操作

本章的内容主要包括：LINGO 软件的三种运算符，即算术运算符、关系运算符及逻辑运算符；常用的函数，包括数学函数、变量界定函数、集循环函数、概率函数以及辅助函数；六个段，即集合段、数据段、目标与约束段、计算段、初始段、子模型段；以及如何使用逻辑运算符在集循环函数里表示过滤条件，如何实现 LINGO 与 Excel 的交互。

9.1 LINGO 软件的运算符

9.1.1 算术运算符

算术运算符是指用于数与数之间数学运算的符号，LINGO 软件中的算术运算符有以下五种：+（加法）、-（减法或取反）、*（乘法）、/（除法）、^（求幂）。其优先级由高到低如表 9-1 所示。

表 9-1 LINGO 软件算术运算符的优先级

优先级	符号
1	-（取反）
2	^
3	*，/
4	+，-

9.1.2 关系运算符

关系运算符是指用于表示数与数之间大小关系的符号，LINGO 软件中的关系运算符有三种：<（即 ≤，小于等于）、=（等于）、>（即 ≥，大于等于）。可以看出，LINGO 软件并不支持严格小于和严格大于的关系运算。然而，如果需要表示严格小于和严格大于关系，比如让 A 严格小于 B：$A<B$，那么可以把它变成如下的小于等于表达式：$A+\varepsilon\leqslant B$，这里 ε 是一个非常小的正数。

9.1.3　逻辑运算符

逻辑运算符用于连接多个条件或多个关系表达式，最终的结果也是一个 Boolean 值（即只能是 true 或是 false）。LINGO 软件具有九种逻辑运算符，如表 9－2 所示。

表 9－2　LINGO 软件的逻辑运算符

符号	含义
#not#	否定该操作数的逻辑值，是一个一元运算符
#eq#	即 equal to，若两个运算符相等，则为 true；否则为 false
#ne#	即 not equal to，若两个运算符不相等，则为 true；否则为 false
#gt#	即 greater than，若左边的运算符严格大于右边的运算符，则为 true；否则为 false
#ge#	即 greater than or equal to，若左边的运算符大于或等于右边的运算符，则为 true；否则为 false
#lt#	即 less than，若左边的运算符严格小于右边的运算符，则为 true；否则为 false
#le#	即 less than or equal to，若左边的运算符小于或等于右边的运算符，则为 true；否则为 false
#and#	仅当左右两个运算符都为 true 时，结果为 true；否则为 false
#or#	仅当左右两个运算符都为 false 时，结果为 false；否则为 true

LINGO 软件的九种逻辑运算符的优先级如表 9－3 所示。

表 9－3　LINGO 软件逻辑运算符的优先级

优先级	符号
1	#not#
2	#eq#，#ne#，#gt#，#ge#，#lt#，#le#
3	#and#，#or#

LINGO 软件的逻辑运算符除了表示逻辑关系外，还常用于过滤条件，具体请阅读 9.4 节。此外，在写程序语言时，字母两旁的“#”必须要写，“#”与字母一起组成完整的逻辑运算符。

9.2　LINGO 软件常用的函数

9.2.1　数学函数

LINGO 软件提供了大量的标准数学函数，如表 9－4 所示。LINGO 软件中的数学函数在使用时要用“@”引导。

表 9-4 LINGO 软件的数学函数

函数	含义
@ abs(x)	返回 x 的绝对值
@ sin(x)	返回 x 的正弦值，x 采用弧度制
@ cos(x)	返回 x 的余弦值
@ tan(x)	返回 x 的正切值
@ exp(x)	返回常数 e 的 x 次方
@ log(x)	返回 x 的自然对数
@ lgm(x)	返回 x 的 gamma 函数的自然对数
@ sign(x)	如果 $x<0$ 返回 -1；否则，返回 1
@ floor(x)	返回 x 的整数部分。当 $x\geqslant0$ 时，返回不大于 x 的最大整数；当 $x<0$ 时，返回不小于 x 的最大整数
@ smax(x_1, x_2, …, x_n)	返回 x_1, x_2, …, x_n 中的最大值
@ smin(x_1, x_2, …, x_n)	返回 x_1, x_2, …, x_n 中的最小值

9.2.2 变量界定函数

变量界定函数的作用是实现对变量取值范围的附加限制，共四种，如表 9-5 所示。

表 9-5 LINGO 软件的变量界定函数

函数	含义
@ bin(x)	限制 x 为 0 或 1，用于 0-1 规划
@ gin(x)	限制 x 为整数
@ free(x)	取消对变量 x 的默认下界为 0 的限制，即 x 可以取任意实数
@ bnd(L, x, U)	限制 $L\leqslant x\leqslant U$

在默认情况下，LINGO 软件规定变量是非负的，也就是说下界为 0，上界为 $+\infty$。因为绝大多数实际问题中的决策变量都不可能小于零，LINGO 软件的开发者也是基于以上考虑，便设置决策变量的默认取值为非负数，好处是能够使编程时的代码更加简洁。@ free 函数取消了默认下界为 0 的限制，使变量也可以取负值。@ bnd 函数用于设定变量的上下界，它也可以取消默认下界为 0 的约束。

9.2.3 集循环函数

集循环函数是 LINGO 软件中最常用的函数，通用型数学模型的编程离不开集循环函数。其语法为：

@ function(setname[(set_index_list)[|conditional_qualifier]]:expression_list)。

@ function 表示四个集循环函数之一，即@ for、@ sum、@ min、@ max，它们的含义如表 9-6 所示；setname 是要遍历的集合；set_index_list 是集索引列表（可以省略）；

conditional_qualifier 是用来限制集循环函数的范围（即过滤条件，可以省略），当集循环函数遍历集的每个成员时，LINGO 软件都要对 conditional_qualifier 进行评价，若结果为真，则对该成员执行@ function 操作，否则跳过，继续执行下一次循环。expression_list 是被应用到每个集成员的表达式列表，当用的是@ for 函数时，expression_list 可以包含多个表达式，其间用逗号隔开，这些表达式将被作为约束加到模型中（但为了使程序代码尽量与数学模型保持一致，一般在编程时@ for 函数的 expression_list 中也只写一个表达式）。当使用其余的三个集循环函数时，expression_list 只能有一个表达式。如果省略 set_index_list，那么在 expression_list 中引用的所有属性的类型都是 setname 集。如果省略 conditional_qualifier，则表示集循环函数需要遍历集索引下的每个成员。关于集循环函数及过滤条件的使用方法，我们将在 9.3 节与 9.4 节详细介绍。

表 9-6　LINGO 软件的集循环函数

函数	含义
@ for	该函数用来产生对集成员的约束
@ sum	该函数返回遍历指定集成员的一个表达式的和
@ min	该函数返回指定集成员的一个表达式的最小值
@ max	该函数返回指定集成员的一个表达式的最大值

集循环函数最大的优点在于能够简化所构建的数学模型，如果是基于建模语言的标量构建模型，那么需要输入每个约束，每个公式也需要展开写；但如果基于集循环函数编写程序语言，则可以简化数学模型，且能够将数据与模型分开，减少重复建模的工作。例如利用@ for 函数，只需输入一个约束，然后 LINGO 软件自动产生每个集成员的约束。

@ min 函数和@ max 函数多用于求解最大最小化模型或最小最大化模型，例如在多出救点多受灾点的应急物资调度问题中，假设应急物资供不应求，为了保证应急物资分配的公平性，可在运输模型中考虑公平目标，即最大化各受灾点的最小需求满足率，或最小化各受灾点的最大需求不满足率。

9.2.4　概率函数

LINGO 软件还提供了大量的概率函数，这些函数可用于非线性等式或不等式的表达，在解决储存论、排队论等问题时经常使用，如表 9-7 所示。

表 9-7　LINGO 软件的概率函数

函数	含义
@ pbn(p, n, x)	二项分布的累积分布函数
@ pcx(n, x)	自由度为 n 的 χ^2 分布的累积分布函数
@ peb(a, x)	当到达负荷为 a，服务系统有 x 个服务器且允许无穷排队时的 Erlang 繁忙概率
@ pel(a, x)	当到达负荷为 a，服务系统有 x 个服务器且不允许排队时的 Erlang 繁忙概率

续表

函数	含义
@ pfd(n, d, x)	自由度为 n 和 d 的 F 分布的累积分布函数
@ pfs(a, x, c)	当负荷上限为 a，顾客数为 c，平行服务器数量为 x 时，有限源的 Poisson 服务系统的等待或返修顾客数的期望值
@ phg(pop, g, n, x)	超几何（hypergeometric）分布的累积分布函数。pop 表示产品总数，g 是正品数。从所有产品中任意取出 n 件（$n \leqslant pop$）
@ ppl(a, x)	Poisson 分布的线性损失函数，即返回 max(0, $z-x$) 的期望值，其中随机变量 z 服从均值为 a 的 Poisson 分布
@ pps(a, x)	均值为 a 的 Poisson 分布的累积分布函数
@ psl(x)	单位正态线性损失函数，即返回 max(0, $z-x$) 的期望值，其中随机变量 z 服从标准正态分布
@ psn(x)	标准正态分布的累积分布函数
@ ptd(n, x)	自由度为 n 的 t 分布的累积分布函数
@ qrand($seed$)	产生在（0，1）区间的伪随机数

以上函数的参数若不为整数，LINGO 软件采用线性插值进行计算。@ qrand 用来产生伪随机数，所谓的“伪随机数”指的并不是假的随机数，这里的“伪”是有规律的意思。其实绝对的随机数只是一种理想状态的随机数，计算机只能生成相对的随机数即伪随机数。此外，@ qrand 只允许在模型的数据部分使用，它将用伪随机数填满集属性。通常，声明一个 $m \times n$ 的二维表，m 表示运行实验的次数，n 表示每次实验所需的随机数的个数。在行内，随机数是独立分布的；在行间，随机数是非常均匀的。这些随机数是用分层取样的方法产生的。如果没有为函数指定 seed（种子），那么 LINGO 软件将用系统时间构造 seed，这时每次程序运行产生的随机数都不一样。如果我们给 seed 指定的是一个定值，那么每次程序运行的时候，@ qrand 产生的随机数都会一样，这种情况主要适用于我们希望在相同的实验环境下进行数据实验。

9.2.5 辅助函数

@ if 函数是 LINGO 软件中较为常用的辅助函数，可用于分段函数的表达，其语法为：

@ if（logical_condition，true_result，false_result）

当逻辑表达式 logical_condition 的结果为真时，返回 true_result，否则返回 false_result（注意 true_result 与 false_result 的位置）。@ if 函数可以嵌套使用。

例 9－1 用@ if 函数表示以下分段函数。

$$f(x) = \begin{cases} 2x, & 0 \leqslant x \leqslant 100 \\ 100 + 3x, & 100 < x \leqslant 500 \\ 200 + 4x, & x > 500 \end{cases}$$

解： f = @ if（x#le#100，2 * x，@ if（x#le#500，100 + 3 * x，200 + 4 * x））。

以上公式使用了嵌套语句，其中#le#为逻辑运算符，表示“小于等于”。在实际建模时要尽量避免使用分段函数，因为分段函数是非线性表达式，会影响程序的运行速度，有时甚至计算不出最优结果。

9.3　LINGO 软件的段

LINGO 软件中建立的优化模型可以由六个部分组成，每个部分可称为“段”。

1. 集合段：用于定义数组型变量

集合以“sets:”为开头，“endsets”为结尾，即：

```
sets:
! 集合段定义位置
endsets
```

集合段定义格式：集合名/集合中的元素/：属性变量。

例如，s1/1..3/：x。即定义了包含元素 1，2，3 的集合 s1，其对应的属性变量有一个，名为 x，即同时定义了 x(1)、x(2)、x(3)。

再如，s2/1..4/：y，z。即定义了包含元素 1，2，3，4 的集合 s2，其对应的属性变量有两个，名为 y，z，即同时定义了 y(1)，y(2)，y(3)，y(4) 和 z(1)，z(2)，z(3)，z(4)。

集合中的元素可以用数字也可以用其他符号表示，如 s3/a，b，c/就表示定义了包含元素 a，b，c 的集合 s3。用其他符号表示集合中元素时不能省略，有几个元素就要写几个元素，而用数字表示的话就可以用“..”符号代替中间省略的元素，非常方便，在实际建模中也推荐使用这种方式。

如果要定义二维以上的集合，则需要用到派生集合。顾名思义，派生集合就是由基本集合（一维）派生而来，派生集合不能直接定义集合中的元素，必须先定义基本集合，再在基本集合的基础上定义派生集合，因此其定义格式与基本集合的略有不同。

派生集合的定义格式：派生集合名（基本集合 1，基本集合 2，…，基本集合 n）：属性变量。

例如，根据前面定义的两个集合，派生出大小为 3×4 的集合，则可以这样定义：ps1(s1，s2)：m，即定义了集合名为 ps1 的二维派生集合，里面有一个属性变量 m，也就是同时定义了 m(1，1)，m(1，2)，m(1，3)，m(1，4)，m(2，1)，m(2，2)，m(2，3)，m(2，4)，m(3，1)，m(3，2)，m(3，3)，m(3，4)。

同理，可定义二维以上的集合，例如要定义 3×3×3 的集合，则可以用 3 个长度为 3 的集合来派生，如 ps2(s1，s1，s1)：a，即定义了集合名为 ps2 的三维派生集合，里面有一个属性变量 a。

有时为了定义派生集合，不得不定义一些没有属性变量的基本集合，因此在定义基本集合时，可以不指定其属性变量。

2. 数据段：用于变量赋值与数据传递

以“data:”开头，“enddata”结尾，即：

```
data:
!数据段定义位置
enddata
```

例如，给前面定义的变量 x（集合基数为3）赋值，则可以表示为：

$x=1, 2, 3;$

给集合 m（大小为 3×4）赋值，则可以表示为：

```
m=1 2 3 4
  5 6 7 8
  9 10 11 12;
```

注意：数据和数据之间用逗号或者空格分隔都可以，赋值结束需要加分号。

3. 目标与约束段：用于列出目标与约束

目标与约束段是唯一一个没有段的开始和结束标记的段。这个段可以说是数学模型转化为程序语言的主体部分，将用到 LINGO 软件的运算符及函数，特别是集循环函数，且要结合集合段一起使用。

例 9-2 用 LINGO 语言表示以下数学模型。

$$\min z = \sum_{i=1}^{100}\sum_{j=1}^{200} c_{ij}x_{ij}$$

$$\text{s.t.} \sum_{j=1}^{200} x_{ij} \geqslant a_i,\quad i=1,2,\cdots,100$$

$$x_{ij}\text{ 为整数},\quad i=1,2,\cdots,100; j=1,2,\cdots,200$$

LINGO 程序语言如下：

```
sets:
s1/1..100/:a;!定义长度为100的基本集合s1,里面有一个属性变量a;
s2/1..200/:;!定义长度为200的基本集合s2,里面没有属性变量;
ps(s1,s2):c,x;!定义大小为100*200的派生集合ps,里面有属性变量c,x;
endsets
!目标与约束段;
min=@sum(ps(i,j):c(i,j)*x(i,j));
@for(s1(i):@sum(s2(j):x(i,j))>a(i));
@for(ps(i,j):@gin(x(i,j)));
```

这里注意集合 s2 中没有属性变量，但是我们还是定义了它，是需要用它定义派生集合。目标函数只能有一个，其语法为：min（或 max） = 目标函数表达式，表示求目标函数的最小值或最大值。@ for 函数多用于约束条件的描述，其使用方法参见 9.2.3 小节。程序中 i，j 分别表示集合 s1 和 s2 的索引，索引的符号用户可以自定义，但一般与数学模型表达式保持一致为好。

其他注意事项：（1）LINGO 程序中不区分大小写，如 data、DATA、Data 在 LINGO

程序中表示的是一回事，因此不能用同一符号的大小写来表示不同的符号；(2) LINGO 软件中的标点符号都需要在英文状态下输入，否则程序不能识别；(3) 可以为程序语句添加注释，以“!”开头，“;”结尾，注释中可以输入中文。

集合段、数据段、目标与约束段是 LINGO 软件建立通用数学模型必须使用的三个段。此外，LINGO 软件还有以下三个段。

4. 计算段：用于数据初始整理计算

以“calc:”开头，“endcalc”结尾，即：

```
calc:
!计算段定义位置
endcalc
```

计算段除了用于数据初始整理计算外，还具有程序流程控制的功能，计算段中控制程序流程的语句，主要包括条件分支控制（@ IFC 或@ IFC/@ ELSE 语句）、条件循环控制（@ WHILE 语句）、循环跳出控制（@ BREAK 语句）、程序暂停控制（@ PAUSE 语句）以及程序终止控制（@ STOP 语句）。此外，子模型的求解也必须在计算段。

5. 初始段：用于决策变量赋初始值

以“init:”开头，“endinit”结尾，即：

```
init:
!初始段定义位置
endinit
```

初始段常用于非线性规划，非线性规划由于问题的特性很容易求出局部最优解，因此最优解的寻找与初始解有很大关系，好的初始解不仅可以提高非线性规划最优解的质量，还可以缩短寻找最优解的时间。

6. 子模型段：用于表达子模型

子模型必须包含在主模型之内，即必须位于以“model:”开头、以“end”结束的模块内。子模型可以在主模型中的计算段中被调用，同一个主模型中，允许定义多个子模型，所以每个子模型本身必须命名，其基本语法是：

```
submodel mymodel:
可执行语句;
endsubmodel
```

其中“mymodel”是该子模型的名称，可执行语句一般是一些约束语句，也可能包含目标函数，但不可以有自身单独的集合段、数据段、初始段和计算段。也就是说，同一个主模型内的变量都是全局变量，这些变量对主模型和所有子模型同样有效。如果已经定义了子模型 mymodel，则在计算段中可以用语句“@ solve（mymodel）;”求解这个子模型。子模型通常用于需要重复使用某些目标或约束条件的情况，如目标规划的求解过程就可应用子模型使程序简化，下面举个简单的例子。

例 9－3　分别求解以下四个优化问题：

(1) 在满足约束 $x^2+4y^2\leq 1$ 且 x，y 非负的条件下，求 $x-y$ 的最大值；

（2）在满足约束 $x^2+4y^2\leqslant 1$ 且 x，y 非负的条件下，求 $x+y$ 的最小值；

（3）在满足约束 $x^2+4y^2\leqslant 1$ 且 x，y 可取任何实数的条件下，求 $x-y$ 的最大值；

（4）在满足约束 $x^2+4y^2\leqslant 1$ 且 x，y 可取任何实数的条件下，求 $x+y$ 的最小值。

可利用子模型编写如下 LINGO 程序：

```
model:
submodel obj1:
max = x - y;
endsubmodel

submodel obj2:
min = x + y;
endsubmodel

submodel con1:
x^2 +4 * y^2 < =1;
endsubmodel

submodel con2:
@ free(x);
@ free(y);
endsubmodel

calc:
@ write(' 问题 1 的解:',@ newline(1));
@ solve(obj1,con1);
@ write(' 问题 2 的解:',@ newline(1));
@ solve(obj2,con1);
@ write(' 问题 3 的解:',@ newline(1));
@ solve(obj1,con1,con2);
@ write(' 问题 4 的解:',@ newline(1));
@ solve(obj2,con1,con2);
endcalc
end
```

由于求解报告内容太多，这里不展示。程序中@ write 函数的用法为@ write（obj1［，…，objn］），用于输出一系列结果（obj1，…，objn），其中 obj1，…，objn 可以是变量（但不能只是属性），也可以是字符串（放在单引号中的为字符串）或换行（@ newline（1））等。结果可以输出到一个文件、电子表（如 Excel）或数据库中，这取决于@ write 所在的输出语句中左边的定位函数。

9.4　过滤条件

在数学模型中，经常会遇到表达式不是遍历集合中所有元素的情况，这时就可以利用逻辑运算符，写出模型的过滤条件，过滤条件是在集循环函数中使用，回顾集循环函数的语法：

@ function(setname[(set_index_list) [| conditional_qualifier]] : expression_list) ;

可以看出，过滤条件由“ | ”引导，使用逻辑运算符表示过滤条件的内容。

例 9－4　用 LINGO 程序语言表示 $\sum_{\substack{2 \leqslant i \leqslant 40, \\ i \neq 10}} x_i \leqslant 100$ 。

解：该表达式的 LINGO 程序如下：

```
sets:
s/1..40/:x;
endsets
@ sum(s(i) | i#ge#2 #and#i #ne#10 :x(i)) <100;
```

这里 i#ge#2#and#i#ne#10 就是过滤条件，表示 $i \geqslant 2$ 且 $i \neq 10$，之所以没有表示 $i \leqslant 40$，是因为所遍历的集合中，最多只有 40 个元素。

9.5　LINGO 与 Excel 交互

当输入及输出的数据量较大，或需要对输出的数据进行进一步处理，比如需要根据输出数据进行作图，这时就可以将数据存储或输出到 Excel 数据表中。LINGO 软件通过 @ ole 函数实现与 Excel 的数据传递。下面分两种情况讨论。

1. 从 Excel 文件中导入数据

@ ole 函数只能用在模型的集合段、数据段和初始段，使用格式可以分成以下几种类型：

（1）变量名 1，变量名 2，…，变量名 n = @ ole （‘文件名’，‘数据块名称 1’，‘数据块名称 2’，…，‘数据块名称 n’）；

表示从指定的 Excel 文件读取数据，文件名可以包括扩展名（. xls 或 . xlsx），还可以包含完整的路径目录名称，如果没有指定路径，则默认路径是 LINGO 软件的当前工作目录。该文件中定义了 n 个数据块，其中的数据分别用来对变量 1 至变量 n 赋值或初始化。如果变量是集合，则对应数据块应该是文本格式表示的集合成员名；如果变量是集合的属性，则对应数据块应该是一系列数字，并且，若变量是基本集合的属性，则对应的数据块应当是一列数据，若变量是二维派生集合的属性，则对应数据块应当是二维矩形数据区域。@ ole 函数无法读取三维数据区域。

（2）变量名 1，变量名 2，…，变量名 n = @ ole （‘文件名’，‘数据块名称’）；

左边的 n 个变量必须定义在同一个集合中，@ ole 的参数仅指定一个数据块名称，该数据块应当包含类型相同的 n 列数据，第 1 列赋值给变量 1，第 2 列赋值给变量 2，…，第 n 列赋值给变量 n。

（3）变量名 1，变量名 2，…，变量名 n = @ ole（‘文件名’）；

没有指定数据块名称，默认使用 Excel 文件中与变量名同名的数据块。

2. 将计算结果导出到 Excel 文件中

使用@ ole 函数能把计算结果写入 Excel 文件，使用格式也有以下三种。

（1）@ ole（‘文件名’，‘数据块名称 1’，‘数据块名称 2’，…，‘数据块名称 n’）= 变量名1，变量名 2，…，变量名 n；

将 n 个变量的内容分别写入指定文件的 n 个预先已经定义了名称的数据块，数据块的长度（大小）不应小于变量所包含的数据，如果数据块原来有数据，则@ ole 写入语句运行后原来的数据将被新的数据覆盖。

（2）@ ole（‘文件名’，‘数据块名称’）= 变量名1，变量名 2，…，变量名 n；

n 个变量的数据写入同一数据块（不止 1 列），先写变量 1，再写变量 2，…，最后写变量 n。

（3）@ ole（‘文件名’）= 变量名1，变量名 2，…，变量名 n；

不指定数据块的名称，默认使用 Excel 文件中与变量名同名的数据块。

无论是从 Excel 文件中导入数据到 LINGO 软件，还是从 LINGO 软件将计算结果导出到 Excel 文件中，都需要先在 Excel 文件中定义数据块，步骤如下（以 Microsoft Excel 365 版本为例）。

步骤 1：在“公式”中打开“名称管理器”，并点击“新建”，如图 9－1 所示。

图 9－1 在 Excel 中定义数据块步骤 1

步骤 2：给数据块命名，并指定引用位置，点击“确定”，完成数据块定义，如图 9 - 2 所示。

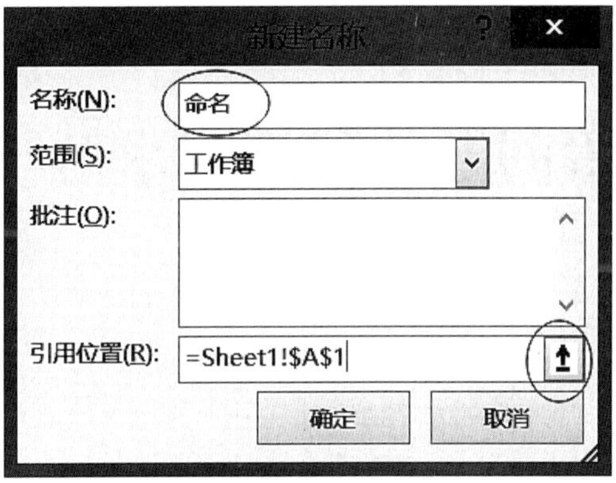

图 9 - 2　在 Excel 中定义数据块步骤 2

@ ole 函数具体在数学模型中如何使用，将在第 10 章详细介绍。

练习题

1. LINGO 软件的算术运算符有哪些？
2. LINGO 软件的关系运算符有哪些？
3. LINGO 软件的逻辑运算符有哪些？
4. LINGO 软件的变量界定函数有哪些？
5. LINGO 软件的集循环函数有哪些？
6. LINGO 软件有哪六个段，其中哪些是建模所必需的？
7. 在集循环函数中如何表示过滤条件？
8. 如何实现 LINGO 与 Excel 的数据传递？
9. 如何用 LINGO 软件程序语言表示 $\sum_{i=1}^{100} x_i \leqslant 90$ ？
10. 如何用 LINGO 软件程序语言表示：x_i 为 0 - 1 变量，$i = 1,2,\cdots,100$；y_i 取整数，$j = 1,2,\cdots,200$ ？
11. 如何用 LINGO 软件程序语言表示 $\sum_{i=1}^{100} \sum_{j=1}^{200} x_{ij} \leqslant 290$ ？
12. 如何用 LINGO 软件程序语言表示 $\sum_{i=1}^{100} x_{ij} > 90$，$j = 1,2,\cdots,200$ ？
13. 如何用 LINGO 软件程序语言表示 $\sum_{\substack{2 \leqslant k \leqslant 40 \\ k \neq 10}} x_{ijk} \leqslant 100$，　$i = 1,2,\cdots,20$；$j = 1,2,\cdots,30$ ？
14. 如何用 LINGO 软件程序语言表示 $f(x) = \begin{cases} 500 + 2x, & 0 \leqslant x \leqslant 200 \\ 300 + 3x, & 200 < x \leqslant 1\,500 \\ 700 - 4x^2, & x > 1500 \end{cases}$ ？

第10章 经典运筹问题的建模与求解

本章主要介绍经典运筹问题，如运输问题、转运问题、指派问题、选址问题、背包问题、最短路问题、网络最大流问题、最小费用最大流问题、TSP 问题、VRP 问题等的数学建模与 LINGO 软件求解。本章所构建的模型与前面章节构建的模型有所区别，前面章节所构建的都是具体化的数学模型，其本质是通用数学模型的一个实例。本章所构建的是通用数学模型，即在对某一类问题分析总结的基础上，建立的针对该类问题的抽象数学模型，模型中的参数不再是具体的数字，而是用符号表示。抽象出问题的本质进而构建通用数学模型是运筹学的核心内容之一。

10.1 运输问题

10.1.1 问题描述

在经济建设中，经常碰到物资调拨中的运输问题。例如煤、钢材、粮食、木材等物资在全国有若干生产基地，分别将这些物资调到各消费基地去，应如何制定调运方案，使总的运输费用最低？再如发生重大灾害后，如何调拨应急物资至各受灾点，并达到时间最短、成本最低、损失最小等预期目标？

经典的运输问题研究大批量、单一品种物资的运输调度。该问题可描述为：设某种物资有 m 个产地和 n 个销地。产地 A_i 的产量为 a_i（$i=1, 2, \cdots, m$）；销地 B_j 的销量为 b_j（$j=1, 2, \cdots, n$）。从第 i 个产地向第 j 个销地运输每单位物资的运价为 c_{ij}。如何调运这些物资才能使总运费达到最低？

模型是对实际系统的抽象，反映系统某一方面的本质，为了研究系统某一方面的本质，需要对问题做出假设，只要假设是合理的，我们就有理由认为模型是有效的。运输问题存在如下假设：（1）不考虑规模效益，即运输费用不会受到运输规模大小的影响；（2）在整个经济活动中只考虑运输费用，不考虑其他费用，或者说运输费用在整个经济活动的费用中占很大比例。

10.1.2　数学模型

一般一个完整的数学模型是由模型假设（可省略）、符号说明、数学模型、公式解释四个部分组成。其中符号说明包括对集合、参数、决策变量的说明。

1. 符号说明

i 表示产地，$i=1, 2, \cdots, m$；

j 表示销地，$j=1, 2, \cdots, n$；

a_i表示产地 i 的产量；

b_j表示销地 j 的销量；

c_{ij}表示产地 i 向销地 j 运输每单位物资的运价；

x_{ij}表示产地 i 向销地 j 运输物资的量（决策变量）。

2. 数学模型

$$\min z = \sum_{i=1}^{m}\sum_{j=1}^{n} c_{ij}x_{ij} \tag{1}$$

$$\text{s. t.} \quad \sum_{j=1}^{n} x_{ij} = a_i,\ i = 1,2,\cdots,m \tag{2}$$

$$\sum_{i=1}^{m} x_{ij} = b_j,\ j = 1,2,\cdots,n \tag{3}$$

$$x_{ij} \geqslant 0,\ i = 1,2,\cdots,m;\ j = 1,2,\cdots,n \tag{4}$$

式（1）为目标函数，表示最小化总运输费用；式（2）表示产地运出的量等于其产量；式（3）表示运到销地的量等于其销量；式（4）表示决策变量非负。

注意：该模型为产销平衡问题，对于产销不平衡问题，只用改变约束条件的符号即可。如果是产大于销，则式（2）改为 $\sum_{j=1}^{n} x_{ij} \leqslant a_i, i = 1,2,\cdots,m$；如果是销大于产，则式（3）改为 $\sum_{i=1}^{m} x_{ij} \leqslant b_j,\ j = 1,2,\cdots,n$ 。

10.1.3　LINGO 软件建模

根据第 9 章的内容，对运输问题进行建模，程序语言如下：

```
model:
title 运输问题;
sets:
s1/1..m/:a;!定义产地;
s2/1..n/:b;!定义销地;
ss(s1,s2):x,c;!定义运量和运费;
endsets

min=@sum(ss:c*x);!目标函数;
```

```
@ for(s1(i):
@ sum(s2(j):x(i,j)) = a(i));!产地产量约束;
@ for(s2(j):
@ sum(s1(i):x(i,j)) = b(j));!销地销量约束;
end
```

LINGO 软件中的关键词都会显示成蓝色，用户在自定义符号的时候不能用程序的关键词，注释会显示成绿色。LINGO 软件的主模型是以“model:”开头，以“end”结尾。“title”是给模型命名，不是必需项，可以省略。这里我们定义了两个基本集合：s1 表示产地，其属性变量 a 表示产地的产量；s2 表示销地，其属性变量 b 表示销地的销量。定义了一个二维的派生集合 ss，其属性变量 x 表示产地到销地的运输量（决策变量），c 表示产地到销地的运费。在目标函数中，省略了索引，这是因为 LINGO 软件为了使语言更加简洁，当操作是遍历集合中所有元素时，则可省略索引。约束条件中用到了集循环函数@ for 和@ sum，这也是建立线性规划模型常用的两个函数。第 3 个约束条件没有在程序中写出，这是因为 LINGO 软件默认变量均非负。

10.1.4 案例应用

例 10-1 某化肥厂有 3 个分厂，分别设在武汉、东莞和长春，产量分别是 200 吨、200 吨、240 吨。3 个分厂的产品需要运往华北、华中、华东和华南的 4 个销售中心，需求分别是 160 吨、170 吨、200 吨、110 吨。各地之间的运费如表 10-1 所示，请安排一个合适的运输方案，使得运输费用最低。

表 10-1 运费表 单位：元/吨

	销售中心			
	华北	华中	华东	华南
武汉分厂	1 400	260	1 200	1 500
东莞分厂	2 450	1 400	1 600	200
长分春厂	1 200	1 600	1 700	2 800

在 10.1.3 小节建立的 LINGO 软件模型中添加数据段，把案例数据代入模型中，把集合 s1 的长度改为 3，集合 s2 的长度改为 4。这里需要注意，数据段可放在目标与约束段后，也可放在目标与约束段前。LINGO 程序如下：

```
model:
title 运输问题;
sets:
s1 /1..3 /:a;!定义产地;
s2 /1..4 /:b;!定义销地;
ss(s1,s2):x,c;!定义运量和运费;
endsets
```

```
min =@ sum(ss:c * x);!目标函数;
@ for(s1(i):
@ sum(s2(j):x(i,j)) =a(i));!产地产量约束;
@ for(s2(j):
@ sum(s1(i):x(i,j)) =b(j));!销地销量约束;
data:
c =
1400 260 1200 1500
2450 1400 1600 200
1200 1600 1700 2800;!运费;
a =200 200 240;!产地供应量;
b =160 170 200 110;!销地需求量;
enddata
end
```

运行程序，得到求解状态窗口和求解报告窗口，如图 10 - 1 和图 10 - 2 所示。由图 10 - 1 可知，该模型为线性规划（LP）模型，已求得问题的最优解，最优值为 574 200，由于运行速度过快，求解器的状态未来得及显示。此外该模型有 12 个决策变量，8 个约束条件（包括目标函数），36 个非零参数。求解时间不到 1 秒，因此未显示。

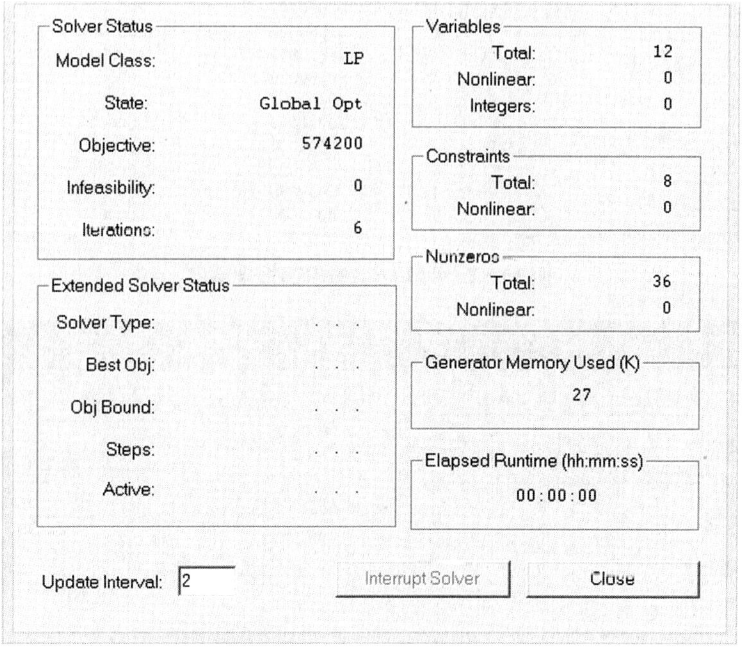

图 10 - 1　例 10 - 1 的求解状态窗口

从图 10 - 2 可以得到最优解，即变量 x 的值，但看到有很多决策变量的值都为 0，为了更方便地观察求解结果，可以设置只显示非零的数据，设置方法为：关闭当前求解报告窗口，在工具栏中点击 （solution），在弹出的对话框中勾选 Nonzeros Only，点击

OK，如图 10－3 所示。输出报告如图 10－4 所示，可以看出这时已经没有了结果为 0 的变量。根据计算结果，可以制定如下运输方案：武汉→华中，170 吨；武汉→华东，30 吨；东莞→华东，90 吨；东莞→华南，110 吨；长春→华北 160 吨；长春→华东，80 吨。这个运输方案非常合理，因为就地理区位来看，武汉位于华中，东莞位于华南，长春靠近华北，各分厂都是优先满足较近的销售中心，再把剩余的产量分配给华东销售中心。由此可以看出，只要能把握问题的本质建立数学模型，且用于求解模型的数据真实有效，数学模型就能够为解决实际问题提供高质量的决策依据。

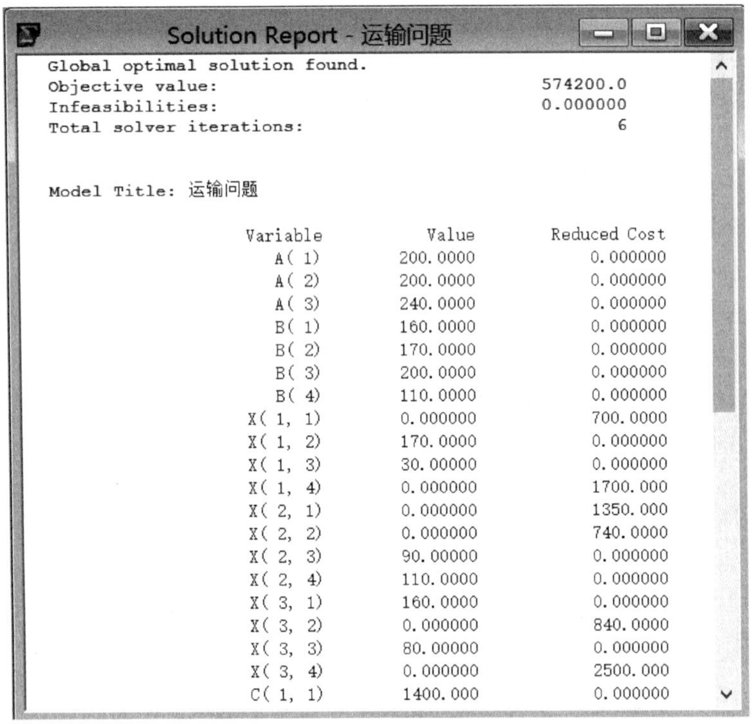

图 10－2　例 10－1 的求解报告窗口

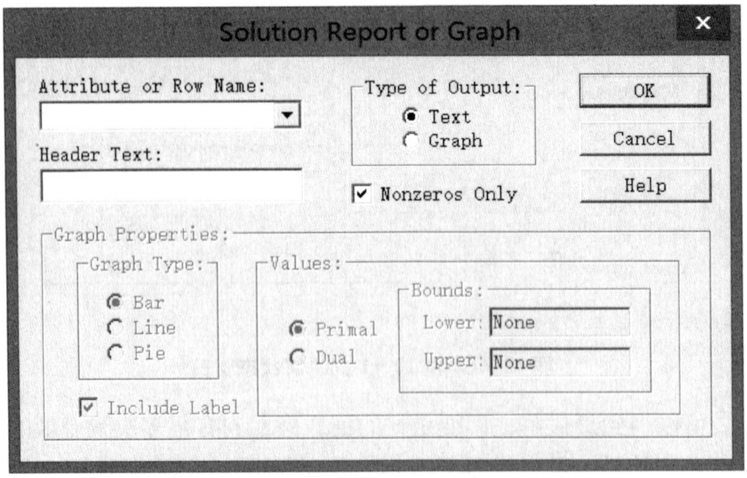

图 10－3　求解报告只显示非零数据设置

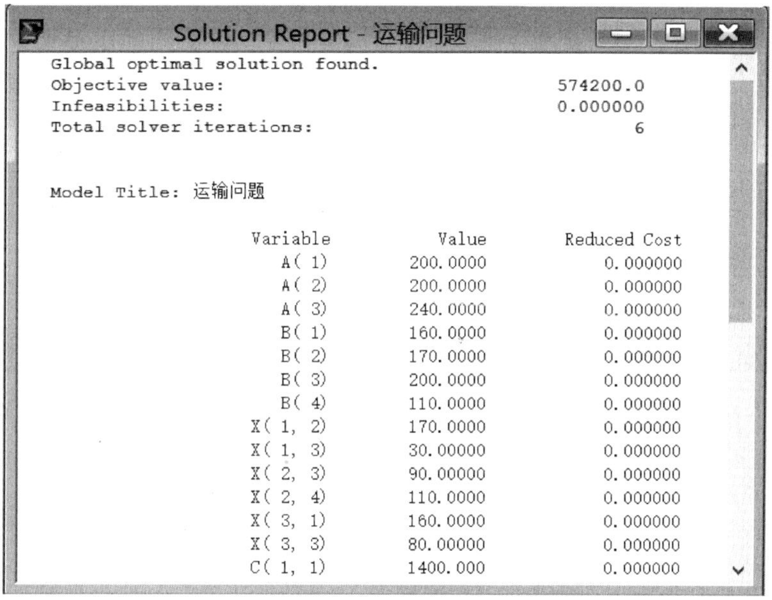

```
Solution Report - 运输问题

Global optimal solution found.
Objective value:                              574200.0
Infeasibilities:                              0.000000
Total solver iterations:                             6


Model Title: 运输问题

                      Variable           Value        Reduced Cost
                         A( 1)        200.0000            0.000000
                         A( 2)        200.0000            0.000000
                         A( 3)        240.0000            0.000000
                         B( 1)        160.0000            0.000000
                         B( 2)        170.0000            0.000000
                         B( 3)        200.0000            0.000000
                         B( 4)        110.0000            0.000000
                      X( 1, 2)        170.0000            0.000000
                      X( 1, 3)        30.00000            0.000000
                      X( 2, 3)        90.00000            0.000000
                      X( 2, 4)        110.0000            0.000000
                      X( 3, 1)        160.0000            0.000000
                      X( 3, 3)        80.00000            0.000000
                      C( 1, 1)        1400.000            0.000000
```

图 10－4　例 10－1 的非零数据求解报告

例 10－2　有 3 个储煤基地负责满足 5 个地区冬天的煤炭需求，5 个地区的煤炭需求量不确定，但根据历史数据，可以估计其最低需求量和最高需求量、储煤基地的储煤量、各地区的需求以及单位运价，如表 10－2 所示。试求尽量满足各地区的用煤需求，且运输总费用最低的调运方案。

表 10－2　例 10－2 数据表　　单位：元/吨

		销地					供应量（吨）
		地区 1	地区 2	地区 3	地区 4	地区 5	
产地	储煤基地 1	6	3	8	9	5	550
	储煤基地 2	8	5	4	6	2	500
	储煤基地 3	11	9	7	4	8	450
最低需求量（吨）		250	350	200	300	150	
最高需求量（吨）		350	500	250	350	250	

解：这是一个销地有最低需求量和最高需求量限制的运输问题，且总产量小于总最高需求量，需要对经典运输模型进行修改，其他参数不变，设 b_j^1 表示销地 j 的最低需求量，b_j^2 表示销地 j 的最高需求量，建立数学模型：

$$\min z = \sum_{i=1}^{m} \sum_{j=1}^{n} c_{ij} x_{ij} \tag{1}$$

$$\text{s.t.} \quad \sum_{j=1}^{n} x_{ij} = a_i,\ i = 1,2,\cdots,m \tag{2}$$

$$\sum_{i=1}^{m} x_{ij} \geqslant b_j^1,\ j = 1,2,\cdots,n \tag{3}$$

$$\sum_{i=1}^{m} x_{ij} \leqslant b_j^2,\ j = 1,2,\cdots,n \tag{4}$$

$$x_{ij} \geqslant 0,\ i = 1,2,\cdots,m;\ j = 1,2,\cdots,n \tag{5}$$

本例相应的 LINGO 程序如下：

```
model:
sets:
s1/1..3/:a;!定义产地;
s2/1..5/:b1,b2;!定义销地;
ss(s1,s2):x,c;!定义运量和运费;
endsets

min=@sum(ss:c*x);!目标函数;
@for(s1(i):
@sum(s2(j):x(i,j))=a(i));!产地产量约束;
@for(s2(j):
@sum(s1(i):x(i,j))>b1(j));!销地最低需求量约束;
@for(s2(j):
@sum(s1(i):x(i,j))<b2(j));!销地最高需求量约束;
data:
c=
6 3 8 9 5
8 5 4 6 2
11 9 7 4 8;!运费;
a=550 500 450;!产地供应量;
b1=250 350 200 300 150;!销地最低需求量;
b2=350 500 250 350 250;!销地最高需求量;
enddata
end
```

求解结果如图 10－5 所示，最优值为 6 100 元，最优解为 $x_{11}=150$，$x_{12}=400$，$x_{23}=250$，$x_{25}=250$，$x_{31}=100$，$x_{34}=350$。

例 10－3 某化肥厂有 4 个分厂生产同一种化肥，产量分别是 300、500、400 和 200 吨，负责供应 6 个地区的客户，各地区的需求量分别是 280、250、320、350、370 和 340 吨。由于工厂生产工艺的差别，各厂的单位生产成本分别是 1.3、1.4、1.35 和 1.45 万元/吨。又由于市场行情不同，各地区的销售价格分别是 3.2、3.1、2.9、2.8、3.3 和 3.0 万元/吨。各地之间的单位运价如表 10－3 所示。由于供小于求，必然会有某些地区缺货，根据各地区的市场评估，销售部门要求地区 1 和地区 2 至少供应 150 吨且不超过其需求量，地区 3 和地区 4 的需求量必须满足，地区 5 和地区 6 只要不超过其需求量即可。请制定使总利润最大的运输方案。

```
Global optimal solution found.
Objective value:                              6100.000
Infeasibilities:                              0.000000
Total solver iterations:                             8

                       Variable           Value        Reduced Cost
                          A( 1)        550.0000            0.000000
                          A( 2)        500.0000            0.000000
                          A( 3)        450.0000            0.000000
                         B1( 1)        250.0000            0.000000
                         B1( 2)        350.0000            0.000000
                         B1( 3)        200.0000            0.000000
                         B1( 4)        300.0000            0.000000
                         B1( 5)        150.0000            0.000000
                         B2( 1)        350.0000            0.000000
                         B2( 2)        500.0000            0.000000
                         B2( 3)        250.0000            0.000000
                         B2( 4)        350.0000            0.000000
                         B2( 5)        250.0000            0.000000
                       X( 1, 1)        150.0000            0.000000
                       X( 1, 2)        400.0000            0.000000
                       X( 2, 3)        250.0000            0.000000
                       X( 2, 5)        250.0000            0.000000
                       X( 3, 1)        100.0000            0.000000
                       X( 3, 4)        350.0000            0.000000
```

图 10－5　例 10－2 的求解报告

表 10－3　单位运价表　　单位：万元/吨

		销地					
		地区 1	**地区 2**	**地区 3**	**地区 4**	**地区 5**	**地区 6**
产地	**分厂 1**	0.3	0.2	0.4	0.7	0.8	0.8
	分厂 2	0.8	0.4	0.7	0.2	0.1	0.1
	分厂 3	0.7	0.1	0.2	0.5	0.5	0.6
	分厂 4	0.1	0.4	0.3	0.3	0.4	0.4

解：该题本质上与例 10－2 一样，只不过目标函数变成了求最大值，而且考虑了产品的销售价格和生产成本，设 e_j 表示销地 j 产品的单位销售价格，f_i 表示产地 i 产品的单位生产成本，建立以下数学模型：

$$\max z = \sum_{i=1}^{m}\sum_{j=1}^{n}(e_j - f_i - c_{ij})x_{ij} \qquad (1)$$

$$\text{s.t.} \quad \sum_{j=1}^{n} x_{ij} = a_i,\ i = 1,2,\cdots,m \qquad (2)$$

$$\sum_{i=1}^{m} x_{ij} \geqslant b_j^1,\ j = 1,2,\cdots,n \qquad (3)$$

$$\sum_{i=1}^{m} x_{ij} \leqslant b_j^2,\ j = 1,2,\cdots,n \qquad (4)$$

$$x_{ij} \geqslant 0,\ i = 1,2,\cdots,m;\ j = 1,2,\cdots,n \qquad (5)$$

本例相应的 LINGO 程序如下：

```
model:
sets:
s1/1..4/:a,f;!定义产地;
s2/1..6/:b1,b2,e;!定义销地;
```

```
ss(s1,s2):x,c;!定义运量和运费;
endsets

max =@ sum(ss(i,j):(e(j) - f(i) - c(i,j)) * x(i,j));!目标函数;
@ for(s1(i):
@ sum(s2(j):x(i,j)) =a(i));!产地产量约束;
@ for(s2(j):
@ sum(s1(i):x(i,j)) >b1(j));!销地最低需求量约束;
@ for(s2(j):
@ sum(s1(i):x(i,j)) <b2(j));!销地最高需求量约束;
data:
c =
0.3 0.2 0.4 0.7 0.8 0.8
0.8 0.4 0.7 0.2 0.1 0.1
0.7 0.1 0.2 0.5 0.5 0.6
0.1 0.4 0.3 0.3 0.4 0.4;!运费;
a =300 500 400 200;!产地供应量;
b1 =150 150 320 350 0 0;!销地最低需求量;
b2 =280 250 320 350 370 340;!销地最高需求量;
f =1.3 1.4 1.35 1.45;!单位生产成本;
e =3.2 3.1 2.9 2.8 3.3 3;!单位销售价格;
enddata
end
```

只需要在例 10 -2 的 LINGO 程序基础上，增加产地集合 s1 的属性变量 f（单位生产成本）以及销地集合 s2 的属性变量 e（单位销售价格），并修改目标函数以及数据段的变量赋值。求解程序得到问题的全局最优解，最优值为 2 064 万元，最优解为 $x_{11}=130$，$x_{12}=170$，$x_{24}=300$，$x_{25}=200$，$x_{32}=80$，$x_{33}=320$，$x_{41}=150$，$x_{44}=50$。可见通用模型的好处就是可以重复利用，哪怕问题描述稍有不同，也可在原模型基础上稍加修改就能使用，能够大大提高编写代码和求解问题的效率。

10.2 转运问题

10.2.1 问题描述

转运问题实际上是运输问题的一个变种。在转运问题中，除了产地和销地外，还增加了中转点，需先将物品从产地运往中转点，再由中转点运往销地。产地的产量、销地的销量以及各地之间的单位运价都已知，求使总运输费用最低的调运方案。

10.2.2　数学模型

1. 符号说明

i 表示产地，$i=1, 2, \cdots, m$；

j 表示销地，$j=1, 2, \cdots, n$；

k 表示中转点，$k=1, 2, \cdots, l$；

a_i表示产地 i 的产量；

b_j表示销地 j 的销量；

c_{ik}^1 表示产地 i 向中转点 k 运输每单位物资的运价；

c_{kj}^2 表示中转点 k 向销地 j 运输每单位物资的运价；

x_{ik}^1 表示产地 i 向中转点 k 运输物资的量；

x_{kj}^2 表示中转点 k 向销地 j 运输物资的量。

2. 数学模型

$$\min f = \sum_{i=1}^{m}\sum_{k=1}^{l} c_{ik}^1 x_{ik}^1 + \sum_{k=1}^{l}\sum_{j=1}^{n} c_{kj}^2 x_{kj}^2 \tag{1}$$

$$\text{s. t.}\quad \sum_{k=1}^{l} x_{ik}^1 = a_i,\ i = 1,2,\cdots,m \tag{2}$$

$$\sum_{i=1}^{m} x_{ik}^1 - \sum_{j=1}^{n} x_{kj}^2 = 0,\ k = 1,2,\cdots,l \tag{3}$$

$$\sum_{k=1}^{l} x_{kj}^2 = b_j,\ j = 1,2,\cdots,n \tag{4}$$

$$x_{ik}^1, x_{kj}^2 \geqslant 0,\ i = 1,2,\cdots,m;\ k = 1,2,\cdots,l;\ j = 1,2,\cdots,n \tag{5}$$

式（1）为目标函数，表示总运输费用最低；式（2）表示针对每一个产地，它运出到所有中转点的量等于其产量；式（3）表示对于每一个中转点，运进的量等于运出的量，因为中转点只起到中转作用，既不生产物资，也不消耗物资；式（4）针对每一个销地，所有中转点运到销地的量等于其销量；式（5）表示决策变量为非负数。以上是产销平衡转运问题的数学模型，如果是产销不平衡的情况，与运输问题的处理方法相似。

10.2.3　LINGO 软件建模

转运问题的 LINGO 程序语言如下：

```
model:
title 转运问题;
sets:
s1/1..m/:a;!定义产地;
s2/1..n/:b;!定义销地;
s3/1..l/:;!定义中转点;
ss1(s1,s3):x1,c1;
```

```
ss2(s3,s2):x2,c2;!定义运量和运费;
endsets

min=@ sum(ss1:c1*x1)+@ sum(ss2:c2*x2);!目标函数;
@ for(s1(i):@ sum(s3(k):x1(i,k))=a(i));!产地产量约束;
@ for(s3(k):@ sum(s1(i):x1(i,k))-@ sum(s2(j):x2(k,j))=0);
!中转点约束;
@ for(s2(j):@ sum(s3(k):x2(k,j))=b(j));!销地销量约束;
end
```

由于增加了中转点，所以需要在原运输模型的基础上，增加中转点集合的定义，在集合段定义中转点集合 s3，该集合没有属性变量，只用于生成派生变量。定义两个派生变量 ss1 和 ss2 分别用于定义产地到中转点以及中转点到销地的属性变量。目标与约束段的公式按照数学模型所给的公式编写。

10.2.4 案例应用

例 10-4 某产品的供应链上有 3 个制造商（A、B、C）、2 个分销商（D、E）和 4 个销售商（F、G、H、I），制造商的产品只能通过分销商转运到销售商。每个制造商的年产量（单位：万件），每个销售商的年需求量（单位：万件），以及各地之间的单位运价（单位：元/件）如图 10-6 所示。

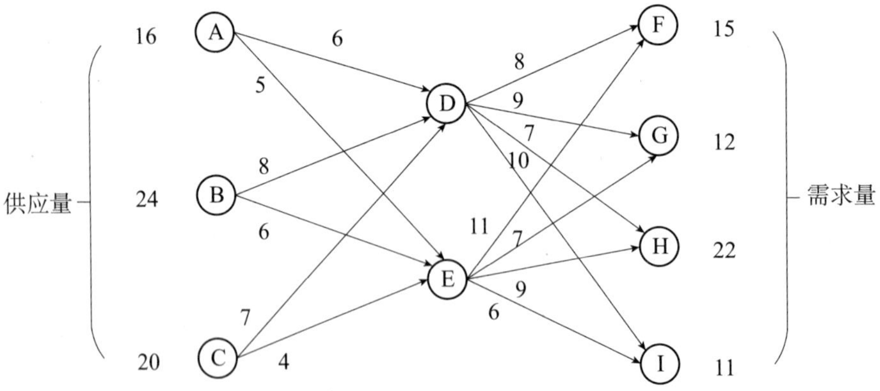

图 10-6 运输网络示意图

解：该问题是一个产销平衡的转运问题，将相应的参数代入数据段，对应的 LINGO 程序如下：

```
model:
title 转运问题;
sets:
s1/1..3/:a;!定义产地;
s2/1..4/:b;!定义销地;
s3/1..2/:;!定义中转点;
```

```
ss1(s1,s3):x1,c1;
ss2(s3,s2):x2,c2;!定义运量和运费;
endsets

min =@ sum(ss1:c1 * x1) +@ sum(ss2:c2 * x2);!目标函数;
@ for(s1(i):@ sum(s3(k):x1(i,k)) =a(i));!产地产量约束;
@ for(s3(k):@ sum(s1(i):x1(i,k)) -@ sum(s2(j):x2(k,j)) =0);
!中转点约束;
@ for(s2(j):@ sum(s3(k):x2(k,j)) =b(j));!销地销量约束;
data:
c1 =6 5 8 6 7 4;
c2 =8 9 7 10 11 7 9 6;!运费;
a =16 24 20;!产地供应量;
b =15 12 22 11;!销地需求量;
enddata
end
```

求解以上程序得到全局最优解，最优值为 786 万元，最优解为 $x_{11}^1=16$，$x_{22}^1=24$，$x_{32}^1=20$，$x_{11}^2=15$，$x_{13}^2=1$，$x_{22}^2=12$，$x_{23}^2=21$，$x_{24}^2=11$。

10.3　指派问题

10.3.1　问题描述

在生活中经常遇到这样的问题，某单位需完成 n 项任务，恰好有 n 个人可承担这些任务。由于每人的专长不同，各人完成不同任务所需的时间或效率也不同。于是产生了应指派哪个人去完成哪项任务，使完成 n 项任务的总效率最高（或所需总时间最少）的问题，这类问题称为指派问题或分派问题。该问题可描述为：有 n 项任务，恰好 n 个人承担，第 i 人完成第 j 项任务的花费（时间或费用等）为 c_{ij}，要求确定人和事之间一一对应的指派方案，使总花费最少。

10.3.2　数学模型

1. 符号说明

i 表示工人，$i=1，2，\cdots，n$；

j 表示任务，$j=1，2，\cdots，n$；

c_{ij}表示第 i 个人完成第 j 项任务的花费；

$x_{ij}=0$ 或 1，为决策变量，取 1 表示指派第 i 个人完成第 j 项任务，取 0 表示不指派第

i 个人完成第 j 项任务。

2. 数学模型

$$\min z = \sum_{i=1}^{n} \sum_{j=1}^{n} c_{ij}x_{ij} \tag{1}$$

$$\text{s.t.} \quad \sum_{j=1}^{n} x_{ij} = 1,\ i = 1,2,\cdots,n \tag{2}$$

$$\sum_{i=1}^{m} x_{ij} = 1,\ j = 1,2,\cdots,n \tag{3}$$

$$x_{ij} = 0 \text{ 或 } 1,\ i = 1,2,\cdots,n;\ j = 1,2,\cdots,n \tag{4}$$

式（1）为目标函数，表示指派任务的总花费最少；式（2）表示对于任何一个工人，有且只有一项任务分配给他；式（3）表示对于任何一个任务，有且只有一个工人被指派给它；式（4）表示决策变量为 0－1 变量。

以上是指派问题的标准形式，此外，指派问题还有一些非标准形式，例如：工人数比任务数多（假设工人数为 m），这时式（2）应改为 $\sum_{j=1}^{n} x_{ij} \leqslant 1, i = 1,2,\cdots,m$，表示对于任何一个工人，至多分配一项任务给他；工人数比任务数少，且假设每个工人都必须分配任务，这时式（2）应改为 $\sum_{j=1}^{n} x_{ij} \geqslant 1, i = 1,2,\cdots,m$，表示对于任何一个工人，至少分配一项任务给他。

10.3.3 LINGO 软件建模

指派问题的 LINGO 程序语言如下：

```
model:
title 指派问题;
sets:
s/1..n/:;
ss(s,s):x,c;
endsets

min=@sum(ss:c*x);
@for(s(i):@sum(s(j):x(i,j))=1);
@for(s(j):@sum(s(i):x(i,j))=1);
@for(ss(i,j):@bin(x(i,j)));
end
```

由于工人数和任务数都是 n，因此只定义了一个长度为 n 的基本集合 s，定义了一个 $n \times n$ 的二维派生集合 ss，其属性变量为决策变量 x 以及费用矩阵 c。依据数学模型写出目标与约束段，其中@ bin 函数的作用为界定决策变量 x 为 0－1 变量。

10.3.4　案例应用

例 10－5　有甲、乙、丙、丁、戊 5 个工人以及 A、B、C、D、E 5 项任务，由于每个工人的特长不同，其完成任务的时间也各不相同，每个工人完成每项任务的时间如表 10－4 所示，要求确定工人和任务之间一一对应的指派方案，使总时间最少。

表 10－4　花费时间表　　单位：小时

	A	B	C	D	E
甲	12	7	9	7	9
乙	8	9	6	8	6
丙	7	17	12	14	9
丁	15	14	6	6	10
戊	4	10	7	10	9

在 10.3.3 小节建立的 LINGO 软件模型中添加数据段，把案例数据代入模型中，把集合 s 的长度改为 5，LINGO 程序如下：

```
model:
title 指派问题;

sets:
s/1..5/:;
ss(s,s):x,c;
endsets

min =@ sum(ss:c * x);
@ for(s(i):@ sum(s(j):x(i,j)) =1);
@ for(s(j):@ sum(s(i):x(i,j)) =1);
@ for(ss(i,j):@ bin(x(i,j)));

data:
c =
12 7 9 7 9
8 9 6 8 6
7 17 12 14 9
15 14 6 6 10
4 10 7 10 9;
enddata
```

```
end
```

运行程序得到求解状态以及求解报告，如图 10－7 及图 10－8 所示。通过求解状态可知，该模型为纯整数线性规划模型，已求出问题的最优解，最优值为 32。所调用的求解器是分支定界求解器。

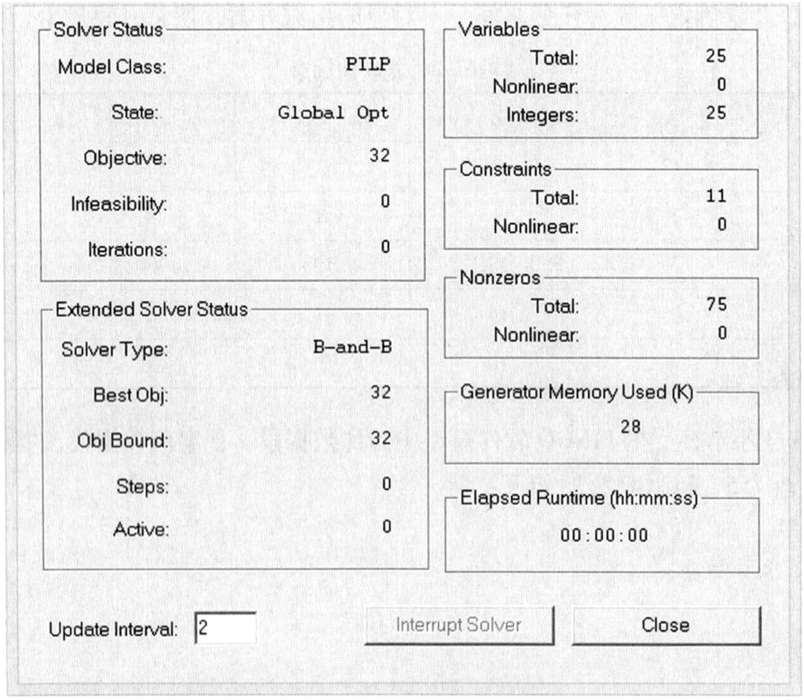

图 10－7　例 10－5 的求解状态

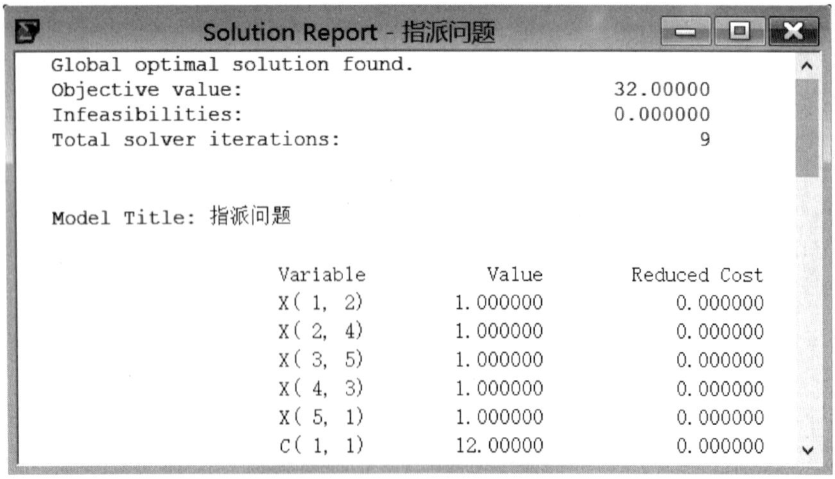

图 10－8　例 10－5 的求解报告

根据求解报告可知问题的最优解为：甲指派给任务 B，乙指派给任务 D，丙指派给任务 E，丁指派给任务 C，戊指派给任务 A。

10.4　p-中值选址问题

10.4.1　问题描述

选址一般属于战略层面的决策，选址决策就是要确定服务设施的数量、位置以及需求点的分配方案，这里的设施可以是工厂、仓库、配送中心、零售网点等。选址问题按可选位置分类可分为连续型选址和离散型选址。连续型选址是指在一个连续区域内的任何点都是可选的，候选点有无数个，如钢铁企业内部原料堆场的选址；离散型选址是指可选方案只有有限个，要从有限个备选点中选择若干个进行组合优化，达到优化目标。现实情况中大部分选址问题属于离散型选址，根据问题属性又可归纳为覆盖选址问题和 p-中值选址问题（p-median location problem）。本节介绍 p-中值选址问题，覆盖选址问题将在后两节介绍。

p-中值选址问题可描述为：在一个给定数量和位置的需求点集合及设施候选点集合的前提下，分别为 p 个设施找到合适的位置并指派每个需求点到一个特定的设施，使设施与需求点之间的运输费用最低，如图 10－9 所示。

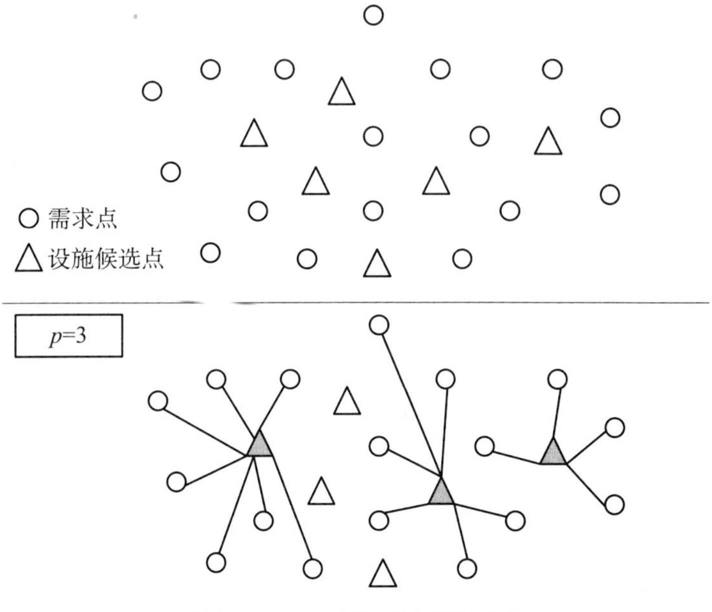

图 10－9　p-中值选址问题示意图

10.4.2　数学模型

1. 符号说明

集合：

N 表示区域中的需求点（客户）集合，$N=\{1,\ 2,\ \cdots,\ n\}$，$i\in N$;

M 表示区域中可建设设施的候选点集合，$M=\{1, 2, \cdots, m\}$，$j \in M$。

参数：

d_i表示第 i 个需求点的需求量；

c_{ij}表示从需求点 i 到设施点 j 的单位运输费用；

p 表示允许建设的设施的数目，$p<m$。

决策变量：

x_j为 0－1 变量，$x_j=1$ 表示在 j 点建立设施；$x_j=0$ 表示不在 j 点建立设施；

y_{ij}为 0－1 变量，$y_{ij}=1$ 表示需求点 i 由设施点 j 提供服务；$y_{ij}=0$ 表示需求点 i 不由设施点 j 提供服务。

2. 数学模型

$$\min z = \sum_{i \in N} \sum_{j \in M} d_i c_{ij} y_{ij} \tag{1}$$

$$\text{s. t.} \quad \sum_{j \in M} y_{ij} = 1, \quad \forall i \in N \tag{2}$$

$$\sum_{j \in M} x_j = p \tag{3}$$

$$y_{ij} \leqslant x_j, \quad \forall i \in N, j \in M \tag{4}$$

$$x_j \in \{0,1\}, \quad \forall j \in M \tag{5}$$

$$y_{ij} \in \{0,1\}, \quad \forall i \in N, j \in M \tag{6}$$

这个数学模型与之前建立的模型稍有不同，用元素属于集合的形式代替了把所有元素罗列出来的形式，使模型更加简洁。式（1）为目标函数，表示总运输费用最低；式（2）表示对于任何一个需求点，有且只有一个设施点被指派给它；式（3）表示建设设施的数目为 p 个；式（4）表示只要有需求点指派给设施备选点，那么该备选点就要建设设施；式（5）、（6）表示决策变量为 0－1 变量。

10.4.3 LINGO 软件建模

p-中值选址模型的 LINGO 程序语言如下：

```
model:
sets:
s1/1..n/:d;!定义需求点集合;
s2/1..m/:x;!定义设施备选点集合;
ss(s1,s2):c,y;
endsets

min=@sum(ss(i,j):d(i)*c(i,j)*y(i,j));
@for(s1(i):@sum(s2(j):y(i,j))=1);
@sum(s2(j):x(j))=p;
@for(ss(i,j):y(i,j)<x(j));
```

```
@ for(s2(j):@ bin(x(j)));
@ for(ss(i,j):@ bin(y(i,j)));
end
```

10.4.4　案例应用

例 10－6　某饲料公司在某新地区经过一段时间的广告宣传后，得到了 8 个超市的订单，由于该新地区离总部较远，该公司拟在该地区新建两个仓库，用最低的运输成本来满足该地区的需求。经过一段时间的实地调查之后，已有 4 个候选地址；各候选地址 (j) 到不同超市 (i) 的运输成本 (c_{ij})（单位：元/吨）、各个超市的需求量 (d_i)（单位：吨）如表 10－5 所示。

表 10－5　例 10－6 数据表

		j				d_i
		1	**2**	**3**	**4**	
i	**1**	4	12	20	6	100
	2	2	10	25	10	50
	3	3	4	16	14	120
	4	6	5	9	2	80
	5	18	12	7	3	200
	6	14	2	4	9	70
	7	20	30	2	11	60
	8	24	12	6	22	100

由于案例数据较多，可采用 9.5 节介绍的@ ole 函数实现 LINGO 与 Excel 的数据传递，步骤如下。

步骤 1：新建 Excel 表格，命名为 data（这里用户可自定义名称），将案例参数输入 Excel 表格中；

步骤 2：在 Excel 工具栏“公式”－“名称管理器”中新建数据块，这里我们新建了四个数据块，其中 cc 和 d 分别表示运输成本和需求量，是需要从 Excel 传递到 LINGO 的数据（一般情况下，数据块的名称应尽量与 LINGO 中相应属性变量的名称保持一致，这里之所以定义为 cc 而不是 c，是因为 c 在 Excel 里有特殊含义，不能用其给数据块命名）；再定义两个空的数据块 x 和 y，表示决策变量，是需要从 LINGO 传递到 Excel 的数据。特别要注意引用位置的确定，数据块的大小要与 LINGO 中相应属性变量的大小保持一致，如图 10－10 所示。

步骤 3：在 LINGO 程序中加入数据段，在数据段中利用@ ole 函数实现数据的传递（这里采用的是相对地址，需要把数据文件和 LINGO 程序文件放在同一目录下），并把 m 改为 8，n 改为 4，p 改为 2，程序如下：

```
model:
sets:
s1/1..8/:d;!定义需求点集合;
s2/1..4/:x;!定义候选点集合;
ss(s1,s2):c,y;
endsets

min=@sum(ss(i,j):d(i)*c(i,j)*y(i,j));
@for(s1(i):@sum(s2(j):y(i,j))=1);
@sum(s2(j):x(j))=2;
@for(ss(i,j):y(i,j)<x(j));
@for(s2(j):@bin(x(j)));
@for(ss(i,j):@bin(y(i,j)));

data:
c,d=@ole('data.xlsx','cc','d');
@ole('data.xlsx','x','y')=x,y;
enddata
end
```

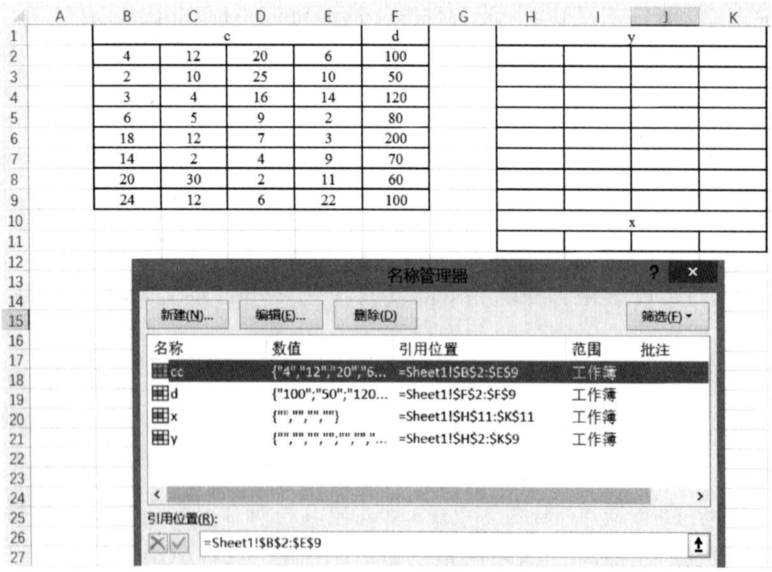

图 10-10　在 Excel 名称管理器中定义数据块

步骤 4：运行程序，求出最优解，求解状态如图 10-11 所示，可知已求得模型的最优解，最优值为 3 740。最优解传递到 Excel，如图 10-12 所示，最优选址方案为候选点 1 和 3，需求点的分配方案为需求点 1～4 分配给设施 1，需求点 5～8 分配给设施 3。

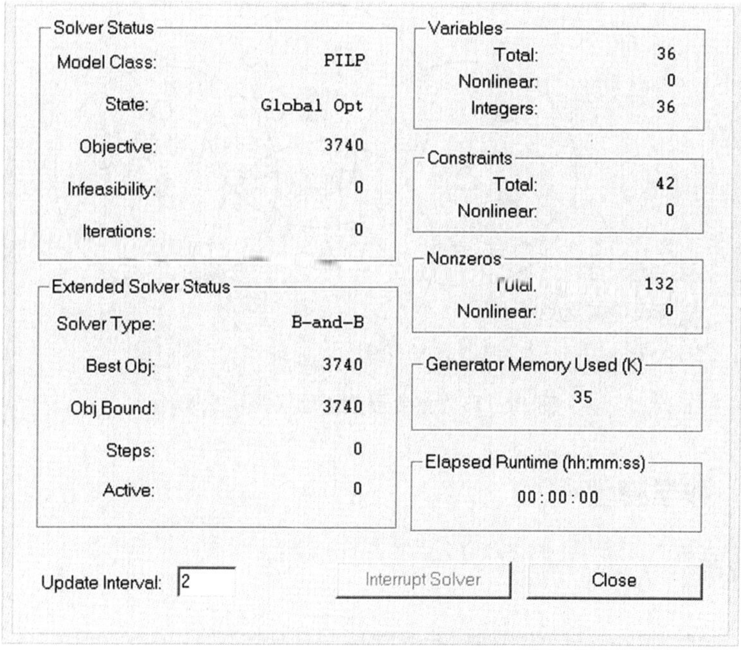

图 10-11　例 10-6 的求解状态

H	I	J	K
	y		
1	0	0	0
1	0	0	0
1	0	0	0
1	0	0	0
0	0	1	0
0	0	1	0
0	0	1	0
0	0	1	0
	x		
1	0	1	0

图 10-12　Excel 中决策变量的输出结果

10.5　集合覆盖选址问题

10.5.1　问题描述

集合覆盖选址问题（set covering location problem）是假设设施服务半径一定，需求点的位置以及需求量已知，设施候选点的服务能力以及与需求点的距离已知，决策目标为用尽可能少的设施去覆盖所有的需求点，并满足所有需求点的需求量，如图 10-13 所示。

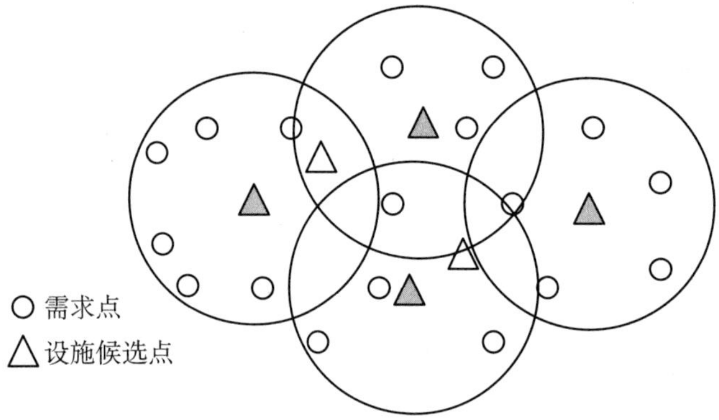

图 10-13 集合覆盖选址问题示意图

10.5.2 数学模型

1. 符号说明

集合：

N 表示区域中的需求点（客户）集合，$N=\{1, 2, \cdots, n\}$，$i\in N$；

M 表示区域中可建设设施的候选点集合，$M=\{1, 2, \cdots, m\}$，$j\in M$。

参数：

d_i表示第 i 个需求点的需求量；

s_j表示第 j 个设施候选点的服务能力；

r_j表示第 j 个设施候选点的服务半径；

c_{ij}表示需求点 i 到设施候选点 j 的距离。

决策变量：

x_j为 0-1 变量，$x_j=1$ 表示在 j 点建立设施；$x_j=0$ 表示不在 j 点建立设施；

y_{ij}为需求点 i 的需求量被分配给设施候选点 j 的部分。

2. 数学模型

$$\min z = \sum_{j\in M} x_j \tag{1}$$

$$\text{s. t.} \quad \sum_{i\in N} y_{ij} \leqslant s_j x_j, \quad \forall j \in M \tag{2}$$

$$\sum_{j\in M} y_{ij} = d_i, \quad \forall i \in N \tag{3}$$

$$c_{ij} - r_j \leqslant \mathrm{B}(1-u_{ij}), \quad \forall i \in N, j \in M \tag{4}$$

$$y_{ij} \leqslant \mathrm{B}u_{ij}, \quad \forall i \in N, j \in M \tag{5}$$

$$x_j \in \{0,1\}, \quad \forall j \in M \tag{6}$$

$$y_{ij} \geqslant 0, \quad \forall i \in N, j \in M \tag{7}$$

$$u_{ij} \in \{0,1\}, \quad \forall i \in N, j \in M \tag{8}$$

式（1）为目标函数，表示设施点总数量最少；式（2）表示设施点服务能力的约束；式（3）表示必须满足每个需求点的需求量；式（4）和式（5）表示服务半径约束，即当设施点与需求点的距离超过设施点的服务半径时，不能将需求点的需求量分配给该设施点，其中 u_{ij} 为辅助 0－1 变量，B 为一个非常大的数；式（6）～（8）表示决策变量的 0－1 约束和非负约束。

可以看出集合覆盖选址问题与 p-中值选址问题的区别在于：（1）需求点的需求可以拆分给不同的设施点；（2）目标函数不是考虑运输费用最低，而是设施点数量最少；（3）考虑了设施的服务能力及服务半径。此外，在实际问题中需求点与设施点之间的距离数据往往很难直接获取，但可用需求点与设施点的地理坐标数据间接计算得到。

10.5.3　LINGO 软件建模

集合覆盖选址模型的 LINGO 程序语言如下：

```
model:
sets:
s1/1..n/:d,a1,b1;!定义需求点集合,a1 和 b1 表示需求点的横纵坐标;
s2/1..m/:x,s,r,a2,b2;!定义候选点集合,a2 和 b2 表示候选点的横纵坐标;
ss(s1,s2):c,y,u;
endsets

min =@ sum(s2:x);!目标函数;
@ for(s2(j):@ sum(s1(i):y(i,j)) < s(j) * x(j));!服务能力约束;
@ for(s1(i):@ sum(s2(j):y(i,j)) = d(i));!需求约束;
@ for(ss(i,j):c(i,j) - r(j) < M * (1 - u(i,j)));
@ for(ss(i,j):y(i,j) < M * u(i,j));!服务半径约束;
@ for(s2(j):@ bin(x(j)));
@ for(ss(i,j):@ bin(u(i,j)));
end
```

10.5.4　案例应用

例 10－7　某公司在某城市有 10 个客户，客户的横纵坐标及需求量如表 10－6 所示，经过初步筛选，有 5 个候选点适合作为服务网点，候选点的横纵坐标、服务能力及服务半径如表 10－7 所示。试求能够满足所有客户需求的服务网点数量，以及分别满足哪些客户的需求量。

表 10－6　需求点相关数据

序号	横坐标（公里）	纵坐标（公里）	需求量（吨）	序号	横坐标（公里）	纵坐标（公里）	需求量（吨）
1	20	23	71	3	34	38	27
2	76	74	58	4	17	0	97

续表

序号	横坐标（公里）	纵坐标（公里）	需求量（吨）	序号	横坐标（公里）	纵坐标（公里）	需求量（吨）
5	37	96	71	8	70	76	63
6	48	87	23	9	53	98	32
7	64	44	46	10	55	6	98

表 10－7　候选点相关数据

序号	横坐标（公里）	纵坐标（公里）	服务能力（吨）	服务半径（公里）
1	84	13	300	50
2	61	74	300	50
3	69	13	300	50
4	48	24	300	50
5	70	55	300	50

相应 LINGO 程序如下：

```
model:
sets:
s1/1..10/:d,a1,b1;!定义需求点集合,a1 和 b1 表示需求点的横纵坐标;
s2/1..5/:x,s,r,a2,b2;!定义候选点集合,a2 和 b2 表示候选段的横纵坐标;
ss(s1,s2):c,y,u;
endsets

min=@sum(s2:x);!目标函数;
@for(s2(j):@sum(s1(i):y(i,j))<s(j)*x(j));!服务能力约束;
@for(s1(i):@sum(s2(j):y(i,j))=d(i));!需求约束;
@for(ss(i,j):c(i,j)-r(j)<M*(1-u(i,j)));
@for(ss(i,j):y(i,j)<M*u(i,j));!服务半径约束;
@for(s2(j):@bin(x(j)));
@for(ss(i,j):@bin(u(i,j)));

data:
d,a1,b1,a2,b2,s,r=@ole('set_covering_location.xlsx',
'd','a_1','b_1','a_2','b_2','s','rr');
@ole('set_covering_location.xlsx','x','y')=x,y;
enddata

calc:
@for(ss(i,j):c(i,j)=(((a1(i)-a2(j)))^2+((b1(i)-b2(j)))^2)^0.5);
```

```
endcalc
end
```

由于该程序数据量较大，仍然采用与 Excel 交互数据的方式，具体步骤详见 10.4 节，此外，此题只给出了需求点和候选点的坐标，没有直接给出距离，需要在计算段中根据坐标计算两点之间的距离，这里我们采用欧几里得距离（欧氏距离），即直线距离。

运行程序，得到最优解，$x_2=1$，$x_4=1$，即从 5 个候选点中，选择序号是 2 和 4 的候选点作为设施点，此时设施点的数量最少。需求点的需求量与设施点之间的分配关系为：$y_{22}=58$，$y_{32}=27$，$y_{52}=71$，$y_{62}=23$，$y_{72}=12$，$y_{82}=63$，$y_{92}=32$，$y_{14}=71$，$y_{44}=97$，$y_{74}=34$，$y_{10,4}=98$。从结果可以看出，大部分需求点都只由一个设施点服务，只有需求点 7 由两个设施点服务。一般情况下，需求点的需求量小于设施点的服务能力，就会优先由一个设施点去满足需求点的全部需求。

10.6　最大覆盖选址问题

10.6.1　问题描述

最大覆盖选址问题（maximal covering location problem）是已知若干个需求点（客户）的位置和需求量，需从一组候选的地点中选择 p 个位置作为设施网点，使得尽可能多地满足需求点的需求。最大覆盖选址模型的目标是对有限的服务网点进行选址，为尽可能多的对象提供服务，如图 10-14 所示。与集合覆盖选址模型的区别在于需求点的需求不一定能够全部满足，且由于投资资金有限，最多只能设置 p 个设施点。

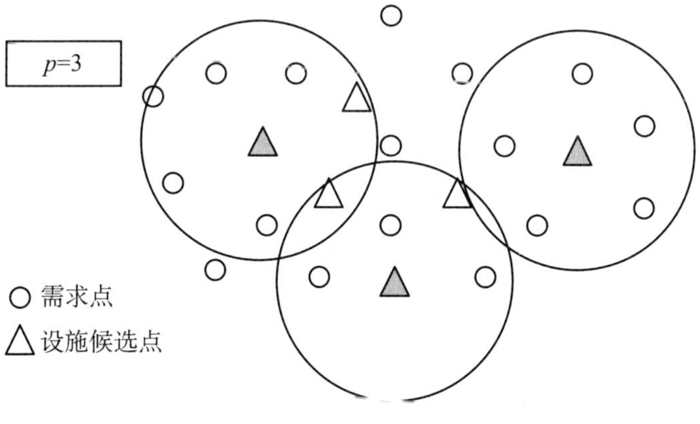

图 10-14　最大覆盖选址问题示意图

10.6.2　数学模型

1. 符号说明

集合：

N 表示区域中的需求点（客户）集合，$N=\{1, 2, \cdots, n\}$，$i\in N$；

M 表示区域中可建设设施的候选点集合，$M=\{1, 2, \cdots, m\}$，$j\in M$。

参数：

d_i表示第 i 个需求点的需求量；

s_j表示第 j 个设施候选点的服务能力；

r_j表示第 j 个设施候选点的服务半径；

c_{ij}表示需求点 i 到设施候选点 j 的距离。

决策变量：

x_j为 0－1 变量，$x_j=1$ 表示在 j 点建立设施；$x_j=0$ 表示不在 j 点建立设施；

y_{ij}为需求点 i 的需求量被分配给设施候选点 j 的部分。

2. 数学模型

$$\max z = \sum_{i\in N}\sum_{j\in M} y_{ij} \tag{1}$$

$$\text{s. t.} \quad \sum_{i\in N} y_{ij} \leqslant s_j x_j, \quad \forall j \in M \tag{2}$$

$$\sum_{j\in M} y_{ij} \leqslant d_i, \quad \forall i \in N \tag{3}$$

$$c_{ij} - r_j \leqslant \mathrm{B}(1-u_{ij}), \quad \forall i \in N, j \in M \tag{4}$$

$$y_{ij} \leqslant \mathrm{B}u_{ij}, \quad \forall i \in N, j \in M \tag{5}$$

$$\sum_{j\in M} x_j = p \tag{6}$$

$$x_j \in \{0,1\}, \quad \forall j \in M \tag{7}$$

$$y_{ij} \geqslant 0, \quad \forall i \in N, j \in M \tag{8}$$

$$u_{ij} \in \{0,1\}, \quad \forall i \in N, j \in M \tag{9}$$

式（1）为目标函数，表示尽可能地满足服务需求，即满足的需求量最大；式（2）表示设施点服务能力的约束；式（3）表示需求点的需求量约束，即需求点实际获得的服务量小于等于其需求量，因为设施数量有限，需求点的需求量不一定能完全满足；式（4）和式（5）表示服务半径约束，即当设施点与需求点的距离超过设施点的服务半径时，不能将需求点的需求量分配给该设施点，其中 u_{ij}为辅助 0－1 变量，B 为一个非常大的数；式（6）为候选点数量约束；式（7）~（9）表示决策变量的 0－1 约束和非负约束。可以看出最大覆盖选址模型与集合覆盖选址模型相比，目标函数由求最小设施数量变为了求最大服务数量，增加了设施数量约束，修改了需求点的需求量约束，其他约束条件均不变。

10.6.3 LINGO 软件建模

最大覆盖选址模型的 LINGO 程序语言如下：

```
model:
sets:
s1/1..n/:d,a1,b1;!定义需求点集合,a1 和 b1 表示需求点的横纵坐标;
s2/1..m/:x,s,r,a2,b2;!定义候选点集合,a2 和 b2 表示候选点的横纵坐标;
```

```
ss(s1,s2):c,y,u;
endsets

max = @ sum(ss:y);!目标函数;
@ for(s2(j):@ sum(s1(i):y(i,j)) < s(j) * x(j));!服务能力约束;
@ for(s1(i):@ sum(s2(j):y(i,j)) < d(i));!需求约束;
@ for(ss(i,j):c(i,j) - r(j) < M * (1 - u(i,j)));
@ for(ss(i,j):y(i,j) < M * u(i,j));!服务半径约束;
@ sum(s2(j):x(j)) = p;!设施数量约束;
@ for(s2(j):@ bin(x(j)));
@ for(ss(i,j):@ bin(u(i,j)));
end
```

10.6.4　案例应用

例 10－8　某公司在某城市有 16 个客户，客户的横纵坐标及需求量如表 10－8 所示，经过初步筛选，有 5 个候选点适合作为服务网点，候选点的横纵坐标、服务能力及服务半径如表 10－9 所示。由于投资资金限制，目前只能建设两个服务网点，试求尽量满足需求点需求的选址方案。

表 10－8　需求点相关数据

序号	横坐标（公里）	纵坐标（公里）	需求量（吨）	序号	横坐标（公里）	纵坐标（公里）	需求量（吨）
1	20	23	71	9	53	98	32
2	76	74	58	10	55	6	98
3	34	38	27	11	42	78	15
4	17	0	97	12	40	76	18
5	37	96	71	13	42	55	59
6	48	87	23	14	6	18	86
7	64	44	46	15	30	88	36
8	70	76	63	16	2	17	31

表 10－9　候选点相关数据

序号	横坐标（公里）	纵坐标（公里）	服务能力（吨）	服务半径（公里）
1	84	13	300	50
2	61	74	300	50
3	69	13	300	50
4	48	24	300	50
5	70	55	300	50

相应的 LINGO 程序如下：

```
model:
sets:
s1/1..16/:d,a1,b1;!定义需求点集合,a1 和 b1 表示需求点的横纵坐标;
s2/1..5/:x,s,r,a2,b2;!定义候选点集合,a2 和 b2 表示候选点的横纵坐标;
ss(s1,s2):c,y,u;
endsets

max=@sum(ss:y);!目标函数;
@for(s2(j):@sum(s1(i):y(i,j))<s(j)*x(j));!服务能力约束;
@for(s1(i):@sum(s2(j):y(i,j))<d(i));!需求约束;
@for(ss(i,j):c(i,j)-r(j)<M*(1-u(i,j)));
@for(ss(i,j):y(i,j)<M*u(i,j));!服务半径约束;
@sum(s2(j):x(j))=p;!设施数量约束;
@for(s2(j):@bin(x(j)));
@for(ss(i,j):@bin(u(i,j)));

data:
p=2;
d,a1,b1,a2,b2,s,r=@ole('maximal_covering_location.xlsx',
'd','a_1','b_1','a_2','b_2','s','rr');
@ole('maximal_covering_location.xlsx','x','y')=x,y;
enddata

calc:
@for(ss(i,j):c(i,j)=(((a1(i)-a2(j)))^2+((b1(i)-b2(j)))^2)^0.5);
endcalc
end
```

运行程序，得到最优解，选址方案为候选点 2 和候选点 4，服务的最大需求量为 600 吨。需求量具体的分配关系如表 10-10 所示。可知，需求点 3、4、14 满足的需求量为 0，即放弃了这部分客户；只满足了需求点 6 和 7 的一部分需求。

表 10-10　需求量分配关系表

客户编号	1	2	3	4	5	6	7	8
候选点 2	0	58	0	0	71	7	0	63
候选点 4	71	0	0	0	0	0	41	0
客户编号	**9**	**10**	**11**	**12**	**13**	**14**	**15**	**16**
候选点 2	32	0	15	18	0	0	36	0
候选点 4	0	98	0	0	59	0	0	31

10.7　背包问题

10.7.1　问题描述

背包问题（knapsack problem）可以描述为：给定一组物品，每种物品都有自己的重量和价格，在限定的总重量内，我们如何选择，才能使得物品的总价格最高。问题的名称来源于如何选择最合适的物品放置于给定背包中，是在 1978 年由默克尔（Merkle）和赫尔曼（Hellman）提出的。

10.7.2　数学模型

1. 符号说明

j 表示物品，$j=1,2,\cdots,n$；

w_j 表示物品 j 的重量；

p_j 表示物品 j 的价格（或重要度）；

b_j 表示物品 j 的数量；

M 表示背包所能承受的最大重量；

x_j 为决策变量表示选择放进背包里的物品 j 的数量（如果每件物品只有 1 个，则 x_j 只能取 0 或 1，称为 0－1 背包问题）。

2. 数学模型

$$\max \sum_{j=1}^{n} p_j x_j \tag{1}$$

$$\text{s.t.} \sum_{j=1}^{n} w_j x_j \leqslant M \tag{2}$$

$$x_j \leqslant b_j,\quad j = 1,2,\cdots,n \tag{3}$$

$$x_j \text{ 取整数},\quad j = 1,2,\cdots,n \tag{4}$$

式（1）为目标函数，表示最大化所选择物品的总价值；式（2）表示所选择物品的总重量不超过背包所能承受的最大重量；式（3）表示每种物品选择的数量不超过其最大数量；式（4）表示决策变量为整数。如果是 0－1 背包问题，则数学模型应该删除式（3），且 x_j 变为 0－1 变量。

10.7.3　LINGO 软件建模

背包问题的 LINGO 程序如下：

```
model:
sets:
item:w,p,b,x;
```

```
endsets

max =@ sum(item(j):p(j)*x(j));
@ sum(item(j):w(j)*x(j))<M;
@ for(item(j):x(j)<b(j));
@ for(item(j):@ gin(x(j)));
end
```

0－1 背包问题的 LINGO 程序如下：

```
model:
sets:
item:w,p,x;
endsets

max =@ sum(item(j):p(j)*x(j));
@ sum(item(j):w(j)*x(j))<M;
@ for(item(j):@ bin(x(j)));
end
```

10.7.4 案例应用

例 10－9 某士兵要参加军事演习，需要将一些军事用品装入一个作战背包。作战背包有重量限制，装入的军事用品总重量不得超过 50 千克。候选的军事用品有 10 件，其重量（单位：千克）依次为 7、5、12、2、7、6、14、11、14、15；该士兵认为这 10 件军事用品的价值（或重要性）依次为 15、9、11、15、15、2、10、6、5、10。那么，为了使装入背包的军事用品的总价值最大，该士兵应该选择哪几件？

解：由题意，可知这是 0－1 背包问题，将数据代入 10.7.3 节的 LINGO 程序，可得最优解为 $x=(1, 1, 1, 1, 1, 0, 0, 0, 0, 1)$，最优值为 75。程序较容易实现，请读者自行尝试解决。

对于上面的背包问题，最优解并不是唯一的。如果我们希望找到所有的最优解（最优值为 75 的所有解），有没有办法呢？更一般地，能否找出前 K 个最优解？这样我们可以把这 K 个最优解全部列出来，供该士兵（决策者）选择。

为了得到第 2 个最优解，我们需要再次求解模型，但必须排除刚刚得到的解 $x=(1, 1, 1, 1, 1, 0, 0, 0, 0, 1)$。由于需要多次调用模型求解，所以需要利用子模型段对模型进行修改。在第 2 次求解子模型时，需要增加一些约束条件（一般称为“割”）。生成“割”的方法有很多种，这里介绍一种针对 0－1 变量的特殊处理方法。

对于刚刚得到的解 $x=(1, 1, 1, 1, 1, 0, 0, 0, 0, 1)$，显然满足：

$$-x_1-x_2-x_3-x_4-x_5+x_6+x_7+x_8+x_9-x_{10}=-6$$

这个等式左边就是将刚刚得到的解中取 1 的 x_j 的系数定义为 －1，取 0 的 x_j 的系数定义为 1，然后求代数和；等式右边就是解中取 1 的 x_j 的个数的相反数。

为了防止求解子模型时这个解再次出现，就是要防止 $x_1, x_2, x_3, x_4, x_5, x_{10}$ 同时取1的情况出现。下面的约束就可以保证做到这一点：

$$-x_1 - x_2 - x_3 - x_4 - x_5 + x_6 + x_7 + x_8 + x_9 - x_{10} \geqslant -5$$

这个约束就是将上面等式中的右端项增加了1，将“=”改成了“≥”。显然，这个约束排除了 $x_1, x_2, x_3, x_4, x_5, x_{10}$ 同时取1的情况，因为 $x_1, x_2, x_3, x_4, x_5, x_{10}$ 同时取1（其他 $x_j = 0$）不能满足这个约束。另外，由于 x_j 只能取0或1，这个约束除了排除 $x_1, x_2, x_3, x_4, x_5, x_{10}$ 同时取1的情况外，没有对原可行解空间增加任何新的限制。可以想象，增加这个约束后，新的最优解一定与 $x =$（1，1，1，1，1，0，0，0，0，1）不同。这种处理方法具有一般性，可以用于找出背包问题的前 K 个最优解。

具体的程序如下（以下程序中取 $K=5$，即取前5个最优解）：

```
model:
sets:
item:w,p,x;
soln/1..5/:rhs;! rhs 表示根据每个最优解生成"割"时的右端项;
sxi(soln,item):cof;! "割"的系数,即 1 或 -1;
endsets

data:
w =7 5 12 2 7 6 14 11 14 15;
p =15 9 11 15 15 2 10 6 5 10;
M =50;
enddata

submodel knapsack:
max = obj;
obj =@ sum(item(j):p(j) * x(j));!目标;
@ sum(item(j):w(j) * x(j)) < = M;!重量约束;
@ for(item(j):@ bin(x(j)));!0 -1 变量;
@ for(soln(k) | k #lt# ksofar:
@ sum(item(j):cof(k,j) * x(j)) > = rhs(k));!"割去"(排除)已经得到的解;
endsubmodel

calc:
@ divert('knapsack.txt');!结果保存到文件 knapsack.txt 中;
@ for(soln(ks):! 对 ks =1,2,…,k 进行循环;
ksofar = ks;! ksofar 表示当前正在计算的是第几个最优解;
@ solve(knapsack);
rhs(ks) = 1;
```

```
!以下打印当前(第 ks 个)最优解 x 及对应的最优值 obj;
@ write(' ',ks,' ',@ format(obj,'3.0f'),':');
@ writefor(item(j):' ,x(j));
@ write(@ newline(1));
!以下计算这个解生成的"割"的系数;
@ for(item(j):
@ ifc(x(j)#gt#.5:
cof(ks,j) = -1;
rhs(ks) = rhs(ks) -1;
@ else
cof(ks,j) = 1;
);!分支 @ ifc /@ else 结束;
);!循环 @ for(item(j)结束;
);!对 ks 的循环结束;
@ divert();! 关闭文件 knapsack.txt,恢复正常输出模式;
endcalc
end
```

运行这个程序以后，文件 knapsack. txt 中将包括以下输出（其他输出略去）：

```
1  75: 1 1 1 1 1 0 0 0 0 1
2  75: 1 1 1 1 1 0 1 0 0 0
3  74: 1 1 0 1 1 0 1 0 0 1
4  73: 1 1 1 1 1 1 0 1 0 0
5  71: 1 1 1 1 1 0 0 1 0 0
```

可见，前 5 个最好的解中，最优值为 75 的解一共有 2 个，这两个都是最优解，此外，还可以得出几个次优解供决策者选择，决策者可以在总价值和总重量之间权衡。以上程序的基本思路是：在计算段中不断循环调用子模型进行求解，直到满足程序要求；且子模型中也利用@ for 函数每迭代一次就增加一个约束条件（“割”）。模型中出现几个新的函数，下面对这些函数的用法进行简单的介绍：

@ divert 函数为缺省输出设备（文件）的重定义函数，LINGO 软件默认的输出设备为其自带的求解报告，如果想把结果输出到另外的设备（文件），则可使用该函数。

@ writefor 函数可以看作@ write 函数在循环情况下的推广，它输出集合上定义的属性。@ write 函数的具体用法已在 9. 3 节中介绍。

@ format 函数的用法为@ format（value，format_ descriptor）；在@ write 和@ writefor 函数中，可以使用@ format 函数对数值设定输出格式。其中，value 表示要输出的数值，而 format_ descriptor（格式描述符）表示输出格式。

@ ifc 与@ else 为条件分支控制函数，在计算段中，如果只有当某个条件满足时才执行某个或某些语句，则可以使用@ ifc 或@ ifc/@ else 语句，其中@ else 部分是可选的（在下面的语法中用方括号表示）。其基本的使用语法是：

@ ifc（condition：executable statements（可执行语句 1）；［@ else executable statements（可执行语句 2）；］）

其中 condition 是一个逻辑表达式（表示相应的条件），当 condition 的逻辑值为“真”时，程序执行语句 1；否则程序执行语句 2。

10.8　最短路问题

10.8.1　问题描述

最短路问题（short-path problem）是图论中的典型问题之一，可用来解决管路铺设、线路安装、厂区布局和设备更新等实际问题。基本内容是：若网络中的每条边都有一个数值（长度、成本、时间等），求两节点之间总权和最小的路径就是最短路问题。

解决最短路问题的方法很多，如动态规划、狄克斯特拉算法、福特算法等，这些方法已经很成熟，前文相关章节也进行了介绍，本文重点介绍如何用数学建模的方法求解最短路问题。

10.8.2　数学模型

1. 符号说明

i，j 表示网络中的点，i，$j=1$，2，…，n；

s 表示最短路的发点，t 表示最短路的收点；

w_{ij}表示边（i，j）的权重；

x_{ij}为 0－1 决策变量，取 1 表示边（i，j）在最短路上，取 0 表示边（i，j）不在最短路上。

2. 数学模型

$$\min z = \sum_{i=1}^{n}\sum_{j=1}^{n} w_{ij}x_{ij} \tag{1}$$

$$\text{s. t.} \quad \sum_{j=1}^{n} x_{ij} - \sum_{j=1}^{n} x_{ji} = 0, \quad i = 1,2,\cdots,n;i \neq s,t \tag{2}$$

$$\sum_{j=1}^{n} x_{ij} - \sum_{j=1}^{n} x_{ji} = 1, \quad i = s \tag{3}$$

$$\sum_{j=1}^{n} x_{ij} - \sum_{j=1}^{n} x_{ji} = -1, \quad i = t \tag{4}$$

$$x_{ij} \in \{0,1\}, \quad i,\ j = 1,2,\cdots,n \tag{5}$$

式（1）为目标函数，表示最小化最短路上边的权重；式（2）表示对于不是发点也不是收点的点，以该点为发点的所有边的决策变量之和减去以该点为收点的所有边的决策变量之和等于0，这里实际分两种情况：一是该点位于最短路上，那么这时 $\sum_{j=1}^{n} x_{ij} = \sum_{j=1}^{n} x_{ji} = 1$，二是该点不在最短路上，那么这时 $\sum_{j=1}^{n} x_{ij} = \sum_{j=1}^{n} x_{ji} = 0$；式（3）表示对于最短路的发点，以该点为发点的所有边的决策变量之和减去以该点为收点的所有边的决策变量之和等于1；式（4）表示对于最短路的收点，以该点为发点的所有边的决策变量之和减去以该点为收点的所有边的决策变量之和等于 -1；式（5）表示决策变量为 0 - 1 变量。值得一提的是，该模型能够求解网络中任意两个点的最短路，只要设置不同的 s，t 的值。

10.8.3　LINGO 软件建模

最短路问题的 LINGO 程序如下：

```
model:
title:最短路问题;
sets:
point/1..n/:;
road(point,point):w,x;
endsets

data:
s =;!输入最短路发点;
t =;!输入最短路收点;
w =;!输入网络对应的邻接矩阵;
enddata

min =@ sum(road(i,j):w(i,j) * x(i,j));!目标函数;
@ for(point(i):
@ sum(point(j) | i#ne#s#and#i#ne#t#and#i#ne#j:x(i,j)) -
@ sum(point(j) | i#ne#s#and#i#ne#t#and#i#ne#j:x(j,i)) =0);
@ sum(point(j):x(s,j)) - @ sum(point(j):x(j,s)) =1;
@ sum(point(j):x(t,j)) - @ sum(point(j):x(j,t)) = -1;
@ for(road(i,j):@ bin(x(i,j)));
end
```

10.8.4　案例应用

例 10 - 10　某地区的交通路网如图 10 - 15 所示，点表示城市，边上的数字表示城市之间的距离，求 V_1 到 V_8 的最短路。

LINGO 程序如下所示：

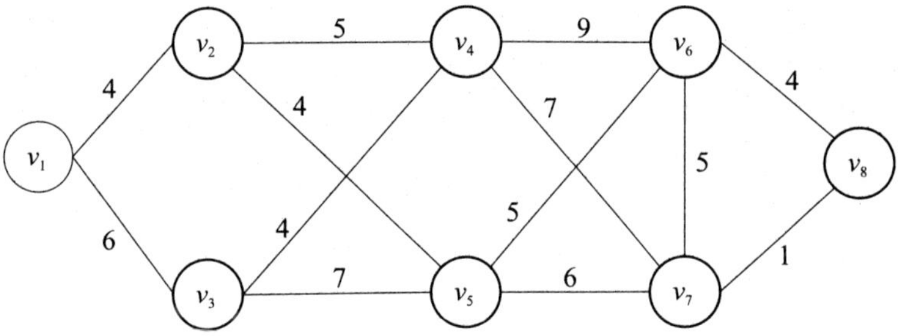

图 10－15　某地区的交通路网

```
model:
title:最短路问题;
sets:
point/1..8/:;
road(point,point):w,x;
endsets

data:
s =1;
t =8;
w =
0 4 6 0 0 0 0 0
4 0 0 5 4 0 0 0
6 0 0 4 7 0 0 0
0 5 4 0 0 9 7 0
0 4 7 0 0 5 6 0
0 0 0 9 5 0 5 4
0 0 0 7 6 5 0 1
0 0 0 0 0 4 1 0;!网络对应的邻接矩阵;
enddata

min =@ sum(road(i,j):w(i,j) * x(i,j));!目标函数;
@ for(point(i):
@ sum(point(j) | i#ne#s#and#i#ne#t#and#i#ne#j:x(i,j)) -
@ sum(point(j) | i#ne#s#and#i#ne#t#and#i#ne#j:x(j,i)) =0);
@ sum(point(j):x(s,j)) - @ sum(point(j):x(j,s)) =1;
@ sum(point(j):x(t,j)) - @ sum(point(j):x(j,t)) = -1;
@ for(road(i,j):x(i,j) < w(i,j));!隐含约束,表示不通的弧不能选择;
@ for(road(i,j):@ bin(x(i,j)));
end
```

由于 LINGO 软件中没有直接表示无穷大的符号，所以邻接矩阵中将不通的路的距离设置为 0，然后在约束条件中增加了 $x_{ij} \leqslant w_{ij}$，$i, j = 1, 2, \cdots, n$，表示不通的路不能选择，但该方法只有在所有边的权重都大于等于 1 的情况下才能使用。当然也可以直接在邻接矩阵中用一个很大的数代替无穷大，这样就不用增加这个约束条件。求解报告如图 10－16 所示，可知已求得最优解，最优解为 1—2—5—7—8，最优值为 15。

```
Global optimal solution found.
Objective value:                              15.00000
Extended solver steps:                               0
Total solver iterations:                             0


Model Title: : 最短路问题

                          Variable           Value        Reduced Cost
                          W( 1, 2)        4.000000            0.000000
                          W( 1, 3)        6.000000            0.000000
                          W( 2, 4)        5.000000            0.000000
                          W( 2, 5)        4.000000            0.000000
                          W( 3, 4)        4.000000            0.000000
                          W( 3, 5)        7.000000            0.000000
                          W( 4, 6)        9.000000            0.000000
                          W( 4, 7)        7.000000            0.000000
                          W( 5, 6)        5.000000            0.000000
                          W( 5, 7)        6.000000            0.000000
                          W( 6, 7)        5.000000            0.000000
                          W( 6, 8)        4.000000            0.000000
                          W( 7, 8)        1.000000            0.000000
                          X( 1, 2)        1.000000            4.000000
                          X( 2, 5)        1.000000            4.000000
                          X( 5, 7)        1.000000            6.000000
                          X( 7, 8)        1.000000            1.000000
```

图 10－16　例 10－10 的求解报告

该模型可以求出网络中任意两个点之间的最短路，只要在程序中设置不同的 s 和 t，读者可以自己尝试一下。

10.9　网络最大流问题

10.9.1　问题描述

在一个有发点和收点的网络中，其每条弧的赋权称为容量，在不超过每条弧的容量的前提下，求出从发点到收点的最大流量。需要满足以下条件：(1) 每条弧的实际流量不超过它的容量；(2) 每一个节点流量平衡，即从发点流出的流量等于流入收点的流量，且流入和流出每个中间节点的流量相等。

10.9.2　数学模型

1. 符号说明

i, j 表示网络中的点，$i, j = 1, 2, \cdots, n$；

s 表示网络中的发点，t 表示网络中的收点；

w_{ij}表示弧（i，j）的容量；

x_{ij}为决策变量，表示通过弧（i，j）输送的物资数量。

2. 数学模型

$$\max z = \sum_{j=1}^{n} x_{sj} \tag{1}$$

$$\text{s.t.} \quad \sum_{j=1}^{n} x_{ij} - \sum_{j=1}^{n} x_{ji} = 0, \quad i = 1,2,\cdots,n;i \neq s,t \tag{2}$$

$$\sum_{j=1}^{n} x_{sj} - \sum_{j=1}^{n} x_{jt} = 0 \tag{3}$$

$$x_{ij} \leqslant w_{ij}, \quad i, j = 1,2,\cdots,n \tag{4}$$

$$x_{ij} \geqslant 0, \quad i, j = 1,2,\cdots,n \tag{5}$$

式（1）为目标函数，表示最大化从发点输出的物资流量；式（2）表示流入和流出每个中间节点的流量相等；式（3）表示从发点流出的流量等于流入收点的流量；式（4）表示每条弧的实际流量不超过它的容量。值得一提的是，该模型能够求解网络中任意两个点之间的最大流，只要设置不同的 s，t 的值。

10.9.3　LINGO 软件建模

网络最大流问题的 LINGO 程序如下：

```
model:
sets:
point/1..n/:;!定义网络中点的集合;
road(point,point):w,x;!定义网络中边的集合;
endsets

data:
s =;!输入发点;
t =;!输入收点;
w =;!输入网络对应的邻接矩阵;
enddata

max = @ sum(point(j):x(s,j));!目标函数;
@ for(point(i) | i#ne#s#and#i#ne#t:
@ sum(point(j):x(i,j)) - @ sum(point(j):x(j,i)) =0);!中间点的约束;
@ sum(point(j):x(s,j)) - @ sum(point(j):x(j,t)) =0;!收点的约束;
@ for(road(i,j):x(i,j) < w(i,j));!容量约束;
end
```

10.9.4 案例应用

例 10 - 11 某石油公司拥有一个管道网络，使用这个网络可以把石油从采集点输送到储存点，图 10 - 17 是这个网络的一部分，由于管道直径的变化，它的各段管道的容量（单位：万加仑/小时）也不一样，如果使用这个网络从采集点 1 向储存点 7 输送石油，每小时最多能输送多少万加仑石油？

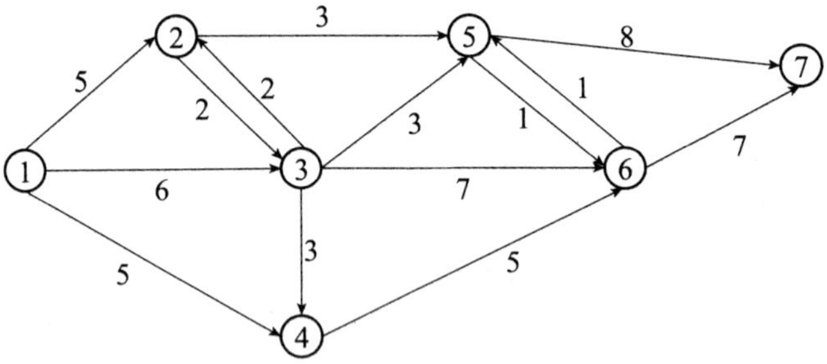

图 10 - 17 某石油管道网络

LINGO 程序如下所示：

```
model:
sets:
point/1..7/:;!定义网络中点的集合;
road(point,point):w,x;!定义网络中边的集合;
endsets
data:

s =1;!输入发点;
t =7;!输入收点;
w =
0 5 6 5 0 0 0
0 0 2 0 3 0 0
0 2 0 3 3 7 0
0 0 0 0 0 5 0
0 0 0 0 0 1 8
0 0 0 0 1 0 7
0 0 0 0 0 0 0;!输入网络对应的邻接矩阵;
enddata

max =@ sum(point(j):x(s,j));!目标函数;
@ for(point(i) | i#ne#s#and#i#ne#t:
@ sum(point(j):x(i,j)) -@ sum(point(j):x(j,i)) =0);!中间点的约束;
```

```
@ sum(point(j):x(s,j)) - @ sum(point(j):x(j,t)) = 0;!收点的约束;
@ for(road(i,j):x(i,j) < w(i,j));!容量约束;
end
```

以上程序最关键的地方在于根据网络图正确写出相应的邻接矩阵，即一个 $n \times n$ 的矩阵，表示网络中两点间弧的容量，两点之间没有弧就表示容量为 0。运行程序求出最优解，最优值为 14，最优解为 $x_{12}=3$，$x_{13}=6$，$x_{14}=5$，$x_{23}=2$，$x_{25}=3$，$x_{32}=2$，$x_{35}=3$，$x_{36}=3$，$x_{46}=5$，$x_{57}=7$，$x_{65}=1$，$x_{67}=7$。需要注意的是，网络最大流问题往往有多个最优解。

10.10 最小费用最大流问题

10.10.1 问题描述

在一个有发点和收点的网络中，其每条弧都有容量和单位流量费用，在不超过每条弧的容量的前提下，求出从发点到收点的最小费用最大流，需要满足的条件与网络最大流问题相同。该问题可以转化为多目标规划问题，有两个目标，即流量最大和费用最小，其中流量最大的优先权高于费用最小。于是可以先以流量最大为目标函数建立线性规划模型并求解，再将求解结果作为约束条件加入原线性规划的约束条件中，并以费用最小为目标函数，构建新的线性规划模型。

10.10.2 数学模型

1. 符号说明

i，j 表示网络中的点，i，$j=1$，2，…，n；

s 表示网络中的发点，t 表示网络中的收点；

w_{ij}表示弧（i，j）的容量；

c_{ij}表示弧（i，j）的单位流量费用；

x_{ij}为决策变量，表示通过弧（i，j）输送的物资数量。

2. 数学模型

第一阶段：

$$\max P_1 = \sum_{j=1}^{n} x_{sj} \tag{1}$$

$$\text{s.t.} \quad \sum_{j=1}^{n} x_{ij} - \sum_{j=1}^{n} x_{ji} = 0, \quad i = 1,2,\cdots,n, i \neq s,t \tag{2}$$

$$\sum_{j=1}^{n} x_{sj} - \sum_{j=1}^{n} x_{jt} = 0 \tag{3}$$

$$x_{ij} \leqslant w_{ij}, \quad i, j = 1,2,\cdots,n \tag{4}$$

$$x_{ij} \geqslant 0, \quad i, j = 1,2,\cdots,n \tag{5}$$

第二阶段：

$$\min P_2 = \sum_{i=1}^{n}\sum_{j=1}^{n} c_{ij}x_{ij} \tag{1}$$

$$\text{s. t.} \quad \sum_{j=1}^{n} x_{ij} - \sum_{j=1}^{n} x_{ji} = 0, \quad i = 1,2,\cdots,n, i \neq s,t \tag{2}$$

$$\sum_{j=1}^{n} x_{sj} - \sum_{j=1}^{n} x_{jt} = 0 \tag{3}$$

$$x_{ij} \leqslant w_{ij}, \quad i, j = 1,2,\cdots,n \tag{4}$$

$$x_{ij} \geqslant 0, \quad i, j = 1,2,\cdots,n \tag{5}$$

$$\sum_{j=1}^{n} x_{sj} = P_1 \tag{6}$$

第一阶段各公式的含义与网络最大流问题相同，这里不再赘述。第二阶段的目标函数为最小化总运输费用，约束条件中增加了约束条件（6），是第一阶段的目标函数等于其求出的最优值。

10.10.3 LINGO 软件建模

最小费用最大流问题的 LINGO 程序如下，需要用到子模型段和计算段。

```
model:
sets:
point/1..n/:;!定义网络中点的集合;
road(point,point):w,c,x;!定义网络中边的集合;
endsets

data:
s =;!输入发点;
t =;!输入收点;
w =;!输入网络对应的邻接矩阵;
c =;!输入网络对应的费用矩阵;
enddata

submodel flow:
max =obj1;
obj1 =@ sum(point(j):x(s,j));!目标函数 1;
endsubmodel

submodel cost:
min =obj2;
```

```
obj2 =@ sum(road:c * x);!目标函数2;
endsubmodel

submodel constraints:
@ for(point(i) | i#ne#s#and#i#ne#t:
@ sum(point(j):x(i,j)) - @ sum(point(j):x(j,i)) =0);!中间点的约束;
@ sum(point(j):x(s,j)) - @ sum(point(j):x(j,t)) =0;!收点的约束;
@ for(road(i,j):x(i,j) <w(i,j));!容量约束;
endsubmodel

submodel new_ constraint:
@ sum(point(j):x(s,j)) =obj1;!增加约束条件;
endsubmodel

calc:
@ solve(flow,constraints);!求解第一阶段;
obj1 =obj1;!将最优值赋给新增约束条件右端项;
@ solve(cost,constraints,new_ constraint);!求解第二阶段;
endcalc
end
```

以上程序首先定义目标函数1、目标函数2、初始约束条件以及新增约束条件的子模型，再在计算段中先求解目标函数1、初始约束条件组成的线性规划模型，然后将求解得到的最优值赋给新增约束条件的右端项，最后求解目标函数2、初始约束条件、新增约束条件组成的线性规划模型。

10.10.4　案例应用

例10－12　在例10－11的网络中，假设每条管道的单位使用费用（单位：元/小时）如图10－18所示，求该网络的最小费用最大流。

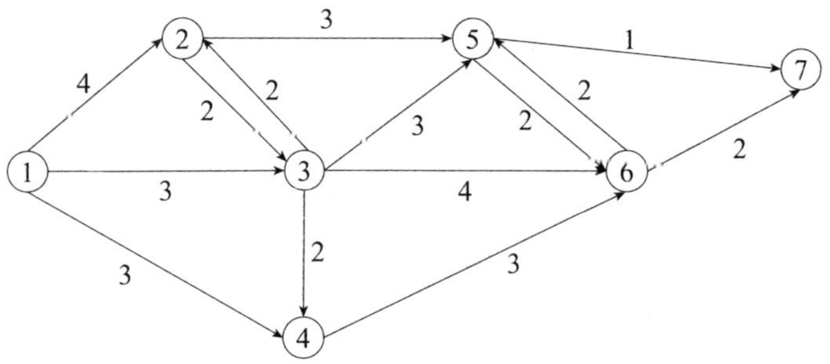

图10－18　管道单位使用费用图

LINGO程序如下所示：

```
model:
sets:
point/1..7/:;!定义网络中点的集合;
road(point,point):w,c,x;!定义网络中边的集合;
endsets

data:
s=1;!输入发点;
t=7;!输入收点;
w=
0 5 6 5 0 0 0
0 0 2 0 3 0 0
0 2 0 3 3 7 0
0 0 0 0 0 5 0
0 0 0 0 0 1 8
0 0 0 0 1 0 7
0 0 0 0 0 0 0;!输入网络对应的邻接矩阵;
c=
0 4 3 3 0 0 0
0 0 2 0 3 0 0
0 2 0 2 3 4 0
0 0 0 0 0 3 0
0 0 0 0 0 2 1
0 0 0 0 2 0 2
0 0 0 0 0 0 0;!输入网络对应的费用矩阵;
enddata

submodel flow:
max=obj1;
obj1=@sum(point(j):x(s,j));!目标函数1;
endsubmodel

submodel cost:
min=obj2;
obj2=@sum(road:c*x);!目标函数2;
endsubmodel

submodel constraints:
@for(point(i)|i#ne#s#and#i#ne#t:
```

```
@ sum(point(j):x(i,j)) - @ sum(point(j):x(j,i)) = 0);!中间点的约束;
@ sum(point(j):x(s,j)) - @ sum(point(j):x(j,t)) = 0;!收点的约束;
@ for(road(i,j):x(i,j) < w(i,j));!容量约束;
endsubmodel

submodel new_ constraint:
@ sum(point(j):x(s,j)) = obj1;!增加约束条件;
endsubmodel

calc:
@ solve(flow,constraints);!求解第一阶段;
obj1 = obj1;!将最优值赋给新增约束条件右端项;
@ solve(cost,constraints,new_ constraint);!求解第二阶段;
endcalc
end
```

以上程序最关键的地方在于根据网络流量图和单位使用费用图正确写出相应的邻接矩阵和费用矩阵，即两个 $n \times n$ 的矩阵表示网络中两点间弧的容量和单位流量费用，两点之间没有弧就表示容量为0，单位流量费用也为0。运行程序求出最优解，最优值为113，最优解为 $x_{12}=3$，$x_{13}=6$，$x_{14}=5$，$x_{25}=3$，$x_{35}=3$，$x_{36}=3$，$x_{46}=5$，$x_{57}=7$，$x_{65}=1$，$x_{67}=7$。

10.11　TSP问题

10.11.1　问题描述

旅行商问题，即TSP问题（traveling salesman problem），又称旅行推销员问题、货郎担问题，是数学领域中著名的组合优化问题之一。假设有一个旅行商要拜访 n 个城市，他必须选择所要走的路径，路径的限制是每个城市只能拜访一次，而且最后要回到原来出发的城市。路径的选择目标是要求路径路程为所有路径之中的最小值。

TSP问题在现实生活中很常见，如运输公司、物流中心、快递配送站等在运输货物或快递时，常常要求车辆在完成运输之后返回出发地；再如自驾旅游往往是从居住地出发，游玩各个景点后返回居住地。

显然，TSP问题的解有 $n!$ 种组合，随着城市数量 n 的增加，组合数将呈指数级别递增，故使用穷举法将会面临组合爆炸问题。本书尝试对TSP问题进行数学建模，并转化为LINGO语言程序，调用分支定界算法求解。

10.11.2　数学模型

1. 符号说明

i，j 表示网络中的节点，i，$j=1$，2，…，n；

c_{ij}表示节点 i 与节点 j 的“距离”；

x_{ij}为 0－1 决策变量，取 1 表示节点 i 的下一站是节点 j，取 0 表示节点 i 的下一站不是节点 j。

2. 数学模型

$$\min \sum_{i=1}^{n} \sum_{j=1}^{n} c_{ij} x_{ij} \tag{1}$$

$$\text{s.t.} \quad \sum_{j=1, j \neq i}^{n} x_{ij} = 1, \quad i = 1,2,\cdots,n \tag{2}$$

$$\sum_{j=1, j \neq i}^{n} x_{ji} = 1, \quad i = 1,2,\cdots,n \tag{3}$$

$$x_{ij} \in \{0,1\}, \quad i, j = 1,2,\cdots,n \tag{4}$$

式（1）为目标函数，表示最小化回路的总距离；式（2）表示针对任何一个节点，它的下一个节点有且只有一个；式（3）表示针对任何一个节点，它的上一个节点有且只有一个；式（2）和式（3）共同形成了回路约束；式（4）表示决策变量为 0－1 变量。

上述模型看起来似乎已经符合了问题描述，但经过检验发现，如图 10－19 所示的情况也符合约束条件，也就是说如果只是现有的约束条件，不能避免在一次遍历中产生多于一个的互不联通回路。

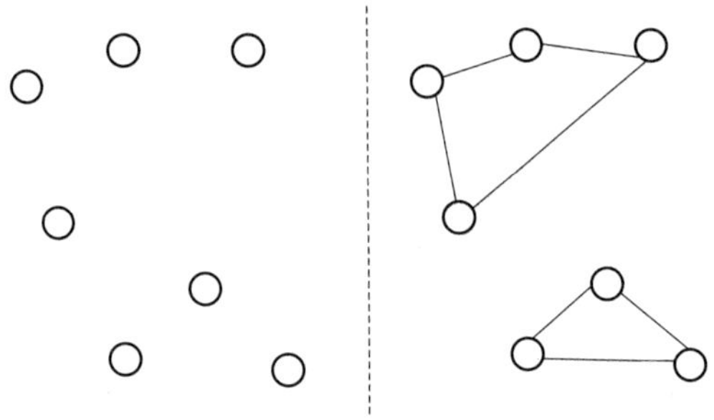

图 10－19　TSP 问题产生子回路的情况

那么，有没有什么方法消除子回路呢？为此我们需要引入额外的辅助变量 u_i，增加如下约束条件：

$$u_i - u_j + n x_{ij} \leqslant n - 1, \quad 1 < i \neq j \leqslant n \tag{5}$$

证明：采用反证法证明该约束能够保证求解结果不会产生子回路。

首先讨论 2 个节点子回路的情况，假设节点 i 和节点 j 构成回路，有 $x_{ij} = 1$，$x_{ji} = 1$，则 $u_i - u_j \leqslant -1$，$u_j - u_i \leqslant -1$，从而有 $0 \leqslant -2$，导致矛盾。

接下来讨论 3 个节点子回路的情况，假设节点 i，j，k 构成回路，有 $x_{ij} = 1$，$x_{jk} = 1$，$x_{ki} = 1$，则 $u_i - u_j \leqslant -1$，$u_j - u_k \leqslant -1$，$u_k - u_i \leqslant -1$，从而有 $0 \leqslant -3$，导致矛盾。其他情况以此类推。

证毕。

因此，式（1）~（5）共同构成了 TSP 问题的数学模型。

10.11.3　LINGO 软件建模

TSP 问题的 LINGO 程序如下：

```
model:
sets:
city/1..n/:u;
link(city,city):c,x;
endsets
data:
c = ;!距离矩阵;
enddata

n =@ size(city);!返回城市数量;
min =@ sum(link:c * x);!目标函数;
@ for(city(i):@ sum(city(j) | j#ne#i:x(i,j)) =1);
!城市 i 的下一个节点有且只有一个;
@ for(city(i):@ sum(city(j) | j#ne#i:x(j,i)) =1);
!城市 i 的上一个节点有且只有一个;
@ for(link(i,j) | i#ne#j#and#i#gt#1:u(i) - u(j) + n * x(i,j) < =n -1);
!子回路消除约束;
@ for(link:@ bin(x));
end
```

其中，@ size 函数的作用是返回集合的基数，即集合中元素的个数，返回值将作为子回路消除约束中的参数。

10.11.4　案例应用

例 10－13　某快递站每天要负责 5 个社区的快递配送，各点之间的行车时间如表 10－11 所示，由于交通的问题，同一线路不同方向的行车时间有所不同。请问快递员应该如何规划路线才能使从快递站出发，配送完 5 个社区再回到快递站的总时间最短？

表 10－11　快递站及社区间的行车时间　　单位：分钟

		目的地					
		快递站	社区 1	社区 2	社区 3	社区 4	社区 5
出发地	快递站	0	24	50	38	55	20
	社区 1	22	0	32	23	45	18
	社区 2	47	35	0	15	21	60
	社区 3	39	27	17	0	14	25
	社区 4	57	42	18	16	0	42
	社区 5	21	16	57	21	41	0

解：将距离矩阵代入 10.11.3 小节 LINGO 程序的数据段，并将集合 city 中的 n 改为 6，程序如下：

```
model:
```

```
sets:
city/1..6/:u;
link(city,city):c,x;
endsets

data:
c =
0 24 50 38 55 20
22 0 32 23 45 18
47 35 0 15 21 60
39 27 17 0 14 25
57 42 18 16 0 42
21 16 57 21 41 0;!距离矩阵;
enddata
n=@size(city);!返回城市数量;
min=@sum(link:c*x);!目标函数;
@for(city(i):@sum(city(j)|j#ne#i:x(i,j))=1);
!城市i的下一个节点有且只有一个;
@for(city(i):@sum(city(j)|j#ne#i:x(j,i))=1);
!城市i的上一个节点有且只有一个;
@for(link(i,j)|i#ne#j#and#i#gt#1:u(i)-u(j)+n*x(i,j)<=n-1);
!子回路消除约束;
@for(link:@BIN(x));
end
```

求解报告如图 10-20 所示，可以看出已求出问题的全局最优解，最优值为 130。最优解为 1—6—4—5—3—2—1，即快递站—社区 5—社区 3—社区 4—社区 2—社区 1—快递站。这里需要注意的是由于同一线路不同方向的行车时间有所不同，快递员规划的线路只能按最优解的顺序进行，不能反过来走。

```
Global optimal solution found.
Objective value:                              130.0000
Extended solver steps:                               5
Total solver iterations:                           163


         C( 5, 2)        42.00000          0.000000
         C( 5, 3)        18.00000          0.000000
         C( 5, 4)        16.00000          0.000000
         C( 5, 6)        42.00000          0.000000
         C( 6, 1)        21.00000          0.000000
         C( 6, 2)        16.00000          0.000000
         C( 6, 3)        57.00000          0.000000
         C( 6, 4)        21.00000          0.000000
         C( 6, 5)        41.00000          0.000000
         X( 1, 6)        1.000000          20.00000
         X( 2, 1)        1.000000          22.00000
         X( 3, 2)        1.000000          35.00000
         X( 4, 5)        1.000000          14.00000
         X( 5, 3)        1.000000          18.00000
         X( 6, 4)        1.000000          21.00000
```

图 10-20　例 10-13 的求解报告

在问题描述中，我们提到 TSP 问题的解有 $n!$ 种组合，随着城市数量 n 的增加，组合数将呈指数级别递增，如果使用传统的精确算法（如分支定界算法）求解，算法的求解时间也将呈指数递增。

例 10－14　尝试用 LINGO 程序求解 50 个城市的 TSP 问题，50 个城市的坐标如表 10－12 所示，城市之间的距离采用欧式距离测度，即假设点 i 的坐标为 (a_i, b_i)，点 j 的坐标为 (a_j, b_j)，则点 i 与点 j 之间的距离 $c_{ij} = \sqrt{(a_i - a_j)^2 + (b_i - b_j)^2}$。

表 10－12　TSP 问题 50 个城市的坐标

序号	*a*	*b*	序号	*a*	*b*	序号	*a*	*b*	序号	*a*	*b*	序号	*a*	*b*
1	31	32	11	25	55	21	5	25	31	57	58	41	20	26
2	32	39	12	16	57	22	10	77	32	39	10	42	5	6
3	40	30	13	17	63	23	45	35	33	46	10	43	13	13
4	37	69	14	42	41	24	42	57	34	59	15	44	21	10
5	27	68	15	17	33	25	32	22	35	51	21	45	30	15
6	37	52	16	25	32	26	27	23	36	48	28	46	36	16
7	38	46	17	5	64	27	56	37	37	52	33	47	62	42
8	31	62	18	8	52	28	52	41	38	58	27	48	63	69
9	30	48	19	12	42	29	49	49	39	61	33	49	52	64
10	21	47	20	7	38	30	58	48	40	62	63	50	43	67

解：在集合段 city 集合中增加两个属性变量 a，b 用于表示各城市的横纵坐标；在数据段输入坐标参数，这里注意可以分别输入 a 和 b 的参数，也可以像本书给出的程序一样用 a，b 这种形式，此时数据是成对输入的；在计算段根据各城市的坐标计算出各城市之间的直线距离。LINGO 程序如下：

```
model:
sets:
city/1..50/:u,a,b;
link(city,city):c,x;
endsets

data:
a,b =
31 32 32 39 40 30 37 69 27 68 37 52 38 46 31 62 30 48 21 47
25 55 16 5717 63 42 41 17 33 25 32 5 64 8 52 12 42 7 38
5 25 10 77 45 35 42 57 32 22 27 23 56 37 52 41 49 49 58 48
57 58 39 10 46 10 59 15 51 21 48 28 52 33 58 27 61 33 62 63
```

```
20 26 5 6 13 13 21 10 30 15 36 16 62 42 63 69 52 64 43 67;
enddata

calc:
@ for(link(i,j):c(i,j) = (((a(i) - a(j)))^2 + ((b(i) - b(j)))^2)^0.5);
endcalc

n = @ size(city);
min = @ sum(link:c * x);
@ for(city(j):@ sum(city(i) | j#ne#i:x(i,j)) = 1);!城市 j 前有一个城市相连;
@ for(city(i):@ sum(city(j) | j#ne#i:x(i,j)) = 1);!城市 i 前有一个城市相连;
@ for(link(i,j) | i#ne#j#and#i#gt#1:u(i) - u(j) + n * x(i,j) < = n - 1);
@ for(link:@ bin(x));
end
```

求解状态如图 10－21 所示，求解报告内容太多，因此省略。可以看出，LINGO 程序最终计算出了 50 个城市 TSP 问题的最优解，但所花费的时间为 6 分 49 秒，而案例 10－13 中 6 个点的 TSP 问题求解时间不到 1 秒，可以想象如果问题规模进一步扩大，求解时间将呈指数增长，甚至超过决策者可以忍受的范围。因此，对于大规模的组合优化问题，精确算法已经不能很好地适应，需要寻求启发式算法求解，感兴趣的读者可以自行探索。

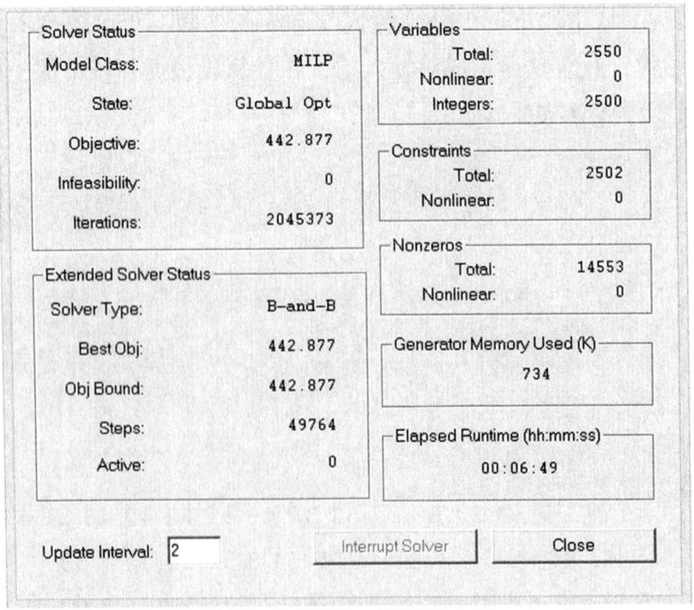

图 10－21　例 10－14 的求解状态

10.12　VRP 问题

10.12.1　问题描述

车辆路径问题（vehicle routing problem，VRP）由丹齐格和拉姆泽于 1959 年首次提出，是 TSP 问题的推广，也可以说 TSP 问题是 VRP 问题的一种简单特殊形式。典型的 VRP 问题可以描述为：从某配送中心用多台配送车辆向多个客户送货，每个客户的位置和货物需求量一定，每辆配送车辆的载重量一定，要求合理安排车辆配送路线，使目标函数得到优化。

更具体一点，VRP 问题可描述为：存在一个配送中心，拥有 m 辆容量为 Q_k（$k=1, 2, \cdots, m$）的配送车辆，现有 n 个客户需要服务，已知客户 i 的需求量为 g_i（$i=1, 2, \cdots, n$），且 $0<g_i\leqslant Q_k$，求满足货运要求（行驶里程最短、工作时间最短、运行成本最低等）的车辆行驶线路。为构造数学模型方便，将配送中心编号为 0，客户点编号为 1，2，…，n。

10.12.2　数学模型

1. 符号说明

i，j 表示网络中节点的编号，当 i，$j=0$ 时表示配送中心，当 i，$j=1, 2, \cdots, n$ 时表示客户点；

k 表示配送中心的车辆编号，$k=1, 2, \cdots, m$；

c_{ij}表示节点 i 与节点 j 的“距离”；

g_i表示客户 i 的需求量；

Q_k表示车辆 k 的容量（或最大载重量）；

u_{ki}表示子回路消除约束的辅助变量；

y_{ki}为 0－1 决策变量，取 1 表示客户点 i 由配送车辆 k 服务，否则取 0，$i=1, 2, \cdots, n$，$k=1, 2, \cdots, m$；

x_{ijk}为 0－1 决策变量，取 1 表示车辆 k 从节点 i 行驶到节点 j（这里的节点包含配送中心和客户点），否则取 0，i，$j=0, 1, 2, \cdots, n$，$k=1, 2, \cdots, m$。

2. 数学模型

$$\min z = \sum_{i=0}^{n}\sum_{j=0}^{n}\sum_{k=1}^{m} c_{ij}x_{ijk} \tag{1}$$

$$\text{s.t.}\quad \sum_{i=1}^{n} g_i y_{ki} \leqslant Q_k,\quad k = 1,2,\cdots,m \tag{2}$$

$$\sum_{k=1}^{m} y_{ki} = 1,\quad i = 1,2,\cdots,n \tag{3}$$

$$\sum_{i=0,i\neq j}^{n} x_{ijk} = y_{kj}, \quad j = 1,2,\cdots,n;\ k = 1,2,\cdots,m \tag{4}$$

$$\sum_{j=0,j\neq i}^{n} x_{ijk} = y_{ki}, \quad i = 1,2,\cdots,n;\ k = 1,2,\cdots,m \tag{5}$$

$$u_{ki} - u_{ij} + nx_{ijk} \leqslant n - 1, \quad 1 \leqslant i \neq j \leqslant n;\ k = 1,2,\cdots,m \tag{6}$$

$$x_{ijk} \in \{0,1\}, \quad i,j = 0,1,2,\cdots,n;\ k = 1,2,\cdots,m \tag{7}$$

$$y_{ij} \in \{0,1\}, \quad i = 1,2,\cdots,n;\ k = 1,2,\cdots,m \tag{8}$$

式（1）为目标函数，表示最小化总运输“距离”；式（2）表示每辆车装载的货运总量不得超过本辆车的最大承重量；式（3）表示每个客户点仅能由一辆车完成配送；式（4）和式（5）保证车辆从配送中心出发，配送完后又回到配送中心，其中式（4）表示对于任何一个由车辆 k 服务的客户点，它的上一个节点有且只有一个，式（5）表示对于任何一个由车辆 k 服务的客户点，它的下一个节点有且只有一个，式（6）表示子回路消除约束（相关证明已在 10.11.2 小节 TSP 问题的子回路消除约束中介绍），式（7）和式（8）表示决策变量为 0－1 变量。

10.12.3 LINGO 软件建模

VRP 问题的 LINGO 程序如下：

```
model:
sets:
customer/1..n/:g;
vehicle/1..m/:q;
link1(vehicle,customer):y,u;
link2(customer,customer):c;
link3(customer,customer,vehicle):x;
endsets

data:
c =;!距离矩阵;
g =;!客户点需求量;
q =;!车辆容量;
enddata

n =@ size(customer);
min =@ sum(link3(i,j,k):c(i,j)*x(i,j,k));!目标函数;
!车辆容量约束;
@ for(vehicle(k):@ sum(customer(i):g(i)*y(k,i))<q(k));
!每个客户只能由一辆车配送;
@ for(customer(i)|i#ne#1:@ sum(vehicle(k):y(k,i))=1);
```

```
!每辆车从配送中心出发最后回到配送中心;
@ for(link1(k,j) | j#ne#1:
@ sum(customer(i) | i#ne#j:x(i,j,k)) =y(k,j));
@ for(link1(k,i) | i#ne#1:
@ sum(customer(j) | j#ne#i:x(i,j,k)) =y(k,i));
@ for(link3(i,j,k) | i#ne#j#and#i#ne#1#and#j#ne#1:
u(k,i) -u(k,j) +n*x(i,j,k) < =n -1);
!0 -1 变量约束;
@ for(link3:@ bin(x));@ for(link1:@ bin(y));
end
```

程序中 customer 表示客户集合，g 为其属性变量，表示客户的需求；vehicle 表示车辆集合，q 为其属性变量，表示车辆的容量；link1、link2、link3 为派生集合。

这里需要注意，由于 LINGO 软件中集合的索引不能为 0，因此，这里稍微做了一下处理，索引为 1 的时候表示配送中心，索引为 2 ~ n 的时候表示客户点，而且 n = 客户数量 +1。约束条件中的过滤条件也做了相应修改。

10.12.4　案例应用

例 10 - 15　某配送中心有载重为 6 吨的车辆 2 台，载重为 4 吨的车辆 4 台，8 个客户的需求量如表 10 - 13 所示，配送中心与客户点之间的路网如图 10 - 22 所示，路线上的数字表示距离（单位：公里）。请问如何安排配送方案，可使车辆行驶的总距离最短？

表 10 - 13　客户需求量

客户编号	1	2	3	4	5	6	7	8
需求量（吨）	2	1.5	2.5	3.6	1.2	1.3	1.2	2.2

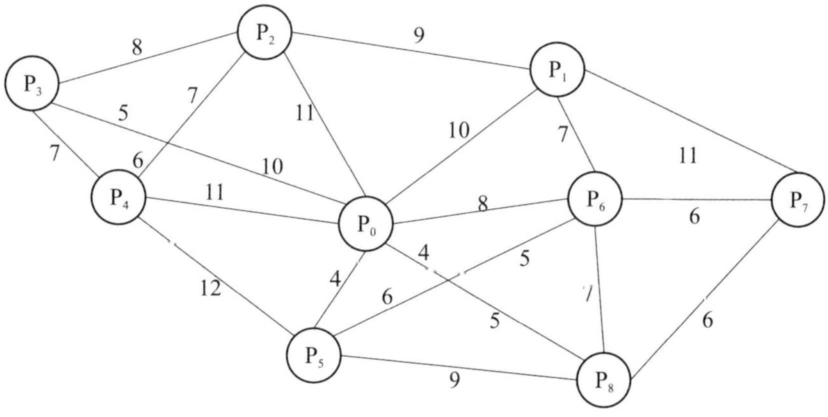

图 10 - 22　配送中心与客户点的路网示意图

根据图 10 - 22 写出距离矩阵，并将其与客户需求量、车辆容量一起作为参数写入 LINGO 程序的数据段，如下所示：

```
data:
c =
0 10 11 15 11  4 8 14 9
10 0 9 17 21 14 7 11 14
11 9 0 8 13 15 16 20 20
15 17 8 0 7 19 23 28 24
11 21 13 7 0 12 19 25 20
4 14 15 19 12 0 11 15 9
8 7 16 23 19 11 0 6 7
14 11 20 28 25 15 6 0 6
9 14 20 24 20 9 7 6 0;!距离矩阵;
g =0 2 1.5 2.5 3.6 1.2 1.3 1.2 2.2;!客户需求量;
q =6 6 4 4 4 4;!车辆容量;
enddata
```

将集合段中的 n 改为 9（客户数量 +1），m 改为 6。这里注意集合 customer 中实际包含了配送中心，因此其属性变量 g（1）表示的是配送中心的需求，因此需要在数据段中将其设置为 0。

运行程序，得到求解状态和求解报告，如图 10－23 和图 10－24 所示。从求解状态中可以看出，已找到问题的最优解，目标函数的最优值为 97。虽然该案例只考虑了 8 个客户点，6 辆配送车，但模型中的变量已经达到 594 个，约束条件也达到了 447 个，非零参数到达 2 400 个，程序求解时间为 7 秒。可以想象，随着客户点规模的增大，模型的变量和约束数量将呈指数增长，求解时间也将呈指数增长。对于大规模的 VRP 问题，LINGO 软件将不再适用，只能寻求启发式算法求解。

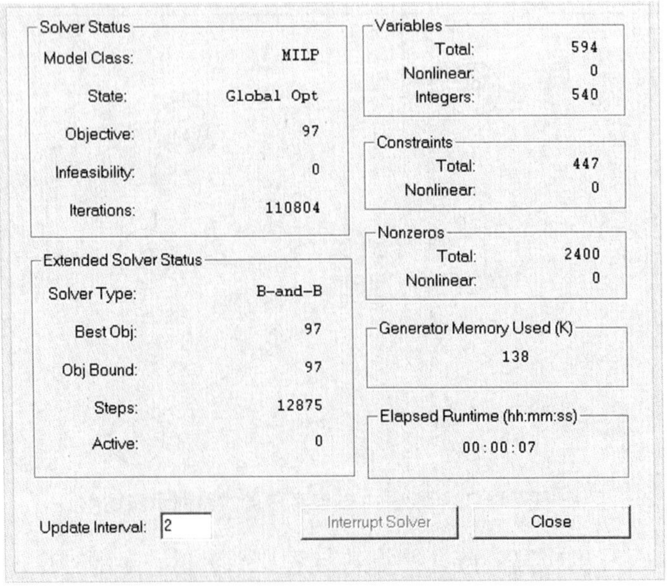

图 10－23　例 10－15 的求解状态

由求解报告中得到的最优配送方案：6 吨载重的车辆 1 负责配送客户 1、2、3、6 吨载重的车辆 2 负责配送客户 5、6、7、8，4 吨载重的车辆 3 负责配送客户 4；车辆 1 的配送路线为 0—3—2—1—0，车辆 2 的配送路线为 0—5—8—7—6—0，车辆 3 的配送路线为 0—4—0。注意这里在还原问题解的时候，客户编号都减去了 1，使其与实际的编号一致。

```
Global optimal solution found.
Objective value:                              97.00000
Objective bound:                              97.00000
Infeasibilities:                              0.000000
Extended solver steps:                            6303
Total solver iterations:                        121821

       Y( 1, 2)        1.000000          0.000000
       Y( 1, 3)        1.000000          0.000000
       Y( 1, 4)        1.000000          0.000000
       Y( 2, 6)        1.000000          0.000000
       Y( 2, 7)        1.000000          0.000000
       Y( 2, 8)        1.000000          0.000000
       Y( 2, 9)        1.000000          0.000000
       Y( 3, 5)        1.000000          0.000000

    X( 1, 4, 1)        1.000000          15.00000
    X( 1, 5, 3)        1.000000          11.00000
    X( 1, 6, 2)        1.000000          4.000000
    X( 2, 1, 1)        1.000000          10.00000
    X( 3, 2, 1)        1.000000          9.000000
    X( 4, 3, 1)        1.000000          8.000000
    X( 5, 1, 3)        1.000000          11.00000
    X( 6, 9, 2)        1.000000          9.000000
    X( 7, 1, 2)        1.000000          8.000000
    X( 8, 7, 2)        1.000000          6.000000
    X( 9, 8, 2)        1.000000          6.000000
```

图 10－24　例 10－15 的求解报告

练习题

1. 请写出产大于销及销大于产情况下运输问题的数学模型，并转化为 LINGO 程序语言。

2. 假设某公司有 10 个工厂、30 个销售中心，产地的产量和坐标、销地的销量和坐标如表 10－14 和表 10－15 所示，假设单位距离的运价为 0.5 元/公里，求使总运费最低的调运方案。

表 10－14　产地数据表

工厂	横坐标	纵坐标	产量（吨）	工厂	横坐标	纵坐标	产量（吨）
1	26	0	200	11	89	18	94
2	90	66	400	12	7	17	131
3	85	41	500	13	4	37	72
4	63	11	300	14	29	10	60
5	95	46	200	15	74	15	137
6	75	46	600	16	7	34	117
7	71	42	500	17	33	95	159
8	72	7	300	18	31	14	84
9	18	11	400	19	1	38	73
10	100	36	200	20	72	57	160

表 10－15　销地数据表

销地	横坐标	纵坐标	销量（吨）	销地	横坐标	纵坐标	销量（吨）
1	39	100	83	11	75	77	172
2	10	27	62	12	9	73	104
3	53	4	97	13	22	82	110
4	100	44	86	14	95	64	79
5	32	7	88	15	58	26	136
6	25	70	106	16	21	66	143
7	66	91	147	17	35	35	112
8	22	97	143	18	3	87	117
9	20	22	111	19	43	25	137
10	64	53	155	20	71	83	67

3. 设有两个工厂 A、B，产量分别为 9 个单位和 8 个单位。4 个顾客 1，2，3，4，需求量分别为 3，5，4，5。3 个仓库分别为 X，Y，Z。其中工厂到仓库、仓库到顾客的运费单价（单位：元/单位）分别如表 10－16 所示。试求总运费最低的运输方案以及总运费。

表 10－16　工厂到仓库、仓库到顾客的运费单价

	A	B	1	2	3	4
X	1	3	5	7	—	—
Y	2	1	9	6	7	—
Z	—	2	—	6	7	4

4. 假设在例 10－2 转运问题中，配送中心不是确定的，需要从 l 个备选点中选择 p 个（$p \leqslant l$）建立配送中心，在此基础上再进行转运，假设 f_j 表示在第 j 个备选点建设配送中心的固定成本，其他符号与例 10－2 相同，决策目标为包括配送中心建设成本以及节点之间运输成本在内的总成本最小。试写出该运输—选址问题的数学模型，并转化为 LINGO 程序语言。

5. 现计划修建一座仓库，为一系列需求地 $\{(x_i,y_i),i=1,2,\cdots,n\}$ 供货，已知每个需求地 (x_i,y_i) 的需求量为 D_i，运输单价为 R_i（由于运输批量不同，每个需求点的运输单价可能不同），问仓库应选在何处才能使总运费最低（即求仓库的坐标 (x, y)）？试建立该单设施选址问题的数学模型。

6. 在第 5 题的单设施选址问题中，假设有 6 个需求点，其坐标、货运量及运输单价如表 10－17 所示，试求仓库的坐标。

表 10－17　需求点的坐标、货运量及运输单价

需求点 i	x_i	y_i	货运量 D_i（吨）	运输单价 R_i（元/吨公里）
1	1	8.0	400	0.25
2	8	4.0	800	0.25

续表

需求点 i	x_i	y_i	货运量 D_i（吨）	运输单价 R_i（元/吨公里）
3	3	2.0	200	0.30
4	3	3.6	300	0.30
5	6	8.0	400	0.30
6	7	6.0	100	0.30

7. 现计划修建 m 座仓库，为一系列需求地 $\{(a_j,b_j), j=1,2,\cdots,n\}$ 供货，已知每个需求地 (a_j,b_j) 的需求量 d_j，假设单位运价相同，每个仓库的储存量为 e_i，问应建几个仓库，每个仓库应选在何处才能使总运费最低？决策变量为仓库的坐标 (x_i,y_i)，及仓库到需求点的运输量 c_{ij}。假设供大于求，试建立该多设施选址问题的数学模型（事实上，如果仓库的坐标已知，该模型就转化为了运输模型）。

8. 该题为第 7 题的实例化。有 6 个建筑工地，其位置（用平面坐标 a_j，b_j表示，单位：公里）及水泥日用量 d 如表 10－18 所示。有两个临时料场 A、B 位于坐标（5，1）和（2，7），日储量各有 20 吨。

（1）A、B 两料场分别向各工地运送多少吨水泥，可使总的吨公里数最小？

（2）如果新建两个料场，两个新的料场应建在何处，可使节省的吨公里数最大？

表 10－18　需求点的坐标和需求量

需求点 j	a_j	b_j	需求量 d_j（吨）
1	1.25	1.25	3
2	8.75	0.75	5
3	0.50	4.75	4
4	5.75	5.00	7
5	3.00	6.50	6
6	7.25	7.75	11

9. 一家连锁零售商准备在郊区的商住区中开设一批连锁便利店，各商住区之间的步行时间（单位：分钟），如图 10－25 所示。零售商希望任一商住区中的居民可以在 20 分钟之内到达一家零售店，应开设几家门店，各位于什么地方？

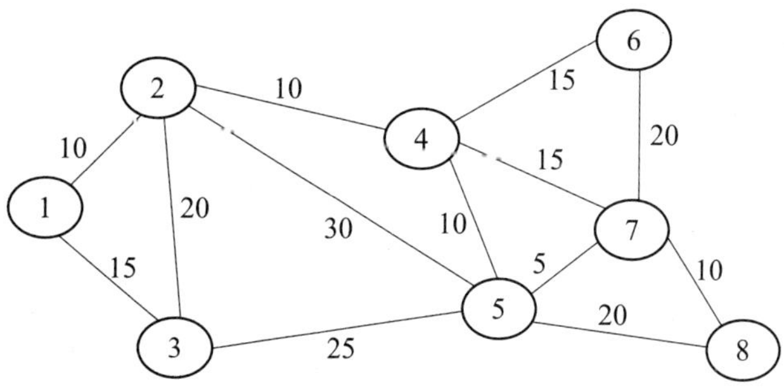

图 10－25　各商住区之间的步行时间

10. 假设第 9 题中，只能开设一个便利店，为了能够尽可能覆盖多的商住区，请问开在哪里合适?

11. 请求解图 10－26 中城市 1 到城市 8 的最短路径。图中两点之间只有一条弧时表示正向和反向的距离相等，当两点之间有两条弧时，表示正向和反向的距离不等，弧上的权表示距离（单位：公里）。

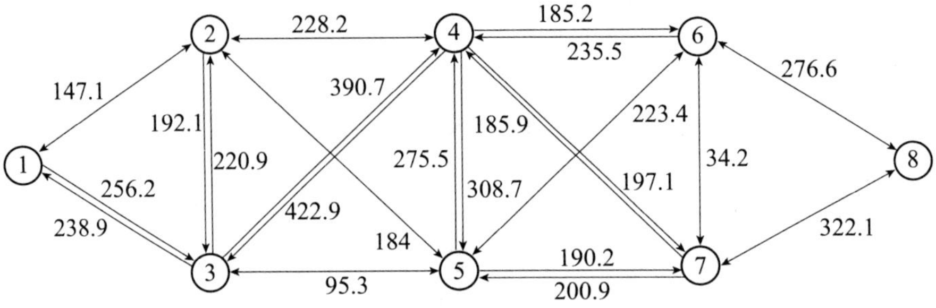

图 10－26　某区域交通路网图

12. 图 10－27 为某石油管道的一部分，由于各油泵之间管道直径不同，它们的运输能力也不同，弧上的权重表示单位时间内的最大输送能力（单位：吨/小时），现需要将 s 点的石油输送到 t 点，问应该如何输送，才能使单位时间内到达 t 点的石油量最大?

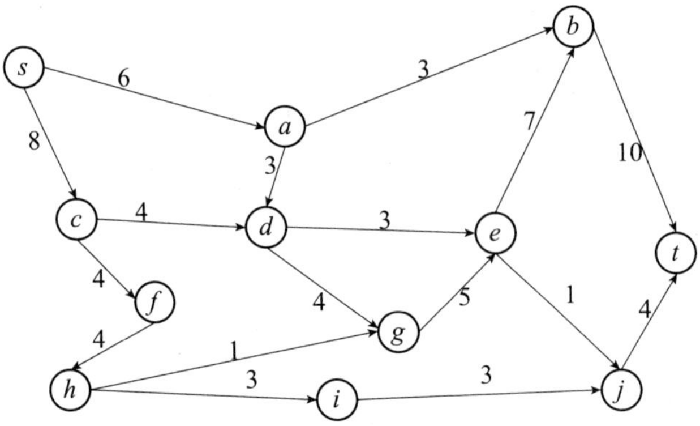

图 10－27　某石油管道局部图

13. 图 10－28 网络图上的数字表示第 12 题中石油管道的单位运输费用（单位：元/吨），求单位时间内从 s 点到 t 点的最小费用最大流。

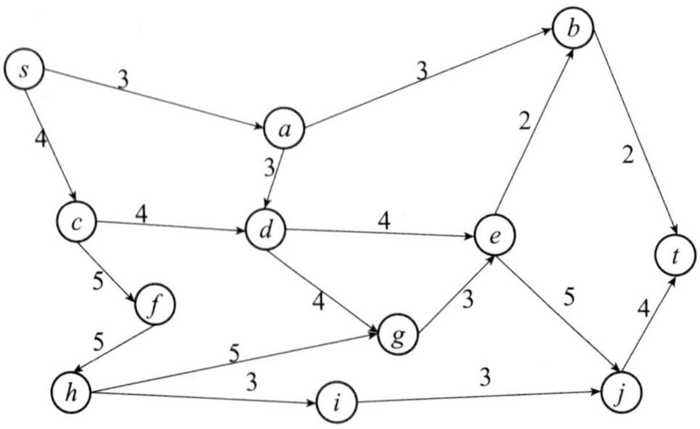

图 10－28　某石油管道的单位运输费用图

14. 请求解以下 30 个城市的 TSP 问题，各城市坐标如表 10－19 所示。

表 10－19　TSP 问题的 30 个城市坐标

序号	横坐标	纵坐标	序号	横坐标	纵坐标	序号	横坐标	纵坐标
1	41	94	11	64	60	21	87	76
2	37	84	12	18	54	22	18	40
3	54	67	13	22	60	23	13	40
4	25	62	14	83	46	24	82	7
5	7	64	15	91	38	25	62	32
6	2	99	16	25	38	26	58	35
7	68	58	17	24	42	27	45	21
8	71	44	18	58	69	28	41	26
9	54	62	19	71	71	29	44	35
10	83	69	20	74	78	30	4	50

15. 某配送中心有 6 辆载重 4 吨的货车，有 10 个客户，客户的需求量及坐标如表 10－20 所示，配送中心的坐标为（10，10），问如何安排配送方案可使配送车辆的总路径最短？

表 10－20　客户的需求量及坐标

客户编号	需求量（吨）	横坐标	纵坐标	客户编号	需求量（吨）	横坐标	纵坐标
1	2	17	19	6	1.3	4	20
2	1.5	3	19	7	1.2	20	10
3	2.5	13	2	8	2.2	17	3
4	3.6	6	11	9	1.5	15	15
5	1.2	20	20	10	1.5	16	17

运筹学专业术语中英文对照表

Algorithm	算法
Artificial Variable	人工变量
Arc	弧
Assignment Problem	指派问题
Base	基
Basic Feasible Solution	基可行解
Basic Solution	基解
Basic Variable	基变量
Basic Vector	基向量
Big-M Method	大 M 法
Binary Integer Programming	0－1 整数规划
Branch-and-Bound Method	分支定界法
Capacity	容量
Chain	链
Chinese Postman Problem	中国邮路问题
Circuit	回路
Combinatorial Optimal Problem	组合优化问题
Complementary Slackness Property	互补松弛性
Connected Graph	连通图
Constraint	约束
Convergence	收敛
Convex Set	凸集
Cycle	圈
Decision Node	决策点
Decision Tree	决策树
Decision Variable	决策变量
Degenerate	退化
Deviation Variable	偏差变量
Directed Graph	有向图
Discrete Optimal Problem	离散优化问题

Dual Price	对偶价格
Dual Problem	对偶问题
Dual Simplex Algorithm	对偶单纯形法
Duality Theory	对偶理论
Dynamic Programming	动态规划
Edge	边
Expected Value	期望值
Feasible Flow	可行流
Feasible Region	可行域
Feasible Solution	可行解
Flow Conservation	流量守恒
Flow Value	流量
Global Optimal Solution	全局最优解
Goal Programming	目标规划
Infeasible Solution	不可行解
Initialization	初始化
Initial Solution	初始解
Integer Programming	整数规划
Interation	迭代
Invertible Matrix	可逆矩阵
Knapsack Problem	背包问题
Linear Programming	线性规划
Local Optimal Solution	局部最优解
Mathematical Programming Problem	数学规划问题
Maximal Covering Location Problem	最大覆盖选址问题
Maximum	极大值
Maximal Flow	最大流
Minimum	极小值
Mixed Integer Programming	混合整数规划
Model	模型
Multiple Optimal Solutions	多重最优解
Network	网络
Network Flow Problem	网络流问题
Nonlinear Programming	非线性规划
Nonbasic Variable	非基变量
Nonbasic Vector	非基向量
Northwest Corner Rule	西北角法
Objective Function	目标函数

Operational/Operations Research	运筹学
Optimal Solution	最优解
Optimality Test	最优性检验
Optimization	最优化
Path	路
Payoff Table	收益表
p-Median Location Problem	*p*-中值选址问题
Policy	策略
Pure Integer Programming	纯整数规划
Primal Problem	原问题
Quadratic Programming	二次规划
Rank	秩
Reduced Cost	相差值
Saturated Arc	饱和弧
Sensitivity Analysis	灵敏度分析
Set Covering Location Problem	集合覆盖选址问题
Shadow Price	影子价格
Shortest Path	最短路
Simplex Algorithm	单纯形法
Simplex Table	单纯形表
Slack Variable	松弛变量
Spanning Tree	生成树
Stage	阶段
State	状态
Strong Duality Property	强对偶性
Suboptimal Solution	次优解
Surplus Variable	剩余变量
Symmetry	对称性
Transportation Problem	运输问题
Traveling Salesman Problem	旅行商问题
Unbounded	无界
Undirected Graph	无向图
Vehicle Routing Problem	车辆路径问题
Vertex	顶点
Weak Duality Property	弱对偶性
Weighted Graph	赋权图

参考文献

［1］《运筹学》教材编写组．运筹学．3 版［M］．北京：清华大学出版社，2005.

［2］韩伯棠．管理运筹学．5 版［M］．北京：高等教育出版社，2020.

［3］韩伯棠，艾凤义．管理运筹学（第 3 版）习题集［M］．北京：高等教育出版社，2010.

［4］陈士成．实用管理运筹学：基于 Excel［M］．北京：清华大学出版社，2011.

［5］孙玺菁，司守奎．LINGO 软件及应用［M］．北京：国防工业出版社，2017.

［6］李汉龙，隋英，韩婷．LINGO 基础培训教程［M］．北京：国防工业出版社，2021.

［7］徐辉，陈光辉，张杰，等．管理运筹学．3 版［M］．上海：同济大学出版社，2020.

［8］肖勇波．运筹学：原理、工具及应用［M］．北京：机械工业出版社，2021.

［9］哈姆迪·A. 塔哈．运筹学导论：提高篇：第 9 版［M］．北京：中国人民大学出版社，2014.

［10］云俊．运筹学：原理及应用［M］．北京：北京大学出版社，2012.

［11］哈姆迪·A. 塔哈．运筹学导论：初级篇：第 8 版［M］．北京：人民邮电出版社，2008.

［12］傅家良．运筹学方法与模型．2 版［M］．上海：复旦大学出版社，2014.

［13］哈维·M. 瓦格纳．运筹学原理与应用［M］．北京：国防工业出版社，1992.

［14］徐玖平，胡知能．运筹学：数据·模型·决策［M］．北京：科学出版社，2006.

［15］张晋东，孙成功．运筹学全程导学及习题全解：清华大学第三版［M］．北京：中国时代经济出版社，2006.

［16］车千里．我国古代的一些运筹学思想［J］．应用数学学报，1977（1）：82－89.

［17］胡晓东，袁亚湘，章祥荪．运筹学发展的回顾与展望［J］．中国科学院院刊，2012，27（2）：145－160.

［18］谢家平，梁玲，张广思．管理运筹学：管理科学方法．4 版［M］．北京：中国人民大学出版社，2021.

中国人民大学出版社　管理分社

教师教学服务说明

中国人民大学出版社管理分社以出版工商管理和公共管理类精品图书为宗旨。为更好地服务一线教师，我们着力建设了一批数字化、立体化的网络教学资源。教师可以通过以下方式获得免费下载教学资源的权限：

★ 在中国人民大学出版社网站 www.crup.com.cn 进行注册，注册后进入“会员中心”，在左侧点击“我的教师认证”，填写相关信息，提交后等待审核。我们将在一个工作日内为您开通相关资源的下载权限。

★ 如您急需教学资源或需要其他帮助，请加入教师 QQ 群或在工作时间与我们联络。

中国人民大学出版社　管理分社

教师 QQ 群：648333426（工商管理）　114970332（财会）　648117133（公共管理）
教师群仅限教师加入，入群请备注（学校＋姓名）

联系电话：010-62515735，62515987，62515782，82501048，62514760

电子邮箱：glcbfs@crup.com.cn

通讯地址：北京市海淀区中关村大街甲 59 号文化大厦 1501 室（100872）

管理书社　　人大社财会　　公共管理与政治学悦读坊